아동심리평가

유아교사, 특수교사, 재활치료 전문가를 위한 평가지침서

윤치연 저

Psychological Evaluation for Children

학지사

머 · 리 · 말

교사와 부모는 자신이 가르치고 양육하고 있는 아동이 정상적으로 발달하고 성장하기를 간절히 원한다. 그러나 어떤 아동은 발달이 아주 느리고 심지어 장애를 수반하기도 하여 우리를 긴장하게 만들기도 한다. 의학과 과학문명이 급속도로 발전하고 있지만, 오히려 장애는 증가하는 추세고 명확한 원인도 제대로 규명하지 못하는 실정이다.

하지만 발달, 행동, 정신건강 등의 영역에서 문제나 장애를 보이는 아동들을 조기에 발견하여 적절한 중재를 제공한다면, 정상적으로 회복되거나 예후가 좋을 뿐 아니라 장애를 예방할 수도 있다. 안타깝게도 아동 교육기관이나 가정에서 교사와 부모가 아동의 문제나 장애를 잘 인식하지 못하여 조기 발견과 중재의 기회를 놓치는 경우가 허다하다. 이는 객관적이고 정확하게 측정할 수 있는 심리검사도구가 부족하고, 장애의 특성과 진단기준 등에 대한 지식 및 정보가 부족할 뿐만 아니라 이를 수행할 전문인력도 턱없이 부족하기 때문이다.

혹자는 아동의 존재 자체에 강조점을 두어야 한다고 주장한다. 아동에 대한 새로운 '명칭 부여' 혹은 '차별'을 가져올 수 있다는 이유로 진단평가 무용론을 외치면서 심리검사 자체를 부정하기도 한다. 그러나 이는 한쪽 면만 본 것이다. "know-why이면 know-what이다."라는 말이 있지 않은가? 원인이나 이유를 알게 되면, 무엇을 어떻게 해야 할지를 알게 된다는 뜻이다. 다른 아동보다 발달이 느리다면 어떤 영역이 얼마만큼 느린가를 파악하여 발달 및 교육 지원을 해야 할 것이고, 장애가 있다면 그 원인이 무엇인가를 파악하여 치료 및 상담 지원을 해야 할 것 아닌가?

대부분의 발달문제와 장애는 어린 시기에 나타나기 시작한다. 따라서 어린이집과 유치원이 아동의 발달문제와 장애를 선별하여 관련 병원이나 특수기관의 전문가에게 의뢰할 수 있는 역할을 한다면, 많은 발달문제를 해결할 수 있으며 장애도 예방할 수 있다는 신념을 오래전부터 가지고 있었다. 2014년 말 보육 및 교육 통계에 따르면 전국 어린이집 43,700여 개(원생 약 150만 명, 보육교사 약 31만 명), 유치원 8,800여 개(원생 약 65만 명, 유치원교사 약 5만 명) 등 52,500여 개의 영 · 유아 보육 및 교육 기관이 운영되고 있다(원생 약 215만 명, 교사 약 36만 명). 이런 통계치를 볼 때, 아동의 발달상태를 정확히 파악하고 장애를 선별할 수 있는 능력과 실력을 갖추어야 할 전문인력이 한 기관당 적어도 한 명이라고 가정해 보면 최소 약 5만 명 이상은 있어야 한다. 이러한 시대적 요청에 따라 (사)한국심리협회는 2008년부터 '발달진단평가사'라는 민간자격제도를 도입하고 활발하게 발달진단평가요원을 양성하고 있다. 또한 여러 대학에서 '교육역량강화사업'이나 '특성화사업'의 일환으로 이 자격과정을 실시하고 있다.

2000년도 이전만 해도 국내에는 아이들의 발달상태를 측정할 수 있는 표준화된 검사도구가 거의 없었다. 다행스럽게도 그 이후부터 소수의 표준화된 검사들이 개발되기 시작하였다. 최근 진단평가 및 심리검사에 대한 관심이 크게 고조되고 있기에, 앞으로 더 객관적이고 과학적인 심리측정도구들이 개발될 뿐 아니라 이와 관련한 진단평가 및 심리검사에 대한 책들도 많이 소개되리라 기대한다.

그러나 지금까지 출판된 국내의 진단평가 및 심리검사 관련 서적들은 심리학자, 특히 임상심리사를 위한 전문서로서 대부분 통계 이론이나 투사적 검사를 주로 다루고 있어 책 내용을 이해하기 너무 어렵고, 국내에서 사용하기 곤란한 외국 심리검사들을 소개하는 데 역점을 두고 있다. 따라서 보육 및 유아 교사, 특수교사, 재활치료사 등도 교육 및 치료 현장에서 직접 실시할 수 있는 최신 표준화 검사들을 중심으로 이해하기 쉽고 필요할 때마다 활용할 수 있는 '상세설명서' 형식의 교재가 절실히 필요하기에 이 책을 집필하기로 하였다.

이 책은 학부나 대학원 과정에서 한 학기 교재로 사용할 수 있도록 제3부 총 13장으로 구성하였다. 제1부는 진단평가의 이해와 절차 영역으로 진단평가의 목적, 통계적 개념, 진단평가의 3단계 절차 등을 소개하고 있는데, 제1장에서 진단평가의 이해를, 제2장에서 진단평가의 절차를 다루고 있다. 제2부는 발달영역별 평가로 최근에 표준화된 심리검사를 중심으로 제3장에서 발달 및 정신병리의 이해, 제4장에서 발달영역의 평가, 제5장에서 언어영역의 평가, 제6장에서 사회 · 적응영역의 평가, 제7장에서 정신건강영역의 평가, 제8장에서 성격영역의 평가, 제9장에서 지능영역의 평가를 소개하고 있다. 제3부는 장애영역별 평가로 특히 DSM-5에 나오는 아동 · 청소년 장애의 진단특성을 소개하고 있는데, 제10장에서 특수아동 및 발달장애의 이해, 제11장에서 정서 · 행동장애영역의 평가, 제12장에서 주의력결핍 과잉행동장애의 평가, 제13장에서 자폐스펙트럼장애의 평가를 다루고 있다.

심리검사와 진단평가는 아동교육과 복지 전문가들에게도 큰 관심거리다. 그 이유는 아동의 현재 발달수준 혹은 문제 · 장애를 평가하여 그 결과나 정보를 교육 및 치료를 촉진시키는 데 활용하기 위함이다. 그러나 아동의 발달문제나 장애를 진단평가하는 일은 쉬운 일이 아니다.

아동의 여러 가지 기능적 측면을 포함하기 때문에 상당한 진단평가 기술과 민감성이 요구된다. 따라서 평가자는 문제 · 장애에 관한 전문적인 지식을 습득해야 하며, 아동의 여러 기능을 측정하기 위해 여러 평가 절차와 검사도구의 선택, 실시, 채점 및 해석 등에 대해 세심한 주의를 기울이고 체계적인 훈련을 받아야 한다. 더욱 중요하게는 이런 평가과정을 통해 아동에 대해 정확히 이해하고 미래의 행동을 예견 · 통제하며, 그 문제의 해결방안을 찾고 어떻게 지원해 줄 것인지 구체적인 방안을 제시해야만 한다.

아무튼 이 책이 아동 관련 학과 전공자들은 물론 재활치료 관련 전공자들에게 조금이라도 도움이 되기를 기대한다. 부족한 점이 한두 가지가 아니겠지만, 새로운 검사들이 표준화될 때마다 추가 및 보완해 나갈 것을 약속드린다. 끝으로 이 책의 발간을 위해 지속적인 관심과 지원을 아끼지 않으신 학지사 김진환 사장님, 김은석 부장님, 단어, 문장, 문맥 등을 정성을 다해 수정해 주신 황미나 선생님, 바쁜 삶과 일정 속에서도 교재 내용의 PPT 작업을 세련되게 해 주신 신광현 교수님께 감사의 마음을 드린다.

2016년
윤치연

차 례

제 2 부 발달영역별 평가

제 1 부

진단평가의 이해와 절차

제 1 장 진단평가의 이해

학습목표

1. 진단평가의 정의와 필요성을 설명할 수 있다.
2. 진단평가의 목적과 다양한 방법을 설명할 수 있다.
3. 검사의 신뢰도 개념과 종류를 설명할 수 있다.
4. 검사의 타당도 개념과 종류를 설명할 수 있다.
5. 원점수와 네 가지 변환점수의 관계를 설명할 수 있다.

1 진단평가의 의의와 목적

1) 진단평가의 정의

■ 아동이 정상적으로 발달하고 있는지를 알기 위해서는 체계적인 진단평가가 필요하다. 진단평가란 무엇인가?

아동(consumer)의 발달이 정상적으로 이루어지고 있는지 혹은 지체되고 있는지 알아보려면, 또 어떤 장애를 지닌 특수교육 대상인지를 결정하려면 그 아동에 대한 많은 정보가 필요하다. 이러한 정보를 얻기 위해 부모 혹은 양육자와의 면접을 통해 아동에 관한 발달사를 알아보아야 하고, 아동을 직접 관찰하기도 하며, 여러 검사를 실시하여 아동의 발달, 인지, 인성, 지각, 적응 영역의 수준을 파악해야 한다. 이처럼 아동에 관한 다양한 정보를 모으고 분석하며 장애의 원인과 발달수준을 파악하고 특수교육대상 여부 혹은 장애 유무를 확인하여 미래의 중재 방향을 결정하는 과정을 **평가**(evaluation)라 하며, 이런 평가를 토대로 의학적 · 교육적 · 발달적 측면에서 장애 정도를 결정하여 치료 처방과 그 장애에 맞는 특정한 프로그램을 제공하도록 하는 절차를 **진단**(diagnosis)이라 한다. 이와 유사하게 **사정**(assessment)이라는 용어를 사용하고 있는데, 이는 의사결정을 위하여 학생에 관한 정보를 수집하는 과정을 말한다. 즉, 사정은 교수/중재 결정에 기초가 되는 폭넓은 정보를 체계적으로 수집하고 해석하는 과정이라 할 수 있다. 그러나 최근에는 **진단평가**(diagnostic evaluation)라는 용어를 폭넓게 사용하고 있는데, 이는 ① 아동(consumer)에 관한 정보를 체계적으로 수집하고 분석하여, ② 현재의 발달수준과 장애(문제)의 원인을 파악한 후, ③ 분류/배치는 물론 미래의 교육/중재 방향을 결정하는 전문과정이라 정의할 수 있다.

이처럼 진단평가와 관련된 용어들은 의미와 해석에 따라 다소 차이가 있지만 혼용되고 있다. 일반적으로 이러한 용어들은 〈표 1-1〉과 같이 정의할 수 있다.

표 1-1 진단평가 관련 용어

용 어	정 의
측정 (measurement)	어떤 도구(방법)를 통한 수와 양의 특성 파악
사정 (assessment)	측정된 수와 양의 질적인 의미를 파악하여 어떤 결정을 내리는 것, 즉 검사도구나 관찰 등의 다양한 방법을 통하여 정보를 수집하여 특정 결정을 하는 과정
평가 (evaluation)	사정 결과를 토대로 미래 중재 방향을 결정하는 총체적인 과정, 즉 수집된 정보를 토대로 판단을 내리고 해석하여 의사결정을 하는 과정
진단 (diagnosis)	다양한 평가를 통해 의학적 · 교육학적 · 발달적 측면에서 프로그램을 제공하도록 하는 절차
진단평가 (diagnostic evaluation)	정보를 체계적으로 수집하고 분석하여 현 상태와 장애(문제)의 원인을 파악한 후, 분류/배치는 물론 미래의 교육/중재 방향을 결정하는 전문 과정

■ 미국 「장애인교육법」과 우리나라의 「장애인 등에 대한 특수교육법」에서는 장애의 조기발견을 위해 어떤 조치를 취하고 있는가?

아동의 발달진단평가에 대한 중요성과 관심은 교육 및 치료 장면에서 날로 증대되고 있는데, 그 이유는 진단평가를 토대로 모든 중재서비스의 방향을 결정하기 때문이다. **미국 「장애인교육법**(Individuals with Disabilities Education Improvement Act: IDIEA)」(2004)에서는 적어도 한 명의 교사 혹은 장애 관련 전문가를 포함한 다학문적 팀을 통해 장애아동이라고 의심되는 아동을 반드시 평가하도록 명시하고 있다.

이 법에서는 장애아동을 정신지체, 청각장애(농 포함), 말/언어장애, 시각장애, 심한 정서장애, 정형외과적 장애, 자폐증, 외상성 뇌손상, 기타 건강장애, 학습장애 때문에 특수교육 및 관련 서비스 욕구를 지닌 아동으로 정의하고 있다(Pierangelo & Giuliani, 2006; Turnbull, 2005; Yell, Shriner, & Katsiyannis, 2006). 특히 이 법에서는 건강, 시각, 청각, 사회 및 정서 상태, 일반 지능, 학업 수행, 의사소통 상태 및 운동능력을 포함하여 의심되는 장애 관련 모든 영역을 평가하도록 규정하고 있다.

한편, 우리나라 교육부에서 2008년부터 시행하고 있는 「**장애인 등에 대한 특수교육법**」 제14조에서는 "교육장 또는 교육감은 영 · 유아의 장애 및 장애 가능성을 조기에 발견하기 위하여 지역주민과 관련 기관을 대상으로 홍보를 실시하고, 해당 지역 내 보건소와 병원 또는 의원에서 선별검사를 무상으로 실시하여야 한다."라고 규정하고, 제15조에서는 특수교육대상을 특수교육을 필요로 하는 사람으로 정의하고, 시각장애, 청각장애, 정신지체, 지체장애, 정서 · 행동장애, 자폐성장애(이와 관련된 장애 포함), 의사소통장애, 학습장애, 건강장애, 발달지체, 그 밖에 대통령령으로 정하는 장애 등을 포함시키고 있다(부록 2 참조).

2011년 보건복지부에서는 10대 유망 사회서비스 중 첫 번째로 **아동발달지원서비스**를 선정하여 각 지자체별로 시행하도록 하고 있는데, 2011년부터 서울, 부산, 인천 등에서는 신규 바우처 사업으로 아동발달지원 조기 선별서비스를 시행하기 시작하였다. 이 사업의 목적은 ① 발달문제가 우려되는 영·유아 아동(만 6세 미만)에 대한 발달검사를 통한 조기선별, ② 장애를 가질 가능성이 있는 아동에 대한 조기 발견과 개입을 통해 장애 예방 및 최소화 장치 마련, ③ 부모의 아동 발달 전반에 관한 이해 향상, ④ 상담서비스 시장 확충을 통한 전문인력 고용 창출 등이다. 이 사업은 각 지역에서 지자체별로 시행되고 있으나, 더 많은 예산을 편성하여 전국으로 확대하여야만 한다.

2) 진단평가의 목적

■ 아동 교육과 치료 장면에서 진단평가는 필수적이라 할 수 있다. 진단평가는 왜 실시해야만 하는가?

최근 장애 및 교육에 관한 법률을 보면 발달지체, 장애 혹은 장애 위험이 있는 아동을 조기에 발견하여 적절한 서비스를 제공하기 위해 법적·제도적 장치를 마련해 놓은 것은 진단평가가 교육과 치료 장면에서 얼마나 중요한지를 입증하는 것이라 할 수 있다. 일반적으로 발달진단평가의 목적으로는 다음과 같은 점들을 들 수 있다.

- 아동이 정상적으로 발달하고 있는지 혹은 지체되고 있는지를 파악해야 한다. 아동의 인지, 언어, 운동, 사회정서 등이 연령에 맞게 적절히 발달되고 있는지를 확인해야 한다.
- 아동의 강점 및 약점에 따른 효율적이고 효과적인 교육과 치료 방안을 제시해야 한다. 아동기 발달은 개인차가 크게 나타난다. 따라서 과학적이고 객관적인 방법을 통해 강점과 약점을 찾아 강점은 더 발전시키고 약점은 보완할 수 있는 조치를 취해야 한다.
- 조기발견을 통해 더 큰 문제나 장애를 예방하여야 한다. 여러 문제는 어릴 때 발생하는 경우가 많으며, 이런 문제를 방치할 경우 자칫 더 심각한 장애로 발전하게 된다.
- 아동의 특성에 따른 효과적 지원(support) 체계를 구축해야 한다. 아동이 가정과 기관(원)에서 잘 적응하기 위해서는 부모와 교사(치료사)가 협력체계를 갖추어 상호 협력해야 한다.

따라서 진단평가는 평가자 중심이 아닌 **아동 중심**(consumer-based)으로 이루어져야 하며, 교육과 임상 장면에서 어떤 중재를 제공하기 전에 제일 먼저 선행해야 할 과제이기도 하다.

3) 진단평가의 방법

■ 진단평가는 방법과 유형에 따라 어떻게 분류할 수 있는가?

진단평가는 모든 중재의 첫 번째 과정이기 때문에 정확하고 신중하게 이루어져야 한다. 흔히 진단평가는 과학적이고 객관적인 표준화 검사를 토대로 이루어지는데, 아동의 장애 및 문제는 복합성을 가지고 있기 때문에 한 가지 검사만으로 이해할 수 없다. 따라서 아동을 진단평가할 때는 장애 종류나 상태, 특성, 연령에 따른 적절한 검사를 실시하여야만 하고, 정확하게 채점하고 해석하여야 하며, 여러 가지 심리검사를 동시에 실시하여 개인의 역동성을 파악하여야 한다.

진단평가는 평가 방법과 유형에 따라 분류할 수 있다(〈표 1-2〉 참조). 먼저, 진단평가는 평가 방법에 따라 과학적 평가와 임상적 평가로 구분할 수 있다. 임상 및 상담 장면에서는 객관적이고 양적으로 평가하는 과학적 방법뿐 아니라, 평가자의 경험과 직관, 통찰에 의한 임상적 경험도 진단평가를 하는 데 중요한 수단이 되기도 한다. 즉, 이런 객관적이고 과학적인 방법과 임상적 경험을 토대로 진단평가가 이루어질 때 아동을 정확히 이해할 수 있으며, 적절한 중재서비스를 제공하는 원천이 되는 것이다. 또 평가유형은 전문성 정도에 따라 아주 다양하지만, 진단평가는 흔히 방법과 절차를 토대로 형식적 평가와 비형식적 평가로 구분할 수 있다. 형식적 평가는 실시요령, 채점, 해석 절차가 분명한 표준화된 규준검사를 이용하지만, 비형식적 평가는 표준화된 검사와는 달리 덜 구조화된 검사를 이용한다는 점에서 차이가 있다.

표 1-2 진단평가의 분류

분류			내용
진단 평가	방법	과학적 평가	객관적이고 표준화된 절차와 방법을 사용하는 평가
		임상적 평가	평가자의 직관, 통찰, 경험에 의한 평가
	유형	형식적 평가	실시요령, 채점, 해석 절차가 분명한 표준화 검사 이용
		비형식적 평가	면접, 관찰 등과 같은 덜 구조화된 방법 이용

■ 심리검사는 다양한 종류가 있는데, 어떻게 분류할 수 있는가?

심리검사는 측정내용에 따라 지능, 적성, 학습, 적응, 지각 등의 **능력검사**와 성격, 흥미, 동기, 자아개념, 태도, 가치관 등의 **성향검사**로 구분할 수 있다. 또 측정절차에 따라 구조화된 검사 과제를 이용하여 실시, 채점, 해석이 동일하도록 모든 형식과 절차를 엄격하게 통제한 **표준화 검사**(standardized test)와 과제가 비구조화되고 모호하고 다양한 반응을 허용하는 **투사적 검사**(projective test)로 구분된다. 뿐만 아니라 심리검사는 측정방법에 따라 시간 제한이 있는 **속도검사**(speed test)와 시간 제한이 없이 답할 수 있는 **역량검사**(power test)로, 해석방법에 따라 개인의 점수를 특정 집단의 점수와 비교하여 해석할 수 있는 **규준참조검사**(norm-referenced test)와 개인의 점수를 미리 정해진 준거점수와 비교하여 독립적으로 의미를 부여하는 **준거참조검사**(criterion-referenced test)로 분류할 수 있다(〈표 1-3〉 참조).

표 1-3 심리검사의 분류

분류			내용
심리검사	측정내용	능력검사	지능, 적성, 학습, 적응, 지각 등 능력에 관한 검사
		성향검사	성격, 흥미, 동기, 자아개념, 태도, 가치관 등 경향에 관한 검사
	측정절차	표준화 검사	구조화된 검사 과제를 이용한 객관화된 검사
		투사적 검사	과제가 비구조화되고 모호하고 다양한 반응을 허용한 검사
	측정방법	속도검사	시간 제한이 있는 검사
		역량검사	시간 제한이 없이 답할 수 있는 검사
	측정형식	지필검사	답안지와 같이 필기도구를 사용하는 검사
		동작검사	실제로 동작이나 작업을 해 보이는 작업검사
	실시방법	개별검사	개인별로 실시하는 검사
		집단검사	집단으로 실시하는 검사
	해석방법	규준참조검사	개인의 점수를 특정 집단의 점수와 비교하여 해석할 수 있는 검사
		준거참조검사	개인의 점수를 독립적으로 숙달 정도로 해석할 수 있는 검사

4) 교사 및 치료사의 역할과 자세

■ 교육과 임상 장면에서 진단평가사로서의 교사와 치료사는 어떤 역할을 해야 하는가?

문제나 장애는 뇌손상, 심리적 동기나 욕구, 정서적 · 정신적 문제, 사회환경적 영향, 생리적 · 유전적 요소 등의 복합적인 요인으로 인해 발생하므로, 단순히 아동의 현재의 태도나 행동을 보고 평가하기가 쉽지 않다. 따라서 교사 및 치료사는 평가과정에서 여러 평가 유형과 방법을 통해 가장 신뢰성 있고 타당한 자료를 수집하여 면밀하게 분석해야 한다. 또한 아동들의 복잡한 특성과 능력(capacities)을 평가하기 위해서는 포괄적인 학문적 접근이 필요하다. 즉, 한 아동이 지역사회에서 성공적으로 적응하도록 돕기 위해서는 **초학문적**(transdisciplinary) **평가**를 통해 현재 능력과 특수 욕구를 파악하여 구체적인 프로그램을 계획하고 적절한 중재서비스를 제공해야 한다(윤치연, 2011d). 그러기 위해서 교사와 치료사는 진단평가를 중요한 업무 중의 하나라고 생각하고 이에 대한 철저한 준비와 체계적인 훈련을 받아야 하며, 다음과 같은 역할을 해야 한다.

- 기관(원)의 아동을 정확히 이해하기 위해서는 아동의 발달사 정보를 수집하여야 한다. 임신 중, 출생 시, 영 · 유아기의 발달과정을 파악함으로써 문제나 장애의 위험요인(at risk)을 찾아야 한다.
- 아동 발달에 가장 큰 영향을 주는 가정환경을 파악하여야 한다. 부모의 양육 태도, 병력, 사회경제적 지위, 부부관계, 형제관계 등의 정보도 아동을 이해하는 중요한 요소가 된다.
- 아동의 여러 기능을 측정하기 위해 여러 가지 심리검사를 실시할 수 있어야 한다. 연령은 물론 문제나 장애 특성에 따른 다양한 검사 중에서 어떤 검사를 선택하여 실시할 것인지, 어떻게 채점하고 해석하는지를 숙지하고 있어야 한다.
- 문제나 장애에 관한 전문적인 지식을 습득해야 한다. 최근 미국정신의학회(American Psychiatric Association: APA)에서 출간한 『정신질환의 진단 및 통계 편람(Diagnostic and Statistical Manual of Mental Disorders 5th Edition: DSM-5)』(2013) 등 장애 관련 진단기준 및 특성을 숙지하여야 한다(제10장 참조). 문제나 장애는 아는 만큼 볼 수 있기 때문이다.
- 진단평가를 통해 아동의 문제해결 방안을 제시할 수 있어야 한다. 예를 들면 아동이 발달지체 혹은 주의력결핍 과잉행동장애(ADHD)의 가능성이 있다고 판단되면, 어떤 중재(교육, 치료, 상담 등)서비스를 제공할 것인지를 찾아야 한다. 더 나아가 또 다른 전문가에게 안내하여 아동이 가장 효과적이고 효율적인 서비스를 받을 수 있도록 해야 한다.

진단평가는 퍼즐 맞추기 과정과 같다. 여러 전문가가 협력하여 아동의 능력과 특성을 파악해야 한다. 더 나아가 그 아동에게 가장 적절한 중재서비스를 제공해야 한다.

2 진단평가를 위한 심리사회 모델

■ 심리사회란 아동의 특성 및 아동을 둘러싸고 있는 모든 환경을 의미한다. 각 영역마다 어떤 정보를 수집해야 하는가?

아동 발달은 개인 특성 및 환경의 영향을 크게 받는다. 따라서 아동을 이해하기 위해서는 현재 아동의 행동뿐 아니라 아동의 주변 환경에 대한 정보를 파악하여야 한다. 최근 많은 학자는 [그림 1-1]에 제시되어 있는 진단평가를 위한 **심리사회 모델**(psychosocial model)을 강조하는 경향이 있다.

- 이 모델의 가장 안쪽 원은 아동에 관한 정보로, 인지, 사회정서, 언어, 지각-운동 및 기초학습 등 행동발달영역에 관한 평가영역이다. 아동에게 형식적 검사와 비형식적 검사를 실시할 수 있고, 가정, 유치원, 학교, 병원, 놀이방 등에서 행동을 관찰할 수 있다. 또 가족이나 양육자를 통해 이 영역에 관한 과거와 현재의 수행 상태를 알아볼 수도 있다.
- 두 번째 원은 소가족에 관한 정보다. 부모, 한부모, 계부모, 양육 부모, 형제 등에 초점을 맞춘다. 아동의 발달을 위한 가족의 노력, 욕구, 장점 등을 파악하고, 가족의 구조나 역동성을 알아보기 위해 형식적 혹은 비형식적 면접법을 이용할 수 있다.
- 세 번째 원은 대가족에 관한 정보다. 대가족은 아동을 양육하는 가족의 스트레스에 대처하는 데 중요한 역할을 한다. 가족 면접 시 가족 지원의 유형 및 질에 대한 정보를 알아보아야 한다.
- 네 번째 원은 친구(또래관계)에 대한 정보다. 아동이 상호작용을 하는 또래, 친구 등에 관한 정보를 알아보아야 한다. 또한 아동이 그들과 관계를 형성하거나 상호작용하는 방법 등을 알아보아야 한다.
- 다섯 번째 원은 시설과 기관에 관한 정보다. 인근 지역에 특별한 서비스를 제공하는 시설이나 기관, 학교가 있는지를 알아보아야 한다. 즉, 아동이 살고 있는 지역에 이용할 만한 공교육이나 사설 기관이 있는지를 알아보아야 한다.
- 가장 바깥 원은 문화/정책과 관련된 정보다. 최근 인터넷 중독, 모바일 중독, 게임 중독 같은 문화와 관련된 요인뿐만 아니라 「장애인복지법」 「장애인 등에 관한 특수교육법」 등 장

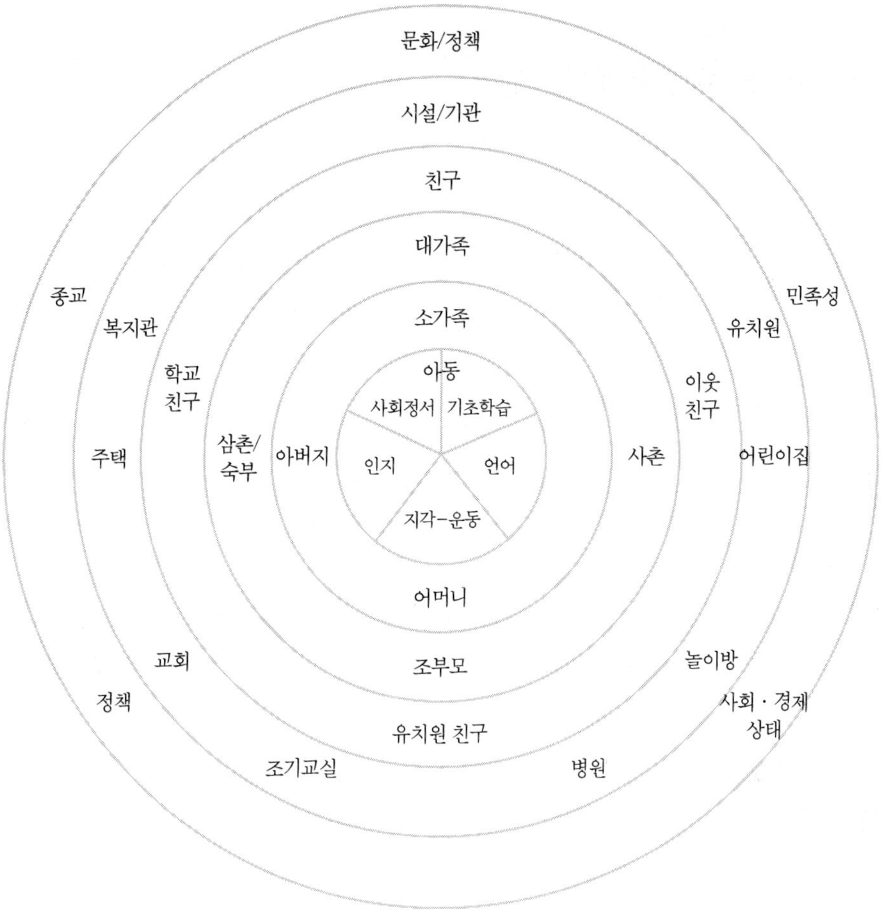

[그림 1-1] 진단평가를 위한 심리사회 모델

애나 정신건강 관련 법에 대해서도 숙지하고 있어야 한다. 즉, 아동과 관련된 국가의 복지 정책 및 서비스 유형, 경제적 지원 및 혜택 등을 알아보아야 한다.

3 진단평가를 위한 통계적 개념

■ 네 가지 유형의 측정척도는 무엇인가? 그리고 그것들은 어떻게 다른가?

1) 측정척도

일반적으로 측정척도는 측정하고자 하는 내용에 따라 명명척도, 서열척도, 등간척도, 비율척도 등 네 가지로 구분된다.

(1) 명명척도

명명척도(nominal scale)는 가장 간단하고 기본적인 측정의 형태로 범주형 자료다. 이는 여러 가지 독립적인 범주 내에 할당하여 각 범주 안에서의 발생 빈도를 세는 것이다. 이때 범주는 수량화하는 특징을 지니지 않고 사물을 구분하는 특징만을 지닌다. 예로서 검사채점체계를 들 수 있는데, 인물화 검사에서 '손이 그려져 있다.'와 같은 각 검사 반응은 '형태' '위치' 등의 인위적 범주로 재분류되고, 이러한 범주는 검사 상황에서만 의미가 있게 된다. 또 다른 예로 학교에 다니는 남아 혹은 여아 등의 인원수(nose counting)도 이 척도에 해당된다.

(2) 서열척도

서열척도(ordinal scale)는 '높은 것에서 낮은 것까지' '작은 것에서 큰 것까지' '적은 것에서 많은 것까지'와 같이 반응의 양적 순서를 매기는, 즉 반응을 서열화하는 척도다. 예를 들면, 수행의 적절성이라는 차원에 따라 문항에 대한 응답이 '1' 매우 미흡함, '2' 미흡함, '3' 보통임, '4' 능숙함, '5' 매우 능숙함으로 채점될 수 있다. 이 척도는 흔히 **평정척도**(rating scale)로 불리고 있으며, 많은 검사는 3점, 4점, 5점, 7점 등의 서열화를 통해 개인의 심리적 속성을 측정하고 있다.

(3) 등간척도

등간척도(interval scale)는 서열척도의 속성에 척도상의 점수 간 간격이 같다는 특성이 추가된 척도다. 이 척도에서는 점수 간 거리가 의미가 있다. 즉, '1'과 '3'의 차이는 '1'과 '2'의 차이의 두 배가 된다. 이 척도에서는 영점(0)이 인위적으로 결정되기 때문에 측정되는 속성이 전혀 없음을 의미하는 것은 아니다. 즉, 등간척도라 볼 수 있는 학업성취검사에서 '0점'이라는 점수는 능력이 전혀 없음을 의미하지 않는다.

(4) 비율척도

절대적인 0점을 가진 척도를 **비율척도**(ratio scale)라고 한다. 예를 들면 높이나 무게를 측정하는 척도는 비율척도다. 왜냐하면 척도상의 0점은 높이가 없거나 무게가 없음을 나타내기 때문이다. 일상적인 예에서 수입이나 수행 시간, 나이 등은 절대 0점을 가진다.

2) 신뢰도와 타당도

■ 심리검사는 신뢰도와 타당도가 높아야 한다. 신뢰도와 타당도는 검사점수들 간의 관계성을 파악하는 것을 의미한다. 그러면 신뢰도와 타당도는 어떤 관계성을 알아보는 것이며, 그 유형에는 어떤 것들이 있는가?

(1) 신뢰도

신뢰도(reliability)란 측정도구가 측정하고자 하는 것을 일관성 있고 정확하게 측정해 주는 정도를 말한다. 예를 들면, 검사의 조건이나 일시적인 상황, 검사자 등이 달라져도 진정한 차이를 가려낼 수 있는 검사라면 신뢰할 만한 검사라고 할 수 있다. 즉, 어떤 측정도구로 여러 다른 시기에 반복 측정을 하였을 때 나오는 결과 간의 일치 정도가 높을수록 신뢰할 만하다고 할 수 있다.

그러나 같은 대상을 반복 측정하였을 때 항상 같은 측정치를 얻을 수는 없고 오차가 포함되기 마련이다. 오차는 그 원인에 따라 측정도구로부터 기인하는 오차, 피검자로부터 오는 오차, 검사 상황과 검사자로부터 오는 오차 등으로 구분할 수 있다. 이런 오차에는 시간의 경과에 따른 개인의 변화, 일시적으로 일어나는 변화, 과제에 따른 개인의 반응 경향 등이 포함된다. 일반적인 신뢰도 계수의 계산방법은 동일하지만 그 추정하는 방법에 따라 몇 가지 다른 유형의 신뢰도 계수를 사용할 수 있다.

① 안정성 계수

안정성 계수는 **검사-재검사**(test-retest) **신뢰도**라고 불리며, 동일한 측정도구를 다른 두 시기에 같은 집단에게 실시하고 그 두 시기에 얻어진 결과 간의 상관계수를 구하여 신뢰도 계수로 삼는 것이다. 안정성 계수는 같은 검사를 두 번 실시하게 되므로 검사 실시를 통한 경험과 학습 효과로 신뢰도 계수가 좀 높아지는 경향을 보이게 된다. 또한 검사 실시 시기의 차이에도 영향을 받게 되는데, 이 시기가 길수록 신뢰도 계수는 낮아지는 경향을 보인다.

② 동형검사 계수

동형검사 신뢰도는 유사한 측정도구인 동형검사를 실시하여 그 두 검사 결과 간의 상관계수를 구하여 신뢰도 계수로 삼는 방법이다. 이것은 검사-재검사 신뢰도에 비하여 검사 문항이 다르므로 학습 효과의 영향이 없다. 그러나 문제 표집에 따른 오차를 포함하게 된다.

동형검사란 같은 대상에게 실시했을 때 같은 결과가 기대되는 두 개의 검사를 말한다. 문제의 형태는 같지만 과제의 내용이 다른 검사들이다. 즉, 동일한 특성을 재는 문항들 중에서 다른 내용이 표집되어 있음을 의미한다. 동형검사 계수는 시기에 따른 안정성 이외에도 검사도구 자체에 의한 오차도 포함하게 되므로 상관계수가 낮아지는 경향이 있다. 그러나 이 방법으로 구한 신뢰도 계수가 높다면 그 검사는 신뢰성 있는 측정도구라고 간주할 수 있다.

③ 내적 합치도 계수

검사-재검사 신뢰도나 동형검사 신뢰도에서와 같이 두 번 이상 검사를 실시해야 하는 번거로움 없이 한 번에 신뢰도를 추정할 수 있는 방법으로 **내적 합치도 계수**가 있다. 내적 합치도를 산출하는 방법에는 몇 가지가 사용되고 있는데, 그중 하나는 단일 척도를 두 개의 검사로 나누거나 검사 결과를 동등하게 두 부분(짝수 문항/홀수 문항)으로 나누어 그 두 부분의 점수의 상관계수를 구하는 반분(split-half)신뢰도가 있다. 반분신뢰도는 일종의 동형검사 신뢰도로서 문항 간의 일치 정도를 알아보기 위한 것으로 시간상의 안정성을 측정해 주지는 못한다. 또한 검사를 두 부분으로 나누어 신뢰도 추정치를 산출하게 되므로 단일의 추정치를 산출하지 못한다. 즉, 반분하는 방법에 따라 신뢰도 계수가 달라진다. 이러한 점을 극복하고 **내적 합치도**를 보다 정확하게 측정하기 위해 만들어진 공식으로 **크론바흐**(Cronbach) α **계수**가 있다. 이 계수는 검사 문항 하나하나를 한 개의 독립된 검사로 생각하고 각 문항 간의 합치성과 일치성을 종합하기 때문에 동질성 계수라고도 부른다.

(2) 타당도

타당도(validity)란 검사가 측정하고자 하는 것을 얼마나 바르고 충실하게 측정하는가의 정도를 말한다. 흔히 검사에서 신뢰도에는 큰 관심을 보이면서 타당도는 소홀히 넘기는 경향이 있는데, 측정도구에서 타당도는 매우 기본적이고 중요한 측면이다. 즉, 측정도구가 의도했던 특성이나 변인을 확신할 수 없다면 그 측정도구의 가치는 없어질 것이다.

검사가 측정하고자 하는 것은 원래 검사 제작자가 결정하게 된다. 측정대상의 특성, 즉 지능이나 성격, 적성 등은 추상적인 것이므로 조작적 정의를 활용하여 수량화하는 방법을 찾게 된다. 일반적으로 흔히 쓰이는 타당도에는 내용타당도, 구인타당도, 예언타당도, 공존타당도 등이 있다.

① 내용타당도

내용타당도(content validity)는 검사도구가 의도하는 바의 내용을 정확히 측정하고 있는가에 대한 직접적인 근거를 찾아 준다. 주로 그 분야의 전문가의 판단자료에 의존하며, 직접적인 관찰이나 내용 분석을 통해서 구하기도 한다. 내용타당도의 일례로, 학력검사가 얼마나 주어진 교과목표를 충실히 측정하고 있는가를 전문가가 판단했을 때 특히 교과타당도라고 부르기도 한다.

② 구인타당도

구인타당도(construct validity)는 측정하려는 특성의 내용 또는 구성개념에 따라 타당도를 결정하는 것을 말한다. 이것은 측정하려는 내용(개념)의 정의와 실제로 측정되고 있는 개념이 일치하는 정도를 본다. 다시 말하면, 측정도구의 구인타당도란 심리학적 이론을 구성하고 있는 구성개념들을 얼마나 잘 측정하고 있느냐의 정도를 말한다.

③ 예언타당도

예언타당도(predictive validity)는 한 검사가 미래의 능력이나 성취를 어느 정도 예언하는가를 말한다. 예를 들면, 유치원 때 실시한 읽기검사의 결과가 2~3년 후 초등학교에서의 국어점수와 상관이 높다면 이 읽기검사는 국어점수에 대한 예언능력이 높기 때문에 예언타당도가 높다고 말할 수 있다.

④ 공존타당도

공존타당도(concurrent validity)는 한 검사를 다른 상황에서 대신 활용할 수 있을지의 여부를 말해 준다. A형의 지능검사와 A형의 어휘검사를 동시에 실시하여 두 검사 결과 간의 상관이 매우 높게 나타났다면 지능검사 대신 어휘검사를 사용할 수 있다.

3) 원점수와 변환점수

■ 원점수는 그 자체로는 해석하기가 곤란하다. 따라서 해석할 수 있는 점수로 전환하여야 하는데, 이를 변환점수 혹은 전환점수라고 부른다. 네 가지 변환점수는 무엇이고, 어떤 목적으로 사용되고 있는가?

(1) 원점수

검사 수행을 통해 직접적으로 얻은 최초의 점수를 **원점수**(raw score)라고 말한다. 가장 공통적으로 사용되는 원점수는 정답한 문항의 수다. 그러나 오답의 수, 다양한 문항에 대한 점수의 합, 문항 수행 소요 시간, 평정 등과 같은 다른 척도들도 사용될 수 있다.

대부분의 검사는 여러 문항으로 구성되어 있고, 다양한 문항점수를 합하여 원점수를 구한다. 이와 같이 여러 개의 개별 점수를 합하여 얻은 점수를 종합점수(composite score)라고 한다. 검사에서는 몇 가지 유형의 종합점수가 사용되는데, 모든 문항의 점수를 하나로 합하여 얻는 **전체점수**(total score), 특정 문항군에 대한 점수들만 합하여 얻는 **하위검사 점수**(subtest score) 등이 있다. 그러나 이러한 원점수는 그 자체만으로는 해석하기가 곤란하다. 즉, 원점수는 문항의 난이도에 따라 달리 나오므로 수행 정도를 판단하기가 어렵다.

(2) 변환점수

원점수는 그 자체로는 어떤 판단을 내리기가 곤란하다. 검사가 명백히 정의된 영역을 다루고 수행의 절대 표준이 있을 때만 원점수는 의미를 갖는다. 따라서 원점수는 비교집단의 점수 혹은 어떤 산출이나 준거에 의해 제시된 표준과 비교되어야 한다. 즉, 원점수를 다른 척도로 변환시키는 과정이 요구된다. 새로운 점수는 통계적 변환에 의해서 유도되는 것이기 때문에 **변환** 혹은 **전환 점수**(transformed score)라고 한다. 이러한 변환점수로는 주로 백분위, 표준점수, 척도점수, 발달점수 등이 가장 일반적으로 사용되고 있다.

① 백분위

검사점수를 나타내는 방법 중 가장 널리 사용되는 것은 **백분위**(percentile rank)로 상대적 서열이나 순위를 알기 위해 사용된다. 어떤 점수의 백분위는 규준집단에서 그 점수보다 낮은 점수를 얻은 사람들의 백분율로 정의된다. 예를 들면, 한 아동이 영어 시험에서 원점수 40을 얻었고 이 원점수를 백분위로 변환했을 때 85였다면, 집단 내 85%의 아동이 이 아동보다 낮은 점수를 얻었다고 해석할 수 있다. 백분위 점수는 간단명료하고, 이해하기가 용이하며, 많은 경우 집단 내의 서열을 아는 것만으로도 평가할 수 있는 유의한 지수가 될 수 있다.

② 표준점수

백분위는 해석이 용이한 반면 점수를 통계적으로 분석하거나 점수들 사이에 어떤 비교를 할 경우에는 유용하지 않다. 백분위가 서열점수만을 제시하며, 백분위와 원점수 간의 관계가 척도상의 모든 위치에서 동일하지 않기 때문이다. 이러한 경우 원점수를 **z점수**나 **T점수**라는 **표준점수**(standard score)로 변환하게 된다. 이러한 표준점수는 원점수가 정상인지 혹은 비정상인지를 알기 위해 사용된다. 따라서 정규분포곡선, 표준편차(SD, δ, 시그마), 평균(M, mean)과 변환점수들 간의 관계를 알아야만 한다. **정규분포곡선**(normal distribution curve)에서는 평균을 중심으로 ±2 표준편차를 벗어나면 비정상 범주로 해석한다([그림 1-2] 참조).

- z점수

z점수는 원점수 평균으로부터의 편차를 표준편차의 단위로 나타낸 것으로 주로 발달검사나 언어검사에서 사용된다. 원점수를 z점수로 전환하는 공식은 다음과 같다.

$$z = \frac{X-M}{SD} \quad (X = \text{원점수},\ M = \text{평균},\ SD = \text{표준편차})$$

각 점수에서 원점수들의 평균을 빼기 때문에 z점수의 평균은 0이 되고, 각 편차점수는 표준편차로 나뉘기 때문에 z점수의 표준편차는 1이 된다. z점수의 부호(+, −)는 원점수가 평균 이상인지 이하인지를 말해 주며, 정규분포에서 z점수의 범위는 대략 −3.0에서 +3.0 표준편차의 범위를 가진다.

- T점수

z점수는 소수 및 음의 값을 가진다. 따라서 이런 문제를 해결하기 위해 평균값을 다르게 변환한 점수가 T점수로, 주로 인성이나 행동 관련 검사에서 사용된다. **T점수**는 평균을 50, 표준편차는 10으로 변환시킨 점수인데, 정규분포에서 대략 20~80의 범위를 가진다. z점수를 T점수로 전환하기 위하여 다음과 같은 공식을 이용한다.

$$\text{전환점수} = M + z(\text{SD})$$

$$\text{즉, } T = 50 + 10z$$

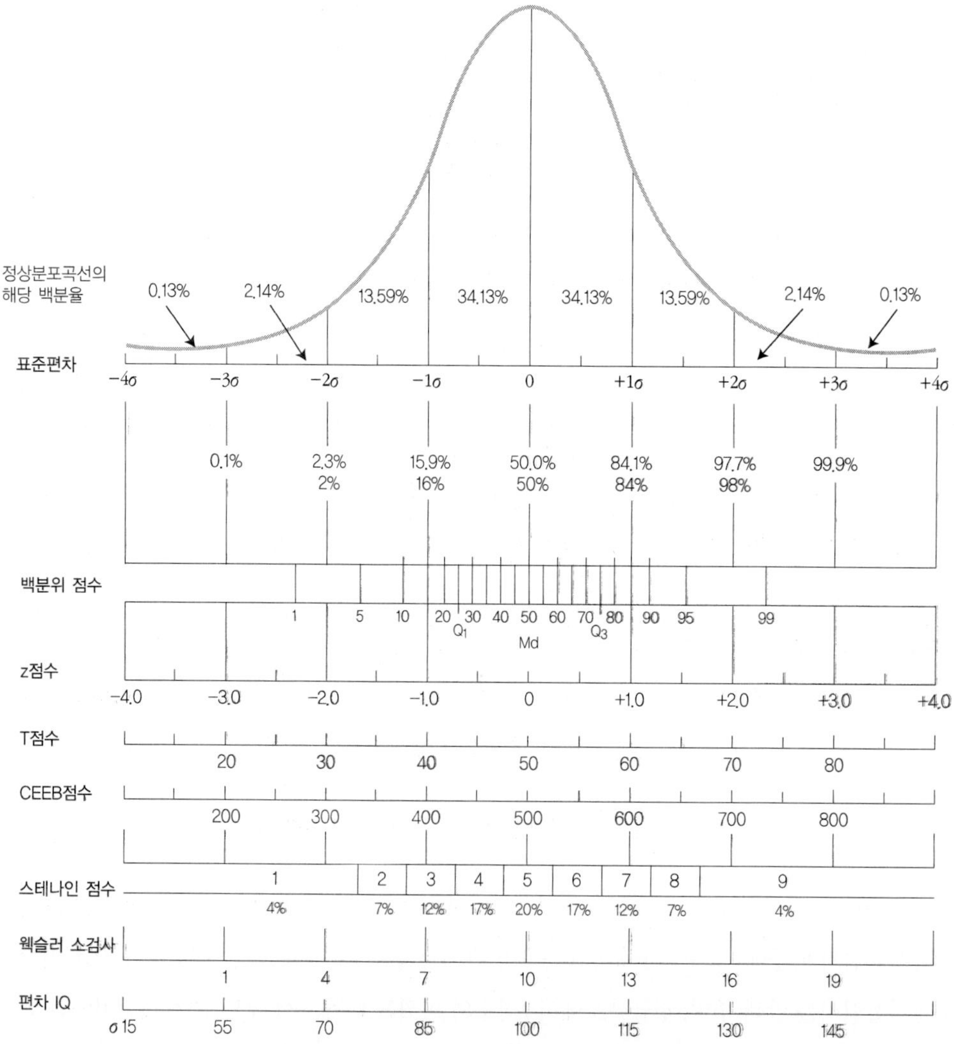

[그림 1-2] 정규분포곡선과 변환점수들 간의 관계

출처: Aiken & Gary (2006).

원점수를 변환하여 +1.0의 z점수를 얻었다면 이는 T점수 60과 동일하며, 두 점수 모두 원점수가 평균에서 1 표준편차 많음을 나타내는 것이다.

- 편차 Q점수

흔히 사용되는 또 다른 표준점수는 **편차 Q점수**인데, 전반적인 수준을 알기 위해 사용된다. 편차 Q점수는 평균을 100, 표준편차를 15로 변환시킨 점수다. z점수를 편차 Q로 전환하기 위하여 앞의 공식[전환점수 = $M + z(SD)$]을 이용한다. 즉, 편차 Q점수 = 100 + 15z다. 예를 들어, 어떤 아동이 −2의 z점수를 얻었다면, 편차 Q점수는 70이다[편차 Q = 100 + {15 × (−2)}].

③ 척도점수

아동을 평가하기 위해 사용되는 많은 검사는 전체검사를 구성하는 여러 하위검사를 가지고 있다. 이런 하위검사들의 원점수는 흔히 **척도점수**(scale score)로 변환되는데, 이는 하위척도들의 수준이나 범위를 파악하기 위해 사용된다. 대부분의 척도점수는 1에서 19까지의 범위를 가지며, 평균은 10이다. 척도점수는 〈표 1-4〉와 같이 분류할 수 있다. 예를 들어 어떤 아동이 읽기 하위검사에서 척도점수가 7이었지만 수학 하위검사에서는 13을 얻었다면, 이는 규준집단과 비교해 볼 때 읽기보다는 수학이 훨씬 나은 수행을 보이고 있다는 것을 의미한다.

표 1-4 점수 범위, 척도점수 및 지수와의 관계

범 위	영문 표기	척도점수	지수(Q)
최우수	very superior	17~19	130+
우수	superior	15~16	120~129
평균상	above average	13~14	110~119
평균	**average/moderate**	**8~12**	**90~109**
평균하	below average	6~7	80~89
저조	severe retarded	4~5	70~79
최저조	profound retarded	1~3	69

④ 발달점수

아동들의 지적 능력이나 기능, 특성들은 시간의 경과에 따라 체계적으로 발달한다. 개인의 현재 수행을 다른 아동들의 평균 수행과 비교할 수 있도록 변환하는데, 그 점수를 **발달점수**(developmental score)라 부른다. 일반적으로 사용되고 있는 발달점수로는 **등가연령점수**(age equivalent score)와 **학년점수**(grade equivalent score)를 들 수 있다. 등가연령점수는 보통 연, 월의 단위로 제시된다. 예를 들어, 원점수를 변환한 등가연령점수가 8.5라면, 이 아동은 8세 6개월 된 평균 아동과 같은 수준으로 수행했음을 나타낸다. 등가연령점수는 기능이 연령에 따라 체계적으로 변화할 경우 간단하고 해석이 용이한 장점이 있으나, 발달 비율이 연령에 따라 다를 경우는 연령 간 성장의 차이 때문에 해석이 곤란할 수도 있다. 한편, 학년점수는 동일 학년의 아동 수행을 비교하기 위해 사용된다. 3.5라는 학년점수는 3학년 6개월의 평균 학생처럼 수행하는 것을 의미한다.

■ 네 가지 변환점수는 무엇이고, 어떤 목적으로 사용되고 있는지를 다시 정리해 보자(〈표 1-5〉 참조).

표 1-5 원점수와 변환점수의 관계 요약

종 류		설 명
원점수		검사를 통해 직접 얻은 점수로 해석하기 어려움
변환점수	백분위	자기 점수보다 낮은 점수를 얻은 사람들의 백분율로 상대적 서열을 알 수 있음
	표준점수	원점수를 일정한 단위로 변환하여 정규분포곡선상에서 평균, 표준편차로 나타낸 것으로, 정상과 비정상을 판단할 수 있으며 z점수(언어검사, 발달검사), T점수(인성검사, 행동검사), 편차 Q점수 등이 있음
	척도점수	하위척도(검사)들의 원점수를 1~19범위로 전환한 점수로 척도의 범위나 수준을 알 수 있음
	발달점수	가장 많이 사용되는 발달점수는 등가연령으로, 현재 연령과 비교할 수 있음

4) 정상과 비정상을 판단하는 기준

■ 정상(normal) 혹은 비정상(abnormal), 일반(general) 혹은 특수(special)를 구분하는 세 가지 판단 기준은 무엇인가?

어떤 행동이나 심리적 속성이 정상(normal) 혹은 비정상(abnormal), 일반(general) 혹은 특수(special)인지를 결정하는 일은 쉽지가 않다. 즉, 주관적인 정상이 객관적으로는 비정상이 될 수 있고, 객관적인 정상이 주관적으로는 비정상이 될 수도 있다. 따라서 정상과 비정상을 절대적 기준으로 양분할 수 없기 때문에 하나의 연속 선상에서 상대적으로 이해하여야 하며, 질적이고 객관적인 평가를 통해 결정하는 것이 바람직하다. 일반적으로 정상과 비정상을 구분하는 기준은 다음의 세 가지 유형이 있다(〈표 1-6〉 참조). 즉, 어떤 점수가 평균에서 벗어난 정도, 평균에서 ±2 표준편차를 벗어난 정도로 판단하는 **통계적 기준**, 특수성의 근본적인 몇 가지 기질적 또는 기능적 원인에 초점을 맞추어 분류하는 **병리적 기준**(DSM, ICD) 그리고 사회적 통념, 사회적 상식과 가치로 판단하는 **사회문화적 기준**이 있다.

표 1-6 정상과 비정상의 판단 기준

기 준	설 명
통계적 기준	평균에서 이탈된 정도, 즉 평균에서 ±2 표준편차를 벗어난 정도로 정상과 비정상으로 판단(통계학적 기준)
병리적 기준	특수성의 기질적 · 기능적 원인으로 진단(DSM/ICD)
사회문화적 기준	사회적 통념, 상식과 가치로 결정(사회가치적 기준)

학습과제

1. 아동이 정상적으로 발달하고 있는지를 알기 위해서는 체계적인 진단평가가 필요하다. 진단평가란 무엇인지를 설명하라.

2. 미국의 「장애인교육법」과 우리나라의 「장애인 등에 대한 특수교육법」에서는 장애의 조기발견을 위해 어떤 조치를 취하고 있는지를 설명하라.

3. 아동 교육과 치료 장면에서 진단평가는 필수적이라 할 수 있다. 진단평가는 왜 실시해야만 하는지를 설명하라.

4. 진단평가는 방법과 유형에 따라 어떻게 분류할 수 있는지를 설명하라.

5. 심리검사는 다양한 종류가 있는데, 어떻게 분류할 수 있는지를 설명하라.

6. 교육과 임상 장면에서 진단평가사로서의 교사와 치료사는 어떤 역할을 해야 하는지를 설명하라.

7. 심리사회란 아동의 특성 및 아동을 둘러싸고 있는 모든 환경을 의미한다. 각 영역마다 어떤 정보를 수집해야 하는지를 설명하라.

8. 네 가지 유형의 측정척도는 무엇인가? 그리고 어떻게 다른지를 설명하라.

9. 심리검사는 신뢰도와 타당도가 높아야 한다. 신뢰도와 타당도는 검사점수들 간의 관계성을 파악하는 것을 의미한다. 그러면 신뢰도와 타당도는 어떤 관계성을 알아보는 것이며, 그 유형에는 어떤 것들이 있는지를 설명하라.

10. 원점수 자체로는 해석하기가 곤란하다. 따라서 해석할 수 있는 점수로 전환하여야 한다. 그 점수를 변환점수 혹은 전환점수라고 부른다. 네 가지 변환점수의 종류와 사용 목적을 설명하라.

11. 정상(normal) 혹은 비정상(abnormal), 일반(general) 혹은 특수(special)를 구분하는 세 가지 판단기준을 설명하라.

핵심 용어

사정(assessment)
평가(evaluation)
진단(diagnosis)
진단평가(diagnostic evaluation)
「장애인 등에 대한 특수교육법」
표준화 검사(standardized test)
투사적 검사(projective test)
규준참조검사(norm-referenced test)
준거참조검사(criterion-referenced test)
심리사회 모델(psychosocial model)
초학문적(transdisciplinary) 평가
서열척도(ordinal scale)
평정척도(rating scale)
신뢰도(reliability)
타당도(validity)
변환/전환점수(transformed score)
백분위(percentile rank)
표준점수(standard score)
척도점수(scale score)
발달점수(developmental score)
정규분포곡선(normal distribution curve)
z점수
T점수
편차 Q점수
통계적 기준

제 2 장

진단평가의 절차

학 습 목 표

1. 진단평가의 3단계 절차를 설명할 수 있다.
2. 부모/양육자를 통한 구조화된 면접을 실시할 수 있다.
3. 아동에게 준구조화 면접 및 구조화 면접을 실시할 수 있다.
4. 진단평가 영역별 다양한 심리 · 교육 · 진단용 검사의 유형을 설명할 수 있다.
5. 면접, 행동관찰, 심리검사 결과 등을 토대로 진단평가보고서를 작성할 수 있다.

■ 아동을 진단평가할 때 초학문적 접근이 필요한 이유는 무엇인가?

아동은 신체적으로나 정신적으로 계속해서 성장하는 발달도상에 있다. 그러므로 아동이 보이는 문제나 장애를 정확하게 진단평가하기 위해서는 의학적 · 심리학적 · 교육학적 · 사회학적 및 발달적 측면 등 **초학문적 접근**(transdisciplinary approach)을 취해야 한다. 한 가지 측면만을 강조하다 보면 편협되고 부분적인 정보만을 얻게 되어 전체로서의 아동을 이해하기가 쉽지 않기 때문이다.

아동의 문제를 다루는 여러 학문(예: 아동학, 의학, 심리학, 특수교육학, 사회사업 등)은 그 문제에 대해 각기 객관적이고 공식적이지만, 상이한 접근방법과 도구를 사용한다. 따라서 문제를 보는 관점과 사용하는 도구가 각기 달라서 평가자들의 견해가 일치하지 않을 수도 있다. 그러나 평가자들의 견해가 무엇이든지 간에 아동은 물론 아동을 둘러싼 초학문적 관점에서 종합적인 평가가 이루어질 때 그 아동을 이해하고 문제를 해결하는 적절한 중재방안을 결정할 수 있다.

■ 아동을 진단평가할 때 과학적 방법과 임상적 경험 모두 중요한 이유는 무엇인가?

아동의 발달 및 문제를 파악하는 평가과정은 매우 복잡하다. 종종 그것은 그 아동의 여러 가지 기능 측면의 평가를 포함하기 때문이다. 평가는 또한 상당한 기술과 민감성을 요하는 과정이다. 따라서 평가자는 특정한 절차와 검사도구를 실시하고 해석하는 데 대하여 세심하게 훈련받아야 한다.

일반적으로 아동에 대한 평가방법에는 객관적이면서 양적으로 개인의 행동을 평가하는 **과학적 평가**(scientific evaluation)와, 보다 깊은 심리적 현상을 평가자의 경험과 직관, 통찰에 의해 평가하는 **임상적 평가**(clinical evaluation)를 들 수 있다. 사실상 문제행동은 객관적인 심리측정법에 의해 완전히 평가될 수 없기 때문에 숙련된 임상적 관찰과 직관에 의한 평가도 중요시해야 한다. 그러나 임상적 경험은 그 주관성을 완전히 배제하기 어려우므로 객관적이고 과학적인 방법을 병행하여 아동을 평가하는 것이 바람직하다.

■ 진단평가의 3단계 일반 절차는 무엇인가?

아동과 부모가 기관이나 시설에 처음 찾아왔을 때, 평가자가 어떻게 면접을 시작하고 어떠한 검사도구들을 실시하며 그 결과를 어떻게 전달할 것인지에 관한 절차를 알아보고자 한다. 이러한 절차는 **정보수집**, **심리검사 실시**, **보고서 작성**의 3단계로 구분할 수 있다.

1 정보수집 단계

■ 일차적인 정보수집 단계에서 정보를 수집하는 방법에는 어떠한 것들이 있는가?

평가과정은 일차적으로 다양한 정보를 수집하면서 시작된다. 이러한 정보들은 보호자와의 초기 면접, 아동에 대한 직접적인 행동관찰 및 그 아동과의 면접을 통해 얻을 수 있다. 정보를 가장 효율적이고 체계적으로 수집할 수 있는 방법은 **준구조화 면접**(semi-structured interview) 혹은 **구조화 면접**(structured interview)을 이용하는 것인데, 각 기관의 특성과 평가대상에 따라 적절하게 제작 혹은 변경하여 사용하는 것이 바람직하다.

1) 초기 부모면접

■ 초기 부모면접에서 가능한 한 많은 정보를 수집해야 하는 이유는 무엇인가?

아동에 대한 진단평가는 아동에 대한 정확한 정보를 수집하면서 시작된다. 이를 위한 **초기 면접**(intake)은 가장 먼저 보호자와의 면담을 통해서 이루어지는데, 평가자가 자료를 많이 얻으면 얻을수록 마지막 분석에서 정확한 진단 및 추론을 유도하기가 쉽다. 부모와의 체계적인 면접은 아동의 다중 평가를 위한 중요한 과정으로, 아동 발달과 가족환경 등에 관한 배경 정보를 수집할 수 있다. 또한 평가자는 초기 면접 시 부모가 아동의 문제를 자각할 수 있도록 도와주어야 하며, 이는 발달 진단은 물론 미래의 중재 방향에 대한 의사결정을 하는 데 도움이 된다.

■ 그러면 부모와의 초기 면접에서 얻을 수 있는 정보는 무엇인가?

부모와의 초기 면접에서는 다음과 같은 정보를 얻을 수 있다.

- 아동 문제 및 부모가 그 문제를 다루어 온 방식
- 아동의 발달사, 교육력, 가족환경
- 아동의 건강 상태 및 치료 경험
- 아동 문제에 대한 부모의 태도
- 부모의 문제 및 기대

(1) 부모의 감정 상태 다루기

■ 부모와의 초기 면접에서 부모의 감정 상태를 다루어야 하는 이유는 무엇인가?

평가자는 일반적으로 자녀가 또래와 다르다거나 문제가 있다고 판단되어 어떤 기관에 평가 의뢰되었을 때 그 부모는 이미 많은 절망과 불안을 경험했다는 것을 인식하고 있어야 한다. 어떤 부모는 자녀에게 문제가 있다는 사실을 부인할 수도 있으며, 잊고 싶거나 묻어 두고 싶은 문제들을 들춰내는 것에 대하여 화를 낼 수도 있다. 따라서 부모에게 부정적인 감정이 있다면 초기 면접에서 다루어야 한다. 그렇지 않은 경우에는 그런 감정들이 이후의 의사소통과정을 와해시킬 수도 있다. 부모들이 자신들의 감정에 대해 이야기할 기회를 가짐으로써 진정한 협력자가 되도록 해야 한다.

(2) 부모와의 라포 형성

■ 초기 면접에서 부모와의 라포 형성이 중요한 이유는 무엇인가?

초기 면접에서는 먼저 부모와의 **긍정적인 관계**(rapport)를 형성하는 일이 매우 중요하다. 이를 통해 아동에 대한 정보를 수집하는 데 부모의 협조를 이끌어 낼 수 있기 때문이다. 초기 면접 시 가능하면 부모 모두를 만나서 도움을 요청해야 한다. 부모 모두를 만나면 정보의 정확성이 높아질 뿐 아니라 치료 프로그램 개입 시 부모에게서 더 많은 협조를 얻을 수 있기 때문이다. 부모를 함께 면접하는 것이 좋지만, 부모가 서로 적대적인 경우에는 부모를 각각 따로 면접하는 것이 바람직하다.

(3) 부모면접 형식

■ 부모와의 면접에서 정보를 수집할 수 있는 세 가지 형식은 무엇인가?

부모로부터 정보를 얻는 데 유용한 몇 가지 형식이 있다. 첫째, 부모에게 중요한 것이 무엇인지, 평가의 결과로 무엇을 얻기를 원하는지, 문제를 어떻게 바라보는지, 아동을 돕기 위해 부모는 어떤 역할을 할 수 있다고 생각하는지 등을 평가하는 **개방형 면접**(opened interview)이다. 둘째, 형식적인 면접을 하기 전에 부모들에게 배경 **질문지**(questionnaires)를 완성하도록 하는 방식이다. 이 질문지는 가족에 관한 정보뿐 아니라 아동의 발달적 · 사회적 · 의학적 · 교육적 내력에 관한 세부적인 질문을 하도록 구성되어 있다. 셋째, **행동평정척도**(behavior rating scale)를 이용할 수 있는데, 이는 각 부모에게 사회적 행동, 학교생활, 적응 행동 영역에서 아동의 행동을 평가하도록 평정척도를 제시하는 방법이다.

(4) 부모면접을 통한 아동 발달 정보 얻기

■ 부모면접을 통해 아동 발달사에 관한 어떤 구체적인 정보를 수집해야 하는가?

질문지를 통해서는 아동에 관한 모든 정보를 수집하기가 어렵다. 따라서 타당한 면접 방식을 통해 부모로부터 아동의 **발달사**(developmental history) 정보를 수집해야 한다. 아동에 대한 정보를 얻을 때는 아동의 현재 상황 및 교육력뿐만 아니라 문제를 다루어 온 부모의 태도 및 그동안 제공해 온 중재(치료)들에 대해 알아보아야 한다.

부모면접을 통해 아동 발달사에 관한 구체적인 정보를 수집해야 하는데, 다음과 같은 내용을 파악해야 한다.

- 부모가 문제라고 생각되는 자녀의 행동 특징을 파악하라. 다른 아동과 차이가 나는 행동 양상은 무엇인지, 부모가 걱정스럽게 생각하는 자녀의 행동은 무엇인지를 확인해야 한다. 지금까지 부모는 이 문제에 대해 어떤 태도를 취했으며, 또 어떻게 대처해 왔는지를 알아

본다.

- 임신 및 출산 시 정보를 수집하라. 엄마의 건강 및 심리 상태는 어떠하였는지, 약물 사용이나 흡연 경험은 있는지, 임신 및 출산의 문제가 있는지 등을 확인하여야 한다.
- 영아기의 **발달의 첫 수행**(developmental milestones) 및 기본 자조능력을 확인하라. 혼자 스스로 앉기, 기기, 서기, 걷기, 초기 단어 사용, 배변 가리기 등이 언제부터 이루어졌는지를 알아보아야 한다.
- 양육자와의 **애착**(attachment) 형성은 어떻게 이루어졌는지를 파악하라. 불안하거나 낯선 상황에서 양육자에게 위로를 받으려 하는가(안정형), 자기표현을 잘하지 못하고 또래집단과 어울리기보다는 혼자 노는가(회피형), 낯선 상황에서 울음을 터트리거나 쉽게 화를 내며 공격성을 보이는가(저항형), 낯선 상황에서 엄마가 안아 줘도 위로를 받으려 하지 않거나 무기력한가(혼란형)를 알아보아야 한다.
- 아동의 **기질**(temperament) 및 수면 상태를 파악하라. 어릴 때부터 까다로운 아이였는지 아니면 순한 아이였는지, 밤에는 잘 잤는지 아니면 수면장애가 있었는지를 알아보아야 한다.
- 아동의 건강 상태 및 병력을 확인하라. 아동이 입은 상해나 사고가 있는지, 질병으로 인한 약 복용이나 수술 여부, 시기 및 치료 기간 등을 파악하여야 한다.
- 어릴 적부터 사회적 관계는 어떠하였는지를 확인하라. 또래 및 타인과의 관계를 형성하는 능력이 있었는지, 또래와 사회상호적 놀이를 즐겼는지, 형제자매와의 관계는 어떠하였는지를 파악하여야 한다.
- 어린이집(유치원)이나 학교에서 잘 적응하였는지를 확인하라. 어린이집(유치원)을 잘 다녔는지 아니면 부모와 잘 떨어지려고 하지 않았는지, 교사 및 또래와의 관계는 좋았는지 등을 알아보아야 한다.
- 가족환경과 부모의 양육 태도를 파악하라. 부모의 연령, 직업, 경제적 지위, 성격, 양육 태도, 의학적/정신병적 내력, 형제자매와의 관계 등을 알아보아야 한다.

보다 체계적이고 심층적인 발달 사례사 정보를 수집하기 위해서는 흔히 **구조화 면접** 방식을 사용한다(〈표 2-1〉, 부록 1 참조). 이 면접에는 부모가 걱정하는 자녀에 관한 정보를 얻기 위해 유용하게 사용될 수 있는 질문들이 포함되어 있다. 어린 아동의 경우는 보통 부모로부터 정보를 수집하지만, 사춘기 아동의 경우에는 본인에게서 직접 정보를 수집하기도 한다. 이런 경우 아동에게서 얻은 정보와 부모, 교사에게서 얻은 정보를 비교하면 타당한 결론을 내릴 수도 있다.

표 2-1 부모와의 구조화 면접 시 질문 내용

■ 개인 정보

이 영역은 아동의 이름, 생년월일, 별명, 주소, 전화번호, 어린이집(유치원), 부모 이름, 부모 직업, 부모 교육수준 등을 포함한다.

■ 의뢰 이유(방문 목적)

의뢰 이유나 방문 목적은 의뢰자나 보호자가 문제(problem)라고 지각한 것을 드러낸다는 점에서 중요하다. 실제적으로 그 아동의 환경에 대한 한 측면만이 문제상황으로 보이기 쉽다. 그러므로 의뢰 이유가 평가 결과와는 관련이 없다 하더라도 보고서에 직접 기재해야 한다.

■ 발달사

가능한 한 아동을 잘 이해하기 위해서는 아동 초기로부터 기본적이고 실제적인 정보를 얻어야 한다. 발달사는 임신부터 시작하여 폭넓은 영역을 포함하며, 평가과정의 필수적인 부분이다.

① 출산: 출생 전과 출생 시의 사건들을 조사하고 발달과정 초기에 아동의 신체적 · 사회적 · 경제적 및 심리적 환경에 대해 아는 것이 중요하다.

- 출생 전 요인: 임신 상황, 질병요인, 유전요인, 산모의 건강상태, 약물 복용(알코올 및 흡연 포함), 심리 · 정서상태 등
- 출생 시 요인: 분만 유형, 출생 시 체중, 원하는 아이(wanted baby), 울기, 신생아의 특별 치료 여부(인큐베이터) 등

② 영아기

아동이 성장하고 발달함에 따라 주의를 기울여야 할 많은 영역들이 있다.

- 섭식: 초기에 먹는 행동 및 먹는 문제, 아동의 초기 체중의 증감, 영양상태 등
- 수면: 수면의 유형과 양, 밤에 깨는 횟수, 무서운 꿈, 수면보행, 수면장애 등
- 발달의 첫 수행(milestones): 앉기, 기기, 서기, 걷기, 첫 말 등 발달 시기
- 애착 형태: 안정 애착, 불안정 애착(회피형, 거부형, 혼란형)
- 신변처리: 늦거나 빠를 경우 이에 대한 부모의 감정과 반응 및 훈련 방식 등
- 기질(temperament): 까다로운 기질, 더딘 기질, 쉬운 기질 등의 여부

③ 유아기

- 건강상태: 홍역, 수두, 이하선염, 감기, 경련의 유형과 치료방법 등
- 발달상태: 인지, 언어, 사회정서, 기본생활, 대근육운동, 소근육운동 발달 수준
- 가정생활: 부모의 지시 따르기, 부모, 형제와의 관계 등
- 기관 적응: 어린이집 및 유치원 등에서의 적응, 또래관계, 교사와의 관계 등
- 성격/태도: 반항, 순종 성향, 기질적 짜증(울화), 긍정적 혹은 부정적 태도 등
- 특이행동: 거짓말, 훔치기, 공격성, 주의력결핍, 상동행동, 과도한 집착 등

④ 아동기

- 가정생활: 부모의 지시 따르기, 부모, 형제와의 관계, 컴퓨터 게임 등
- 또래관계: 학교 혹은 학원 등에서 또래관계 형성 및 유지 등
- 학교적응: 학교에서의 적응, 성적, 좋고 싫어하는 과목, 교사와의 관계 등
- 성격/태도: 반항, 내향 혹은 외향, 감성 혹은 사고, 긍정적 혹은 부정적 태도 등

(계속)

• 특이행동: 거짓말, 훔치기, 공격성, 주의력결핍, 무단결석, 과도한 집착 등

■ 가정환경

① 가족기능

• 주양육자: 부, 모, 혹은 조부모, 친척 등
• 양육태도: 민주형, 과잉보호형, 권위형, 방임형 등
• 부부관계: 원만, 싸움, 별거, 이혼 여부 등
• 가족관계: 부모와 아동 간의 관계, 형제와 아동 간의 관계 등
• 가정교육: 주 교육자, 가정에서의 교육방법
• 가족병력: 부모 형제의 건강상태, 질병 유무
• 생활수준: 부모의 교육수준, 직업, 생활정도

② 가계도 및 생태도 작성

• 부모, 형제의 나이
• 부모의 직업, 성격/태도
• 부모와 아동의 관계
• 부부관계, 외가 및 친가와의 관계
• 지역사회 기관 이용
• 이웃과의 관계

2) 아동 면접

아동과의 직접적인 **면접**(interview)은 수집한 배경 정보와 관찰을 포함시키는 과정으로 구조화 방식과 준구조화 방식으로 이루어진다. 아동에게 면접을 실시할 것인지의 여부는 수집한 정보의 유형 및 아동과 관련된 상황에 달려 있다. 예를 들어, 말이 없거나 비협조적인 아동에게는 구조화 면접이 더 효과적인 경향이 있다. 그러나 아동에 관한 체계적인 정보를 수집하기 위해서는 두 가지 접근을 모두 사용할 수 있다. 아동과의 면접은 평가자와 아동 간의 관계 형성은 물론 성공적인 평가를 위해서도 중요하다.

(1) 취학전 아동 면접

■ 취학전 아동을 면접하여 얻은 정보를 해석할 때 고려할 점은 무엇인가?

어린 아동인 경우에는 형식적인 면접을 하지는 않지만, 필요시 아동에게 자신에 대해 이야기하도록 하여 부가적인 정보를 수집할 수도 있다. 그러나 어린 아동을 면접하여 아동에게서

수집한 정보를 해석할 때에는 이 시기 아동의 인지적 · 행동적 특성을 고려하여 주의 깊게 해석할 필요가 있다. 어린 아동의 인지적 · 행동적 특성을 요약하면 다음과 같다.

- 어린 아동은 정서 발달이 미성숙하다. 타인에 대해 '좋다' '나쁘다' 등 이분법적이고 경직된 평가를 하며, 모든 사건의 의미를 자기중심적으로 생각한다.
- 단서를 해석하거나 비일관적인 정보를 통합하는 데 어려움이 있다. 어린 아동은 즉각적이고 관찰 가능한 사건들에 대해서만 관심을 두며, 하나의 개념을 다른 개념과 동시에 연결시키는 데 어려움을 겪는다.
- 자신의 감정과 사고를 언어화하는 데 어려움이 있다. 어린 아동은 수줍어하고 두려워하며 자신들의 감정과 사고를 언어로 표현하기가 힘들 수 있다.
- 사건의 일시적이고 순서적인 측면들을 혼동하는 경향이 있다. 어린 아동은 실제와 바라는 바를 혼동할 수 있으며, 특히 즐거움과 슬픔 경험을 더 잘 기억할 수 있다.

■ 취학전 아동과 라포를 형성할 수 있는 방법은 무엇인가?

어린 아동과 라포를 형성하기 위해서는 면접 전에 간단한 그림 그리기나 장난감 놀이를 이용할 수 있으며, 간단한 동화 이야기들을 들려줄 수 있다. 이런 방법은 아동이 자신의 즉각적 관심을 표현하도록 하는 데 도움이 된다. 평가자가 아동들이 자신의 생각, 사고, 기억을 자유롭게 표현하도록 유도한다면 아동에 관한 더 많은 정보를 얻을 수 있다.

(2) 학령기 아동의 면접

■ 학령기 아동과 라포를 형성할 수 있는 방법은 무엇인가?

성공적이고 정확한 면접과 검사를 실시하기 위해서는 아동이 그 상황에서 비교적 편안해야만 한다. 그러나 환경이 변화하면 아동이 불안해하거나 두려워할 수 있다. 이를 제거하기 위해서 평가자는 상냥해야 하고, 격려해 주어야 하며, 중립적일 필요가 있다. 적절한 시기에 나타내는 눈 맞춤과 얼굴 표정, 칭찬적 언어 등은 그 아동으로 하여금 그 과정을 자연스럽게 받아들이도록 해 준다.

면접을 하는 동안 아동의 자기지각과 부모, 형제, 교사 그리고 다른 중요한 인물들에 대한 지각, 잘 모르는 성인들과 관계를 형성하는 능력, 관련된 정보를 논의하는 능력, 사고과정, 흥미, 언어, 감정 그리고 정신병리 등에 대한 정보를 얻어야 한다. 〈표 2-2〉에는 학령기 아동의 **준구조화 면접**(semi-structured interview)의 예가 제시되어 있다. 여기에 있는 질문들을 사용하면 상기한 영역에 대한 정보를 얻는 데 도움이 될 것이다. 그러나 이런 질문들을 기계적으로 사용해서는 안 되며, 필요한 경우 추후 질문이나 탐색 질문을 해야 한다.

■ 학령기 아동과의 준구조화 면접을 통해 어떤 정보들을 수집해야 하는가?

- 좋고 싫은 과목, 친구, 교사 등 학교 상황에 대한 정보를 확인하라.
- 부모와의 관계, 형제자매와의 관계 등 가정환경에 대한 정보를 확인하라.
- 좋아하는 게임, 취미, 흥미에 대한 정보를 확인하라.
- 평소 기분 상태나 두려움 혹은 공포 등 정서 상태를 확인하라.
- 자신의 신체상, 좋고 나쁜 경험 등 자아개념을 확인하라.
- 가정이나 학교에 관련된 신체 증상이 있는지를 확인하라.
- 선호대상이나 미래 소망사항을 확인하라.

표 2-2 학령기 아동의 준구조화 면접 시 질문 내용

1. 오늘 여기 왜 오게 되었는지 알고 있니?
2. 오늘 너의 기분은 어떻니?
3. 몇 살이지? 생일이 언제이지? 주소를 알려 주렴. 집 전화번호는?

■ 학교

4. 학교에 대해 이야기해 보자. 몇 학년이지?
5. 담임선생님 성함을 알려 줄래?
6. 가장 좋아하는 과목과 싫어하는 과목은?
7. 가장 어려운 과목과 가장 쉬운 과목은 무엇이지?
8. 좋아하고 싫어하는 친구는? 친구와 주로 뭐하고 노니?
9. 담임선생님에 대한 너의 생각을 말해 줄래? 그 이유는?

■ 가정

10. 집에 대해 이야기해 보자. 너와 함께 살고 있는 사람은 누구지?
11. 아버지가 직장에서 하시는 일은?
12. 어머니가 직장에 다니신다면 하시는 일은?
13. 네 방이 어떤 모습인지 말해 줄 수 있니?

(계속)

14. 집 안에서 주로 어떤 일을 하니?
15. 아버지와는 어떻게 지내니? 그 이유는?
16. 아버지가 무엇을 할 때 좋고, 또 어떤 일을 하면 싫으니?
17. 어머니와는 어떻게 지내니? 그 이유는?
18. 어머니가 무엇을 할 때 좋니? 또 어떤 일을 하면 싫으니?
19. 형제나 자매들과는 어떻게 지내니? 그 이유는?

▪ 취미/흥미/게임

20. 너의 취미나 흥미는 무엇이니? 좋아하는 게임은?
21. 학교가 끝나는 오후에는 무엇을 하니?
22. 토요일과 일요일에는 보통 무엇을 하지?

▪ 기분/느낌

23. 어떤 종류의 일들이 너를 가장 행복하게 만드니?
24. 너를 가장 슬프게 만드는 것은 무엇이니?
25. 슬플 때 무엇을 하니?
26. 사람들은 화를 내곤 한단다. 너를 가장 화나게 만드는 일은 무엇이니?
27. 화가 났을 때 무엇을 하니?

▪ 공포/두려움

28. 너는 어떤 것이 무섭니?
29. 무서울 때 어떻게 하니?
30. 평소 걱정하고 있는 것에 대하여 나에게 말해 보렴.

▪ 자아개념

31. 네 자신에 대해 가장 맘에 드는 점은 무엇이니? 또 무엇이 있지?
32. 네 자신에 대해 가장 맘에 들지 않는 점은 무엇이니? 또 무엇이 있지?
33. 너에게 일어났던 일 중에서 가장 좋았던 일에 대해 말해 보렴.
34. 너에게 일어났던 일 중에서 가장 나빴던 일에 대해 말해 보렴.

▪ 신체증상

35. 가정이나 학교에서 두통을 느낀 적이 있니? (그렇다면) 언제? 얼마나 자주? 두통이 있을 때 너는 어떻게 하니?
36. 가정이나 학교에서 복통을 느낀 적이 있니? (그렇다면) 언제? 얼마나 자주? 복통이 있을 때 너는 어떻게 하니?
37. 평소 어떤 종류의 신체 통증을 느끼니? (그렇다면) 그것에 대해 말해 보렴.

▪ 선호대상/소망

38. 평소 가장 애착이 가는 물건은? 그 이유는?
39. TV/만화/책 등에서 가장 좋아하는 등장인물은? 그 이유는?

(계속)

40. 네가 가장 좋아하는 동물이나 식물은? 그 이유는?
41. 네가 가장 싫어하는 동물이나 식물은? 그 이유는?
42. 가장 행복했던 기억은?
43. 네가 간절하게 이루어지길 원하는 세 가지 소원은?
    1)
    2)
    3)
44. 만일 달에 가서 6개월을 머무를 수 있다면 무엇을 가지고 가고 싶니?

▒ 포부
45. 어른이 되면 무엇을 하고 싶니?
46. 그것을 하는 데 어떤 문제가 있을 것이라고 생각하니?
47. 어른이 되었을 때 원하는 대로 될 수 있다면 무엇이 될 것 같니?

▒ 기타
48. 너 자신에 대해서 나에게 말하고 싶은 것은?
49. 또 다른 궁금사항이 있으면 말해 보렴.

한편, 학령기 아동에게서 체계적인 정보를 수집하기 위해 기본 양식을 사용하는 구조화 면접을 사용할 수 있다(〈표 2-3〉 참조). 특히 아동의 가정환경, 또래관계, 학교환경, 자기 자신에 대한 태도 등에 관한 정보를 수집할 수 있다. 그러나 이러한 정보를 수집하기 위한 또 다른 대안으로 아동용 **문장완성검사**(sentense completion test: SCT)를 이용할 수 있다.

■ 학령기 아동과의 구조화 면접을 통해 어떤 정보들을 수집해야 하는가?

- 부모와의 관계, 형제자매와의 관계 등 가정환경에 대한 정보를 확인하라. 아동에 대한 가정환경의 영향을 확인하기 위하여 가정의 여러 측면을 아동이 어떻게 지각하고 있는지를 알아보아야 한다. 아동이 부모 중 한 사람 또는 두 사람 모두를 '지적이다' '훌륭하다' '보통이다' '잔인하다' '위협적이다' '슬프다' '무시한다' 등으로 특징짓는지의 여부를 알아보아야 하며, 혹시 부모가 이혼이나 별거 중이라면 이에 대한 아동의 태도 등을 알아보아야 한다. 또한 부모로부터의 학대, 무관심 혹은 폭력 여부도 파악하는 것이 중요하다. 또 연령에 관계없이 형제는 아동에게 강하게 부정적 또는 긍정적인 영향을 미치므로 각 형제에 대한 지각을 알아보아야 하며, 좋아하는 대중매체나 게임, 개인 위생 및 습관 등도 알아보아야 한다.

표 2-3 학령기 아동의 구조화 면접 시 질문 내용

■ 아동의 지각과 태도

① 가정환경

- 부모에 대한 태도: 부모에 대한 태도, 부모의 이혼, 별거 등에 대한 아동의 태도, 부모로부터 학대, 무관심, 폭력 여부
- 형제자매에 대한 태도: 좋고 싫음의 여부 및 그 이유
- 대중매체의 영향: 좋아하는 TV 프로그램과 비디오 유형, 컴퓨터 게임
- 개인 습관: 식사, 수면 및 개인위생 습관

② 또래관계

친구와 또래와의 상호작용, 또래집단의 특성, 좋아하는 친구, 싫어하는 친구, 잘 어울리는 성별과 연령 등

③ 학교환경

좋아하는 과목, 싫어하는 과목, 학교에서의 실패나 성공 경험, 급우와의 관계, 교사와의 관계 등

④ 자기지각/태도

자기 자신에 대한 태도, 환경에 대한 압력, 현실적인 포부, 목적을 성취하려는 동기나 의지 등

- 친구 혹은 또래관계에 대한 정보를 확인하라. 친구와 또래집단은 아동의 태도와 행동에 커다란 영향을 줄 수 있다. 따라서 평가자는 또래집단의 특성과 그 집단-아동 간의 상호작용에 관한 정보를 파악해야 한다. 아동이 어떤 유형의 아동들을 선택하는지, 또래집단의 누구와 불편한 관계인지, 또래집단의 활동 경향은 어떠한지, 잘 어울리는 성별과 연령은 어떻게 되는지 등을 파악하는 것이 유용하다.
- 학교 적응 및 성취 등 학교환경에 대한 정보를 확인하라. 많은 아동에게는 학교환경이 가치감과 성취감을 형성하는 중요한 요인이다. 그러나 어떤 아동에게는 학교가 실패감을 주고 자존감을 저하시키는 부정적인 영향을 줄 수도 있다. 평가자는 급우, 교사 등에 대한 아동의 지각과 과외활동에 대한 아동의 지각을 알아내는 것이 중요하다.
- 아동 자신이 자기를 어떻게 지각하고 있는지를 확인하라. 아동의 자기지각/태도에 관한 많은 정보는 심리 · 교육검사를 통해 측정할 수 있지만, 면접 동안에 여러 질문을 통해서도 알아낼 수 있다. 아동이 자기 자신을 어떻게 보고, 어떤 환경에 대한 압력 및 문제 상황을 어떻게 다루며, 현실적인 포부와 관련해서 목적을 성취하려는 동기나 의지가 있는지 등을 알아보아야 한다.

3) 행동관찰

■ 객관적이고 명확하게 문제를 파악하는 데 유용한 정보를 수집할 수 있는 행동관찰법은 무엇인가?

정보를 수집하는 과정에서 평가자가 대상 아동을 직접 접촉(contact)하면 보다 객관적이고 명확하게 문제를 파악하는 데 유용한 자료를 얻을 수 있다. 또한 아동이 행동할 때, 놀 때, 타인과 상호작용할 때, 홀로 있을 때 등에 특수 행동을 관찰하는 기회는 평가의 검사 결과와 전달과정에서 서로 관련시키는 데 도움을 준다. **관찰**(observation)은 여러 장면에서 일어날 수 있으며, 직접적이거나 간접적일 수 있다(부록 1 참조).

현재 아동이 처하고 있는 모든 상황에서 그들의 행동을 관찰하는 것은 평가과정에 있어서 중요한 부분이라 할 수 있다. 행동 평가는 아동의 본질적인 문제를 이해하고 구체적으로 파악하며 적절한 시기에 아동에게 효과적인 중재를 실시하여 아동의 삶의 질을 향상시키는 데 그 목적이 있다. 따라서 관찰자(임상가, 부모, 교사, 또래 등)가 평가과정의 시작부터 마지막 순간까지 관찰대상 아동의 행동을 평가하게 된다.

(1) 직접 관찰

임상 및 상담 기관에서는 공간적 및 시간적 제약 때문에 다른 관찰법을 이용하기가 어려우므로 **직접 관찰**(direct observation)을 선호하는데, 주로 면접과 실제 검사 시에 평가자가 직접 아동의 행동을 관찰하게 된다. 이때 아동이 면접과 검사 상황에서 어떤 행동과 반응을 하는지를 잘 관찰함으로써 아동의 현 기능을 잘 통합할 수 있다. 특히 외모, 특징, 걸음걸이, 자세, 버릇, 목소리, 단어 사용, 검사 시 태도 등을 주목해야 한다.

(2) 간접 관찰

대부분의 경우에 평가자가 면접과 검사 상황 이외에는 아동을 직접 관찰할 수가 없다. 따라서 교사, 타 전문가, 부모, 행정가 등에 의한 **간접 관찰**(indirect observation)이 이루어질 수도 있다. 이러한 관찰은 체계적 관찰계획에 따라 잘 수행될 수 있는데, ① 외모와 감각 양상, ② 외현행동, ③ 또래와의 상호작용, ④ 어른(교사, 부모 등)과의 상호작용 등으로 구분된다.

2 심리검사 실시 단계

■ 심리검사란 무엇인가?

- 심리검사(psychological test)란 개인의 다양한 심리적 속성(예: 지능, 지각, 발달, 적성, 성격, 학업성취도 등)을 측정하는 도구다.
- 심리검사는 개인의 행동을 객관적이고 표준화된 방식으로 측정함으로써 개인 간(내) 차이를 파악할 수 있다.
- 심리검사를 통해 나타난 정보는 장애나 문제의 진단, 분류, 치료, 예후 등에 유용하게 활용할 수 있다.

■ 심리검사를 선택하고 실시하는 5단계 절차는 무엇인가?

Neukrug와 Fawcett(2006)는 좋은 검사를 선택하고 실시하는 절차를 다음과 같은 5단계로 주장하고 있다.

- 검사의 실시 목적이 무엇인지 결정하라.
- 목적에 맞는 다양한 도구로는 어떤 것이 있는지를 확인하라.
- 도구들에 관한 정보를 확인하라.
- 도구들의 신뢰도, 타당도 및 실용성을 확인하라.
- 최종적으로 가장 적절한 도구를 선택하라.

그러나 한 가지 검사만으로는 폭넓은 행동 양상과 아동의 강점 및 약점을 분명하게 파악할 수 없으며, 아동의 기능의 모든 측면을 정확하게 반영하는 결론을 유도할 수도 없다. 따라서 심리 및 교육 검사는 여러 유형의 검사들을 종합적으로 실시하여야만 한다. 평가자는 아동의 나이, 수준, 장애 유형에 따라 어떤 검사들을 사용할 것인가를 신중하게 결정해야 하며, 그 검사들에 대한 실시 및 채점, 해석 기술 등 **전문적인 훈련**을 받아야 한다.

■ 평가영역별 심리검사는 어떠한 것들이 있는가?

일반적으로 아동을 위한 대부분의 심리, 교육, 진단평가는 다음과 같은 영역으로 나눌 수 있다. 현재 국내에서 표준화되어 임상 현장에서 사용되고 있거나 표준화 개발 중에 있는 영역별 검사 및 척도들은 〈표 2-4〉에 제시되어 있다.

표 2-4 평가영역에 따른 심리검사 및 척도

평가영역	심리 · 진단용 검사
지능 · 인지	한국 웩슬러 유아지능검사(K-WPPSI-IV), 한국 웩슬러 아동지능검사(K-WISC-IV), 카우프만 인지검사(K-ABC), 한국형 지능검사(KISE-KIT), 레이븐 지능검사(K-CPM), 유아종합창의성검사(K-CCTYC), 다중지능검사(개발 중)
지각 · 운동	벤더도형검사(BGT), 시지각발달검사(K-DTVP-II), 시각-운동통합검사(VMI), 한국판 오세레츠키 운동능력검사(K-OMST)
성격 · 인성	한국청소년성격유형진단검사(K-ATI), 인물화검사(DAP), 문장완성검사(SCT), 집/나무/사람검사(HTP), 아동용 주제통각검사(CAT), 유아성격검사(PTYC), 아동용 자아개념검사(K-PH-2)
발달	한국유아발달검사(K-DIP), 한국영아발달검사(K-DII), 덴버발달검사(K-DDST-II), 한국형 아동발달검사(K-CDI), 한국판-유아발달선별검사(DIAL-3), 한국형 베일리 영 · 유아발달검사(K-BSID-III)
사회 · 적응	한국 유아 사회성기술 검사(K-SKRSP), 사회성숙도검사(SMS), 적응행동검사(KISE-SAB), 지역사회적응검사(CIS-A)
학습	기초학력검사(KISE-BAAT), 기초학습기능 수행평가체제(BASA), 한국판 학습장애 평가척도(K-LDES), 학습기술검사(LST), 한국 학습진단검사(K-LSDS), 취학준비도검사(개발 중)
언어	영 · 유아 언어발달검사(SELSI), 한국 언어발달검사(K-LDIC), 취학전아동의 수용 및 표현언어발달척도(PRES), 우리말 조음 · 음운평가(U-TAP), 한국 표준 어음검사, 언어이해 · 인지력검사, 그림 어휘력검사(PPVT), 문장이해력 검사
정서 · 행동	행동평가척도(CBCL/YSR), 문제행동검사(ECBI), 정서행동문제 선별척도(개발 중)
정신건강	한국아동성격검사(KCPI), 소아우울증검사, 소아상태불안검사, 소아특성 불안검사, 심리상태검사, 인터넷중독검사, 정신건강검사
특정장애진단	한국-주의력결핍 · 과잉행동진단검사(K-ADHDDS), 한국-자폐증진단검사(K-ADS), 아동기 자폐증 평정척도(CARS), 이화-자폐아동 행동발달(E-CLAC)
부모/기타	한국판 부모양육 스트레스 검사(K-PSI), 한국 부모양육태도검사(K-PAT), 한국 다면적 인성검사 II(MMPI-II), 부모양육태도검사(개발 중)

1) 지능 · 인지

지능 및 인지 기능은 개인의 적응과정에서 아주 중요한 요소이며, 개인이 그 환경 속에서 지속적이고 안정된 균형 상태를 유지하는 데 필요한 상호작용의 수단이 된다. 또한 개인의 성격과 장애를 이해하는 데 유용한 진단자료를 제공해 준다.

2) 지각 · 운동

눈과 귀 등의 감각기관과 손 등의 운동기관의 협응에 의해 이루어지는 표출 행동을 '지각-운동 통합행동' '감각-운동 통합행동'이라 부른다. 지각 혹은 감각 운동 통합능력은 학습 및 기본적인 심리 기능(주의, 감각, 사고, 기억 등)과 관련이 있고 대뇌병리 증상을 알아보는 데 유용하다.

3) 성격 · 인성

우리말로 '인성'이라고 불리는 '성격'은 행동의 정의적(affective) 또는 비지적(nonintellectual) 측면을 측정하는 것으로 개인의 정서 상태, 대인관계, 동기, 흥미, 태도 등이 이에 해당되며, 현재의 심리적 상태를 이해하는 중요한 요소다.

4) 발 달

신체, 인지, 언어, 정서, 사회 등 여러 발달영역은 서로 밀접한 관계를 지니고 있다. 아동 발달의 개인차를 고려하더라도 연령 단계에 따라 정상적인가, 어느 연령수준에 도달하고 있는가 등을 알아보는 것은 아동의 교육 및 치료 등 중재계획을 세우는 데 아주 중요하다.

5) 사회 · 적응

적응행동이란 개인이 환경의 요구에 적응하기 위해 나이와 상황에 적절하게 개인의 독립성과 사회적 책임을 이행하는 능력을 말한다. 교육 및 재활의 초점은 독립심과 적응을 극대화하는 일이라 할 수 있다.

6) 학 습

유아 및 아동의 학업 수행 준비능력과 학습성취도는 그들의 진로(학교)를 결정하는 중요한 요소다. 학교에 들어가기 위한 학습 준비가 되어 있는지, 학습 교과영역에서 교육과정의 효과가 어느 정도인지 측정하는 것은 진단, 예측, 교육적 조치를 내릴 수 있는 정보를 제공해 준다.

7) 언 어

언어는 인간이 동물과 구별되며 인간다운 생활을 영위하는 데 필수적인 요소로, 자신의 생각, 느낌 및 의사를 다른 사람에게 전달하고 이해시키는 주된 기능을 가지고 있다. 언어는 수용언어과 표현언어로 구분되며, 어휘력과 관계가 깊다. 언어문제가 순수한 언어발달지체에서 기인한 것인지, 지적장애, 자폐 등 다른 장애에 수반한 것인지를 파악하는 것은 교육 및 치료 프로그램을 제공하는 기초 자료가 된다.

8) 정서 · 행동

행동평가의 일차 목적은 아동에게 어떤 심리적 혹은 정서 · 행동적 측면의 부적응 양상이 나타나는지에 대한 정확한 정보를 수집하는 데 있다. 적응행동과 학습의 효과를 극대화하기 위해서는 아동의 문제행동이 무엇인지, 그것이 어떤 상황에서 발생하는지, 학습환경과 아동의 문제행동 간에는 어떤 관련이 있는지 등을 파악해야 한다.

9) 정신건강

정신건강(mental health)이란 정신이나 심리적 상태와 기능에 초점을 맞춰 건강을 설명하는 개념으로, 정신적으로 장애가 없고 사회적으로 잘 적응하며 자신의 능력과 기능을 발휘하여 자기실현과 함께 생활에 대한 만족 및 행복감을 경험하는 상태를 말한다. 따라서 우울, 불안, 인터넷 중독, 자살 사고 등 정신건강 상태를 파악해야 한다.

10) 특정 장애 진단

아동의 장애를 정확하게 진단하는 일은 바람직한 교육과 치료 프로그램을 제공하기 위한 필수적인 요소다. 아동의 문제가 주의력결핍 과잉행동장애, 특정학습장애, 자폐스펙트럼장애 등 때문에 나타나는 것인지를 결정하기 위해서는 각종 준거와 정의에 따른 진단이 선행되어야 한다.

11) 부모/기타

아동의 문제를 이해하고 중재하기 위해서는 부모의 양육 태도, 가정환경, 부부관계 등을 파악해야 한다. 뿐만 아니라 부모가 아동을 양육할 때 겪게 되는 스트레스 등을 평가하여 부모에 대한 적절한 지원(support)방안도 마련하여야 한다.

3 진단평가보고서 작성 및 결과 전달

정보수집과 심리, 교육, 진단검사를 통해 모든 자료가 일단 해석되면, 평가자는 복잡하고 정교한 평가과정의 국면으로 들어간다. 즉, 모든 유용한 자료에서 나온 결론을 토대로 잘 조직되고 구조화된 보고서를 작성하게 되며, 또한 대부분의 경우 부모, 학교 담당자 및 아동이 문제를 극복하고 해결하도록 도와주는 전문가들에게 구두로 검사 결과를 전달하게 된다.

이해할 수 있고 기능적인 서면 형식이나 구두 형식으로 검사 결과를 전달하는 것은 상당한 기술을 요한다. 따라서 모든 평가자는 이런 기술을 개발해야만 하며 자주 사용해야 한다. 이런 과정은 **보고서 작성**(diagnostic evaluation report)과 **상호협의**(conferences)로 이루어진다.

평가자가 명심해야 할 사항은 개입된 모든 사람이 평가과정의 마지막 결과를 보고 싶고 듣고 싶어 한다는 점과 아동의 강점과 약점을 결정하여 도와줄 요소를 모색해야만 한다는 점이다. 평가자의 역할은 대상 아동의 무엇이 잘못되었는가 혹은 어떤 약점이 통제되어야 하는가를 단순히 결정하는 것보다는 전체 평가과정에서 아동의 강점을 염두에 두고 문제해결의 구체적인 방안을 제시해 주는 것이다.

1) 진단평가보고서 작성

(1) 진단평가보고서의 정의

■ 진단평가보고서란 무엇인가?

전통적으로 **진단평가보고서**(diagnostic evaluation report)란 '보호자와의 면접, 행동관찰, 발달사 및 검사 결과를 종합하여 의뢰 이유와 개인의 전체 기능 및 실제적으로 도움이 될 주제들을 중심으로 분명하고 간결하게 기술한 평가의 최종 산물'을 말한다. 평가보고서의 일차적인 목적이 의뢰된 문제에 대한 해답을 제공하는 것이지만, 그 내용은 의뢰 이유나 의뢰자가 누구냐에 따라 달라질 수 있다. 또한 평가보고서는 계속적인 임상 기록의 일부로서 치료 후의 평가를 위한 기초 자료가 된다.

(2) 진단평가보고서에 포함되어야 할 내용

일반적으로 진단평가보고서에는 다음과 같은 내용을 포함하여야 한다(〈표 2-5〉 참조).

■ 진단평가보고서에는 어떤 내용이 포함되어야 하는가?

- 기본 배경 정보를 기록하라. 아동의 이름, 생년월일(나이), 별명, 주소, 전화번호, 유치원(학교), 평가자, 평가일, 부모 이름 및 직업 등을 기록하여야 한다.
- 의뢰 이유를 기록하라. 기관에 의뢰하게 된 이유나 찾아온 목적 및 평가의 이유를 자세하게 기록하여야 한다. 특히 특별한 문제, 행동 및 증상을 요약하고, 누가 의뢰하였는지도 기록하여야 한다.
- 발달사 및 여러 환경적 요소를 기록하라. 기본 발달과정이나 양상, 어린이집이나 유치원 혹은 학교에서의 적응 여부, 어렸을 적부터 지속된 병력, 부모나 형제 등의 가족관계 등을 기록하여야 한다.
  - 부모(양육자), 배우자, 교사 등과의 상담에서 아동에 대한 정보를 기록하여야 한다.
  - 아동의 발달사, 교육력, 가족의 역동성, 부모의 양육 태도, 아동의 건강문제, 사회성, 이전에 받은 검사의 결과(추후지도 유무, 지도의 효과 등), 아동의 행동에 관한 부모나 교사의 태도를 기록하라.

- 직접 혹은 간접 행동관찰 내용을 기록하라. 보고서를 쓰는 데 당면하는 문제 가운데 하나는 평가하는 동안에 관찰 내용을 의사소통하는 일이다. 진단보고서에는 평가와 면접하는 동안에 또는 가정이나 학교에서 관찰되는 아동의 행동이 포함되어야 한다. 평가 시 또는 평가 전후의 언어적 · 비언어적 행동, 평가자와의 상호작용 등 직접 관찰 내용과 가정이나 학교에서의 가족 또는 또래와의 관계에 관한 간접 관찰 내용을 기록하여야 한다. 이러한 행동관찰 기록은 아동 행동의 중요한 특성을 이해하는 데 도움이 되는데, 검사 시 직접 행동관찰을 한 내용이 포함되어야 한다.
  - 아동의 신체적 현상, 검사자에 대한 반응, 일반적인 행동, 실패 시의 태도, 성공 시의 태도, 격려에 대한 반응, 활동수준, 자신감, 검사에 임하는 태도, 시각-운동 협응력, 특별한 습관 등 직접 행동관찰을 한 내용을 기록하라.
- 실시한 여러 가지 검사명을 기록하라. 그러나 한 가지 검사만으로 아동의 모든 측면을 평가할 수 없으므로 여러 가지 종합검사를 실시하여야 하는데, 그 검사들의 이름을 기록하여야 한다.
- 검사 결과를 요약하여 기록하라. 검사 결과를 종합하여 기록할 때, 아동의 CA(생활연령), MA(정신연령), DA(발달연령), 검사 결과에 영향을 미친 요인, 사용한 검사 종류, IQ나 DQ, 백분위, 강점과 약점의 기술, 정신병리에 대한 시사점, 검사 결과들 간의 상호 관련성, 진단상의 추론 등을 포함시켜야 한다. 검사 결과는 각 검사에서의 아동의 수행 결과를 개별적으로 분석하여 서술하는 **검사별 접근방식**으로 기록할 수 있다. 혹은 각 검사로부터 나온 읽기, 쓰기, 수학, 시각, 청각, 운동 등 모든 결과를 영역별로 분석하여 서술하는 **영역별 접근방식**으로 기록할 수 있다.
- 검사 결과를 토대로 임상적 소견을 기록하라. 아동의 검사점수, 태도, 기질, 대인관계 등을 고려하여 아동에 대한 임상적 소견을 제시하고, 검사 간 비교, 영역 간의 비교를 기초로 평가 결과를 정리한다. 평가 결과와 임상 장면에서의 느낌은 의뢰 이유와 평가 정보를 통합하고 전체적인 아동의 특성을 반영해 준다. 특히 임상적 소견을 제시할 때에는 아동의 전반적인 수준, 강점과 약점, 치료를 위한 조치에 기초를 두고, 알기 쉽고 명확하게 기술해야 한다. 임상적 소견 내용에는 검사 결과와 일반화 가능성, 이전 검사 결과와의 비교, 의뢰자의 호소 내용, 의학적 검사의 결과, 가능하다면 아동의 문제의식, 문제를 해결하기 위해 사용할 수 있는 치료 프로그램, 치료에서 가족의 역할, 필요한 다른 영역의 평가(언제, 누구에게 의뢰할 것이지) 등이 포함되어야 한다. 이는 진단평가에서 가장 중요한 부분이다.

- 마지막으로 결과를 요약하고 문제해결 방안을 진술하라. 검사 결과를 적절히 통합하여 짧은 문장으로 정확, 명확, 간결하게 요약해야 한다. 즉, 최종적으로 의뢰 이유에 대한 대답, 진단, 치료, 교육 등 중재방안, 가정 및 학교 적응을 위한 방안, 문제해결을 위한 방안 등을 제시해 주어야 한다.

(3) 진단평가보고서 작성 시 주의사항

진단평가보고서는 의뢰 내용을 토대로 다양하게 수집한 정보들을 통합하여 작성하여야 하는데, 다음과 같은 점을 주의하여야 한다.

■ 진단평가보고서 작성 시 주의할 점은 무엇인가?

- 평가 결과에 근거하여 **객관성**과 **정확성**에 중점을 두고, **간결**하고 **명확**하게 기록해야 한다.
- 실시한 각각의 검사 결과를 분석 및 종합하고 평가하여 작성하여야 한다.
- 검사 동안 아동의 행동관찰, 다른 검사 결과와의 관련성 등을 종합하여 아동의 개인적 특성에 대한 정보를 제공해야 한다.
- 검사의 실시 상황, 관찰과 상호작용 결과 등의 **임상적 인상**을 포함하여 작성한다.
- **관찰 내용**들이 왜곡되거나 잊히지 않도록 가능한 한 **빨리** 작성한다.
- 문장을 진술할 때 누구든지 이해하기 쉽도록 **평이하게** 작성한다.
- 모든 결과를 종합하여 단정형 동사보다 **추론형** 동사를 사용하여 진술한다.

2) 상호협의

일단 보고서가 작성되면, 필수적인 정보가 대상 아동에게 관심을 갖고 있는 사람들에게 적절히 전달되어야 한다. **상호협의**(conference)는 흔히 부모, 학교 담당자 및 타 전문가들과 이루어진다. 이러한 상호협의는 전문적이지만 적당한 방법으로 이루어져야 한다. 정보는 솔직하고 직접적으로 제공되어야 하지만, 정보를 전달할 때는 **희망적이고 긍정적이며 온정적인 태도**를 견지해야 한다. 아울러 미래의 문제해결 방안을 찾고 그것을 받아들이도록 도와주며 다음 필수적인 단계를 따르게 하는 것은 전문가의 책임이라고 할 수 있다.

결론적으로, 아동에 대한 진단평가는 아동 교육과 복지에 관련된 많은 전문가의 관심을 받고 있다. 그 이유는 아동의 현재 발달수준 혹은 문제/장애를 평가하여 교육 및 치료를 촉진시키는 데 사용하고자 하기 때문이다. 그러나 아동의 문제/장애를 진단평가하는 일은 쉬운 일이 아니다. 아동의 여러 가지 기능적 측면을 포함하기 때문에 상당한 진단평가 기술(skill)과 민감성이 요구된다. 따라서 평가자는 문제에 관한 전문적인 지식을 습득해야 하며, 아동의 여러 기능을 측정하기 위해 여러 평가 절차와 검사도구의 선택, 실시, 채점 및 해석 등에 대해 세심한 주의를 기울여야 한다. 더욱 중요하게는 이런 평가과정을 통해 아동에 대해 정확히 이해하고 미래의 행동을 예견·통제하며, 그 문제의 해결방안을 찾고 어떻게 도와줄 것인가를 구체적으로 제시하여 주어야만 한다.

표 2-5 진단평가보고서

■ 성 명(　　　)　■ 성 별(　　)　■ 생년월일(　/ 만　세　개월)
■ 기 관(　어린이집,　유치원,　학교,　학년:　)
■ 의뢰인(　　　)　■ 평가일(　　)　■ 차트번호:

■ 의뢰 이유:

■ 발달사 및 환경:

■ 행동관찰:

■ 평가 도구:

■ 검사 결과 요약(1 혹은 2 중 택일)

1) 검사별 요약

2) 영역별 요약

- 발달상태 혹은 인지기능:
- 정서·행동 및 심리상태:
- 성격 및 태도:

■ 임상적 소견:

■ 요약:

201 년 월 일

(서명)

학습과제

1. 아동을 진단평가할 때 초학문적 접근이 필요한 이유를 설명하라.

2. 아동을 진단평가할 때 과학적 방법과 임상적 경험 모두 중요한 이유를 설명하라.

3. 진단평가의 3단계 일반 절차를 설명하라.

4. 일차 정보수집단계에서 정보수집 방법에는 어떠한 것들이 있는지를 설명하라.

5. 초기 부모면접에서 가능한 한 많은 정보를 수집해야 하는 이유를 설명하라.

6. 부모와의 초기 면접에서 부모의 감정 상태를 다루어야 하는 이유와 부모와의 라포 형성이 중요한 이유를 설명하라.

7. 부모와의 면접에서 정보를 수집할 수 있는 세 가지 형식을 설명하라.

8. 부모면접을 통해 아동 발달사에 관한 어떤 구체적인 정보를 수집해야 하는지를 설명하라.

9. 취학전 아동을 면접하여 얻은 정보를 해석할 때 고려할 점을 설명하라.

10. 학령기 아동과의 준구조화 면접을 통해 어떤 정보들을 수집해야 하는지를 설명하라.

11. 학령기 아동과의 구조화 면접을 통해 어떤 정보들을 수집해야 하는지를 설명하라.

12. 객관적이고 명확하게 문제를 파악하는 데 유용한 정보를 수집할 수 있는 행동관찰법은 무엇인지를 설명하라.

13. 심리검사(psychological test)란 무엇인지를 정의하고, 심리검사를 선택하고 실시하는 5단계 절차를 설명하라.

14. 평가영역별 심리검사는 어떠한 것들이 있는지를 설명하라.

15. 진단평가보고서란 무엇인지를 정의하고, 어떤 내용을 포함하여 작성해야 하는지를 설명하라.

16. 진단평가보고서를 작성할 때 주의할 점을 설명하라.

핵심 용어

초학문적 접근(transdisciplinary approach)
과학적 평가(scientific evaluation)
임상적 평가(clinical evaluation)
준구조화 면접(semi-structured interview)
구조화 면접(structured interview)
초기 면접(intake)
긍정적인 관계(rapport)
개방형 면접(opened interview)
질문지(questionnaires)
행동평정척도(behavior rating scale)
발달사(developmental history)
발달의 첫 수행(developmental milestones)
애착(attachment)
기질(temperament)
문장완성검사(sentense completion test: SCT)
직접 관찰(direct observation)
간접 관찰(indirect observation)
심리검사(psychological test)
진단평가보고서(diagnostic evaluation report)
상호협의(conference)

제 2 부
발달영역별 평가

제 3 장 발달 및 정신병리의 이해

학습목표

1. 발달의 개념 및 일반적 경향을 설명할 수 있다.
2. 영 · 유아 발달과정을 설명할 수 있다.
3. 연령별/영역별 발달 특징을 설명할 수 있다.
4. 발달기에 따른 주요 발달과 정신병리를 설명할 수 있다.
5. 발달정신병리의 네 가지 주요 모델을 설명할 수 있다.

1 발달의 개념

1) 발달의 정의와 영향

■ 발달이란 무엇인가?

- 발달(development)이란 난자와 정자가 수정되는 순간부터 죽음에 이르기까지 전 생애에 걸쳐 일어나는 신체, 심리, 행동의 양적 또는 질적 **변화**(change) 과정이다.
- 양적 변화는 신장, 체중, 어휘 수와 같은 크기나 양에서 일어나는 변화를 의미한다.
- 질적 변화는 미분화된 수준에서 분화된 높은 수준으로의 구조적 변화, 미숙한 상태에서 유능한 수준으로의 기능적 변화를 의미한다.
- 따라서 발달은 연령 증가에 따라 양적으로 더 많은 능력이 나타나고, 질적으로 사고와 행동이 재조직되어 보다 세련되고 복잡한 행동양식이 나타나는 연속과정이다(김이영 외, 2014; 임지영, 류혜원, 문영경, 배기조, 송혜영, 2014).

■ 양적 및 질적 변화의 과정인 발달은 어떻게 이루어지는가?

발달은 이처럼 변화와 관련된 여러 범주가 있다. 그 가운데 성숙이나 유전에 의한 변화, 학습이나 환경에 의한 변화 그리고 성장이 대표적이다.

- 첫째, **성장**(growth)은 시간의 흐름에 따른 신체의 크기나 기능의 분화를 의미한다. 성장은 주로 신장이나 체중이 증가하는 신체적 특성의 양적 변화를 말한다. 이에 비해 발달은 양적 및 질적 변화 모두를 의미하는 개념으로 사용된다.
- 둘째, **성숙**(maturation)이란 학습에 의하지 않은, 생득적인 유전에 의한 변화다. 즉, 유전 정보에 의해 약 1세가 되면 걷고 첫 말을 하기 시작하듯이 자연발생적으로 일어나는 생물학적인 변화를 말한다.
- 셋째, **학습**(learning)이란 후천적 경험이나 노력에 의해 일어나는 변화나 능력의 획득을 말한다. 즉, 경험을 통해 감정, 생각, 행동 등에서 이루어지는 비교적 영속적인 변화다.

■ 유전과 환경은 발달에 어떻게 영향을 주는가?

최근의 발달 연구 결과를 보면, 인간 발달에 있어 **유전**(heredity)과 **환경**(environment)은 상반되고 단일 영향을 미치는 것이 아니라 매우 복잡하게 영향을 준다는 상호작용론을 강조하고 있다([그림 3-1] 참조). 즉, 유전과 환경이 서로 영향을 주고받으며 발달을 촉진한다는 것이다(권순황, 2015; 공인숙 외, 2015). 발달은 단순히 유전요인뿐만 아니라 경험, 연습이라고 하는 환경요인에 의해서도 크게 영향을 받는다. 예를 들면, 언어발달의 잠재능력이 있을지라도 영아기부터 언어 자극을 전혀 받지 않으면 언어능력은 발달하지 않는다. 언어뿐만 아니라 운동, 정서, 사회, 지능, 지각, 인지 등도 유전요인과 환경요인의 상호작용의 결과로 발달한다.

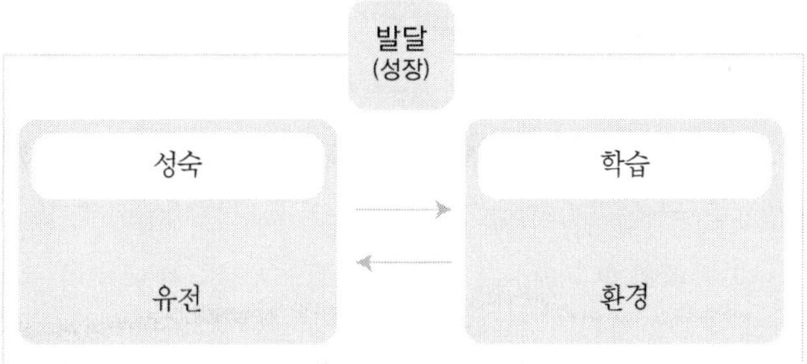

[그림 3-1] 발달과 관련된 개념들

2) 발달의 원리

■ 발달은 어떤 일반 경향성을 보이는가?

이러한 발달과정은 아주 복잡한 현상이지만 다음과 같은 일반적 경향이 있다.

- 첫째, 발달에는 일정한 순서가 있다. 영아는 유전적으로 프로그램된 순서에 따라 발달한다. 머리를 들고 난 후, 가슴을 들고 혼자 앉게 되고, 그다음 기고 서고 걷게 된다([그림 3-2] 참조). 언어발달도 일정한 순서가 있는데, 영아는 옹알이를 하기 시작한 다음, 첫 단어를 말하고, 두 단어로 말하다가 간단한 문장을 사용하게 된다.

[그림 3-2] 운동발달 순서

- 둘째, 초기의 발달은 뇌 신경계의 성숙과 관련하여 일정한 방향으로 이루어진다. 즉, 두미(cephalo-caudal) 발달 원칙과 근원(proximo-distal) 혹은 중심-말초 발달 원칙에 따라 발달이 이루어진다([그림 3-3] 참조). 영 · 유아는 성장함에 따라 머리부터 발달이 진행되기 시작해서 최후에는 가장 먼 발 부분에 미치게 된다. 또 처음에는 팔을 움직이는 운동을 하다가 차차 손목, 손가락을 순서대로 움직이게 된다. 이처럼 아동 발달에 일정한 순서와 방향이 있다는 사실은 발달의 전 단계가 다음 단계의 기초가 된다는 것을 말해 준다.
- 셋째, 발달은 연속적인 과정이나 발달의 속도는 항상 일정하지 않다. 신체의 각 부위에 따라 그리고 정신 기능에 따라 발달의 속도가 각각 다르다. 또한 특정한 측면의 발달에 있어서도 발달 단계에 따라 그 속도가 항상 일정하지 않다. 예를 들면, 신체발달은 유아기와 사춘기에 급격한 증가를 보이나 다른 시기에는 발달 속도가 느리다. 어휘 수는 유아기에 급

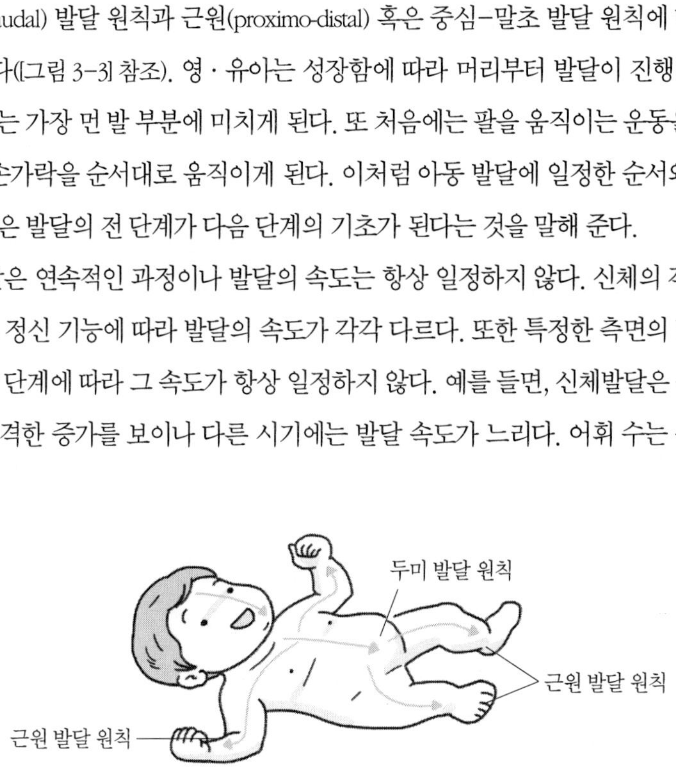

[그림 3-3] 발달의 원칙

[그림 3-4] 오리의 각인과 결정적 시기

격히 발달하며, 추리력은 서서히 발달하여 아동기를 지나 청년기에서 완숙된다. 이와 같이 특정한 시기에 어떤 기관이나 기능의 발달이 급격히 진행되는데, 이러한 시기를 **결정적 시기**(critical period)라 한다.

이 개념은 오스트리아의 동물행동학자 로렌츠(Konrad Lorenz, 1903~1989)의 '각인(imprinting)' 연구와 밀접한 연관이 있다. 로렌츠는 어미 오리가 낳은 알을 두 집단으로 나누어서 한 집단의 알은 어미가 부화시키게 하고 다른 집단의 알은 자신이 직접 부화시켰는데, 자신이 부화시킨 알에서 나온 오리들이 자신을 어미로 여겨 졸졸 따라다니는 것이었다. 이 연구를 통해 그는 새끼 오리가 어미를 인식하는 결정적 시간대(부화 후 36시간 이내)가 있으며, 그 시간 동안 새끼 오리가 처음 본 물체는 '어미'로 각인된다고 하였다([그림 3-4] 참조).

사람의 경우도 이와 마찬가지다. 유아기는 여러 감각을 통해 기능을 익히고 뇌를 발달시키는 결정적 시기이자 유연하게 학습하는 시기다. 이 시기에는 뇌의 신경회로가 집중적으로 발달하고, 보고 듣고 경험하는 모든 것이 사고, 언어 및 전체 기능을 결정하게 된다. 아이들은 다른 어떤 시기보다 유아기에 인지 및 운동 기능을 빠르게 흡수한다(박승호, 서은희 역, 2009).

- 넷째, 발달에는 **개인차**(individual difference)가 있다. 비슷한 유전적 요인을 타고난 일란성 쌍생아도 신생아기부터 개인차가 나타나며, 발달의 속도와 양상은 영·유아마다 각기 다르다. 12개월 영아들 간에도 성장 속도에 차이가 있어, 어떤 영아는 걷고 한 단어를 사용하지만 어떤 영아는 아직 기어다니고 옹알이를 하기도 한다.
- 다섯째, 발달의 초기 단계는 일생에서 가장 중요한 시기다. 생의 초기 단계인 영·유아기

의 발달은 이후의 모든 단계의 성장과 발달을 좌우한다. 초기 발달의 경험은 인간에게 아주 중요하며 지속적인 영향을 남긴다. 아기가 발달 초기에 부모와 따뜻하고 적절한 대인관계를 형성하지 못하면 발달 후기에서도 원만한 대인관계를 형성하지 못하여 적응 곤란을 겪기도 한다.

2 영 · 유아 발달의 이해

1) 영 · 유아 발달과정의 이해의 필요성

■ 영 · 유아 발달상태를 왜 잘 이해하여야 하는가?

- 첫째, 효과적인 교육과 치료 계획을 세우기 위해서는 영 · 유아의 정상적인 발달상태를 정확하게 이해하여야 한다. 발달이란 비교적 질서 있게 지속적으로 일어나는 인간의 신체 및 행동의 변화를 의미하므로, 어떤 문화권에서 어떠한 경험을 하든 연령이 증가하면서 나타나는 모든 유아의 보편적 변화를 이해하여야 한다. 즉, 영 · 유아들의 보편적 변화에 따른 교육을 위해서도, 치료계획을 세우기 위해서도 시기별 발달상태를 잘 파악해야 한다.
- 둘째, 발달의 개인차를 고려한 효과적인 양육을 위해서다. 모든 유아의 발달과 행동은 개인차가 존재하므로 개별 유아의 특성을 고려하여 교육이나 양육을 해야 한다. 부모나 양육자는 유아의 탄생과 함께 수없이 많은 양육문제에 직면하게 된다. 부모나 양육자가 수요와 배변 문제, 적절하지 못한 지속적인 부정적 정서의 표현문제 등 유아가 보이는 행동문제에 직면하게 될 때, 서적, 전문가의 조언 등을 통해 얻는 영 · 유아 발달에 대한 지식은 바람직한 양육방법의 지침을 제공해 준다(천은영, 김경신, 2014).

2) 영 · 유아 연령별 주요 행동발달 특성

현대의 발달 연구는 그 대상이나 연구 분야가 매우 광범위하고 관계영역도 아주 다양하기 때문에 간단히 소개하기가 어렵다. 여기에서는 영 · 유아 연령에 따라 인지/문제해결, 언어/의사소통, 사회/정서, 기본생활/자조, 대근육운동, 소근육운동 등 행동발달이 어떻게 이루어지는지를 살펴보기로 한다. 다음 자료들은 심리검사 전문기관 테스피아(http://www.tespia.kr)의 한국영아발달검사와 한국유아발달검사의 표준화 과정에서 산출된 정보를 토대로 작성하였는데, 국내 영 · 유아 발달 상황을 이해하는 지침을 제공해 준다.

■ 3~6개월 주요 행동발달 특성은 무엇인가?

인지/ 문제해결	• 일부가 감춰진 장난감을 찾는다. • 15cm 정도 떨어져 있는 물건을 잡으려고 손을 뻗친다. • 장난감으로 쾅쾅 친다.
언어/ 의사소통	• 사람을 보며 옹알이를 한다. • 얼굴표정에 따라 소리를 내어 반응한다. • 모음(아, 어, 오)과 유사한 소리를 낸다.
사회/정서	• 어른이 웃을 때 따라 웃는다. • 거울의 자기 모습을 보고 웃는다. • 안아 달라는 표현을 한다.
기본생활/ 자조	• 약간 딱딱하거나 깨끗한 음식을 삼킨다. • 손 전체로 음식을 입에 가져간다. • 숟가락에 있는 이유식을 빨아 먹는다.
대근육운동	• 우유병에 손을 뻗친다. • 엎드린 상태에서 몸의 균형을 잡는다. • 장난감이나 물체를 입으로 가져간다.
소근육운동	• 양손으로 작은 물건을 쥔다. • 손바닥으로 물건을 움켜쥔다. • 손을 뻗쳐 물건을 잡는다.

■ 6~9개월 주요 행동발달 특성은 무엇인가?

인지/ 문제해결	• 움직이는 사물을 쳐다보고 잡으려 한다. • 장난감(예: 기차, 자동차 등)을 민다. • 물건을 숨기는 것을 보면 금방 찾아낸다.
언어/ 의사소통	• 자음과 모음을 결합하여 '마마마' '가가가'라는 소리를 낸다. • 부모가 '빠이빠이'라고 하면 손을 흔들거나 쳐다본다. • '안 돼'라는 말을 이해한다.
사회/정서	• 웃거나 옹알이를 통해 상호작용한다. • 거울 속의 자기 모습을 자주 보며 관심을 갖는다. • 어른이 손을 흔들면 따라서 손을 흔들거나 반응을 보인다.

(계속)

기본생활/자조	• 어른이 컵을 들어 주면 마신다. • 비스킷을 깨물어 먹는다. • 양말을 잡아당겨 벗는다.
대근육운동	• 다리에 체중을 싣는다. • 뒤집기를 한다(누운 상태에서 엎드린 상태로). • 도움 없이 혼자 앉는다.
소근육운동	• 물건을 잘 집어 올린다. • 책상 위의 물건을 '딱딱' 두드린다. • 한번에 여러 장씩 책장을 넘긴다.

■ 9~12개월 주요 행동발달 특성은 무엇인가?

인지/문제해결	• 그림을 보기 위해 카드를 뒤집는다. • 그림책이나 그림 카드에서 좋아하는 그림이 있다. • 원기둥 장난감을 구멍에 맞게 끼운다.
언어/의사소통	• 지시에 따라 손뼉 치고 손을 흔든다. • 간단한 질문에 몸짓이나 소리로 반응한다. • 3개 정도의 단어를 말한다(예: 엄마, 맘마, 아빠 등).
사회/정서	• 자기 이름을 부르면 소리 내어 반응한다. • 사람, 물건, 장소에 따라 좋고 싫음을 표현한다. • 손뼉 치거나 까꿍놀이를 한다.
기본생활/자조	• 음식을 잘 씹는다. • 도와주면 스스로 컵을 들고 물을 마신다. • 옷을 입힐 동안 팔과 다리를 든다.
대근육운동	• 손과 무릎으로 잘 기어 다닌다. • 혼자서 잠시 선다. • 한 손을 잡고 걷는다.
소근육운동	• 엄지와 검지로 물건을 집어 든다. • 그릇 속에 있는 물건을 꺼낸다. • 검지손가락으로 '쿡쿡' 찌른다.

■ 12~18개월 주요 행동발달 특성은 무엇인가?

인지/ 문제해결	• 일상용품(장난감, 음식물 등)이 있는 곳을 가리킨다. • 친숙한 사람이 어디 있는지를 가리킨다. • 그림책을 똑바로 놓고 본다.
언어/ 의사소통	• 지시에 따라 3개 정도의 신체부위(눈, 코, 입)를 가리킨다. • '___을 나에게 줘.' '___을 집어 줘.' 등의 요구를 따른다. • 일상적인 동사(예: 먹어, 앉아, 주세요)를 이해한다.
사회/정서	• 새로운 상황에 직면하면 부모의 눈치를 살핀다. • 부모를 껴안고 입 맞춘다. • 장난감에 관심을 보이며 또래와 접촉한다.
기본생활/ 자조	• 빨대로 액체(물, 우유)를 빨아들인다. • 양말과 모자를 벗는다. • 컵의 물을 흘리지 않고 마신다.
대근육운동	• 혼자서 잘 걷는다. • 계단을 기어오른다. • 장난감을 끌고 걷는다.
소근육운동	• 잼잼/곤지곤지를 한다. • 두세 개의 블록을 차례로 쌓아올린다. • 그릇을 거꾸로 하여 물건을 쏟는다.

■ 18~24개월 주요 행동발달 특성은 무엇인가?

인지/ 문제해결	• 그림책에서 '공 어디 있어?'라고 물으면, 공을 가리킨다. • 그림책을 읽어 줄 때 몇 분간 주의를 집중하여 듣는다. • 여러 가지 물건의 이름을 말한다.
언어/ 의사소통	• 두 단어 이상의 지시를 따른다(예: 신발 가져와). • 간단한 단어를 사용하여 자신의 의사를 표현한다(예: 싫어, 아니야). • 두세 단어로 연결된 문장을 사용한다(예: 물 주세요, 문 열어).
사회/정서	• 자기가 보고 있는 것을 상대방에게 손가락으로 가리킨다. • 양육자가 다른 사람에게 관심을 기울일 때 질투한다. • 인형이나 부드러운 장난감을 끌어안고 다닌다.
기본생활/ 자조	• 한 손으로 컵이나 그릇을 잡는다. • 커다란 지퍼를 내리고 올린다. • 말이나 몸짓으로 대소변 의사표현을 한다.

(계속)

대근육운동	• 의자나 소파에 올라간다. • 쪼그리고 앉아서 논다. • 공을 앞쪽으로 찬다.
소근육운동	• 크레용으로 마구 낙서한다. • 간단한 장난감을 분해한다. • 정확하지는 않지만 종이를 한 번 접는다.

■ 24~30개월 주요 행동발달 특성은 무엇인가?

인지/ 문제해결	• 지시에 따라 '큰 것과 작은 것'을 지적한다. • '하나의' '한 개의' 개념을 안다. • 수직선과 수평선을 모방하여 그린다.
언어/ 의사소통	• '크다/작다'의 형용사를 이해하고 사용한다. • '빠르다/느리다'의 개념을 안다. • 사물의 기능을 이해하고 질문에 대답한다(예: '무엇으로 밥을 먹지?'라고 물으면 '수저'라고 대답한다.)
사회/정서	• 인형에게 아기인 것처럼 숟가락으로 먹이고 잠을 재운다. • 특정 물건을 '자기 것'이라고 말한다. • 어른의 행동을 유도하고 재미있어 한다.
기본생활/ 자조	• 일반적인 위험을 이해하고 가까이 가지 않는다. • 도와주면 이를 닦는다. • 스스로 바지(고무줄)를 입는다.
대근육운동	• 난간을 잡고 천천히 계단을 내려온다. • 뒤로 걷는다(약 2m 정도). • 두 발을 모아 뛰어오른다.
소근육운동	• 문고리(손잡이)를 돌린다. • 엄지와 다른 손가락으로 크레용을 쥔다. • 지름 2~3cm의 병뚜껑을 돌려 연다.

■ 30~36개월 주요 행동발달 특성은 무엇인가?

인지/ 문제해결	• 같은 부류(예: 동물은 동물/식물은 식물)끼리 짝지은다. • 일어났던 경험(예: 동물원에서 본 것)을 기억하여 말한다. • 원을 모방하여 그린다.
언어/ 의사소통	• 과거형 동사를 사용한다(예: 차 탔어, 밥 먹었어). • 사물의 기능을 두 단어로 말한다(예: 칼 → '사과 깎아'). • '왜' '어떻게'라는 의문사를 넣어 말한다.
사회/정서	• 시키면 '고맙습니다' '미안합니다'라고 말한다. • '사랑해' '슬프다' 등의 감정을 표현한다. • 2~3명의 아이와 짧은 시간 동안 잘 논다.
기본생활/ 자조	• 자신의 물건(장난감/인형)을 정리하여 둔다. • 도와주면 양말, 셔츠, 외투를 입는다. • 포크를 잘 사용한다.
대근육운동	• 낮은 높이(5~20cm)의 장애물을 뛰어넘는다. • 5초 이상 한 발로 선다. • 발끝으로 걷는다(약 2m 정도).
소근육운동	• 가위로 종이를 자른다. • 작은 사물의 포장을 뜯는다. • 조립하는 장난감을 뺐다 끼웠다 한다.

■ 36~42개월 주요 행동발달 특성은 무엇인가?

인지/ 문제해결	• 두 물체 중 어느 것이 더 긴지 혹은 짧은지를 말한다. • '남자–여자' '밤–낮'과 같이 반대되는 그림을 짝지은다. • 하루 중 다른 시간대(아침, 저녁)에 일어나는 활동을 이해한다.
언어/ 의사소통	• 물체를 분류하는 총체적인 낱말을 안다(예: 채소, 과일, 동물 등). • 접속사(예: 그러나, 그리고, 그런데)를 사용한다. • 간단한 진행형 문장을 사용한다(예: 먹고 있어, 놀고 있어).
사회/정서	• 자신의 일을 하기 위해 타인의 관심을 유도한다. • 또래와 함께 장난감을 가지고 논다. • 자기보다 나이 어린 아이를 껴안으면서 애정표현을 한다.
기본생활/ 자조	• 주전자의 물을 따른다. • 혼자서 손을 씻고 수건으로 닦는다. • 대소변을 잘 가린다.

(계속)

대근육운동	• 자기에게 큰 공이 굴러 오면 발로 찬다. • 세발자전거를 타고 페달을 구른다. • 장난감의 나무못을 박는다.
소근육운동	• 여러 개의 블록으로 기차나 탑 모양을 만든다. • 옷의 단추를 푼다. • 가위로 선을 따라 종이를 잘 자른다.

■ 42~48개월 주요 행동발달 특성은 무엇인가?

인지/ 문제해결	• '무겁다'와 '가볍다'의 개념을 안다. • '사람의 얼굴을 정확하게 그린다. • 두 사물의 짝을 찾는다(예: 못–망치, 실–바늘, 치약–칫솔 등).
언어/ 의사소통	• 비교급 문장을 사용한다(예: ~보다 크다, 길다, 많다 등). • 자신이 원하는 것을 설명한다(예: '팥 들어 있는 빵을 줘.'). • 간단한 유추 개념을 안다(예: 아빠는 남자이고, 엄마는 ○○이다).
사회/정서	• 다른 사람의 감정(슬픔, 기쁨)에 공감 반응을 보인다. • 다른 사람을 껴안으며 인사한다. • 또래와 협동놀이를 한다.
기본생활/ 자조	• 혼자서 세수를 하고 수건으로 닦는다. • 일반적으로 위험한 것(깨진 유리)은 피한다. • 도움 없이 옷을 벗고 입는다.
대근육운동	• 편한 발로 짧게 3번 뛰어오른다. • 낮은 놀이기구의 사다리를 기어오른다. • 머리 뒤로 손을 젖혀 공을 던진다.
소근육운동	• 그림을 보고 공이나 사과를 그린다. • 큰 원 안에 작은 원을 그려 넣는다. • 엄지손가락과 집게손가락으로 숟가락을 쥔다.

■ 48~54개월 주요 행동발달 특성은 무엇인가?

인지/문제해결	• 1~9까지의 수에서 빠진 숫자와 이름을 말한다. • '거칠다/매끄럽다'와 '굵다/가늘다'의 개념을 안다. • 과거(어제, 지난주)에 일어났던 일을 이야기한다.
언어/의사소통	• 2~3소절의 동요(예: 학교 종, 나비야)를 듣고 따라 한다. • 사물의 단위를 이해하고 센다(예: 동물 → 마리, 사람 → 명, 사물 → 개). • 두 문장을 연속하여 사용한다(예: 내가 공을 찼는데, 길가에 떨어졌다).
사회/정서	• 친구들과 사회극 놀이(예: 엄마와 아빠/의사와 환자)를 한다. • 어떤 일을 성취할 때 자부심을 느낀다. • 자기보다 어린아이를 귀여워하고 돌보아 주려고 한다.
기본생활/자조	• 혼자서 옷을 입고 지퍼나 단추를 잘 채운다. • 소액의 돈을 가지고 사 오라는 물건을 사 온다. • 포크와 칼을 이용하여 음식(예: 빵)을 자른다.
대근육운동	• 큰 공을 튀기고 떨어질 때 잡는다. • 물그릇을 들고 물을 엎지르지 않고 걷는다. • 발을 바꾸어 가며 한 계단씩 내려간다.
소근육운동	• 작은 구슬을 실에 꿴다. • 종이를 여러 겹으로 접어 모형을 만든다. • 원의 내부에 색칠한다.

■ 54~60개월 주요 행동발달 특성은 무엇인가?

인지/문제해결	• '가, 나, 다, 라, ……'를 순서대로 말한다. • 요일을 순서대로 말한다. • 3까지 더하기와 빼기를 한다.
언어/의사소통	• 주소와 전화번호를 말한다. • 사물의 공통점과 차이점을 말한다. • 일상적인 경험을 이야기한다.
사회/정서	• 친구가 어려움에 처해 있을 때 위로한다. • 상대방의 고의적인 행위와 우발적인 행위를 구별한다. • 게임의 규칙을 다른 사람에게 설명한다.
기본생활/자조	• 안전하게 (좌우를 살피고) 도로를 횡단한다. • 기온과 상황에 따라 옷을 적절하게 선택한다. • 시계를 보고 유치원(학교)에 갈 시간을 안다.

(계속)

대근육운동	• 균형을 유지하고 발을 바꿔 가며 줄넘기한다. • 혼자서 고정된 밧줄을 타고 올라간다. • 악기(탬버린/작은북)로 리듬을 맞춘다.
소근육운동	• 가위로 간단한 모형(집, 동물 등)을 오린다. • 동물, 사람, 집 등을 세밀하게 그린다. • 색종이로 여러 가지 종이접기를 한다.

■ 60~72개월 주요 행동발달 특성은 무엇인가?

인지/ 문제해결	• 자기 이름과 부모 이름을 쓴다. • 그림카드에서 몇 개의 단어를 읽는다. • '제일 크다/작다' '제일 길다/짧다' 등 최상급 개념을 안다.
언어/ 의사소통	• '무겁다/가볍다' '시끄럽다/조용하다' 등의 개념을 안다. • 그림에서 모순(불합리한 점)을 찾아낸다. • 복문을 사용하여 말한다(예: 나는 가게에 가서 우유와 빵을 샀다).
사회/정서	• 다른 사람의 물건을 사용할 때 허락을 구한다. • 공공장소에서 규칙이나 질서를 지킨다(예: 신호등 건너기 등). • 2~3명의 아동과 협조적인 활동(게임)을 한다.
기본생활/ 자조	• 혼자서 대소변 처리를 한다. • 혼자서 방에 들어가 옷을 벗고 소변을 보고 잠자리에 든다. • 지시에 따라 접시, 수저 등을 제자리에 놓는다.
대근육운동	• 한 발로 연달아 5회 이상 뛰어간다. • 발을 바꿔 가며 물건을 들고 계단을 올라간다. • 미끄럼틀이나 놀이기구에 오르락내리락한다.
소근육운동	• 1~10까지 숫자를 모방하여 쓴다. • 엄지손가락과 나머지 네 손가락을 차례로 맞닿게 한다. • 집, 나무, 과일 등의 그림을 그린다.

3 발달과정 및 정신병리

■ 발달기는 어떻게 구분할 수 있는가?

많은 발달심리학자는 인간 발달에 결정적인 시기, 즉 중요한 시기로 영·유아기를 들고 있고, 이러한 발달이 아동기까지 이어진다고 주장한다. 이 시기에 신체적·정서적 및 인지적 측면에서의 기초가 형성될 뿐만 아니라 일생에서 가장 심하게 변화가 일어나기도 한다. 흔히 **발달기**(developmental period)는 영아기부터 청소년기까지의 시기를 말하는데, 학자에 따라 다소 다르지만 일반적으로 발달 단계는 〈표 3-1〉과 같이 구분할 수 있다. 전통적으로 0~2세를 **영아기**(infancy)로, 2~6세를 **유아기**(early childhood)로, 6~12세를 **아동기**(middle childhood)로, 13~18세를 **청소년기**(adolescence)로 분류하고 있다.

표 3-1 연령별 발달 단계 비교

<table>
<tr><th>연령
발달영역</th><th>1세</th><th>2세</th><th>3세</th><th>6세</th><th>12세</th><th>18세</th></tr>
<tr><td>전통적 구분</td><td colspan="2">영아기</td><td colspan="2">유아기</td><td>아동기</td><td>청소년기</td></tr>
<tr><td>인지발달(Piaget)</td><td colspan="2">감각운동기</td><td colspan="2">전조작기</td><td>구체적 조작기</td><td>형식적 조작기</td></tr>
<tr><td>심리성적 발달
(Freud)</td><td>구강기</td><td colspan="2">항문기</td><td>남근기</td><td>잠복기</td><td>생식기</td></tr>
<tr><td>심리사회발달
(Erikson)</td><td>신뢰:불신</td><td colspan="2">자율:수치</td><td>주도성:
죄의식</td><td>근면:열등</td><td>자아정체:
역할혼동</td></tr>
</table>

1) 영아기

■ 영아기의 발달 이정표와 발달 과업은 무엇인가?

출생부터 2세까지를 **영아기**(infancy)라고 한다. 이 시기의 영아들은 유전요인과 외부의 환경요인에 의해 빠르게 성장한다. 모든 영아의 성장은 일정한 순서에 따라 이루어지나 성장 속도는 영아마다 개인차가 크다. 영아 초기는 거의 의존적인 상태이지만 점차 운동능력, 사회성 등이 급격히 발달하고, 어머니와의 상호관계를 통해 기본적인 신뢰감이 형성되며, 이는 앞으로의 인간 상호관계의 기초가 된다.

첫돌부터 2세까지는 Freud의 발달단계론에서 **항문기**(anal stage)에 해당되고, Erikson의 발달단계론에서는 자율성을 형성하는 시기다. 이 시기에는 자신이 타인과 분리된 개체임을 인식하게 되고, 대소변 조절과 같은 자아통제력이 증가하게 된다(〈표 3-1〉, 〈표 3-2〉 참조).

표 3-2 발달기에 따른 주요 발달과정과 정신병리

연령 / 발달/병리	영아기		유아기 (2세~6세)	아동기 (7~12세)	청소년기 (13~18세)
	영영아기 (0~1세)	걸음마기 (1세~2세)			
발달의 이정표	• 사회적 웃음 • 변별반응(특정인) • 분리불안 • 걷고 말하기 시작	• 언어사용 • 배변훈련 • 자기주장 • 신체적 독립성	• 사회/성역할 습득 • 사회적 가치, 믿음 • 초자아 형성	• 친밀 집단 형성 • 또래 동일시 • 지적 관심 • 기술(능력) 발달	• 신체 변화 • 성욕 왕성 • 추상적 사고
놀이발달	• 단독 놀이 • 감각운동	• 병행 놀이 • 지배적 놀이	• 협동 놀이 • 사회극 놀이	• 경쟁적 놀이 • 지적 게임	• 사회/여가 활동 • 이성에 관심
발달 과업	• 친밀감(애착) • 기본적 신뢰/안정감	• 분리-개별화 • 대상 영속성 • 공격/충동통제	• 사회화 • 역할 학습	• 자존감 • 경쟁성 • 집단 정체감	• 성 정체감 • 가족과의 독립성 • 통합된 성격
적절한 환경	• 온정적/애정적/민감한/반응적인 부모와 상호작용 • 적절한 영양	• 일관성 있는 양육 • 충동통제 교육 • 자기통제 격려 • 자율성 존중 • 자기주장 허용	• 다양한 사회역할 및 문화 경험 제공 • 적절한 성역할 모델 제공 • 또래 상호작용	• 성공 및 생산에 대한 경험 제공 • 적절한 학교 교육 • 또래집단 활동 참여	• 일관성 있는 기대 • 경쟁(투쟁)에 대한 인내와 수용 • 개별성과 자율성 존중 및 격려
정신병리	• 발달 지체 • 발육 성장 실패 • 지적 손상 • 섭식장애 • 자폐장애	• 수면장애 • 기질적 짜증(울화) • 적대적 반항장애	• 불안/공포증 • 유뇨증/유분증 • ADHD • 비사회화된 공격 • 심리사회적 상실	• 열등감 • 학습장애 • 학교 등교거부 • 소아정신분열증 • 소아 우울증 • 품행장애	• 성격장애/비행 • 약물 의존 • 신경성 식욕부진 • 성 행동 표출 • 자살 시도 • 정신분열성 장애

(1) 신체발달

■ 영아기의 신체발달 특성은 무엇인가?

영아기는 신체적 성장이 가장 빠른 시기다. 성장 비율은 생후 6개월 동안이 가장 빠르며, 그 다음 6개월은 다소 느려진다. 근육의 발달은 좋은 운동 기능을 가지게 하여 많은 새로운 활동을 하게 하고, 뇌와 신경계통의 발달은 지능에 큰 영향을 줄 뿐만 아니라 정서적 · 사회적 적응에도 큰 영향을 미치게 된다.

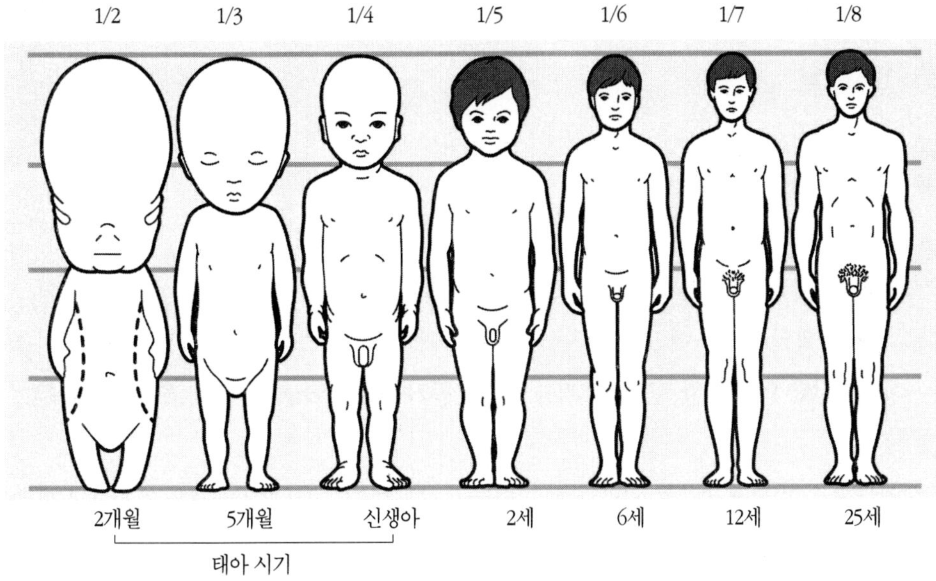

[그림 3-5] 신체 비율의 변화

출처: Muzi (2000).

(2) 운동발달

■ 영아기의 운동발달 특성은 무엇인가?

영아의 운동발달은 중추신경계, 골격 및 근육의 성숙 정도에 따라 영향을 받는다. 운동발달 속도도 개인차가 있으며, 발달은 시간적으로나 계통적으로 일정한 순서가 있다. 신체의 대근육이 먼저 발달하고 소근육이 점차 발달한다. 즉, 미분화의 전체운동에서 분화적 특수운동으로 발달하고(전체 → 부분), 머리에서 시작하여 팔다리 등의 발달로 진행되며(두 → 미의 방향), 신체의 중앙 부분에서 팔이나 다리 등의 말초 부분으로 발달한다(중심 → 말초의 방향).

조작능력에 있어서도 출생 후 5개월이 되면 자신이 의도적으로 물체를 잡을 수 있게 되고, 7~10개월경이 되면 몸과 손과 팔이 **협응**(coordination)하여 손을 물체 쪽으로 뻗어 정확히 잡을 수 있으며, 24~30개월경에는 손가락을 효과적으로 사용할 수 있다.

한편, **걸음마기**(toddlerhood)에 들어서면 이동능력이 급격하게 발달한다. 2세경까지는 급하면 술 취한 사람처럼 뒤뚱거리며 걷던 영아가 3세가 되면 선을 따라 똑바로 걸을 수 있게 된다. 그러나 이 시기의 아기는 뛰고 있는 동안에는 갑자기 멈추거나 몸을 돌리지 못하므로 유의하여 보살펴야 한다.

(3) 인지발달

■ 영아기의 인지발달 특성은 무엇인가?

영아기는 감각을 통해 획득한 정보를 조직하고 환경 자극에 반응하는 **도식**(schema)을 형성함으로써 인지발달이 이루어진다. 인지발달은 지능과 이해력, 논리 및 지식의 성장을 의미한다. Piaget의 발달 단계에 따르면 영아기는 **감각운동기**(sensorimotor period)에 해당된다(〈표 3-1〉 참조).

Piaget는 아동이 주위 환경을 얼마나 잘 이해하고 극복해 나가느냐 하는 것을 인지발달의 과정으로 보았는데, 인지발달은 동화와 조절에 의해 이루어지는 적응과정이라고 할 수 있다. Piaget는 가장 중요한 첫 단계가 생후 2년간이며 이 시기는 감각운동적 협응을 통해 사고가 이루어진다고 하여 이 시기를 감각운동기(출생~2세)라고 하였다. 또한 Piaget는 이 시기에 일어나는 중요한 인지발달 변화의 하나로서 대상개념의 발달을 들고 있다. 대상개념 혹은 **대상영속성**(object permanence) 개념이란 자신을 포함하는 모든 대상이 독립적인 실체로서 존재하며, 대상이 한 장소에서 다른 장소로 이동했을 때 시야에서 사라지더라도 다른 장소에 계속해서 존재한다는 사실에 대한 지식을 말하는데, 이러한 능력이 감각운동기 동안에 서서히 발달한다고 주장한다.

(4) 언어발달

■ 영아기의 언어발달 특성은 무엇인가?

한편, 영아기와 걸음마기에 획득되는 가장 큰 능력 중의 하나가 언어능력이다. 출생 후 울음으로 모든 의사를 표현했던 아기들은 미소를 띠고 옹알이를 하게 되면서부터 점차 분화된 의사표현을 하게 된다. 아기들은 사고의 발달과 더불어 확장된 언어능력을 통해 주위 환경을 보다 치밀하게 탐색하게 되고, 자극에 대한 궁금증도 쉽게 풀 수 있게 된다. 보통 생후 9개월 정도가 되면 한마디 말을 사용하기 시작한다. 이때 아기들이 말할 수 있는 단어들은 '엄마' '아빠' '마마' '멍멍' 등 자신과 함께 지내는 가족들의 명칭이나 동물 소리를 나타내는 의성어가 대부분이다. 15개월이 되면 두 단어를 결합하여 말을 하게 되는데, '엄마 까까' '아빠 빵빵' 등 상황에 따라 비교적 구체적으로 표현을 하게 된다. 18개월경에는 산출 언어능력이 급격히 늘어나기 시작하고, 20개월경에는 약 50개의 어휘능력을 갖게 되며, 2세가 되면 약 200~300개의 어휘를 획득하게 된다.

(5) 사회 · 정서발달

■ 영아기의 사회 · 정서발달 특성은 무엇인가?

영아기의 정서는 특히 욕구와 결부된다. 즉, 배고픈 영아는 공복에 의해 생기는 정서를 경험한다. 공복 상태가 충족되지 않으면 영아의 행동의 양은 증가하게 되는데, 팔과 다리를 버둥댈 뿐 아니라 울어댄다. 그러나 이 시기는 미분화된 정서 반응을 보이기 때문에 그 정확한 차이는 알 수 없지만, 학습이나 지각에 의한 경험의 증가에 따라 정서의 표현이 차츰 분화되고 더욱 풍부해진다. 또한 영아는 성장해 가면서 사고가 발달되고 감정을 표현하며 다른 사람과 관계를 맺어 나간다. 이러한 사회성은 타인과의 관계를 통해 발달한다. 특히 초기 사회성 발달은 '애착(attachment)'의 형성을 통해 이루어진다. 생후 6개월에 아기와 엄마 간에 특별한 관계가 형성되는 것을 애착이라 부른다. 애착은 한 개인이 자신과 가장 가까운 사람에 대해 느끼는 강한 정서적 유대관계를 뜻한다. 출생 후 1년 이내에 영아와 어머니 또는 자신을 돌봐 주는 사람 간에 이뤄지는 애착 형성의 결과는 후에 발달하는 정서적 안정성과 대인관계에 중요한 기초가 된다.

또한 2세경에는 엄마와 늘 붙어 있으려는 욕구가 조금 줄어들기 시작하고 놀이와 탐색에 대

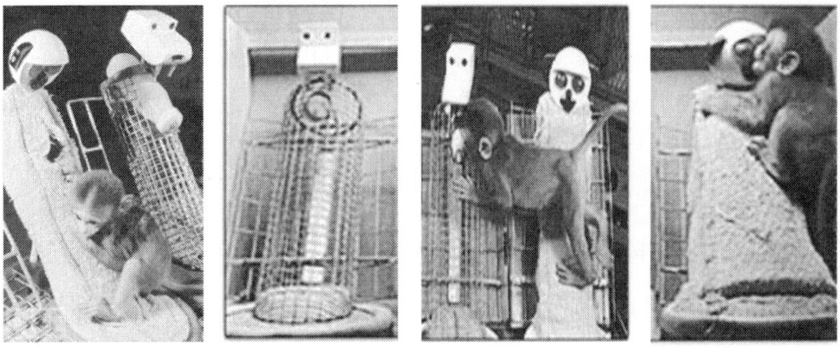

[그림 3-6] 원숭이의 애착 실험

출처: Harlow & Zimmerman (1959).

한 흥미가 증가한다. 걸음마가 시작되면서 독립에 대한 욕구가 증가하는데, Erikson은 이를 자율성에 대한 추구로 보았다. 자율성은 자기결정을 의미하는 것으로 이 시기에 아기는 '싫어' '아니야' '내가 할 거야' 등의 표현을 주로 하며, 이와 더불어 생후 2세 전후로 대소변 훈련이 시작되어 30개월 정도가 되면 대소변을 가리게 된다.

(6) 적절한 환경과 발달정신병리

■ 영아기의 적절한 양육환경은 무엇인가?

영아기는 전 생애 발달의 기초가 형성되는 중요한 시기다. 특히 부모는 자녀의 성향에 맞는 적절한 양육을 제공하여 영아와의 안정된 신뢰감을 형성하고 영아의 욕구를 충족해 주어야 한다.

- 자녀의 영양 공급은 물론 수면, 목욕, 배변 훈련 등에 신중해야 한다. 특히 이 시기의 배변 훈련 방식은 차후 성격에 큰 영향을 줄 수 있으므로 강압적인 방식보다는 허용적이고 자율적인 방식으로 이루어져야 한다.
- 영아의 기질과 환경적 요구에 민감해야 한다. 즉, 각 영아의 기질적 특성을 이해하고 영아가 잘 적응할 수 있는 양육환경을 만들어야 한다.
- 영아의 기본적 욕구에 민감하고 일관성 있게 충족해 주어야 한다. 이럴 때 영아는 세상이 믿을 만하고 안전하다는 신뢰감을 획득하게 되며, 부모-자녀 간의 안정적인 애착관계를 형성하게 된다.
- 적절한 감각과 운동 경험을 제공하여야 한다. 영아기는 Piaget의 인지발달 단계 중 감각운

동기에 해당하는 시기로, 감각운동적 지능을 촉진시킬 수 있도록 풍부하고 흥미로운 감각 자극을 제공해야 한다.

■ 영아기에 주로 발생할 수 있는 발달정신병리는 무엇인가?

영아기에 주로 나타날 수 있는 장애나 문제로는 감각 상실, 발달지체, 분리불안 반응, 섭식장애, 자폐장애, 수면장애, 울화, 적대적 반항장애 등이 있다(〈표 3-2〉 참조).

2) 유아기

■ 유아기의 발달 이정표와 발달 과업은 무엇인가?

유아기(early childhood)는 걸음마기를 지나 초등학교에 입학하기 전까지의 2~6세를 말하는데, 영아기와는 달리 신체적 · 지적 및 사회적으로 현저하게 적극적인 활동, 탐색 및 발견이 이루어진다. 이 시기는 신체적으로 커지는 것은 물론 여러 운동과 조작능력을 갖추게 되면서 활동량이 증가한다. 이 시기의 아기는 여러 가지 지적인 개념을 다루고 자신의 생각과 느낌을 언어로 표현하는 능력이 발달하여 의사소통이 가능해지고, 자아개념이 성장하고, 자신이 여성인지 남성인지 알게 되며, 동성 부모를 동일시하여 성역할을 습득하게 된다. 유아기는 심리사회적 측면에서 보면 Freud의 발달 단계에서는 남근기에 해당하고, Erikson의 발달 단계에서는 주도성 · 죄책감이 형성되는 시기이며, 인지발달 면에서는 Piaget의 발달 단계로 전조작기에 해당한다(〈표 3-1〉 참조).

(1) 신체발달

■ 유아기의 신체발달 특성은 무엇인가?

유아기의 신체발달은 영아기에 비해 완만한 경향을 보이지만, 전 생애에 걸쳐 보면 여전히 빠른 속도로 발달이 진행되고 있음을 알 수 있다. 머리 크기가 몸 전체에서 차지하는 비율이 점차 줄어들고, 얼굴 모습이 또렷해지며, 턱과 목이 길어지고, 유치 20개가 모두 나고, 5세 말에는 이갈이가 시작된다.

(2) 운동발달

■ 유아기의 운동발달 특성은 무엇인가?

유아기는 신체적으로 자기통제가 가능해진다. 대근육, 소근육 및 신경계통이 점차 성숙되고 이후보다 운동기술이 증진된다. 영아기에 운동기술이 발달하지 못하고 운동형태만 발달하게 된다면, 유아기에는 새로운 운동형태와 더불어 보다 많은 운동기술을 획득하게 된다. 그러나 이 시기에 운동기능을 연습할 기회가 없다거나 부모가 과잉보호와 부상에 대한 두려움 때문에 운동을 못하게 한다거나 아동 자신이 운동하는 것을 두려워할 경우 운동발달이 지체된다.

(3) 인지발달

■ 유아기의 인지발달 특성은 무엇인가?

유아기에는 인지적 측면에서 놀랄 만한 성장이 이루어지는데, 이 시기 동안에 획득되는 수많은 어휘와 이해력의 발달로 유아기 말이 되면 거의 모든 관계에서 별 무리 없이 의사소통을 할 수 있다. Piaget는 6, 7세 미만의 유아가 정신 조작을 할 수 없기 때문에 이 시기를 **전조작기**(preoperational thought period)라고 분류한다. 이 시기의 아동의 사고는 지각에 의존하고 있기 때문에 행위를 내적으로 정확하게 표상할 수 있는 능력이 아직 형성되지 않는다. 그러나 상징적 활동이 증가하고 직관적 판단이 이루어지며 자기중심적 사고를 하는 것이 특징이다.

(4) 언어발달

■ 유아기의 언어발달 특성은 무엇인가?

유아들에게 언어는 여러 가지 현상을 이해하고 개념화하는 중요한 인지적 수단이고, 다른 사람의 생각과 의도를 바르게 이해하고 자신의 생각을 표현할 수 있는 대인관계의 기본 수단이며, 자신의 정서를 표출하거나 통제하는 정서적 창구다. 이처럼 언어는 유아 발달의 중요한 부분을 차지한다. 이 시기에 언어가 급격히 발달하는 것은 유아기 특성인 끊임없이 말하는 활동, 즉 연습 때문이다. 이 시기의 유아는 깨어 있을 때 신체적으로 가만히 있는 상태가 거의 없듯이 말을 하지 않고 조용히 있는 경우가 드물다.

(5) 사회 · 정서발달

■ 유아기의 사회 · 정서발달 특성은 무엇인가?

Freud와 Erikson은 이 시기의 중요한 발달 과업이 자율성 확립과 양심의 발달이라고 주장한다. 유아기는 아동 스스로 바깥세상을 탐험하는 시기로서 친구와 이웃을 만나고 여럿이 어울리는 생활을 경험하면서 사회에서 요구하는 행동 패턴이 무엇인지를 깨닫게 되고, 이를 수용하거나 거부할 때에 사회가 어떻게 받아들이는가를 알게 된다. 이때 경험하는 사회성 발달이 이후의 성인기까지 영향을 미치게 된다. 또한 이 시기에 자신이 속한 사회의 구성원으로서 역할을 제대로 수행하기 위해서 어떤 것이 사회에서 승인받는 행동이고 규제받는 행동인지를 학습하게 된다.

한편, 이 시기에는 성역할이 눈에 띄게 달라지고 남아와 여아의 행동이 뚜렷하게 구분된다. 또 성 항상성을 획득하고 동일한 성에 대한 모방 경향이 급속히 증가하면서 성역할을 학습하게 된다. 성역할 발달에 영향을 주는 모델은 부모, 교사, 이웃, 또래, 책, TV 등 아동이 접하는 모든 환경이 될 수 있다.

(6) 적절한 환경과 발달정신병리

■ 유아기의 적절한 환경은 무엇인가?

유아기는 자율성과 주도성을 가지고 주변 환경을 적극적으로 탐색하는 시기다. 따라서 호기심이나 탐구심을 유발할 수 있는 환경을 제공해야 하며, 유아의 기본 생활 습관 확립을 위해 적절한 훈육과 유아의 지적 · 정서적 · 사회적 능력의 발달을 위한 학습 경험을 제공해야 한다.

- 먼저 호기심과 탐구심을 유발할 수 있는 환경을 조성하여 탐색활동의 기회를 제공하여야 한다. 유아가 마음껏 탐색활동을 함으로써 자율성과 독립심을 최대한 기르도록 한다.
- 유아를 한 인격체로 받아들이고 기분과 감정을 인정해 주어야 한다. 특히 이 시기에는 '싫어' '아니야'라는 표현을 하며 반항을 하는 시기다. 이는 유아가 자율성을 배워 가는 중요

한 과정이므로, 아이를 한 인격체로 생각하고 유아의 기분과 감정을 인정해 주어야 한다.

- 유아의 주도성을 발달시키도록 노력해야 한다. 유아는 새로운 일을 주도적으로 해 보려고 하며, 자신의 환경에 대해 호기심을 가지고 적극적으로 탐색한다. 예를 들어, 시계를 뜯어 내어 다시 조립하려고 하거나 자기 마음대로 옷을 입으려고 할 때 지나치게 억제하거나 야단쳐서는 안 된다.
- 일관성 있는 훈육과 적절한 행동 모델을 제공해야 한다. 어제는 혼냈던 일을 오늘 사정상 그냥 넘어가 버린다거나, 유아가 해서는 안 되는 행동을 어른이 아무렇지도 않게 하게 되면, 유아가 적절한 행동을 습득하는 데 어려움을 겪게 된다.

■ 유아기에 주로 발생할 수 있는 발달정신병리는 무엇인가?

유아기에 주로 나타날 수 있는 장애나 문제로는 과잉행동장애, 불안, 공포증, 유뇨증, 유분증, ADHD, 비사회화된 공격성, 심리사회적 상실 등이 있다(〈표 3-2〉 참조).

3) 아동기

■ 아동기의 발달 이정표와 발달 과업은 무엇인가?

아동기는 일반적으로 **학령기**라고 하는데 7~12세의 초등학교 시기다. 표면적으로 유아기에 비해 커다란 변화 없이 조용히 거치는 것으로 보이나 많은 변화와 발달을 겪는 시기라고 할 수 있다. 초등학교 입학과 더불어 더 넓은 사회와의 접촉을 통해 아동 세계의 변화와 적응이 이루어진다. 이 시기에 신체적인 성장 속도는 보다 완만해지나 2차 성징이 빠르면 초등학교 4학년 경부터 나타나기 시작하며, 좀 더 성인에 가깝고 성숙된 사고수준에 도달하는 인지발달의 결정적인 변화가 이루어지고, 학교생활에 적응하며, 또래문화가 형성되고 발달한다.

(1) 신체 및 운동 발달

■ 아동기의 신체 및 운동 발달의 특성은 무엇인가?

아동기는 이전 시기에 비해 신체적인 성장 속도가 느리다. 전반적으로 여아가 남아에 비해 키가 큰 편이고, 체중도 더 많이 나가는 경향이 있으며, 사춘기도 먼저 찾아온다. 한편, 아동기의 운동능력은 이전 시기에 비해 매우 안정되고 정교하여 여러 가지 운동기술을 요하는 복잡한 동작을 잘할 수 있다. 신체적인 면에서 남아들은 힘을 사용하는 근육능력에서의 진보가 있는 반면 여아들은 그리기나 글쓰기와 같은 활동에 필요한 소근육이 발달한다.

아동기 말에는 2차 성징이 나타나게 되는데, 발달 속도가 빠른 아동의 경우 사춘기를 경험하기 시작한다. 이 시기에는 아동의 신체적 · 정서적 변화에 대한 세심한 배려가 요구되며, 적절한 성교육과 더불어 긍정적 자아개념을 형성시키기 위한 노력이 필요하다.

(2) 인지 · 언어발달

■ 아동기의 인지 및 언어 발달 특성은 무엇인가?

아동기의 인지는 이전 시기와 비교할 때 커다란 변화를 겪는다. Piaget는 이 시기의 사고 특징을 **구체적 조작기**(concrete operational period)로 설명하고 있다. 즉, 아동기에는 조작이 가능해지고, 유아기에 비해 탈중심화 능력이 점차 증가하여 타인의 관점에서 사물을 보는 시각이 생기며, 물체 보존에 관한 개념이 형성되는 사고의 변화를 가져오게 된다. 아동기 후기에는 논리적이고 추상적인 사고의 틀이 형성되어 보다 성숙된 인지 특성을 보인다.

한편, 아동기의 언어는 학습과 관련되고, 세상에 있는 지식을 좀 더 구체적으로 알게 하는 수단이 되며, 자신의 생각과 감정을 표현하기 위해 보다 정교해지는 과정을 거친다. 이뿐만 아니라 학교생활에서 배우는 모든 학습은 언어를 위주로 이루어진다 해도 과언이 아닐 정도로 초등학교에서의 언어는 매우 중요하다. 특히 초등학교 저학년의 경우 언어에 대한 학습이 제대로 이루어져야만 이후의 학습에 문제가 없다. 다시 말해서, 듣고, 말하고, 읽고, 쓰는 과정은 모든 학습의 기초가 된다.

(3) 사회 · 정서발달

■ 아동기의 사회 · 정서발달 특성은 무엇인가?

Freud에 의하면 아동기는 심리적인 변화가 거의 나타나지 않기 때문에 이 시기를 잠복기라 하였다. 그러나 인간의 발달을 사회와의 관계 속에서 분석하는 Erikson은 이 시기가 사회적인 측면에서 가장 중요한 시기라고 보았다. 그에 따르면 이 시기에는 근면성 대 열등감이 형성되는데, 학교나 가정으로부터 요구되는 일들을 아동이 수행할 때 또래에 비해 자신이 잘하지 못한다고 느끼거나 주변 환경으로부터 신뢰나 인정을 못 받게 되면 아동은 열등감에 빠지게 된다. 반면에 과제를 끝마치고 성취감을 맛보거나 또래에 비해 우수한 능력을 발휘하고 주변 환경으로부터 칭찬을 듣게 되면, 아동은 자신감을 갖고 매사에 열심히 몰입하는 성격으로 성장하게 된다. 이와 같은 경험이 아동기의 성격 형성에 직접적인 영향을 준다. 또한 아동기는 확고한 성정체감이 형성되고, 자신을 성에 의해 점점 더 엄격하게 구분하게 되며, 동성끼리 어울리는 경향이 강하고, 외형적으로 이성 친구에 대한 관심을 부정적인 태도로 표현한다.

(4) 적절한 환경과 발달정신병리

■ 아동기의 적절한 환경은 무엇인가?

아동기는 부모로부터의 의존 상태에서 벗어나 또래집단을 선호하게 되는 시기다. 이 시기에는 아동이 원활한 사회적 관계를 통하여 긍정적 자아개념을 확립할 수 있도록 도와주어야 하며, 학교에서 자신의 능력을 충분히 발휘할 수 있도록 칭찬과 격려를 제공해야 한다.

- 아동의 행동과 노력에 대해 칭찬하고 강화해 주어야 한다. 또래관계와 학업성취와 관련하여 보상을 받을 수도 있지만, 불안이 증가할 수 있다. 따라서 친구관계의 어려움을 극복하도록 돕거나 새로운 기술을 습득한 노력에 대해 칭찬해 줌으로써 심리적 지원을 해 주어야 한다.
- 근면성과 긍정적 자아개념을 형성하도록 지원해 주어야 한다. Erikson에 의하면 아동기는 근면성 또는 열등감이 발달하는 시기다. 근면성은 학교나 가정에서 주어진 과제를 성공적으로 끝마치고, 자신의 능력과 기술이 또래들보다 우월하다고 느끼고, 부모와 교사로부터 인정을 받을 때 발달한다.
- 아동이 성공을 경험할 수 있는 다양한 상황을 제공해 주어야 한다. 이를 통해 아동은 스스로 노력하는 동기부여는 물론 즐거움과 성취감을 얻으며 자신감을 획득할 수 있다. 따라서 필요한 기술을 학습하도록 돕고 아동의 노력에 대해 끊임없이 격려하여야 한다.

■ 아동기에 주로 발생할 수 있는 발달정신병리는 무엇인가?

아동기에 주로 나타날 수 있는 장애나 문제로는 열등감, 신경증, 학습장애, 등교 거부, 소아정신분열증, 우울증, 품행장애 등이 있다(〈표 3-2〉 참조).

4) 청소년기

■ 청소년기의 발달 이정표와 발달 과업은 무엇인가?

청소년기는 아동기와 성인기의 중간 단계로서 전적으로 부모에게 의존했던 아동이 한 사람의 독립된 성인으로 성장하기 위한 준비기이며 과도기다. 'adolescence'라는 영어 단어도 '성장하다'라는 의미를 지니고 있어 급격하게 성장하는 변화의 시기라는 뜻을 내포하고 있다. 이 시기에는 신체적 발달은 물론 심리적 및 사회적 발달도 급격하게 이루어지며, 특히 인지적 측면에서는 추상적 사고가 발달하게 된다.

(1) 신체발달

■ 청소년기의 신체 변화의 특징은 무엇인가?

청소년기에는 신체가 성인의 모습으로 변화하고 남녀의 신체적 및 성적 차이가 확립된다. 청소년기는 성적 성숙이 시작되는 사춘기에서 시작되나, 키와 몸무게의 급작스러운 증가가 이루어지는 성장급등(growth spurt) 현상은 사춘기 시작 전부터 이미 나타나기 시작한다. 키와 몸무게의 증가는 성적 성숙이 시작되기 전에 일어나고, 생식능력이 획득된 사춘기 이후까지 계속된다. 일반적으로 성장급등은 소녀의 경우 10~11세경, 소년의 경우 12~13세경에 일어나며, 소녀들이 소년들보다 성장이 2년 정도 앞선다.

(2) 지적 · 인지발달

■ 청소년기의 지적 및 인지 변화의 특징은 무엇인가?

청소년기 동안에는 급격한 신체발달과 함께 지적 및 인지 영역에서도 현저한 변화가 일어난다. 청소년은 아동과는 질적으로 상이한 방식으로 생각하고 행동한다. Piaget는 이 시기의 사고 특징을 **형식적 조작기**(formal operational period)로 설명하고 있다. 즉, 이 시기에는 구체적 사물에 한정되지 않고 추상적 개념을 다룰 수 있다. 따라서 현재뿐 아니라 과거와 미래의 사건을 생각할 수 있으며, 대상물이 제시되지 않고 언어적 진술문만으로도 구성된 문제를 해결할 수 있다. 또한 이 시기에는 현실보다는 가능성의 세계를 중시하고 모든 가능한 개념의 조합을 체계적으로 고려할 수 있는 조합적 사고가 가능하다.

(3) 사회 · 정서 및 대처 양식의 변화

■ 청소년기의 사회 · 정서 및 대처 양식의 특징은 무엇인가?

청소년기 동안 이루어지는 신체 변화와 인지발달 및 청소년들의 경험 세계의 확대는 사회 · 정서 및 대처 양식에서의 변화를 초래한다. 연령 증가와 함께 자아발달의 수준이 높아지고 자아 강도와 충동통제능력이 증가한다. Freud는 청소년기를 리비도가 잠복하기 때문에 새로운 의미 있는 갈등이나 충동은 일어나지 않는 시기로 보았으나, Erikson은 자아정체감 형성을 위한 중요한 시기로 보았다.

또한 청소년기에는 역할 변화와 그에 따른 적응문제, 확대된 교우관계, 이성문제, 진로문제, 가치관 문제 등 지금까지 없었던 여러 가지 새로운 문제들에 직면하게 된다. 정체감을 획득하기 위하여, 청소년들은 과거에 자신과 가족 혹은 타인의 관계에서 형성된 유대관계를 해체 및 재형성하지 않으면 안 된다. 이와 함께 미래를 위한 방향 설정을 해야 하므로 청소년들은 다양한 역할을 경험할 수 있어야 한다.

(4) 적절한 환경과 발달정신병리

■ 청소년기의 적절한 환경은 무엇인가?

- 부모와 자녀 간의 갈등 상황에서 세대 간 차이를 인정해야 한다. 부모는 연장자에 대한 예의를 강조하는 전통과 권위를 중시하는 세대이지만, 청소년기는 일방적인 지시나 복종을 거부하며 민주적 방식을 선호하는 세대다. 또한 부모가 집합주의적 성향이 강하다면 자녀는 개인주의적 성향이 강하다. 이는 놀이 문화에서도 반영되는데, 자녀 세대는 개인용 게임, 혼자 하는 수영이나 스키 등을 즐기기도 한다. 따라서 부모는 청소년 자녀의 이러한 특성을 이해하고, 자녀와 원활한 관계를 형성하고 유지하도록 노력해야 한다.
- 청소년 자녀가 성장해서 독립하도록 지원하고 또한 심리적 의존 상태에서 분리될 수 있도록 도와주어야 한다. 부모가 자녀에게 집착하거나, 자녀가 자신의 부족 또는 불만족스러운 인생을 대리 만족시켜 줄 것이라는 기대를 해서는 안 된다. 청소년 자녀가 부모와 친밀한 관계를 유지하는 가운데 부모로부터 분리되는 관계를 형성하도록 해야 한다. 특히 자녀에 대한 통제를 줄이고, 자녀의 의사결정을 존중해 주며, 자녀에게 조언이나 충고를 강요하지 않도록 해야 한다. 자녀가 독자적으로 자신의 삶을 영위할 수 있다는 믿음을 보여줌으로써 자녀가 자신감을 가지고 문제해결을 할 수 있도록 도와주어야 한다.
- 부모는 효율적인 대화 상대자가 되어야 한다. 가족 내에서도 매우 복잡한 상호작용이 이루어지는데, 부모는 권위를 행사하지 말고 자녀 또한 책임과 권리를 평등하게 해야 한다. 특히 대화할 때 자신과 타인, 상황을 존중하며 신뢰하도록 하며 일관성 있는 메시지를 정확하게 전달해야 한다.

■ 청소년기에 주로 발생할 수 있는 발달정신병리는 무엇인가?

청소년기에 주로 나타날 수 있는 장애나 문제로는 비행, 인격장애, 약물 남용, 신경성 식욕부진, 성적 행동 표출, 자살 시도, 정신분열성 장애 등이 있다(〈표 3-2〉 참조).

4 발달정신병리의 이론적 모델

아동의 발달정신병리를 설명하기 위한 많은 이론이 제기되었다. 정신역동이론은 초기 경험, 정신적 기제, 무의식 과정에, 애착이론은 초기 애착관계 및 자기, 타인 및 일반적 대인관계에, 사회학습이론은 대리적 · 관찰적 경험 및 부모-아동 상호작용에, 행동적 강화이론은 지나친, 부적절한 또는 비적응적인 강화와 학습 경험에, 인지이론은 왜곡되거나 결함적인 인지 구조와 처리과정에, 기질/신경생물학적 이론은 기질, 유전 변이, 신경해부학, 신경생물학적 기제에, 정서이론은 기능장애적인 정서 조절 기제에, 그리고 가족체계이론은 세대 간-세대 내 가족체계, 가족 내의 구조적 기능적 요소에 초점을 맞추고 있다. 그러나 현재 아동 정신병리에 대한 연구가 활발하게 이루어지고 있는 접근방법은 애착이론, 인지이론, 정서이론, 기질/신경생물학적 이론 등이다.

1) 애착이론(attachment theory)

■ 애착이론에서는 불안정 애착이 여러 가지 정신병리와 관련되어 있다고 주장한다. 애착의 가설적 경로는 무엇인가?

애착(attachment)이란 특정인에 대한 정서적 유대를 의미하는데, 초기에는 영아와 양육자 간의 정서적 유대관계만을 강조하였으나, 최근에는 애착을 영아기의 발달문제로 한정하지 않고 개인의 전 생애 동안 어머니 외의 어떤 사람과도 형성할 수 있는 정서적 유대로 인식하고 있다. 그 증거로 유아의 반응성 애착장애가 보고되고 있을 뿐만 아니라, 애착은 중 · 고등학교 청소년들과 대학생들의 적응이나 안녕과 관련되어 있고, 청소년 임상 표본에서는 자살행동이나 정신병리와 연관되어 있다. 또한 불안정 애착은 여성의 섭식장애와 성인의 우울증 및 정서장애와 연결되어 있다(장휘숙, 1998).

한번 형성된 애착이 전 생애 동안 계속된다는 사실은 애착의 질적 특성이 부모를 통하여 자녀들에게 대물림될 수 있음을 시사한다. 그 이유는 어머니나 아버지가 지니고 있는 애착의 질적 특성은 자녀의 양육 방식에 그대로 반영될 것이므로 자녀의 애착 형성에 영향을 줄 가능성이 크기 때문이다.

선행 연구들에 의하면 **불안정 애착**은 유아의 반응성 애착장애를 유발하고, 학령전기에서 높은 의존성과 아동기 동안의 또래문제나 공격행동의 위험요인으로 작용한다. 청소년들의 경우에는 품행장애, 물질 남용, 자기애적 인격장애, 반사회성 인격장애 및 경계선 성격장애와 관련된다고 한다. 또한 불안정 애착은 성인기의 정서조절문제나 우울증, 섭식장애 혹은 정신병리와 연결되어 있다(Cole-Detke & Kobak, 1996; Adam, Sheldon-Keller, & West, 1996).

대조적으로, 영아기에 **안정 애착**을 형성한 아동들은 학령전기와 아동 중기에 유능한 사회 · 정서적 적응능력을 나타낸다. 따라서 안정된 애착관계를 형성할 수 있도록 하기 위해서는 민감하고 정서적으로 반응적인 양육이 필요하다. 그러나 부모에게 적절한 보살핌을 받지 못한 아동들은 발달의 모든 영역에서 심각한 장애를 보이며, 특히 부모에게 학대받은 아동들은 능력이 저하되어 있고 더 높은 수준의 우울을 나타낸다(Toch & Cicchetti, 1996). 이와 같은 연구 결과들을 토대로 하여 부부관계의 질적 특성에서부터 성인기의 정신병리까지의 가설적 발달 경로가 [그림 3-7]에 나와 있다(장휘숙, 1998에서 재인용).

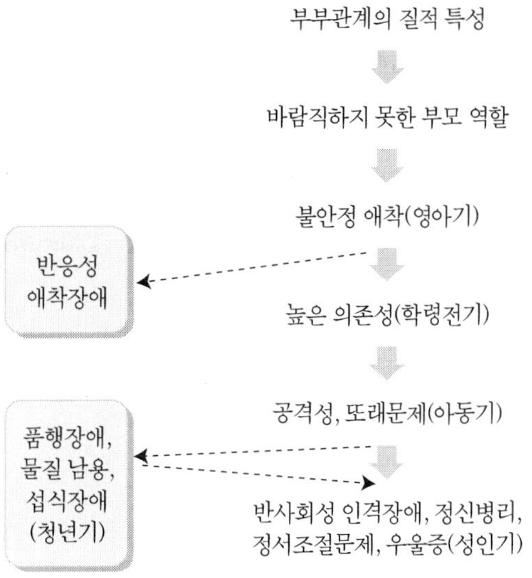

[그림 3-7] 애착의 가설적 발달 경로

2) 인지이론(cognitive theory)

■ 인지이론에서는 정보처리문제와 부적응적 인지가 여러 가지 정신병리와 관련되어 있다고 주장한다. 이 접근은 무엇을 강조하고 있는가?

인지이론(cognitive theory)에서는 정상 행동에서처럼 병리적 행동을 이해하기 위해서는 의식과정인 인지과정을 연구해야 한다고 강조한다. 즉, 잘못된 적응행동은 곧 개인의 정보처리과정이나 문제해결기술의 결함에서 비롯되고, 개인이 삶의 문제를 해결하기 위하여 어떻게 정보를 획득하며 획득한 정보를 어떻게 해석하는가에 초점을 맞추고 있다. 인지이론은 정보처리 접근과 인지-행동 접근이 대표적이다.

- **정보처리 접근**(information processing approach)은 잘못된 정보처리가 많은 아동기 장애와 관련이 있다고 주장한다. 예를 들어, 사회적으로 공격적인 아동은 부정적으로 왜곡된 귀인을 하고, 불안장애아동은 위협적인 자극에 대해 주의집중에서의 문제를 보인다.
- **인지-행동 접근**(cognitive behavior approach)은 부적응적인 인지과정이 정신병리를 일으키고, 인지적 왜곡이 기능장애와 발달적 비정상성을 지속시킨다고 주장한다. Beck에 따르면 우울 도식(schema)을 가진 사람은 자기 자신, 세계, 미래에 대한 정보를 부정적으로 왜곡되게 처리하고 해석하는 반면, 불안 도식을 가진 사람은 환경에서의 자극을 미래에 대한 불안에 인지적 초점을 맞추어 해석한다고 한다.

3) 정서이론(emotion theory)

■ 정서이론에서는 감정처리 과정과 의사소통 기능장애가 여러 가지 정신병리와 관련되어 있다고 주장한다. 이 접근은 무엇을 강조하고 있는가?

감정의 주요 기능은 행동의 동기화/구조화와 자기 및 다른 사람과의 의사소통이다. 감정은 신경, 감각, 운동, 인지, 정서적 자극을 활성화하고, 생리학적 반응을 변화시키며, 운동/표현 행동을 변화시키고, 주관적 경험과 관련이 있다. **정서이론**에서는 아동 정신병리가 억제되지 않는 감정, 감정 조절을 방해하는 인지와 행동에서의 결함이나 왜곡, 재인/해석/표현에서의 문제를 포함하는 **감정처리과정**과 **의사소통 기능장애** 등에서 비롯되었다고 주장한다.

감정 조절은 아동의 독특한 맥락 내에 내포되어 있다. 사회화는 가족 내에서 영향을 주고, 문화는 감정을 발달시키고 표현하는 데 중요한 역할을 하고 다양한 방식으로 감정 조절을 지지해 주거나 억제해 준다. 부모가 아동의 첫 번째 감정표현에 어떻게 반응하는지, 부모와 아동이 상호작용하고 있는 맥락에서 감정이 어떻게 전달되는지가 중요한 영향 중의 하나다. 이와 같이 아이가 부모와 정서적으로 연결되어 있다고 느끼고, 부모는 이러한 유대관계를 통해 아이가 감정을 조절하고 문제를 해결하도록 이끌면 긍정적인 결과가 나타난다고 할 수 있다. Gottman의 연구 조사는 **감정 코치**를 받은 아이가 학업 성적, 건강, 대인관계 등에서 훨씬 좋은 결과를 나타낸다는 것을 밝혔다. 이러한 아이들은 행동장애도 거의 보이지 않고, 정신적으로 고통스러운 경험을 해도 안정된 상태로 돌아오는 능력이 훨씬 뛰어나다고 보고한 바 있다.

4) 기질/신경생물학적 이론(organic/neurobiological theory)

■ 기질/신경생물학적 이론에서는 신체적 기질과 대뇌가 여러 가지 정신병리와 관련되어 있다고 주장한다. 이 접근은 무엇을 강조하고 있는가?

기질/신경생물학적 이론은 신경생물학적 기초를 가진 특성과 처리과정에서의 변이와 개인차뿐만 아니라, 일반적인 인간의 신체적 기질과 경향성을 강조한다. 여기에는 유전, 기질적 요인, 신경해부학, 신경약물학, 성숙 속도(예: 사춘기 시작) 등이 포함된다. 신경생물학적 관점에서 볼 때, 모든 정신장애는 생물학적 실체로 **대뇌**에 나타난다. **신경화학의 배열**과 **신경 호르몬**은 상호작용하여 대뇌의 일부 영역에 영향을 주는데, 이것이 정서 및 행동 장애를 일으킨다. 이 이론은 어떤 특정한 유전적 변화가 구조적 손상이나 생화학적 손상, 정신병리와 연합되어 있는지를 확인하려고 한다.

지금까지 살펴본 발달정신병리 관점은 아동기 장애를 일반적으로 개념화하고 이해하기 위한 폭넓은 거시적 패러다임을 제공하지만, 장애나 문제에 대한 특정 이론들도 특정 장애와 관련된 특정 변인을 설명하기 위해 필요하다.

학습과제

1. 발달(development)이란 무엇이고, 양적 및 질적 변화는 어떻게 이루어지는지를 설명하라.
2. 유전과 환경은 발달에 어떻게 영향을 주는지를 설명하라.
3. 발달은 어떤 일반 경향성(tendency)을 보이는지를 설명하라.
4. 영 · 유아의 연령별 영역별 행동발달 특성이 무엇인지를 설명하라.
5. 발달기를 연령별로 구분하여 설명하라.
6. 영아기의 발달 이정표와 발달 과업을 설명하라.
7. 영아기의 영역별 주요 발달 특성을 설명하라.
8. 영아기의 적절한 환경과 발달정신병리를 설명하라.
9. 유아기의 영역별 주요 발달 특성을 설명하라.
10. 유아기의 적절한 환경과 발달정신병리를 설명하라.
11. 아동기의 영역별 주요 발달 특성을 설명하라.
12. 아동기의 적절한 환경과 발달정신병리를 설명하라.
13. 청소년기의 영역별 주요 발달 특성을 설명하라.
14. 청소년기의 적절한 환경과 발달정신병리를 설명하라.
15. 애착이론에서는 불안정 애착이 여러 가지 정신병리와 관련되어 있다고 주장한다. 애착의 가설적 발달 경로를 설명하라.
16. 인지이론에서는 정보처리문제와 부적응적 인지가 여러 가지 정신병리와 관련되어 있다고 주장한다. 이 접근은 무엇을 강조하고 있는지를 설명하라.
17. 정서이론에서는 감정처리과정과 의사소통장애가 여러 가지 정신병리와 관련되어 있다고 주장한다. 이 접근은 무엇을 강조하고 있는지를 설명하라.
18. 기질/신경생물학적 이론에서는 신체적 기질과 대뇌가 여러 가지 정신병리와 관련되어 있다고 주장한다. 이 접근은 무엇을 강조하고 있는지를 설명하라.

핵심 용어

발달(development)
성장(growth)
성숙(maturation)
학습(learning)
결정적 시기(critical period)
각인(imprinting)
개인차(individual difference)
발달기(developmental period)
영아기(infancy)
유아기(early childhood)
아동기(middle childhood)
청소년기(adolescence)
협응(coordination)
걸음마기(toddlerhood)
도식(schema)
감각운동기(sensorimotor period)
대상영속성(object permanence)
애착(attachment)
애착이론(attachment theory)
전조작기(preoperational thought period)
구체적 조작기(concrete operational period)
형식적 조작기(formal operational period)
인지이론(cognitive theory)
정보처리 접근(information processing approach)
인지-행동 접근(cognitive behavior approach)
정서이론(emotion theory)
기질/신경생물학적 이론 (organic/neurobiological theory)

제 4 장

발달영역의 평가

학습목표

1. 발달검사의 필요성을 설명할 수 있다.
2. 발달영역별 진단평가 시 고려사항을 설명할 수 있다.
3. 영 · 유아 발달검사들의 실시 요령과 채점 요령을 설명할 수 있다.
4. 영 · 유아 발달검사들의 해석방법을 설명할 수 있다.
5. 영 · 유아 발달검사들의 장단점을 비교 설명할 수 있다.

1 발달검사의 필요성

자녀를 키워 본 경험이 있는 사람은 누구나 자녀가 자라면서 보이는 일상생활 동작이나 행동발달 상황을 보고 기뻐하기도 하지만, 어느 때는 당황하거나 놀라거나 혹은 걱정하기도 한다. 부모든 아동 전문가든 양육, 지도, 교육에 임하는 태도가 서로 다를 수 있으나, 아동에 대한 관심은 다를 바가 없다. 정상발달이란 연령 단계에 상응하는 행동발달을 의미한다. 즉, 발달이 행동발달 원칙에 따라 질서 있게 이루어지는 것을 말한다. 영 · 유아기의 발달에 대한 정보는 부모와 교사, 행정가 등 직접적인 관계자들 외에도 인간의 행동을 이해하고자 하는 모든 사람에게 가장 중요하고도 핵심적인 기본 틀을 제공해 줄 수 있다.

■ 영 · 유아에 대한 정확한 진단 및 평가가 필요한 이유는 무엇인가?

- 아이는 성장하면서 여러 발달 과제를 숙달하며 연속적 순서에 따라 발달한다. 즉, 대부분의 아이는 약 7개월경에 혼자 앉고, 10개월경에 기고, 12개월경에 혼자서 걷기 시작하고, 10~15개월경에 첫 단어들을 사용하고, 20~25개월경에 두 단어 문장을 사용한다.
- 그러나 어떤 영 · 유아들은 일부 영역에서의 능력이 기대치보다 떨어지거나 발달이 또래보다 심하게 지체되어 있다. 이처럼 약 10세 이하 아동의 발달이 또래보다 많이 지체되는 현상을 **발달지연**(developmental delay)이라고 한다(Graziand, 2002).
- 흔히 지체는 운동 기능(협응, 앉기, 서기, 걷기 등)에서 쉽게 발견된다. 그러다가 나중에 언어와 사회 기능에서도 나타날 수 있다. 지체의 원인은 질병, 심리적 외상, 출생 시 손상, 유전 요인 등 알려진 것도 있지만, 대부분은 아직 알려지지 않고 있다.
- 발달지연을 보이는 영 · 유아들이 영구적인 **발달장애**(developmental disabilites)를 지닐 것인지 혹은 지체가 일시적인지를 결정하기 위해서는 정확한 진단 및 평가가 요구된다(윤치연, 2006).

■ 초기의 Gesell 발달검사의 구성요소와 발달검사가 필요한 이유는 무엇인가?

- 유아의 성장 및 발달 과정에 대한 연구는 Gesell(1940)에 의해 체계적으로 이루어지기 시작

하였다. Gesell은 0~6세 미취학 유아를 대상으로 관찰방법을 통해 유아의 다양한 성장 특성에 대한 발달 정보들을 수집하였다.

- 이러한 관찰 행동영역에는 동작의 모방, 일어서는 자세, 걷기 및 달리기, 잡기 및 조작 등의 **운동**(motor) 발달영역, 블록 구성, 형태 적응, 형태 변별, 그리기, 수개념, 비교판단, 문제해결을 포함하는 **인지**(cognition) 발달영역, 유아기의 언어 역할(말하기), 언어발달 단계(어휘 수), 언어행동 상황을 포함하는 **언어**(language) 발달영역, 식사행동, 잠자는 행동, 대소변행동, 옷 입는 행동, 의사소통 행동, 놀이활동, 심미적 행동, 발달적 애착을 포함하는 **개인/사회적**(individual/social) 발달영역 등이 포함된다(황해익, 정해영, 1996에서 재인용).
- 그러나 발달검사에 대한 관심은 1960년대 중반 이후 미국에서 저소득층과 소수민족 유아들에게 교육받을 기회를 법적으로 보장하기 위한 헤드스타트(Head Start Project) 프로젝트로부터 집중되기 시작하였다. 그리하여 발달지연을 겪고 있거나 발달지연의 고위험군 유아에게 중재 프로그램을 제공하기 위해 발달검사가 필요하게 되었다.
- 즉, 발달문제를 **조기 발견** 및 진단하여 적절한 **중재**를 제공하면 발달지연이나 부적응 문제를 해결할 수 있기 때문에, 최근에는 발달상 및 행동상의 문제에 관한 조기진단이 거듭 강조되고 있다.

■ 일찍이 외국에서는 어떤 발달검사가 개발되었는가?

이를 위해 일찍이 외국에서는 유아용 발달검사가 다양하게 개발되었다. 대표적인 발달검사로는 지적 능력, 운동능력 및 유아의 행동발달을 측정하는 **베일리 유아발달척도**(Bayley Scales of Infant Development, 1967, 1993), 적응행동, 대근육운동, 소근육운동, 언어, 개인적/사회적 행동을 측정하는 **게젤 발달검사**(Gesell Developmental Schedules, 1969, 1993), 언어, 지각/동작, 수, 일반 인지, 기억 및 운동 능력을 측정하는 **매카시 아동능력검사**(McCarthy Scales of Children's Abilities, 1970), 개인/사회적 발달, 소근육/적응발달, 언어발달, 대근육 발달을 측정하는 **덴버 발달검사**(Denver Developmental Screening Test, 1970, 1981, 1990), 인지, 적응, 의사소통, 개인-사회, 운동 등의 영역을 시각적 자료를 이용하여 평가하는 **바텔 발달검사**(Battelle Developmental Inventory, 1984) 등이 있다. 또한 최근에도 유아의 언어, 운동, 사회, 인지 등 발달영역을 매일매일의 세밀한 관찰을 기초로 평가하는 **발달 관찰검사**(Developmental Observation Checklist System, 1994), 인지, 의사소통, 사회-정서, 신체, 적응행동 등의 영역에서 발달지연을 판별하기 위한 **유아발달평가**(Developmental Assessment of Young Children, 1998) 등이 개발되었다.

■ 최근 국내에서는 어떤 발달검사가 개발되었는가?

최근 국내에도 간호사들이 주로 사용할 수 있도록 Denver II(1990)를 한국 문화에 맞게 재표준화한 **한국형 Denver II 검사**(신희선, 한경자, 오가실, 오진주, 하미나, 2002), 현재 미국에서 발달지연 및 장애의 가능성이 있는 유아(3~6세)를 선별하는 데 가장 많이 사용되고 있는 도구인 DIAL-3(Developmental Indicators for Assessment of Learning-3rd ed.)를 한국 실정에 맞게 표준화한 **유아발달 선별검사**(K-DIAL-3; 전병운, 조광순, 이기현, 이은상, 임재택, 2004), 1개월에서 42개월 된 유아들의 인지 및 운동 발달 측정도구인 Bayley Scales of Infant Development-Second Edition(BSID-II)을 한국 실정에 맞게 표준화한 **Bayley 영유아발달검사**(박혜원, 조복희, 2004), 장애아동뿐만 아니라 일반아동의 발달 특성을 종합적으로 측정함으로써 이를 토대로 교육계획을 수립할 수 있도록 되어 있는 The Southern California Ordinal Scales of Development를 국립특수교육연구원에서 재표준화한 **KISE 발달척도**(국립특수교육원, 1996), 미국에서 개발된 The Child Development Inventory(1992)를 한국 실정에 적합하도록 표준화한 **아동발달검사**(K-CDI)(김정미, 신희선, 2010), 국내외 여러 검사와 발달이론을 토대로 한국 실정에 맞게 개발한 **한국영아발달검사**(Korean-Development Inventory for Infants: K-DII)(윤치연, 2011a), **한국유아발달검사**(Korean-Development Inventory for Preschoolers: K-DIP)(윤치연, 2011b) 등이 개발되었다.

■ 영 · 유아의 통합적인 발달평가의 중요성과 발달검사의 목적은 무엇인가?

- 영 · 유아의 발달은 각 영역이 밀접하게 상호 연관되어 이루어진다. 따라서 유아에 대한 이해와 발달평가도 인지영역뿐만 아니라 사회성이나 운동기술 발달영역 등과 통합된 검사를 강조하는 좀 더 전체적이고 생태학적인 유아 중심의 평가방법이 필요하다.
- 이러한 접근은 특정 영역이 아닌 발달의 전 영역에서 영 · 유아를 평가할 것을 강조한다. 즉, 영 · 유아 발달의 통합적 평가는 부모뿐만 아니라 양육자, 관찰자들에게 영 · 유아의 발달상태를 좀 더 잘 이해하도록 도울 수 있다.
- 일반적으로 영 · 유아 발달검사의 목적은 유아의 발달적 진전을 정상적인 유아들의 규준적 행동에 비교하여 기술하고, 발달지연 또는 이탈 여부를 판별하며, 나아가 미래의 성취를 예측하는 데 있다.

■ 영 · 유아의 발달을 정확하게 평가하려면?

- 평가자가 심리측정과 검사의 이론 및 해석방법을 숙지하고 있어야 한다. 즉, 목적과 대상에 따른 검사를 정확하게 실시하여야 하며, 그 검사 결과를 해석할 수 있어야 한다.
- 영 · 유아의 정상적인 발달에 대해 실제적인 지식과 경험을 갖고 있어야 한다.
- 영 · 유아가 속한 환경적 맥락, 즉 가정과 양육 환경을 잘 이해하여야 한다.
- 양육자에게서 정보를 수집하여 활용할 수 있는 능력을 갖추어야 한다.

2 발달영역별 진단평가 시 고려사항

영 · 유아의 발달을 진단하기 위해서는 교사가 적절한 진단 방법과 절차를 이용할 수 있어야 한다. 즉, 발달 진단을 통하여 아동의 현행 발달수준을 파악하고 발달영역별 강점과 약점을 알아낸 후 그 정보를 바탕으로 아동에게 가장 적절한 교수목표와 교수전략을 포함한 교육계획을 수립하여야 한다(이소현 외, 2009). 미국의 「장애인교육법」(IDEA, 2004)과 우리나라의 「장애인 등에 대한 특수교육법」(2008)에서도 영 · 유아의 발달을 적응행동, 인지, 언어(의사소통), 운동(신체), 사회 · 정서의 다섯 가지 하위 발달영역으로 구분하고 있다. 그러나 이러한 아동의 발달은 각 발달영역이 서로 영향을 미치며 이루어진다. 따라서 아동의 발달을 분리된 영역으로 구분하는 것은 이론적 측면에서 이해를 돕기 위한 것이지 실제로 발달이 영역별로 분리되어 이루어지는 것은 아님을 명심해야 한다.

1) 인지발달의 진단평가

■ 인지능력이란 무엇인가?

- 인지능력은 내적으로 발달되는 정신과정으로 일반적으로 추상적 사고 또는 추론 능력, 지식을 습득하는 능력, 문제해결 능력의 세 가지로 구성되어 있다.
- 즉, **인지능력**(cognitive abilities)이란 사물이나 사건에 대하여 이해하고, 이해한 내용을 저장하고, 저장한 내용을 필요할 때 기억해서 사용할 수 있는 능력을 의미한다(이소현 외, 2009).

■ 인지발달을 어떻게 평가할 수 있는가?

- 인지발달은 발달에 따른 행동 특성을 관찰함으로써 평가할 수 있다. 그러나 의사소통, 사회성, 신체 발달영역과 상호 연관되어 있으므로 이를 고려하여야 한다.
- 예를 들면, 색을 인지하고 있는지 알아보기 위해서는 빨간 인형을 가리키며 "무슨 색 인형이지?"라고 물어서 답하게 할 수 있다. 즉, 인지발달을 진단하기 위해서는 행동이나 언어를 통하여 평가하여야 한다.

■ 영아기의 인지발달은 어떻게 평가하는가?

- 영아기의 인지발달은 **감각운동 기술**(sensory motor skills)을 관찰함으로써 평가할 수 있다.
- **감각운동 기술**은 영아기에 습득되는 행동으로 기본적인 개념 및 사고 발달의 전조다. 출생 직후에는 반사행동으로 시작되지만 나중에는 정신과정을 표출하는 운동 기술이나 행동양식으로 전환된다.
- 생후 2년에 해당되는 감각운동 기술에는 ① 수단-목적(예: 모빌을 움직이게 하려고 계속 건드리는 행동/상대방을 보고 웃거나 눈을 맞추는 행동), ② 대상영속성(예: 시야 밖으로 사라지는 사물을 계속해서 보는 행동/보이지 않는 곳에서 옮겨진 사물을 찾는 행동), ③ 공간관계(예: 사물의 3차원적 속성을 이해하고 이리저리 돌려 보는 행동/사물과 자신 간의 공간관계에 대해 표현하는 행동), ④ 인과관계(예: 물건을 계속 떨어뜨리면서 그 소리를 계속 들으려는 행동/과자 상자를 열기 위하여 엄마에게 상자를 주는 행동), ⑤ 모방(예: 다른 아동이 우는 소리를 듣고 따라 우는 행동/이전에 들었던 소리나 단어를 발성하는 행동), ⑥ 사물 관련 놀이[예: 친숙한 사물(딸랑이)을 가지고 노는 행동/휴대폰으로 전화받는 흉내를 내는 등 어른의 행동을 모방하는 행동]가 포함된다.

■ 유아기의 인지발달은 어떻게 평가하는가?

- 유아기의 인지발달은 **학문전 기술**(preacademic skills)을 관찰함으로써 평가할 수 있다. 이런 기술은 취학후 교육과정의 학습을 준비시키는 기술로 취학 후에 읽기, 쓰기, 수학과 관련된 교수가 좀 더 성공적이기 위한 필수적인 행동을 의미한다.
- **읽기전 기술**(prereading skills)에는 글자나 단어의 같고 다름을 시각적으로 식별하는 행동,

글자나 단어를 인식하고 판별하는 행동이 포함된다.

- **쓰기전 기술**(prewriting skills)에는 선이나 도형을 모방하여 그리는 행동, 보지 않고 단어나 숫자를 쓰는 행동이 포함된다.
- **수학전 기술**(premath skills)에는 숫자를 차례대로 말하는 행동, 많고 적음, 같고 다름 등 사물의 집합을 식별하는 행동이 포함된다.

2) 언어(의사소통)발달의 진단평가

■ 의사소통이란 무엇인가?

- 의사소통(communication)이란 두 사람 또는 그 이상의 사람 간에 정보가 전달되는 과정이다. 즉, 자신의 감정이나 생리적인 상태, 희망, 의견 등을 타인에게 전달하는 행위다.
- 의사소통 기술은 말(speech), 언어(language), 의사소통(communication)을 모두 포함한다. 말은 발성기관의 움직임에 의하여 만들어지는 소리와 소리의 합성으로 정의되며, 언어는 다른 사람과의 의사소통을 위해서 사용되는 상징체계를 의미하며, 의사소통은 말하는 사람과 듣는 사람 간의 생각이나 의견, 감정 등 의사 교환을 의미한다.

■ 의사소통발달은 어떻게 평가하는가?

- 의사소통발달은 **표현언어**(expressive language)와 **수용언어**(receptive language) 모두에 초점을 맞추어 진단평가해야 한다. 즉, 아동이 의사소통을 하기 위하여 특정 수단이나 형태(예: 몸짓, 발성, 단어, 문장)를 얼마나 잘 사용하는지 그리고 얼마나 잘 이해하고 있는지에 초점을 맞춘다.
- 먼저, 표현언어는 자신의 사고나 감정을 의사소통할 수 있는 능력이다. 영 · 유아의 몸짓, 발성, 단어나 기타 정보를 전달하기 위하여 사용되는 모든 행동을 관찰해야 한다.
- 수용언어는 자신에게 주어진 의사소통적 신호를 수용하고 이해하는 능력이다. 영 · 유아의 발달수준에 따라 몸짓이나 표정과 같은 비언어적 반응을 이해하는지, 상황 단서가 없어도 상대방의 언어를 이해하는지 등을 알아보아야 한다.
- 이런 의사소통 능력의 발달은 다른 발달영역과도 밀접하게 관련되어 있다. 즉, 상징놀이나 인과관계 등 인지발달은 물론 얼굴표정이나 눈 맞춤과 같은 사회-정서적 발달과 관련

되어 있으므로 이런 영역의 행동도 고려해야 한다.

3) 사회정서 발달의 진단평가

■ 사회정서 능력이란 무엇인가?

- **사회정서 능력**(social-emotional abilities)은 자신과 다른 사람의 느낌을 이해하고 사회적으로 적절한 방법으로 그에 반응하는 능력을 의미한다.
- 영·유아기의 사회정서 발달은 환경을 이해하고 의사소통을 하면서 이루어지기 때문에 언어나 인지 능력과 서로 밀접하게 관련되어 있다.
- 타인과 소통하고 지속적으로 상호작용하면서 사회적 기술과 사회적 능력을 형성하게 된다. 즉, 또래나 성인과의 상호작용을 통해 적절하게 그리고 효과적으로 상호 간의 목적을 성취해 나가게 된다.
- 영아기의 사회정서 발달은 양육자와의 긍정적인 상호작용으로 시작된다. 서로에게 영향을 주는 상호작용의 초기 형태는 생후 6개월경부터 나타나는 **애착관계**(attachment relationship)다. 양육자와의 애착관계는 영아에게 환경을 탐색하는 안정감을 주고 정서적 조절을 지원한다.
- 유아기에는 또래와 긍정적인 상호작용을 하거나 사회적인 관계를 형성하는 기술을 습득해야 한다. 특히 이 시기에는 또래라는 놀이 상대와 상호작용하면서 많은 사회적 규칙을 습득해 나가며, 상호적인 우정관계를 형성하게 된다.

■ 사회정서 발달은 어떻게 평가하는가?

- 사회정서 발달을 진단할 때는 먼저 아이의 **기질**(temperament) 특성(쉬운, 까다로운, 더딘 기질)을 파악해야 한다.
- 양육자와의 **애착관계**(안정 애착/불안정 애착/회피 애착)와 상호작용 형태(질적으로 우수한가/반응적으로 민감한 환경인가)를 파악해야 한다.
- 또래와의 관계(또래와의 상호작용 빈도와 지속시간, 또래와 긍정적인 관계를 유지하는 기술)를 파악해야 한다.

4) 적응행동(기본생활/자조) 발달의 진단평가

■ 적응행동 능력이란 무엇인가?

- **적응행동**(adaptative behavior)은 다양한 환경에 성공적으로 적응하게 하는 연령에 적합한 자조 기술 및 기타 행동으로, 환경 내에서 독립적으로 기능하게 하는 일상적인 기술을 의미한다.
- 적응행동 기술은 미국 「장애인교육법(IDEA)」에 **자조기술**(self-help skills)로 명시되었으나, 1991년부터 적응행동이라는 용어로 변경되었다.
- 자조기술은 식사, 용변, 착탈의 기술 등 생활을 유지하기 위한 기본적인 행동으로 독립성을 유발하며, 일반적으로 신체적 기능과 관련되어 있고, 행동을 수행함으로써 문화적인 관습을 따르게 되는 행동을 의미한다.
- 적응행동은 독립적인 기능을 통하여 가정과 지역사회에 적응하게 하는 행동이라는 점에서 자조기술과 유사하지만 아동이 자신의 환경에 적응하고 독립적으로 기능하게 하는 행동을 좀 더 폭넓게 포함한다(이소현 외, 2009).
- 일반적으로 적응행동은 개인적 관리능력과 지역사회 적응능력으로 구분된다. **개인적 관리능력**에는 옷 입기/벗기, 식사하기, 용변처리, 몸단장 기술 등이 포함되며, **지역사회 적응능력**은 공공건물 이용하기, 지역사회 내에서 원하는 장소로 이동하기, 대중교통 이용하기 등과 같은 지역사회에서 문화적으로 적절한 기능을 수행하는 기술이 포함된다.

■ 적응행동 발달은 어떻게 평가하는가?

- 적응행동 발달진단은 자연스러운 상황에서 관찰 정보를 통하여 그 발달수준을 파악하는 것이 바람직하다. 따라서 일상생활에서 아동을 관찰하는 가족 구성원이 제공하는 정보를 참조하는 것이 좋다.
- 또한 적응행동 영역 외에 다른 발달영역과의 비교를 통해 진단할 필요가 있다. 예를 들면, 식사하기 기술에서 숟가락이나 포크 등의 도구를 사용하기 위해서는 소근육 운동기술이 필요하므로 소근육 운동기술 발달의 진단을 참조하여야 한다.

5) 운동발달의 진단평가

■ 운동기능이란 무엇인가?

- **운동기능**(motor function)은 몸의 작은 근육(소근육, fine motor)과 큰 근육(대근육, gross motor)의 움직임을 스스로 통제할 수 있게 되는 능력이다.
- 일반적으로 운동기능 기술은 학습의 기초를 형성하는 기본적인 기술로 인지, 사회정서, 적응행동 등의 발달에 결정적인 영향을 미친다. 즉, 움직이고 특정 자세를 취하고 균형을 잡는 등의 기본적인 신체발달이 환경을 탐구하고 말을 하고 일상적인 자조기술을 수행하고 놀이에 참여하고 구체적인 지식을 습득해 나가는 모든 과정에 영향을 미친다.
- 영아의 운동 기능은 초기에는 주로 **반사 기술**(reflex skills)에 의존하지만 성장하면서 근육이 강화되고 자신의 움직임을 조절하는 능력도 향상된다. 특히 움직임에 대한 조절능력뿐만 아니라 눈과 손의 협응능력을 포함한 여러 가지 정교한 운동 기술은 2~6세에 발달하게 된다(이소현, 2003).
- 운동기능 발달은 일반적으로 대근육 운동기술과 소근육 운동기술로 구분된다. **대근육 운동기술**(gross motor skills)은 환경 내에서 이동하거나 돌아다니는 기술로, 구르기, 앉기, 기기, 서기, 걷기, 던지기, 제자리 뛰기 등이 포함된다. **소근육 운동기술**(fine motor skills)은 주로 손을 사용하는 기술로, 손바닥으로 잡기, 손가락으로 집기, 쌓기, 가위로 자르기, 끈을 구멍에 끼우기, 그리기 등이 포함된다.

■ 운동기능은 어떻게 평가하는가?

- 운동기능 발달을 진단할 때는 아동의 전반적인 발달 정도와 함께 특정 운동 기술을 수행할 때 얼마나 능숙하게 잘 수행하는지에 대한 질적인 측면을 알아보아야 한다.
- 또한 이러한 기술을 일상생활 중에 얼마나 정확하게 사용하고 있는지의 기능적인 측면도 알아보아야 한다.
- 환경 내에서 기능적인 움직임을 위한 기회가 있는지에 대한 환경 진단도 함께 이루어져야 한다.

3 한국영아발달검사(K-DII)

◆ 검사목적

- 한국영아발달검사(Korean-Development Inventory for Infants: K-DII)는 국내외 여러 검사와 발달이론을 토대로 한국 실정에 맞게 개발한 한국형 영아용 발달검사다.
- K-DII의 목적은 영아의 인지, 언어, 사회 · 정서, 기본생활, 대근육운동, 소근육운동 등 영역별 발달수준을 평가하기 위해 개발되었다.
- 일차적으로 발달지연의 조기선별을 목적으로 하고 있고, 영아의 발달 상황을 잘 아는 부모나 주 양육자 혹은 교사가 평소 관찰한 내용을 직접 평가할 수 있다.
- 발달지연의 조기선별 기능뿐 아니라 문제영역에 대한 구체적인 양육 혹은 교육 정보를 제공해 주는 기능도 포함하고 있다.
- 특히 각 기관에서 주관적으로 발달문제가 있다고 의심이 되는 영아들을 대상으로 객관적인 평가를 하여 그 결과를 부모 상담에 활용할 수 있도록 고안되었다.

◆ 검사대상

- K-DII는 정상발달을 하고 있는 6~30개월 미만의 영아뿐 아니라 발달지연이나 장애 위험성이 있는 영아에게 사용할 수 있도록 표준화되었다.
- 단, 중도의 발달지연 혹은 장애 위험성이 있을 경우 그 이상의 초과 연령의 영아에게도 사용할 수 있다. 이런 경우에는 등가연령(발달연령)만 산출하여 현재 연령과 비교할 수 있다.

◆ 검사 구성 및 특징

- K-DII는 인지, 언어, 사회정서, 기본생활, 대근육운동, 소근육운동의 6개 소검사(척도)로 구성되어 있고, 소검사별 문항은 각각 35문항씩 총 210문항으로 이루어져 있다.
- 소검사별로 표준점수(척도점수)를 산출하고 이를 토대로 발달지수를 산출하도록 되어 있어 각 영역의 발달수준과 전체적인 발달수준을 알 수 있다.

- 또한 영역별로 등가연령을 산출함으로써 발달상태를 생활연령과 비교할 수 있다.
- 이러한 자료는 영아 발달의 강점과 약점을 파악하는 데 이용할 수 있고, 개별화교육 프로그램(IEP)을 구안하는 데 활용할 수 있을 뿐 아니라 사전 혹은 사후 검사로서 영아의 발달상 진보를 측정할 수 있다.
- 인터넷상에서도 평가의 효율성 및 평가자의 편의성을 증대시키고 정확한 정보를 제공하기 위해 개발된 웹기반 평가 시스템을 이용하여 채점 및 결과를 확인할 수 있다(http://www.tespia.kr).
- 이 평가 시스템을 통해 부모, 교사 및 임상가 등 누구든지 어디서든 쉽고 편리하게 온라인상에서 영아의 발달상태는 물론 발달지연을 판별할 수 있다.
- 영아의 현재 발달 특성과 또래 발달 특성을 비교할 수 있는 자료를 제공하고 있으며, 현재 발달수준에 따른 교사/부모를 위한 다양한 교육/양육 정보를 제공하고 있다.
- 검사 결과 자료는 각 기관별/사용자별로 데이터베이스화되어 있어 언제든지 추적 비교가 가능하다.

◆ 검사의 통계적 특성

- 대상: 남 247명, 여 245명, 전체 492명
- 신뢰도: 신뢰도는 내적일치도, 검사-재검사 신뢰도, 평정자 간 신뢰도를 산출하였는데, 그 결과는 〈표 4-1〉에 요약되어 있다.

표 4-1 K-DII의 신뢰도 간 비교

		인지	언어	사회정서	기본생활	대근육	소근육
내적일치도		.92	.93	.91	.93	.92	.91
검사-재검사 신뢰도	부모	.94	.91	.93	.92	.93	.94
	교사	.95	.93	.94	.94	.93	.94
평정자 간 신뢰도	부모-교사	.91	.90	.92	.92	.91	.92

- 타당도: 구성타당도를 알아보기 위한 각 하위검사 간 상호상관은 .93 이상으로 통계적으로 유의하였으며($p<.001$), 내용타당도를 알아보기 위해 검사 문항 대 전체상관의 중앙값을 산출하였는데, 그 결과는 〈표 4-2〉에 요약되어 있다.

표 4-2 K-DII의 내용타당도

	인지	언어	사회정서	기본생활	대근육	소근육
중앙값($p < .01$)	.65	.63	.61	.62	.61	.63

◆ 하위영역별 측정내용

이 검사의 여섯 가지 하위영역별 측정내용에 대한 소개가 〈표 4-3〉에 제시되어 있다.

표 4-3 K-DII의 하위영역별 측정내용

영 역	소 개
인지	사물, 색, 수개념 등 기본적인 지식을 습득하는 과정으로 지각, 학습, 사고, 기억과 관련된 영역
언어	여러 가지 개념과 의미들을 단어나 문장으로 의사소통하는 능력. 언어능력은 소리를 듣고 변별하고 해석하는 수용언어와 의미를 표현하는 표현언어로 구분
사회정서	대인관계, 자율성, 정서표현, 친사회적 행동 등 타인과 유능하게 상호작용하는 능력
기본생활	스스로 살아가고 생활하는 사회에서 독립적인 생활을 하기 위한 중요한 기술. 식사, 대소변 가리기, 옷 입고 벗기, 머리 빗기, 이 닦기, 씻기, 용변처리 등
대근육운동	신체균형을 유지하고 서고 걷는 등 팔과 다리를 움직이는 신체의 큰 운동능력
소근육운동	물체를 향해 손 뻗기, 물건 잡기, 옷 벗기, 숟가락 사용하기, 블록 쌓기 등 손가락으로 사물을 조작하는 작은 운동능력

◆ 검사 실시 자격

- 이 검사는 평가자의 직접적인 관찰과 판단에 근거하여 평가하도록 되어 있다. 따라서 주 4일 이상 영아를 양육하고 있고, 문항을 읽고 이해할 수 있는 부모 혹은 양육자가 실시할 수 있다.
- 2개월 이상 보육 및 교육을 직접 담당하고 있는 교사 및 원장이 직접 실시할 수 있다.
- 만일 임상가가 직접 실시할 경우에는 부모 혹은 양육자와의 면담을 통해 행동발달 상황을 확인하여야 한다.

◆ 실시방법 및 유의사항

- 이 검사는 영아의 행동을 평소 관찰할 수 있는 문항으로 구성되었다. 따라서 각 영역별 문항의 행동 수행 정도에 따라 불가능, 부분가능, 완전가능의 3점 척도의 해당란에 평정해야 한다. 즉, 전혀 수행하지 못하는 경우에는 **불가능**으로, 어느 때는 수행하고 어느 때는 수행을 못하는 등 약 반쯤 수행하는 경우에는 **부분가능**으로, 평상시 어른의 도움 없이 스스로 거의 수행할 수 있는 경우에는 **완전가능**으로 평정한다.
- 검사의 문항은 평가자의 직접적인 관찰과 판단에 따라 평정하도록 되어 있으므로, 영아의 발달과정을 상세히 알고 정확하게 평가하는 것이 중요하다.
- 검사대상의 행동 수행 여부를 잘 모를 경우에는 검사를 중단하고, 그 문항의 행동을 직접 관찰한 후에 평가해야 한다.
- 평가자는 적어도 2번 이상 검사 문항을 읽고, 그 문항의 행동이 무엇을 의미하는지를 생각한 후 행동 수행 정도를 평가해야 한다.
- 각 문항은 영아에게 정상발달의 과정으로서 나타나는 발달 과제를 중심으로 구성되어 있다. 따라서 특정 문항의 행동을 과거에는 완벽하게 수행하였지만 현재는 수행하지 않을 경우가 있다. 이런 경우에는 해당 항목의 발달 과제를 이미 습득하고 있는 것으로 간주하여 평가해야 한다.
- 한편, 이 검사는 1번 문항부터 실시하여야 한다. 그러나 문항의 난이도가 아래 문항으로 내려갈수록 어려워진다. 따라서 연속적으로 6개 이상 불가능으로 평정한 경우 중단하고 다음 영역으로 넘어갈 수 있다. 단, 장애가 있는 경우에는 영역의 발달이 불균형하게 이루어지므로 주의해야 한다.
- 반면에, 아래 문항을 연속하여 6개 이상 완전가능으로 평정한 경우에는 그 이전 문항은 모두 완전가능으로 간주해야 한다.
- 이 검사는 부모와 교사가 따로따로 동시에 실시할 수 있다. 그러나 부모와 교사의 의견이 불일치할 경우에는 교사의 평가 내용을 따라야 한다.
- 임상가가 부모/양육자와의 면담을 통해 평가할 때, 가능한 한 문항의 의미를 서로 의사소통하면서 평소에 부모/양육자가 관찰한 행동을 정확하게 판단하도록 해야 한다.

◆ 채점 및 결과 해석

- 심리검사 전문기관 테스피아(http://www.tespia.kr)에서는 인터넷상에서도 평가의 효율성 및 평가자의 편의성을 증대시키고 정확한 정보를 제공하기 위해 웹기반 평가 시스템을 개발하였다.
- 이 평가 시스템을 통해 각 영역별 평가한 내용을 입력하면, 컴퓨터가 자동 채점하여 다양한 표준화 점수를 산출해 준다. 우리는 이런 표준점수들을 통하여 영아의 발달상태를 해석할 수 있다. 따라서 부모, 교사 및 임상가 등 누구든지 어디서든 쉽고 편리하게 온라인상에서 영아의 발달상태는 물론 발달지연을 판별할 수 있다.
- 영아의 현재 발달 특성과 또래 발달 특성을 비교할 수 있는 자료를 제공하고 있으며, 현재 발달수준에 따른 교사/부모를 위한 다양한 교육/양육 정보를 제공하고 있다.
- 뿐만 아니라 검사 결과 자료는 각 기관별/사용자별로 데이터베이스화되어 있어 언제든지 추적 비교가 가능하다.

■ 검사 결과는 어떻게 해석하는가?

이 검사는 다음과 같이 원점수를 채점하여, 또래와 비교하기 위하여 여러 가지 변환점수(척도점수, 발달지수, 백분위, 발달연령 등)를 산출하였다. 이러한 변환점수들은 영아의 발달상태와 발달수준을 이해하고 결과를 해석하는 데 활용할 수 있다.

표 4-4 변환점수 해설

용 어	해 설
원점수	각 영역별 문항의 행동 수행 정도에 따라 불가능(0), 부분가능(1), 완전가능(2)으로 채점하여 합산한 점수
표준점수	각 영역별 원점수를 평균 10으로 환산한 척도점수로, 각 영역별 발달수준을 파악할 수 있음
발달지수 (DQ)	각 영역별 표준점수의 합을 기초로 하여 평균 100으로 환산한 점수로, 전체적인 발달수준을 파악할 수 있음
발달연령 (DA)	각 영역별 획득한 점수를 등가연령으로 환산한 점수로, 각 영역별로 발달이 이루어진 수준을 의미
신뢰구간	발달연령의 95% 신뢰수준에서 추정치의 등가연령을 의미
통합발달연령 (TDA)	6가지 영역의 발달연령을 합산하여 6으로 나눈 평균발달연령으로, 전반적인 측면에서의 발달수준을 의미
백분위점수 (%ile)	같은 또래의 아동이 100명이 있다고 했을 때, 검사를 받은 개인의 점수보다 낮은 점수를 받은 아동이 몇 명이 있는지를 알려 주는 수치, 즉 백분위점수 90점은 상위 10%에 해당

표 4-5 변환점수의 범위와 해석

범 위	척도점수(표준점수)	백분위	발달지수(DQ)	해 석
최우수	17~19	98+	130+	최우수 수준
우수	15~16	91~97	120~129	우수 수준
평균상	13~14	75~90	110~119	평균상 수준
평균	**8~12**	**25~74**	**90~109**	**평균 수준**
평균하	6~7	9~24	80~89	경도 지연 수준
저조	4~5	2~8	70~79	중도 지연 수준
최저조	1~3	1	69	최중도 지연 수준

- 이 검사에서 사용되는 원점수와 변환점수에 대한 자세한 설명은 〈표 4-4〉에 제시되어 있고, 변환점수의 범위와 해석은 〈표 4-5〉를 참조할 수 있다.

◆ 활 용

- 이 검사는 하위검사별로 표준점수(척도점수)를 산출하고 이를 토대로 발달지수를 산출하도록 되어 있어 발달영역별로 현 수준뿐 아니라 전체적인 발달수준을 알 수 있고, 영역별로 등가연령을 산출함으로써 발달상태를 생활연령과 비교할 수 있다.
- 이러한 자료는 영아 발달의 강점과 약점을 파악하는 데 이용할 수 있고, 개별화교육 프로그램(Individualized Educational Program: IEP)을 구안하는 데 활용할 수 있을 뿐 아니라, 사전 혹은 사후 검사로서 영아의 발달상 진보를 측정하는 데 사용할 수 있다.
- 특히 인터넷 웹기반(web-based) 채점 및 평가 시스템은 검사 소요 시간의 단축, 결과에 대한 즉각적인 피드백 제공, 기록과 계산상의 오류 감소, 언제 어디서나 누구든지 쉽게 활용할 수 있는 편의성 등이 장점이라 할 수 있다.

■ 검사 결과는 어떻게 활용할 수 있는가?

이 검사는 어린이집 및 유치원뿐만 아니라 치료 및 관련 기관 등에서도 다음과 같은 목적으로 활용할 수 있다.

- 영아의 발달영역별(인지, 언어, 사회정서, 기본생활, 대근육, 소근육) 수준을 파악하여 정상발달인지 혹은 발달지연인지를 확인하려는 기초 자료를 얻고자 할 때
- 영아의 발달 특성에 따른 교육 및 치료 계획을 입안하고 실행할 수 있는 교육 및 양육 정보를 얻고자 할 때
- 발달문제의 조기선별과 함께 국가 정책적 중재서비스(예: 보건복지부 사회서비스 중의 아동발달지원 및 검사서비스 등) 제공 및 보육시설 평가 인증 시 기초 아동 평가자료가 필요할 때
- 현장의 임상가 및 연구자들이 발달에 대한 중재(교육 및 치료 등) 프로그램의 효과를 알아보기 위한 신뢰할 만한 연구자료가 필요할 때
- 현재 발달수준에 따른 교육 및 양육 정보를 토대로 부모 상담을 제공할 때 등

◆ 출처 및 개발자

윤치연(2011a). 한국영아발달검사. 부산: (주)테스피아.

4 한국유아발달검사(K-DIP)

◆ 검사목적

- 한국유아발달검사(Korean-Development Inventory for Preschoolers: K-DIP)는 국내외 여러 검사와 발달이론을 토대로 한국 실정에 맞게 개발한 한국형 유아용 발달검사다.
- K-DIP의 목적은 유아의 인지, 언어, 사회정서, 기본생활, 대근육운동, 소근육운동 등 영역별 발달수준을 평가하기 위해 개발되었다.
- 일차적으로 발달지연의 조기선별을 목적으로 하고 있고, 유아의 발달 상황을 잘 아는 부모나 주 양육자 혹은 교사가 평소 관찰한 내용을 직접 평가할 수 있다.
- 또한 발달지연의 조기선별 기능뿐 아니라 문제영역에 대한 구체적인 양육 혹은 교육 정보를 제공해 주는 기능도 포함하고 있다.
- 특히 각 기관에서 주관적으로 발달문제가 있다고 의심이 되는 유아들을 대상으로 객관적인 평가를 하여 그 결과를 부모 상담에 활용할 수 있도록 고안되었다.

◆ 검사대상

- K-DIP는 정상발달을 하고 있는 30~70개월 미만의 유아뿐 아니라 발달지연이나 장애 위험성이 있는 유아에게 사용할 수 있도록 표준화되었다.
- 단, 중도의 발달지연 혹은 장애 위험성이 있을 경우 그 이상의 초과 연령의 유아에게도 사용할 수 있다. 이런 경우에는 등가연령(발달연령)만 산출하여 현재 연령과 비교할 수 있다.

◆ 검사 구성 및 특징

- K-DIP는 인지, 언어, 사회정서, 기본생활, 대근육운동, 소근육운동의 6개 소검사(척도)로 구성되어 있고, 소검사별 문항은 각각 40문항씩 총 240문항으로 이루어져 있다.
- 소검사별로 표준점수(척도점수)를 산출하고 이를 토대로 발달지수를 산출하도록 되어 있어 각 영역의 발달수준과 전체적인 발달수준을 알 수 있다.
- 또한 영역별로 등가연령을 산출함으로써 발달상태를 생활연령과 비교할 수 있다.
- 이러한 자료는 유아 발달의 강점과 약점을 파악하는 데 이용할 수 있고, 개별화교육 프로그램(IEP)을 구안하는 데 활용할 수 있을 뿐 아니라 사전 혹은 사후 검사로서 유아의 발달상 진보를 측정할 수 있다.
- 인터넷상에서도 평가의 효율성 및 평가자의 편의성을 증대시키고 정확한 정보를 제공하기 위해 개발된 웹기반 평가 시스템을 이용하여 채점 및 결과를 확인할 수 있다(http://www.tespia.kr).
- 이 평가 시스템을 통해 부모, 교사 및 임상가 등 누구든지 어디서든 쉽고 편리하게 온라인상에서 유아의 발달상태는 물론 발달지연을 판별할 수 있다.
- 유아의 현재 발달 특성과 또래 발달 특성을 비교할 수 있는 자료를 제공하고 있으며, 현재 발달수준에 따른 교사/부모를 위한 다양한 교육/양육 정보를 제공하고 있다.
- 검사 결과 자료는 각 기관별/사용자별로 데이터베이스화되어 있어 언제든지 추적 비교가 가능하다.

◆ 검사의 통계적 특성

- 대상: 남 614명, 여 590명, 전체 1,204명

표 4-6 K-DIP의 신뢰도 간 비교

		인지	언어	사회정서	기본생활	대근육	소근육
내적일치도		.965	.966	.963	.965	.966	.967
검사-재검사 신뢰도	부모	.954	.933	.951	.942	.924	.936
	교사	.921	.897	.903	.934	.931	.925
평정자 간 신뢰도	부모-교사	.893	.859	.882	.891	.822	.866

- 신뢰도: 신뢰도는 내적일치도, 검사-재검사 신뢰도, 평정자 간 신뢰도를 산출하였는데, 그 결과는 〈표 4-6〉에 요약되어 있다.
- 타당도: 구성타당도를 알아보기 위한 각 하위검사 간 상호상관은 .93 이상으로 통계적으로 유의하였으며($p<.001$), 내용타당도를 알아보기 위해 검사 문항 대 전체상관의 중앙값을 산출하였는데, 전반적으로 .65 이상으로 비교적 높은 상관관계를 보였다. 그 결과는 〈표 4-7〉에 요약되어 있다.

표 4-7 K-DIP의 내용타당도

	인지	언어	사회정서	기본생활	대근육	소근육
중앙값($p<.01$)	.671	.687	.669	.691	.697	.697

◆ 하위영역별 측정내용

이 검사의 여섯 가지 하위영역별 측정내용에 대한 소개가 〈표 4-8〉에 제시되어 있다.

표 4-8 K-DIP의 하위영역별 측정내용

영 역	소 개
인지	사물, 색, 수개념 등 기본적인 지식을 습득하는 과정으로 지각, 학습, 사고, 기억과 관련된 영역
언어	여러 가지 개념과 의미들을 단어나 문장으로 의사소통하는 능력. 언어능력은 소리를 듣고 변별하고 해석하는 수용언어와 의미를 표현하는 표현언어로 구분
사회정서	대인관계, 자율성, 정서표현, 친사회적 행동 등 타인과 유능하게 상호작용하는 능력
기본생활	스스로 살아가고 생활하는 사회에서 독립적인 생활을 하기 위한 중요한 기술. 식사, 대소변 가리기, 옷 입고 벗기, 머리 빗기, 이 닦기, 씻기, 용변처리 등
대근육운동	신체균형을 유지하고 서고 걷는 등 팔과 다리를 움직이는 신체의 큰 운동능력
소근육운동	물체를 향해 손 뻗기, 물건 잡기, 옷 벗기, 숟가락 사용하기, 블록 쌓기 등 손가락으로 사물을 조작하는 작은 운동능력

◆ 검사 실시 자격

- 이 검사는 평가자의 직접적인 관찰과 판단에 근거하여 평가하도록 되어 있다. 따라서 주 4일 이상 유아를 양육하고 있고, 문항을 읽고 이해할 수 있는 부모 혹은 양육자가 실시할 수 있다.
- 2개월 이상 보육 및 교육을 직접 담당하고 있는 교사 및 원장이 직접 실시할 수 있다.
- 만일 임상가가 직접 실시할 경우에는 부모 혹은 양육자와의 면담을 통해 행동발달 상황을 확인하여야 한다.

◆ 실시방법 및 유의사항

- 이 검사는 유아의 행동을 평소 관찰할 수 있는 문항으로 구성되었다. 따라서 각 영역별 문항의 행동 수행 정도에 따라 불가능, 부분가능, 완전가능의 3점 척도의 해당란에 평정해야 한다. 즉, 전혀 수행하지 못하는 경우에는 불가능으로, 어느 때는 수행하고 어느 때는 수행을 못하는 등 약 반쯤 수행하는 경우에는 부분가능으로, 평상시 어른의 도움 없이 스스로 거의 수행할 수 있는 경우에는 완전가능으로 평정한다.
- 검사의 문항은 평가자의 직접적인 관찰과 판단에 따라 평정하도록 되어 있으므로, 유아의 발달과정을 상세히 알고 정확하게 평가하는 것이 중요하다.
- 검사대상의 행동 수행 여부를 잘 모를 경우에는 검사를 중단하고, 그 문항의 행동을 직접 관찰한 후에 평가해야 한다.
- 평가자는 적어도 2번 이상 검사 문항을 읽고, 그 문항의 행동이 무엇을 의미하는지를 생각한 후 행동 수행 정도를 평가해야 한다.
- 각 문항은 유아에게 정상발달의 과정으로서 나타나는 발달 과제를 중심으로 구성되어 있다. 따라서 특정 문항의 행동을 과거에는 완벽하게 수행하였지만 현재는 수행하지 않을 경우가 있다. 이런 경우에는 해당 항목의 발달 과제를 이미 습득하고 있는 것으로 간주하여 평가해야 한다.
- 한편, 이 검사는 1번 문항부터 실시하여야 한다. 그러나 문항의 난이도가 아래 문항으로 내려갈수록 어려워진다. 따라서 연속적으로 6개 이상 불가능으로 평정할 경우 중단하고 다음 영역으로 넘어갈 수 있다. 단, 장애가 있는 경우에는 영역의 발달이 불균형하게 이루어지므로 주의해야 한다.

- 반면에, 아래 문항을 연속하여 6개 이상 완전가능으로 평정한 경우에는 그 이전 문항은 모두 완전가능으로 간주해야 한다.
- 이 검사는 부모와 교사가 따로따로 동시에 실시할 수 있다. 그러나 부모와 교사의 의견이 불일치할 경우에는 교사의 평가 내용을 따라야 한다.
- 임상가가 부모/양육자와의 면담을 통해 평가할 때, 가능한 한 문항의 의미를 서로 의사소통하면서 평소에 부모/양육자가 관찰한 행동을 정확하게 판단하도록 해야 한다.

◆ 채점 및 결과 해석

- 심리검사 전문기관 테스피아(http://www.tespia.kr)에서는 인터넷상에서도 평가의 효율성 및 평가자의 편의성을 증대시키고 정확한 정보를 제공하기 위해 웹기반 평가 시스템을 개발하였다. 이를 이용하여 채점 및 결과를 확인할 수 있다.
- 이 평가 시스템을 통해 각 영역별 평가한 내용을 입력하면, 컴퓨터가 자동 채점하여 다양한 표준화 점수를 산출해 준다. 우리는 이런 표준점수들을 통하여 유아의 발달상태를 해석할 수 있다. 따라서 부모, 교사 및 임상가 등 누구든지 어디서든 쉽고 편리하게 온라인상에서 유아의 발달상태는 물론 발달지연을 판별할 수 있다.
- 유아의 현재 발달 특성과 또래 발달 특성을 비교할 수 있는 자료를 제공하고 있으며, 현재 발달수준에 따른 교사/부모를 위한 다양한 교육/양육 정보를 제공하고 있다.
- 뿐만 아니라 검사 결과 자료는 각 기관별/사용자별로 데이터베이스화되어 있어 언제든지 추적 비교가 가능하다.

■ 검사 결과는 어떻게 해석하는가?

이 검사는 다음과 같이 원점수를 채점하여, 또래와 비교할 수 있는 여러 가지 변환점수(척도점수, 발달지수, 백분위, 발달연령 등)를 산출하였다. 이러한 변환점수들은 유아의 발달상태와 발달수준을 이해하고 결과를 해석하는 데 활용할 수 있다.

- 이 검사에서 사용되는 원점수와 변환점수에 대한 자세한 설명은 〈표 4-9〉에 제시되어 있고, 변환점수의 범위와 해석은 〈표 4-10〉을 참조할 수 있다.

표 4-9 변환점수 해설

용어	해설
원점수	각 영역별 문항의 행동 수행정도에 따라 불가능(0), 부분가능(1), 완전가능(2)으로 채점하여 합산한 점수
표준점수	각 영역별 원점수를 평균 10으로 환산한 척도점수로, 각 영역별 발달수준을 파악할 수 있음
발달지수(DQ)	각 영역별 표준점수의 합을 기초로 하여 평균 100으로 환산한 점수로, 전체적인 발달수준을 파악할 수 있음
발달연령(DA)	각 영역별 획득한 점수를 등가연령으로 환산한 점수로, 각 영역별로 발달이 이루어진 수준을 의미
신뢰구간	발달연령의 95% 신뢰수준에서 추정치의 등가연령을 의미
통합발달연령 (TDA)	6가지 영역의 발달연령을 합산하여 6으로 나눈 평균발달연령으로, 전반적인 측면에서의 발달수준을 의미
백분위점수 (%ile)	같은 또래의 아동이 100명이 있다고 했을 때, 검사를 받은 개인의 점수보다 낮은 점수를 받은 아동이 몇 명이 있는지를 알려 주는 수치. 즉, 백분위점수 90점은 상위 10%에 해당

표 4-10 변환점수의 범위와 해석

범위	척도점수(표준점수)	백분위	발달지수(DQ)	해석
최우수	17~19	98+	130+	최우수 수준
우수	15~16	91~97	120~129	우수 수준
평균상	13~14	75~90	110~119	평균상 수준
평균	**8~12**	**25~74**	**90~109**	**평균 수준**
평균하	6~7	9~24	80~89	경도 지연 수준
저조	4~5	2~8	70~79	중도 지연 수준
최저조	1~3	1	69	최중도 지연 수준

◆ 활용

- 이 검사는 하위검사별로 표준점수(척도점수)를 산출하고 이를 토대로 발달지수를 산출하도록 되어 있어 발달영역별로 현 수준뿐 아니라 전체적인 발달수준을 알 수 있고, 영역별로 등가연령을 산출함으로써 발달상태를 생활연령과 비교할 수 있다.
- 이러한 자료는 유아 발달의 강점과 약점을 파악하는 데 이용할 수 있고, 개별화교육 프로그램(IEP)을 구안하는 데 활용할 수 있을 뿐 아니라, 사전 혹은 사후 검사로서 유아의 발달

상 진보를 측정하는 데 사용할 수 있다.

- 특히 인터넷 웹기반(web-based) 채점 및 평가 시스템은 검사 소요 시간의 단축, 결과에 대한 즉각적인 피드백 제공, 기록과 계산상의 오류 감소, 언제 어디서나 누구든지 쉽게 활용할 수 있는 편의성 등이 장점이라 할 수 있다.

■ 검사 결과는 어떻게 활용할 수 있는가?

이 검사는 어린이집 및 유치원뿐만 아니라 치료 및 관련 기관 등에서도 다음과 같은 목적으로 활용할 수 있다.

- 유아의 발달영역별(인지, 언어, 사회정서, 기본생활, 대근육, 소근육) 수준을 파악하여 정상 발달인지 혹은 발달지연인지를 확인하려는 기초 자료를 얻고자 할 때
- 유아의 발달 특성에 따른 교육 및 치료 계획을 입안하고 실행할 수 있는 교육 및 양육 정보를 얻고자 할 때
- 발달문제의 조기선별과 함께 국가 정책적 중재서비스(예: 보건복지부 사회서비스 중의 아동발달지원 및 검사서비스 등) 제공 및 보육시설 평가 인증 시 기초 아동 평가자료가 필요할 때
- 현장의 임상가 및 연구자들이 발달에 대한 중재(교육 및 치료 등) 프로그램의 효과를 알아보기 위한 신뢰할 만한 연구자료가 필요할 때
- 현재 발달수준에 따른 교육 및 양육 정보를 토대로 부모 상담을 제공할 때 등

◆ 출처 및 개발자

윤치연(2011b). 한국유아발달검사. 부산: (주)테스피아.

5 아동발달검사(K-CDI)

◆ 검사목적

- 아동발달검사(Korean-Child Development Inventory: K-CDI)는 미국 CDI(The Child Development Inventory)를 한국 아동에 적합하도록 표준화한 부모보고용 영 · 유아 선별검사다.
- K-CDI는 부모를 통하여 영 · 유아의 영역별 발달 정보를 얻기 위해 개발되었다.
- 일차적으로 부모가 현재 영 · 유아의 발달적 기능수준을 평가하고, 그 결과로 발달상 문제가 의심되는 아동에 대해서는 이차적으로 전문가에게 의뢰하도록 고안되었다.
- 또한 장애아동을 조기 선별하기 위한 목적뿐 아니라 부모의 관심과 양육능력을 촉진하여 궁극적으로 아동의 건강발달 증진을 도모하기 위한 목적이 있다.

◆ 검사대상

K-CDI는 15개월~만 6세 영 · 유아 또는 이와 비슷한 발달수준을 보인다고 판단되는 그 이상의 연령 아동들의 심도 있는 발달 정보를 얻기 위해 사용할 수 있다.

◆ 검사 구성 및 특징

- K-CDI는 영 · 유아의 행동발달, 일상적인 상황에서 부모가 관찰할 수 있는 행동 등 총 300 문항으로 이루어져 있다.
- 진단된 결과를 규준화된 점수로 설명할 수 있으며, 시각적으로 아동 발달 결과 프로파일을 제공한다.
- 각 발달 문항에 대한 표시에 부가적으로 아동의 청각능력, 건강, 성장 그리고 행동상의 문제 등에 관하여 현재 아동의 발달에 대해 의심되는 증상과 문제에 대한 부모의 관찰을 기술하는 문항을 추가하여 진단 결과를 설명하는 보충자료를 제공한다.

◆ 검사의 통계적 특성

- 대상: 남 603명, 여 540명, 전체 1,143명
- 신뢰도: 신뢰도는 연령대별 내적일치도, 검사-재검사 신뢰도를 산출하였는데, 그 결과는 〈표 4-11〉에 요약되어 있다.

표 4-11 K-CDI의 신뢰도

	사회성	자조 능력	대근육 운동	소근육 운동	표현 언어	언어 이해	글자	숫자	전체 발달
연령대별 내적일치도	.79~90	.77~90	.79~91	.78~90	.74~89	.75~89	.81~95	.80~92	.72~89
검사-재검사 신뢰도	.81	.89	.90	.87	.86	.87	.96	.91	.93

- 타당도: 구성타당도를 알아보기 위한 각 하위검사 간 상호상관은 전반적으로 .70 이상의 높은 상관관계를 보였고, 내용타당도를 알아보기 위해 검사문항 대 전체상관의 중앙값을 산출하였는데 전반적으로 .70 이상의 높은 상관관계를 보였다. 그 결과는 〈표 4-12〉에 요약되어 있다.

표 4-12 K-CDI의 내용타당도

	사회성	자조 능력	대근육 운동	소근육 운동	표현 언어	언어 이해	글자	숫자	전체 발달
중앙값	.61	.80	.75	.83	.76	.79	.83	.88	.86

◆ 하위영역별 측정내용 및 문항

이 검사의 하위영역별 측정내용과 문항번호는 〈표 4-13〉에 제시되어 있다.

표 4-13 K-CDI의 하위영역별 측정내용 및 문항번호

구분	영 역	내 용
발달 척도 문항	사회성(35문항)	개별적 상호작용뿐 아니라 집단 참여 상황에서 부모, 아동, 다른 성인들과의 상호작용 발달(1~35번)
	자조행동(38문항)	먹기, 옷 입기, 목욕하기, 화장실 가기, 독립심과 책임감 발달(36~73번)
	큰근육운동(29문항)	걷기, 뛰기, 오르기, 점프하기, 타기, 균형잡기, 협응 능력 발달(74~102번)
	소근육운동(30문항)	눈과 손의 협응능력을 포함하여 물건을 들어 올리는 것부터 낙서하고 그림 그리는 것까지 눈과 손의 협응 발달(103~132번)
	표현 언어(50문항)	간단한 몸짓, 발성, 언어 행동부터 복잡한 언어 표현까지 표현적 의사소통 발달(133~182번)
	언어 이해(50문항)	간단한 이해에서부터 개념의 이해까지 언어이해 발달(183~232번)
	글자(23문항)	쓰기와 읽기를 포함하는 문자와 단어에 대한 인지발달(233~255번)
	숫자(15문항)	간단한 숫자 세기부터 간단한 산수 문제풀이까지 수의 양과 숫자에 대한 인지발달(256~270번)
	전체 발달(70문항)	발달의 총체적 지표를 제공해 주는 요약 척도로서, 위의 하위척도로부터 가장 연령 구분력이 뛰어난 10개의 문항(단, 글자 및 숫자 척도에서 각각 5문항씩)으로 구성
문제 항목	행동문제(30문항)	다양한 행동문제들로 시각/청각, 건강/정장, 먹기, 잠자기 등의 내용과 운동능력의 부조화, 언어문제, 주의집중문제, 정서문제 등의 구성(271~300번)

◆ 검사 실시 자격

- 이 검사는 문장을 읽고 이해할 수 있을 정도의 교육을 받은 양육자(주로 부모)가 실시할 수 있다.
- 또한 최근 아동에 대해 매일의 상황을 관찰하였고 아동이 현재 어떤 행동을 보이고 있는지 알고 있어야 한다.

◆ 실시방법 및 유의사항

- K-CDI 검사는 부모보고에 의한 발달검사다. 따라서 검사기록용지는 영 · 유아의 주 양육자가 작성하는 것이 바람직하다.
- 일련의 발달척도의 각 문항에 대해 해당하는 응답 '예' 또는 '아니요' 난에 ○표로 표시한

다. 영 · 유아가 현재 보이는 행동이나 지금은 하지 않지만 이전에 보인 행동은 '예'로 응답한다. 그러나 현재 보이지 않거나 또는 요즘 막 시작하려는 행동으로 가끔씩 관찰되는 행동은 '아니요'로 응답한다.

- 문제 항목은 해당 문항에 대해 '예' 난에만 ○표로 표시한다. 발달척도 문항의 마지막 부분에 영 · 유아가 가지고 있는 장애나 특별한 문제를 묻는 30개 문항들에 대해서는 '예'에 해당하는 문항에만 체크하도록 한다.
- 각 문항을 읽고 빠짐없이 모든 문항에 대해 평가해야 한다.
- 이 검사의 문항들은 만 3세 미만의 아동의 경우 '아니요' 응답이 많을 수 있다. 따라서 이와 같은 결과가 나타날 경우 부모에게 당연한 결과임을 확인시켜 준다.
- 이 검사의 소요 시간은 부모의 문자 해독능력과 아동의 발달연령에 따라 다소 차이가 있을 수 있지만 일반적으로 약 30~40분을 예상할 수 있다.
- 또한 문항이 일련의 번호 순으로 나열되어 있는데, 여러 날에 걸쳐 나누어 실시하지 않도록 한다. 즉, 가능한 한 이동하지 않고 한 장소에서 하루 내에 완성하는 것이 바람직하다.
- 이해하기 어려운 질문 내용에 대해 부모는 전문가에게 그 의미가 무엇인지 질문하고 이해한 뒤 완성하도록 한다.
- 만일 작성일과 생년월일 등 중요한 정보가 누락되었거나 응답 문항이 70% 이하인 경우에는 재확인 또는 재검사를 실시하여 완성하도록 한다.
- 또한 한 문항에서 두 개 응답란 모두에 표시되어 있다면 부가적으로 부모에게 몇 가지 질문을 통하여 정확한 답변을 확인한다. 확인할 수 없는 경우 '아니요' 응답으로 간주한다.

◆ 채점 및 결과 해석

- 학지사 심리검사연구소 인싸이트의 홈페이지에 접속하여 회원가입을 한 후, 웹상에서 검사를 실시한다. 컴퓨터상에 지시문과 검사 문항이 제시될 때 검사 각 문항에 해당하는 문항을 입력하면 웹상에서 검사 결과를 확인할 수 있다.
- K-CDI 발달 문항 체크 결과는 점수화되어 연령수준과 관련하여 K-CDI 프로파일에 현재 아동의 능력과 취약점들을 포함한 발달 상황을 간결한 시각적 그래프로 제시해 준다.
- K-CDI에서는 연령선 개념을 사용하여 연령 기대수준 이하의 발달 아동을 규명하기 위한 경계를 정하고 있다. 즉, 1차 연령선은 생활연령선, 2차 연령선은 아동 연령이하 25% 범위 연령선, 3차 연령선은 아동 연령이하 30% 범위 연령선을 의미한다.

■ 검사 결과는 어떻게 해석하는가?

- 이 검사는 다음과 같이 세 가지 발달 범위로 규정된다.
  - 정상발달 범위: 연령선으로부터 3차 연령 경계선에 이르는 면적을 광범위하게 정상발달 범주로 볼 수 있으나, 진단 결과를 해석할 때에는 정상발달 범주를 두 부분으로 나누어 해석한다. 구체적으로 연령선으로부터 연령이하 25%에 해당하는 연령선이 이루는 면접 부분에 척도점수가 표시되었을 경우 **'정상발달 범위'**에서 발달을 나타내는 것으로 진단한다.
  - 경계선 발달 범위: 정상발달 범위에 속하는 면적에서, 연령선으로부터 25% 발달 범위에 속하는 연령선으로부터 연령의 30% 발달 범위에 속하는 연령선이 이루는 면적 부분에 해당하는 발달에 발달점수가 표시되었을 경우 **'경계선 발달'** 또는 **'약간 지연된 발달 범위'**에서 발달을 나타내는 것으로 진단한다. 이 범위는 발달지연을 나타내는 그 정도가 심하지 않은 범위에 속하는 아동을 판단하는 데 도움을 준다. 또한 이 범위에 속하는 아동들은 조기 중재 및 특수교육이 필요할 것으로 여겨진다. 이 검사에서는 표준편차(SD)가 −1.5~−2.0까지의 점수를 의미한다.
  - 지연발달 범위: 정상발달 범주 이하, 즉 연령선의 30%선부터 그 이하 범주에 만들어지는 면적 부분에 발달점수가 표시되었을 경우 **'지연된 발달 범위'**에서 발달을 나타내는 것으로 진단한다. 규준집단 아동의 약 2%에 해당하는 아동들이 이 범주에 해당하는 점수를 가진다. 이 검사에서는 표준편차(SD)가 −2.0 이하인 점수를 의미한다.
- 검사 결과 다음과 같은 사항을 고려해야 한다.
  - 아동의 특별한 문제나 장애: 아동이 어떤 특정 문제나 장애를 진단받은 적이 있는가? 그 문제는 얼마나 심각한 정도인가? 이에 대해 결과 보고서는 주요 문제나 장애를 제시하고 있는가?
  - K-CDI 프로파일: 척도점수가 아동의 현재 연령 범주 내에 속해 있는가? 아동이 정상발달 범위 이하이거나 경계선 발달 범위에 속하는 점수를 가지고 있는가? 그렇다면 어떤 척도에서 나타나는가?
  - 문제 항목: 어떤 문제가 보고되었는가? 무엇이 문제인가? 얼마나 심각한가? 얼마나 많은 문제가 보고되었는가?

◆ 출처 및 개발자

김정미, 신희선(2010). 아동발달검사(K-CDI). 서울: 학지사 심리검사연구소 인싸이트.

학습과제

1. 영 · 유아들의 정확한 진단 및 평가가 필요한 이유를 설명하라.

2. 초기의 Gesell 발달검사의 구성요소와 발달검사가 필요한 이유를 설명하라.

3. 영 · 유아의 통합적인 발달평가의 중요성과 발달검사의 목적을 설명하라.

4. 영 · 유아의 발달을 정확하게 평가하려면 어떻게 해야 하는지를 설명하라.

5. 인지능력이란 무엇이고, 영 · 유아기의 인지발달을 어떻게 평가해야 하는지를 설명하라.

6. 의사소통이란 무엇이고, 의사소통발달을 어떻게 평가해야 하는지를 설명하라.

7. 사회정서 능력이란 무엇이고, 사회정서 발달을 어떻게 평가해야 하는지를 설명하라.

8. 적응행동 능력이란 무엇이고, 적응행동 발달을 어떻게 평가해야 하는지를 설명하라.

9. 운동기능이란 무엇이고, 운동기능을 어떻게 평가해야 하는지를 설명하라.

10. 한국영아발달검사(K-DII)의 목적, 대상, 검사 구성 및 특징, 실시 방법 및 유의사항, 해석방법을 설명하라.

11. 한국유아발달검사(K-DIP)의 목적, 대상, 검사 구성 및 특징, 실시 방법 및 유의사항, 해석방법을 설명하라.

12. 아동발달검사(K-CDI)의 목적, 대상, 검사 구성 및 특징, 실시 방법 및 유의사항, 해석방법을 설명하라.

핵심 용어

발달지연(developmental delay)	사회정서 능력(social-emotional abilities)
발달장애(developmental disabilites)	애착관계(attachment relationship)
운동(motor)	기질(temperament)
인지(cognition)	적응행동(adaptative behavior)
언어(language)	자조기술(self-help skills)
개인/사회적(individulal/social)	운동기능(motor function)
인지능력(cognitive abilities)	반사 기술(reflex skills)
감각운동 기술(sensory motor skills)	대근육 운동기술(gross motor skills)
학문전 기술(preacademic skills)	소근육 운동기술(fine motor skills)
의사소통(communication)	한국영아발달검사(K-DII)
표현언어(expressive language)	한국유아발달검사(K-DIP)
수용언어(receptive language)	아동발달검사(K-CDI)

제 5 장 언어영역의 평가

학 습 목 표

1. 언어란 무엇인지를 설명할 수 있다.
2. 언어의 발달과정을 설명할 수 있다.
3. 연령 단계별 수용언어와 표현언어의 발달 항목을 설명할 수 있다.
4. 영 · 유아 언어발달 검사들의 해석방법을 설명할 수 있다.
5. 영 · 유아 언어발달 검사들의 장단점을 비교 설명할 수 있다.

1 언어의 이해

우리는 매일 다른 사람들과 의사소통을 하며 살아간다. 내가 필요한 목적을 달성하기 위해 말을 하기도 하고, 그냥 심심해서 말을 걸기도 하며, 내가 말하기 싫어도 다른 사람의 질문에 대응하기도 한다. 이처럼 언어는 사회생활을 유지해 나가는 데 있어 필수적인 요소다. 이러한 언어 및 의사소통 기술은 하루아침에 습득되는 것이 아니다. 오랜 경험을 통해 좀 더 효율적인 수단인 언어를 습득하게 된다. 언어는 연령이 증가해 가면서 서서히 발달하기보다는 **결정적 시기**(critical period)에 집중적으로 습득된다. 영·유아기에는 기본적인 말소리를 익히면서 언어의 다양한 기능을 습득해 나가며, 이러한 기초능력이 형성되면서 문장의 구조나 어휘의 발달도 급격하게 이루어진다. 영·유아기의 언어발달은 차후 취학전 또는 학령기 언어발달의 기초가 된다. 그러므로 이 시기에 나타나는 언어발달 문제를 조기에 평가하여 적절하게 대처한다면, 차후 나타날 언어장애나 학습장애 등의 문제를 예방하거나 감소시킬 수 있다.

1) 언어의 정의

■ 언어란 무엇인가?

- **의사소통**(communication)이란 사람 간에 생각이나 의견 그리고 감정 등 **의사**를 교환하는 것을 말한다. 그중 언어는 인간이 다른 사람과 **의사소통**하며 살아가는 데 있어서 최고의 수단이다.
- **언어**란 인간이 자신을 표현하고 다른 사람과 의사소통하기 위해 사용하는 음성이나 문자로 나타낸 기초체계라고 정의할 수 있다. 일반적으로는 수용언어나 표현언어를 포함하는 **언어**(language)와 소리, 조음 등을 포함하는 **말**(speech)로 구분할 수 있다.
- 언어는 단순히 의사를 전달하는 도구일 뿐만 아니라 개인의 사고와 밀접한 관련이 있다. 영·유아기의 언어 획득과 발달은 중요한 의미를 갖는다. 언어는 사회 구성원들 간에 의미를 주고받을 수 있는 의사소통체계로서 기능해야 한다.

2) 언어의 구조

■ 언어의 다섯 가지 구조는 무엇인가?

인간이 사용하는 언어는 **음운론**(phonology), **형태론**(morphology), **구문론**(syntax), **의미론**(semantics), **화용론**(pragmatic)의 다섯 가지로 구분된다.

- **음운론**은 한 언어에서 음소들이 결합하는 체계 또는 규칙으로 음소를 그 기본 단위로 한다. 따라서 의미를 가진 소리와 상징들의 연결, 말소리의 조합이 음운이다.
- **형태론**은 한 언어에서 형태소들이 결합하여 낱말을 형성하는 체계 또는 규칙으로 형태소 및 낱말이 그 기본 단위가 된다. 따라서 단어의 내적 구조에 관한 것으로 더 이상 작은 단위로 쪼개지면 의미가 없어지는 최소의 문법 단위로 이루어진다.
- **구문론**은 낱말의 배열에 의하여 구, 절, 문장을 형성하는 체계 또는 규칙을 말한다.
- **의미론**은 말의 의미, 내용이나 이해와 관련된 언어의 영역을 말한다.
- **화용론**은 실제 상황적 맥락에서 화자와 상대방에 의해서 쓰이는 말의 기능 및 사용과 관계되는 영역을 말한다.

2 언어의 발달과정

언어발달은 출생 시부터 시작하여 일생 동안 지속된다. 인간은 언어를 통해 욕구를 충족하고, 타인과의 관계를 유지하고, 주변의 생활환경을 이해하고 적응하며, 자기만의 개성을 표현하기도 한다. 일반적으로 영 · 유아의 언어발달 과정은 크게 **언어 이전 시기**(prelinguistic period)와 **언어 시기**(linguistic period)로 나뉜다. 언어 이전 시기는 영아가 말을 시작하기 전 언어발달의 기초가 되는 울음, **쿠잉**(cooing), 옹알이(babbling)의 시기다. 일반적으로 영아기 언어발달은 언어 이전의 발달 형식을 취하게 된다.

1) 언어 이전 시기

■ 신생아의 울음은?

말을 하기 위해서는 우선 소리의 산출로서 **울음**이 선행되어야 한다. 그러나 신생아의 초기 울음은 숨을 내쉼으로써 일어나는 반사적 반응이며, 출생 직후에 호흡과 함께 시작된다. 초기의 울음소리는 또한 다른 청각 자극보다 더 반사적이어서, 신생아실에서 한 아기가 울면 다른 아기들도 따라 우는 경향이 있다.

■ 생후 1개월경 이후 울음의 분화는 어떻게 되는가?

그러나 생후 1개월이 지나면 아기의 울음소리는 분화되기 시작하여 좀 더 정확한 의사 전달 수단이 된다. 배고픔과 졸림, 갈증, 기저귀 젖음, 아픔 등은 울음의 다른 패턴, 강도, 고저 등으로 나타나게 된다. 고통스러워 우는 경우는 갑자기 크게 불규칙적으로 울며, 흐느끼거나 끙끙거리며 앓는 소리를 낸다. 그러나 배가 고픈 경우는 울음소리가 점점 커지며, 울다가 입술을 빨기도 한다. 강도가 더 크고 더 오래 지속되는 경우는 배가 더 고프거나 더 고통스러움을 알리는 신호가 된다.

■ 생후 7주경이 되면 어떤 형태의 언어를 사용하는가?

한편, 출생한 지 약 7주가 되면, 영아는 수유 후에 혹은 자기가 좋아하는 대상물이나 양육자의 얼굴을 보며 '우우우' 혹은 '꾸르륵' 하는 목울림 소리를 내기 시작하는데 이것을 **쿠잉**(cooing)이라고 한다. 이런 쿠잉은 주로 모음으로 구성된 소리다. 이는 주로 아기가 숨을 쉴 때 호흡에 맞추어 내는 소리로서, 비둘기가 좋아서 내는 목울림 소리(구구구)와 유사하다 하여 '쿠잉'이라 부른다.

■ 생후 2~3개월경이 되면 어떤 형태의 언어를 사용하는가?

생후 2개월경부터 영아는 성대로 공기를 내보내는 신경 근육이 발달하면서 **음성놀이**(vocal play)를 즐기고 자신의 소리를 반복적으로 연습하게 되는데, 이를 **옹알이**라 한다.

■ 생후 4~5개월경이 되면 어떤 형태의 언어를 사용하는가?

약 4~5개월이 되면 모음과 자음의 쿠잉 수가 증가하며, 엄마의 질문에 대답하려는 것처럼 마치 이야기하듯이 음절과 억양이 있는 옹알이를 하게 된다. 또한 사람의 목소리에 보다 많이 반응하고, 소리를 모방하기도 하고, 이름을 부르면 고개를 돌린다.

■ 생후 6~8개월경이 되면 어떤 형태의 언어를 사용하는가?

약 8개월이면 자음과 모음 소리의 반복적 연결이 이루어진 '마마마마' '다다다다'와 같은 음절 혼합의 **음성적 옹알이**를 하게 된다. 따라서 옹알이는 같은 음절을 반복하면서 영아에게는 일종의 놀이가 되며, 발성 연습의 효과를 갖기 때문에 언어발달에서도 중요한 의미를 갖는다.

■ 생후 9~10개월경이 되면 어떤 형태의 언어를 사용하는가?

생후 9개월부터는 성인의 목소리를 모방하기 시작하는데, 이 시기를 성인의 말이나 단어를 그대로 따라 모방한다고 하여 **음절성 모방 시기**라고 한다. 이 같은 음절성 모방 시기를 통해 영아는 자신이 들었던 단어들을 선별적으로 사용함으로써 점차 단어를 구분하기 시작한다.

2) 언어 시기

(1) 한 단어 시기

■ 생후 12개월경이 되면 어떤 형태의 언어를 사용하는가?

- 약 12개월이 되면 유아는 실제 일상생활에 필요한 단어를 사용하게 된다. 처음 단어를 발음할 때는 성인의 발성에 가깝기는 하나 아직은 불분명하여 그 말을 이해하지 못하는 경우도 있다. 예를 들어, '물'을 '무'라고 말하는 것이 보통이며, 주로 한 단어로 의사를 표현하기 때문에 '**한 단어 시기**'라고 부른다. 이때 몇 개의 단어와 간단한 지시를 이해할 수 있게 되며, '아빠' '엄마' 등의 낱말을 3개 이상 의미 있게 사용한다.
- 또한 영아는 인지발달 수준과 유사하게 자기중심적 언어를 보이며, 사물에 호기심을 갖고

계속적인 질문을 통해 자신의 어휘와 문장 구조를 더욱 발전시키게 된다.

(2) 두 단어 시기

■ 18~20개월경이 되면 어떤 형태의 언어를 사용하는가?

- 약 18~20개월이 되면 많은 어휘를 습득하게 되고, 문장을 만들기 위해 둘 또는 그 이상의 단어를 연결시켜 자신의 의사나 감정을 의미 있게 표현하기 시작한다. 그러나 두세 단어의 문장은 짧고 간단하고 독창적이며, 아직은 특정 단어를 발음하는 데 있어 어려움이 있다.
- 특히 이 시기에는 '엄마 내가' '아가 운다' 처럼 가장 핵심적인 단어를 사용하여 표현하기 때문에 **전보식 언어**(telegraphic speech)라고 한다. 두 단어의 결합은 보편적으로 약 50개 정도의 단어를 사용할 수 있을 때 가능하다.

(3) 세 단어 이상 시기

■ 만 2세가 되면 어떤 형태의 언어를 사용하는가?

- 2세 이후부터 유아들의 어휘는 급속히 증가하면서 세 단어 이상의 문장을 말하기 시작한다. 유아의 언어발달 수준을 측정하기 위한 하나의 지표로서 문장의 길이를 알아보는 **평균발화길이**(mean length of utterance: MLU)가 흔히 사용된다. MLU는 유아가 사용하는 평균형태소길이, 평균낱말길이, 평균구문길이 측정 등 다양한 방식으로 이루어진다.
- **형태소**(morpheme)는 의미를 전달하는 최소 단위로서 기본 단어와 접두사, 접미사를 포함한다. 그 예로 '개 간다' 는 두 개의 단어에 두 개의 형태소가 연결된 한 문장으로 MLU는 2가 된다. '개들 간다' 는 두 개의 낱말로 연결되었으나 '들' 이라는 복수를 지칭하는 형태소가 첨가되어 세 개의 형태소가 있는 문장으로 MLU는 3이 된다. MLU는 단순한 문장의 양적인 길이가 아니라 문법적 지식의 정교함과 관련이 있다.

■ 만 3세가 되면 어떤 형태의 언어를 사용하는가?

- 3세가 되면 유아들은 언어의 모든 요소가 통합되어 더 긴 문장으로 말하고, 문법적인 원리

를 잘 파악하여 발전된 언어를 구사하게 된다. 조사, 시제, 수동태, 의문문, 부정문, 복합문에 대한 개념을 가지고 있어 유아의 말에 이러한 문법적 특성이 나타난다.

3 연령별 언어발달

- 언어는 **수용언어**와 **표현언어**로 구분한다. 수용언어는 표현언어보다 빨리 발달하며, 표현언어의 약 2배라고 한다. 표현언어의 양은 1세 전후에는 몇 단어에 불과하던 것이 2세가 되면 약 200~300개 단어, 3세까지는 약 1,000개 단어, 4세까지는 약 1,500개 단어, 5세까지는 약 2,000~2,500개 단어까지 이르게 된다.
- 또한 동사의 시제 사용을 보면, 2세~2세 6개월의 유아는 **과거형**과 **미래형**을 산출한다. '갔어' '줄 거야.' '가면서 먹을래?' 와 같은 시제에 관계된 어휘가 비슷한 시기에 나타난다.
- 그러나 '오늘' '내일' 과 같은 **시간**에 관계된 어휘는 **유아기 후기**에 와서야 올바르게 사용한다. 유아의 언어에서 '내일 먹을 거야.' '어제 갔어.' 와 같은 문장이 그 예라 할 수 있다.
- 유아가 가장 먼저 이해하고 사용하는 질문의 형태는 '무엇' '어디' '네/아니' 등이며, 그 다음에는 '누구' '누구의' '왜' '어떻게' 가 포함된 질문 순으로 나타난다.

■ 연령에 따라 수용언어와 표현언어는 어떻게 발달하는가?

여기에서는 영·유아 연령에 따라 수용언어, 표현언어 등 행동발달이 어떻게 이루어지는지를 살펴보기로 한다. 다음의 자료들은 심리검사 전문기관 테스피아(http://www.tespia.kr)에서 한국영아언어검사의 표준화 과정에서 산출된 정보를 토대로 작성하였는데, 이는 국내 영·유아 언어발달 상황을 이해하는 지침을 제공해 준다.

영·유아 연령에 따른 수용언어 발달 항목은 〈표 5-1〉에, 표현언어 발달 항목은 〈표 5-2〉에 제시되어 있다.

표 5-1 영 · 유아 연령에 따른 수용언어 발달 항목

연 령	수용언어
0~3개월	• 소리 나는 물체가 다가오면 반응을 한다. • 친숙한 사람의 목소리에 반응한다. • 말하는 사람을 바라본다.
3~6개월	• 이름을 부르면 반응한다. • 화난 음성과 친근한 음성을 구별하여 얼굴표정을 짓는다. • '아빠' '빠이빠이' '엄마'와 같은 단어를 이해한다.
6~9개월	• '이리 와' '안녕' 등과 같은 단어를 듣고 반응한다. • 이름을 부르면 하던 행동을 멈춘다. • '안 돼'라는 말에 일관성 있게 하던 행동을 멈춘다.
9~12개월	• '주세요'라는 언어적 요구에 따라 장난감이나 사물을 준다. • '공은 어디 있니?'와 같은 간단한 질문을 이해한다. • '빠이빠이' 해 보라고 하면, 소리 내어 모방을 한다.
1~1$\frac{1}{2}$세	• 다양한 사물의 명칭(신발, 모자, 가방 등)을 이해한다. • 간단한 신체 부위(머리, 입, 귀, 손 등)를 가리킨다. • 사물의 이름을 말하면 실제 사물이나 그림카드를 가리킨다.
1$\frac{1}{2}$~2세	• 그림을 보고 신체 부위를 지적한다. • 일상적인 동사('먹어' '앉아' '주세요')를 이해한다. • '아니' '안 해' 등의 부정어를 이해한다.
2~2$\frac{1}{2}$세	• 동사(먹는다, 입는다, 잔다)에 해당하는 그림을 가리킨다. • 한 개/하나의 개념('블록 한 개를 주세요')을 이해한다. • 색(빨강, 노랑, 파랑)과 모양(동그라미, 세모, 네모)을 이해한다.
2$\frac{1}{2}$~3세	• '누가' '무엇' '어떻게' '왜' 등 의문사를 이해한다. • 비교 개념(더 크다/작다, 더 많다/적다, 더 길다/짧다)을 이해한다. • 사물을 분류하는 범주의 개념('동물을 모두 찾아봐.')을 이해한다.
3~4세	• '무겁다/가볍다' '길다/짧다'를 이해한다. • '먹는 것, 입는 것, 타는 것' 등으로 사물을 분류한다. • 늘 접하는 사물의 기능(칼, 가위)을 이해한다.
4~5세	• '봄, 여름, 가을, 겨울' 등 4계절을 이해한다. • 사물의 반대개념을 이해한다(이 연필은 길고 이 연필은 어떠니?). • 그림에서 불합리한 점을 찾아낸다.
5~6세	• 1~10까지 숫자 배치가 가능하다. • '눈썹, 새끼손가락, 가슴'을 이해한다. • '~전에, ~후에'의 의미를 이해한다.

표 5-2 영 · 유아 연령에 따른 표현언어 발달 항목

연 령	표현언어
0~3개월	• 큰 소리에 놀라서 운다. • 배고프거나 아플 때 다른 울음소리를 낸다. • 좋을 때 소리 내어 웃는다.
3~6개월	• 사람을 보며 옹알이를 한다. • '오' '와' '우'와 같은 모음소리를 낸다. • '프' '쁘' '므' '브'와 같은 소리를 낸다.
6~9개월	• 자음과 모음을 결합('마마' '바바')하여 소리를 낸다. • 다양한 음소를 결합하여 문장과 같은 음성놀이를 한다. • 정확한 발음은 아니지만 '맘마' '엄마'라고 말한다.
9~12개월	• 애완동물 소리('멍멍' '야옹')나 장난감('빵빵') 등의 초기 단어를 말한다. • 구두적인 지시에 따라 동작('윙크해 봐' '만세 해 봐')을 수행한다. • 일관성 있게 3개 정도의 단어(엄마, 아빠, 맘마 등)를 사용한다.
$1\sim1\frac{1}{2}$세	• 그림책의 사물을 가리키며 소리를 낸다. • 다른 사람이 하는 말을 의미 없이 따라 한다. • 자기가 원하는 것을 표현하기 위해 제스처보다 단어를 사용하기 시작한다.
$1\frac{1}{2}\sim2$세	• 두 개의 단어를 결합('엄마 물')하여 사용한다. • 단어를 연결하여 간단한 문장('아빠 가' '아빠 와')을 사용한다. • 의문사를 사용하여 간단한 질문('이게 뭐야?')을 한다.
$2\sim2\frac{1}{2}$세	• 두세 단어로 이루어진 문장에서 부정어를 사용한다. • 대명사(나, 너, 내 것, 아빠 것, 이것)를 사용한다. • 과거형 동사('차 탔어' '밥 먹었어')를 사용한다.
$2\frac{1}{2}\sim3$세	• 네 단어로 연결된 문장('엄마 지금 어디 가요?')을 말한다. • '왜' '어떻게'라는 의문사를 사용한다. • 간단한 미래형 문장('내가 할 거야' '갈 거야')을 사용한다.
3~4세	• 그림을 보고 이야기를 만들어 이야기한다. • 자신의 경험을 일어난 순서대로 이야기한다. • 접속사를 사용한다(그래서, 그런데).
4~5세	• 복문을 사용한다('~때문에 엄마가 나더러 들어오라고 하셨어.'). • 수동문을 표현한다('남자아이가 여자아이를 때렸어.'). • '어제, 오늘, 내일'과 같은 시간 개념을 나타내는 말을 사용한다.
5~6세	• 전화를 받고 2가지 메시지를 전한다. • '의사, 선생님, 간호사, 경찰관' 등이 무슨 일을 하는지에 대답한다. • '복수형, 동사시제, 접속사' 등을 정확하게 사용한다.

4 한국영아언어검사(K-LII)

◆ 검사목적

- 한국영아언어검사(Korean-Language Inventory for Infants: K-LII)는 국내외 여러 검사와 발달이론을 토대로 한국 실정에 맞게 개발한 한국형 영아용 언어검사다.
- K-LII는 영아의 수용언어와 표현언어의 발달수준을 평가하기 위해 개발되었다.
- 일차적으로 언어발달 지연의 조기선별을 목적으로 영아의 언어발달 상황을 잘 아는 부모나 주 양육자 혹은 교사가 평소 관찰한 내용을 직접 평가할 수 있다.
- 언어발달 지연의 조기선별 기능뿐 아니라 문제영역에 대한 구체적인 양육 혹은 교육 정보를 제공해 주는 기능도 포함하고 있다.
- 특히 각 기관에서 주관적으로 언어발달 문제가 있다고 의심이 되는 영아들을 대상으로 객관적인 평가를 하여 그 결과를 부모 상담에 활용할 수 있도록 고안되었다.

◆ 검사대상

- K-LII는 6~30개월 미만의 정상발달을 하고 있는 영아뿐 아니라 언어발달 지연이나 언어장애 위험성이 있는 영아에게 사용할 수 있도록 표준화되었다.
- 단, 중도의 언어발달지연 혹은 언어장애 위험성이 있을 경우 그 이상의 초과 연령도 사용할 수 있다. 이런 경우에는 등가연령(발달연령)만 산출하여 현재 연령과 비교할 수 있다.

◆ 검사 구성 및 특징

- K-LII는 수용언어와 표현언어의 2개 소검사(척도)로 구성되어 있고, 소검사별 문항은 각각 40문항씩 총 80문항으로 이루어져 있다.
- 소검사별로 표준점수(척도점수)를 산출하고 이를 토대로 언어발달지수를 산출하도록 되어 있어 각 영역의 언어발달수준과 전체적인 언어발달수준을 알 수 있다.
- 영역별로 등가연령을 산출함으로써 언어발달 상태를 생활연령과 비교할 수 있다.

- 이러한 자료는 영아 언어발달의 강점과 약점을 파악하는 데 이용할 수 있고, 개별화교육 프로그램(IEP)을 구안하는 데 활용할 수 있을 뿐 아니라, 사전 혹은 사후 검사로서 영아의 언어발달상 진보를 측정할 수 있다.
- 인터넷상에서도 평가의 효율성 및 평가자의 편의성을 증대시키고 정확한 정보를 제공하기 위해 개발된 웹기반 평가 시스템을 이용하여 채점 및 결과를 확인할 수 있다(http://www.tespia.kr).
- 이 평가 시스템을 통해 부모, 교사 및 임상가 등 누구든지 어디서든 쉽고 편리하게 온라인상에서 영아의 언어발달 상태는 물론 언어발달 지연을 판별할 수 있다.
- 영아의 현재 언어발달 특성과 또래 언어발달 특성을 비교할 수 있는 자료를 제공하고 있으며, 현재 언어발달수준에 따른 교사/부모를 위한 다양한 교육/양육 정보를 제공하고 있다.
- 검사 결과 자료는 각 기관별/사용자별로 데이터베이스화되어 있어 언제든지 추적 비교가 가능하다.

◆ 검사의 통계적 특성

- 대상: 남 270명, 여 236명, 전체 506명
- 신뢰도: 신뢰도는 내적일치도, 검사-재검사 신뢰도, 평정자 간 신뢰도를 산출하였는데, 그 결과는 〈표 5-3〉에 요약되어 있다.

표 5-3 K-LII의 신뢰도 간 비교

		수용언어	표현언어
내적일치도		.98	.98
검사-재검사 신뢰도	부모	.92	.91
	교사	.91	.88
평정자 간 신뢰도	부모-교사	.83	.84

- 타당도: 구성타당도를 알아보기 위한 연령별 하위검사 간 상호상관은 .63 이상으로 통계적으로 유의하였으며($p < .001$), 내용타당도를 알아보기 위해 검사 문항 대 전체상관의 중앙값을 산출하였는데, 그 결과는 〈표 5-4〉에 요약되어 있다.

표 5-4 K-LII의 내용타당도

	수용언어	표현언어
중앙값($p < .01$)	.80	.79

◆ 하위영역별 측정내용

이 검사의 두 가지 하위영역별 측정내용에 대한 소개는 〈표 5-5〉에 제시되어 있다.

표 5-5 K-LII의 하위영역별 측정내용

영 역	소 개
수용언어	언어로 전달되는 메시지를 이해하는 능력
표현언어	여러 가지 개념과 의미들을 단어나 문장으로 표현하는 능력

◆ 검사 실시 자격

- 이 검사는 평가자의 직접적인 관찰과 판단에 근거하여 평가하도록 되어 있다. 따라서 주 4일 이상 영아를 양육하고 있고, 문항을 읽고 이해할 수 있는 부모 혹은 양육자가 실시할 수 있다.
- 2개월 이상 보육 및 교육을 직접 담당하고 있는 교사 및 원장이 직접 실시할 수 있다.
- 만일 임상가가 직접 실시할 경우에는 부모 혹은 양육자와의 면담을 통해 행동발달 상황을 확인하여야 한다.

◆ 실시방법 및 유의사항

- 이 검사는 영아의 언어행동을 평소 관찰할 수 있는 문항으로 구성되어 있다. 따라서 각 영역별 문항의 언어행동 수행 정도에 따라 불가능, 부분가능, 완전가능의 3점 척도의 해당란에 평정해야 한다. 즉, 전혀 수행하지 못하는 경우에는 **불가능**으로, 어느 때는 수행하고 어느 때는 수행을 못하는 등 약 반쯤 수행하는 경우에는 **부분가능**으로, 평상시 어른의 도움 없이 스스로 거의 수행할 수 있는 경우에는 **완전가능**으로 평정한다.
- 검사의 문항은 평가자의 직접적인 관찰과 판단에 따라 평정하도록 되어 있으므로, 영아의

언어발달과정을 상세히 알고 정확하게 평가하는 것이 중요하다.

- 검사대상의 언어행동 수행 여부를 잘 모를 경우에는 검사를 중단하고, 그 문항의 행동을 직접 관찰한 후에 평가해야 한다.
- 평가자는 적어도 2번 이상 검사 문항을 읽고, 그 문항의 행동이 무엇을 의미하는지를 생각한 후 행동 수행 정도를 평가해야 한다.
- 각 문항은 영아에게 정상발달의 과정으로서 나타나는 언어발달 과제를 중심으로 구성되어 있다. 따라서 특정 문항의 행동을 과거에는 수행하였지만 현재는 수행하지 않을 경우가 있다. 이러한 경우에는 해당 항목의 발달 과제를 이미 습득하고 있는 것으로 간주하여 평가해야 한다.
- 한편, 이 검사는 문항의 난이도가 아래 문항으로 내려갈수록 어려워진다. 따라서 연속적으로 6개 이상 불가능으로 평정할 경우 중단하고 다음 영역으로 넘어갈 수 있다. 단, 장애가 있는 경우에는 영역의 발달이 불균형하게 이루어지므로 주의해야 한다.
- 반면에, 아래 문항을 연속하여 6개 이상 완전가능으로 평정한 경우에는 그 이전 문항은 모두 완전가능으로 간주해야 한다.
- 이 검사는 부모와 교사가 따로따로 동시에 실시할 수 있다. 그러나 부모와 교사의 의견이 불일치할 경우에는 교사의 평가 내용을 따라야 한다.
- 임상가가 부모/양육자와의 면담을 통해 평가할 때, 가능한 한 문항의 의미를 서로 의사소통하면서 평소에 부모/양육자가 관찰한 행동을 정확하게 판단하도록 해야 한다.

◆ 채점 및 결과 해석

- 심리검사 전문기관 테스피아(http://www.tespia.kr)에서는 인터넷상에서도 평가의 효율성 및 평가자의 편의성을 증대시키고 정확한 정보를 제공하기 위해 웹기반 평가 시스템을 개발하였다. 이를 이용하여 채점 및 결과를 확인할 수 있다.
- 이 평가 시스템을 통해 각 영역별 평가한 내용을 입력하면, 컴퓨터가 자동 채점하여 다양한 표준화 점수를 산출해 준다. 우리는 이런 표준점수들을 통하여 영아의 언어발달 상태를 해석할 수 있다. 따라서 부모, 교사 및 임상가 등 누구든지 어디서든 쉽고 편리하게 온라인상에서 영아의 언어발달 상태는 물론 언어발달 지연을 판별할 수 있다.
- 영아의 현재 언어발달 특성과 또래 언어발달 특성을 비교할 수 있는 자료를 제공하고 있으며, 현재 언어발달 수준에 따른 교사/부모를 위한 다양한 교육/양육 정보를 제공하고

있다.

- 뿐만 아니라 검사 결과 자료는 각 기관별/사용자별로 데이터베이스화되어 있어 언제든지 추적 비교가 가능하다.

■ 검사 결과는 어떻게 해석하는가?

이 검사는 다음과 같이 원점수를 채점하여, 또래와 비교하기 위하여 여러 가지 변환점수(척도점수, 언어발달지수, 백분위, 언어발달연령 등)를 산출하였다. 이러한 변환점수들은 영아의 언어발달상태와 발달수준을 이해하고 결과를 해석하는 데 활용할 수 있다. 이 검사에서 사용되는 원점수와 변환점수에 대한 자세한 설명은 〈표 5-6〉에 제시되어 있고, 변환점수의 범위와 해석은 〈표 5-7〉를 참조할 수 있다.

표 5-6 변환점수 해설

용어	해설
원점수	각 영역별 문항의 행동 수행 정도에 따라 불가능(0), 부분가능(1), 완전가능(2)으로 채점하여 합산한 점수
표준점수	각 영역별 원점수를 평균 10으로 환산한 척도점수로, 각 영역별 언어발달수준을 파악할 수 있음
언어발달지수(LQ)	각 영역별 표준점수의 합을 기초로 하여 평균 100으로 환산한 점수로, 전체적인 언어발달수준을 파악할 수 있음
언어발달연령(LA)	각 영역별 획득한 점수를 등가연령으로 환산한 점수로, 각 영역별로 언어발달이 이루어진 수준을 의미
신뢰구간	언어발달 연령의 95% 신뢰수준에서 추정치의 등가연령을 의미
통합 언어발달연령(TLA)	2가지 영역의 언어발달연령을 합산하여 6으로 나눈 평균 언어발달연령으로, 전반적인 측면에서의 언어발달수준을 의미
백분위점수(%ile)	같은 또래의 아동이 100명이 있다고 했을 때, 검사를 받은 개인의 점수보다 낮은 점수를 받은 아동이 몇 명 있는지를 알려 주는 수치. 즉, 백분위점수 90점은 상위 10%에 해당

표 5-7 변환점수의 범위와 해석

범 위	척도점수(표준점수)	백분위	언어발달지수(LQ)	해 석
최우수	17~19	98+	130+	최우수 수준
우수	15~16	91~97	120~129	우수 수준
평균상	13~14	75~90	110~119	평균상 수준
평균	**8~12**	**25~74**	**90~109**	**평균 수준**
평균하	6~7	9~24	80~89	경도 지연 수준
저조	4~5	2~8	70~79	중도 지연 수준
최저조	1~3	1	69	최중도 지연 수준

◆ 활 용

- 이 검사는 하위검사별로 표준점수(척도점수)를 산출하고 이를 토대로 언어발달지수를 산출하도록 되어 있어 언어발달영역별로 현 수준뿐 아니라 전체적인 언어발달수준을 알 수 있고, 영역별로 등가연령을 산출함으로써 언어발달상태를 생활연령과 비교할 수 있다.
- 이러한 자료는 영아 언어발달의 강점과 약점을 파악하는 데 이용할 수 있고, 개별화교육프로그램(IEP)을 구안하는 데 활용할 수 있을 뿐 아니라, 사전 혹은 사후 검사로서 영아의 언어발달상 진보를 측정하는 데 사용할 수 있다.
- 특히 인터넷 웹기반(web-based) 채점 및 평가 시스템은 검사 소요 시간의 단축, 결과에 대한 즉각적인 피드백 제공, 기록과 계산상의 오류 감소, 언제 어디서나 누구든지 쉽게 활용할 수 있는 편의성 등이 장점이라 할 수 있다.

■ 검사 결과는 어떻게 활용할 수 있는가?

이 검사는 어린이집 및 유치원뿐만 아니라 치료 및 관련 기관 등에서도 다음과 같은 목적으로 활용할 수 있다.

- 영아의 언어발달영역별(수용언어, 표현언어) 수준을 파악하여 정상 언어발달인지 혹은 언어발달지연인지를 확인하려는 기초 자료를 얻고자 할 때
- 영아의 언어발달 특성에 따른 교육 및 치료 계획을 입안하고 실행할 수 있는 교육 및 양육

정보를 얻고자 할 때
- 언어발달문제의 조기선별과 함께 국가 정책적 중재서비스(예: 보건복지부 사회서비스 중의 아동발달지원 및 검사서비스 등) 제공 및 보육시설 평가 인증 시 기초 아동 평가자료가 필요할 때
- 현장의 임상가 및 연구자들이 언어발달에 대한 중재(교육 및 치료 등) 프로그램의 효과를 알아보기 위한 신뢰할 만한 연구자료가 필요할 때
- 현재 언어발달수준에 따른 교육 및 양육 정보를 토대로 부모 상담을 제공할 때 등

◆ 출처 및 개발자

윤치연, 신명선(2012). 한국영아언어검사. 부산: (주)테스피아.

5 영 · 유아 언어발달 검사(SELSI)

◆ 검사목적

- 영 · 유아 언어발달 검사(Sequenced Language Scale for Infants: SELSI)는 생후 4개월부터 35개월 사이에 있는 영 · 유아의 언어발달 정도를 평가하기 위하여 고안되었다.
- 일차적으로 언어장애의 조기선별을 목적으로 하기 때문에 아동의 발달을 잘 아는 부모나 주 양육자의 면담을 통해서 이루어진다.
- 검사의 결과를 통하여 언어발달지연 여부를 판별할 수 있으며, 특히 유아의 수용언어 및 표현언어 발달 간의 차이를 분석할 수 있다.
- 이 검사의 문항들은 초기 유아의 인지개념 및 의미론적 언어능력, 음운능력, 구문론적 언어능력 그리고 화용적인 언어능력을 두루 평가할 수 있도록 적절히 배치되어 있다.
- 따라서 언어발달지연으로 판정될 경우에는 각각의 영역별 평가에 의해 대상 아동이 보이는 언어발달의 정도를 다각적으로 평가할 수 있으므로, 언어장애의 조기선별뿐 아니라 문제를 보이는 영역에 대한 구체적인 정보를 제공해 주는 기능도 포함하고 있다.

◆ 검사대상

- 생후 5개월부터 36개월 사이의 정상발달 아동뿐 아니라, 언어발달 지연이나 장애를 나타낼 가능성이 있는 유아 및 아동들의 언어능력을 평가하는 데 사용할 수 있다.
- 특히 생활연령이 검사상의 정상발달연령보다 많은 언어장애 아동들의 언어능력에 대한 대략적인 언어발달 정도를 알 수 있게 해 주는 지표로 사용할 수 있다.
- 단순언어장애, 지적장애, 자폐, 뇌성마비, 청각장애 및 구개파열 등으로 인하여 언어발달에 결함을 나타낼 가능성이 있는 아동들의 언어능력을 평가하는 데에 활용할 수 있다.

◆ 검사 내용 및 구성

- 이 검사는 수용언어영역과 표현언어영역 모두 15개의 언어발달 단계로 구성되어 있으며, 4개월부터 24개월까지는 2개월 간격으로, 24개월부터 36개월까지는 3개월 간격으로 나뉘어 있다.
- 각 단계는 모두 4개의 문항이 포함되어 각 영역별로 56개의 문항씩, 총 112개의 문항으로 이루어져 있다.
- 유아의 수용언어 능력과 표현언어 능력을 평가할 수 있는 문항들로 다음과 같은 언어학적 영역들이 고르게 평가될 수 있도록 구성하였다.
  - 인지능력과 관련되는 의미론적 언어능력
  - 언어학적 지식과 관련되는 구문론적 언어능력
  - 사회적 상호작용 능력과 관련되는 화용적인 언어능력
  - 조음 및 운율

◆ 검사의 통계적 특성

- 대상: 남 544명, 여 475명, 전체 1,019명
- 신뢰도: 신뢰도는 내적일치도, 검사-재검사 신뢰도를 산출하였는데, 그 결과는 〈표 5-8〉에 요약되어 있다.

표 5-8 SELSI의 신뢰도

	수용언어	표현언어	전 체
내적일치도	.981	.981	.990
검사-재검사 신뢰도	.996	.998	.998

- 타당도: 내용타당도를 알아보기 위한 변별도도 .85 이상으로 타당한 문항들로 이루어졌음을 보여 주며, 공인타당도를 알아보기 위해 그림표현어휘력검사와 평균형태소의 상관계수를 산출하였는데, 그 결과는 〈표 5-9〉에 요약되어 있다.

표 5-9 SELSI, 그림표현어휘력검사, 평균형태소 간의 상관계수

	그림표현어휘력검사	평균형태소
SELSI	.649	.770

◆ 하위영역별 측정내용

이 검사의 두 가지 하위영역별 측정내용에 대한 소개는 〈표 5-10〉에 제시되어 있다.

표 5-10 SELSI의 하위영역별 측정내용

영 역	소 개
수용언어의 예	〈16개월~17개월〉 얼굴 부분의 한 가지 이름 이해하기 (예) '눈 어디 있어?' 라는 질문에 자신의 눈을 가리킬 수 있는지 평가한다.
표현언어의 예	〈16개월~17개월〉 다양한 의성어 사용하기 (예) 노는 동안 '붕, 빵빵, 이오이오, 애앵' 과 같은 자동차 소리나 '멍멍, 야옹, 음매' 등과 같은 다양한 의성어를 사용한다.

◆ 검사 실시 및 유의사항

- 이 검사는 주 양육자의 직접적인 관찰과 판단에 근거하여 각 문항에 답을 써 넣게 되어 있으므로, 반드시 유아와 많은 시간 동안, 적어도 주 4일 이상 함께 생활하며 유아의 발달과정을 상세히 알고 있는 주 양육자의 판단에 따라 정확히 평가하는 것이 중요하다.
- 이 검사를 일반적인 선별검사로 사용할 때는 유아의 주 양육자에게 검사지를 주고 해당

연령대의 검사 시작 문항을 찾아서 각 문항을 스스로 읽고 답하게 한다. 이때 검사 마지막 문항을 찾는 방법을 미리 설명해 준다.

- 언어장애가 의심되는 유아 또는 아동을 대상으로 이 검사를 실시할 경우에는 검사의 내용을 충분히 이해하고 있는 전문가(이하 검사자)가 대상 유아 또는 아동의 주 양육자와의 면담을 통해 실시하여야 한다.
- 먼저, 검사자가 문항의 내용을 읽어 주고 응답자가 '예' 또는 '아니요'로 대답하면 해당 응답 내용을 기재한다. 만일 응답자가 문항의 내용을 잘 이해하지 못할 경우에는 문항 내용의 구체적인 검사목표에 따라 충분한 설명을 하도록 한다. 각 문항의 구체적인 검사목표는 '검사 실시방법'의 각 문항 설명을 참조한다.
- 각 문항은 해당 연령대의 유아들에게 정상발달의 과정으로서 나타나는 발달 과제를 중심으로 구성되어 있다. 따라서 특정 문항의 행동을 더 어릴 때는 보였지만 현재는 안 보이는 경우도 있을 수 있다. 이 경우에는 해당 항목의 발달 과제를 이미 습득하고 있는 것으로 간주하여 채점한다.
- 각 문항은 유아가 나타내는 반응의 빈도를 검사하는 것이 아니라 발달 과제의 습득 유무를 판별하는 것이므로, 유아가 자주 나타내지 않는 반응이라 하더라도 해당 항목의 능력이 있다고 판단되면 긍정 반응으로 평가한다.
- 검사 문항에서 정확성이나 '자주, 항상' 등의 빈도를 강조하고 있는 경우에는 보다 엄격히 평가하여야 한다(예: 수용 1번 '목소리가 들려오는 쪽을 정확하게 바라본다').
- 각 문항에서 예문으로 제시하는 행동은 아니더라도 그 문항 내용과 부합되는 행동이 관찰되면 긍정 반응으로 평가한다.

◆ 검사 실시 절차

- 검사 실시 지침서 읽기: 검사 지침서의 앞부분 내용을 꼼꼼히 읽는다.
- 아동의 **생활연령**(chronological age: CA) 계산하기: 검사를 시작하기 위해서는 아동의 만 나이를 개월 수로 환산하여야 한다. 아동의 생활연령은 검사일자에서 생년월일을 빼어 산출한다.
- **검사의 시작**: 검사는 수용언어영역부터 시작한다. 문항은 아동의 생활연령에 해당하는 연령 단계에서 두 단계 낮은(어린) 연령 단계의 첫 번째 문항부터 시작한다. 예를 들어, 14개월인 아동은 14개월이 포함되는 '14~15개월' 연령 단계보다 두 단계 낮은 '10~11개월'

의 첫 번째 문항인 13번 문항부터 시작한다.

- **기초선**(baseline) **찾기**: **기초선이란 아동이 그 이전의 낮은 단계 문항들은 모두 맞힐 수 있다고 확신할 수 있는 수준**을 말하는 것으로, 일단 기초선 연령 단계가 확립되면 그보다 낮은 단계의 문항들은 굳이 검사하지 않더라도 다 맞은 것으로 간주한다. 이 검사에서의 기초선은 '예'라는 응답이 계속해서 8번 나오는 것을 기준으로 한다. 따라서 기초선 이전의 응답은 모두 '예'로 간주하여 점수를 계산한다. 만일 시작 문항으로부터 계속해서 8번의 '예' 응답이 나오지 않았을 경우에는 시작 문항이 속한 단계로부터 한 단계 낮은(어린) 단계의 문항으로 내려가 검사한다.
- **최고한계선**(ceiling) **찾기**: 문항에 대한 응답이 '아니요'인 경우가 연속적으로 8번 나오면 검사를 중지하고 그 연령 단계를 최고한계선으로 한다. **최고한계선이란 아동이 그 이상의 높은 문항들은 모두 수행할 수 없을 것이라고 확신할 수 있는 수준**을 의미한다.
- 같은 방법으로 표현언어영역의 각 문항에 대해 검사하여 평가기록지에 표기한다.
- 각 문항에 대해 '예'인 경우에는 평가기록지 해당 칸에 1점을 주고, '아니요'인 경우에는 0점을 준다.
- 기초선으로부터 최고한계선까지 검사가 모두 끝나면, 평가기록지의 하단에 총점을 계산한다.
- 영역별 점수는 그 항목이 1점을 얻은 경우에는 해당 문항의 해당 영역 모두에 동일한 점수를 준다. 이때 각 영역별 총점과 전체 총점을 따로 산출한다. 예를 들어, 표현언어 56번 '관형어가 포함된 문장 사용' 항목이 '예'인 경우에는 '의미 · 인지' 영역에 1점, '구문' 영역에 1점을 준다(평가기록지 참조).

◆ 검사 결과의 채점

- **채점**: 정확한 반응('예' 반응)에는 1점을 준다. 부정확한 반응('아니요' 반응)에는 0점을 준다.
- 각 문항에서의 정오 반응을 기초로 **언어전반점수**, **수용언어점수**, **표현언어점수**와 각 **언어영역별 점수**를 산출한다.
- 검사 결과는 수용언어, 표현언어, 언어전반의 각 점수에 해당하는 등가연령, 백분위수 및 정상 또는 지체의 정도를 나타낸다. 각 항목별 기록방법은 다음과 같다.
  - **획득점수**: 각 항목 점수의 합을 의미하는 것이므로 수용언어검사, 표현언어검사의 점수와 그 합을 기록한다.

– **등가연령**: 매뉴얼을 보고 획득점수에 해당하는 언어발달 등가연령을 기록한다.
– **백분위수**: 매뉴얼을 보고 획득점수에 해당하는 백분위수를 기록한다.

◆ 결과 해석

(1) 수용언어장애 및 표현언어장애의 1차 선별평가

이 검사는 영 · 유아의 언어발달에 대한 전반적인 정보를 제공해 주는 선별검사이므로, 1차적으로 검사 결과를 '정상발달' '약간 지체' 및 '언어발달지연'으로 크게 나누어 판정한다. 지침서에 각각의 생활연령에 해당하는 수용언어 및 표현언어, 언어 전반의 평균, 표준편차 점수가 나와 있으므로 이를 기준으로 판정한다.

① 정상발달

- 수용 및 표현 언어점수가 해당 생활연령대의 **평균점수로부터 −1표준편차 이상**에 해당하는 경우를 **'정상발달'**로 본다.
- 예를 들어, 17개월 된 아동이 수용언어점수는 28점이고, 표현언어점수는 25점인 경우를 보자.
- 먼저 지침서에 나와 있는 수용언어점수와 비교해 보면, 이 아동이 속한 16~17개월의 남녀 전체 평균점수는 32.89이고 −1표준편차의 점수는 27.88이므로, 이 아동의 점수(28점)는 평균과 −1표준편차 사이에 속하게 되어 수용언어발달 정도는 '정상'이라고 판정한다.
- 표현언어의 경우도 마찬가지로 지침서의 점수와 비교하여 '정상'이라고 판정한다. 또한 수용언어점수와 표현언어점수를 합한 점수는 28(수용언어점수)과 25(표현언어점수)를 합한 53점이 되므로 같은 방법으로 언어 전반에 걸친 발달 정도 역시 정상이라고 판정한다.

② 약간 지체

- 수용언어점수, 표현언어점수, 또는 언어전반점수가 해당 생활연령대의 평균점수로부터 −1표준편차와 −2표준편차 사이에 해당하는 경우는 **'약간 지체'** 또는 보다 세심한 평가에 대한 고려가 필요하다는 **'유의요망'**으로 판정한다. 이 경우에는 검사대상 아동의 성별을 고려한 점수 규준을 적용하여 평가하는 것이 좋다.
- 예를 들어, 수용언어점수가 28점인 (1)의 아동이 여아일 경우 해당 연령대의 수용언어 −1표준편차 점수가 29.22이므로 여아의 기준에서는 **'약간 지체'**라는 판정을 할 수 있으나, 남

아일 경우에는 −1표준편차 점수가 26.51이므로 '정상'이라고 판정할 수도 있기 때문이다. '약간 지체'로 평가되면 2차 전문평가를 실시한다.

③ 언어발달지연

- 수용언어점수, 표현언어점수, 또는 언어전반점수가 해당 생활연령대의 **평균점수로부터 −2표준편차 이하**에 해당하는 경우를 **'언어발달지연'**으로 판정한다.
- 이 경우에도 남녀의 전체점수보다는 대상 아동의 성별에 따라 산출된 규준점수에 의거하여 평가하는 것이 바람직하다.
- 예를 들어, 20개월 된 여자 아동의 수용언어점수가 33점인 경우 전체점수에서는 −2표준편차점수(32.06)보다 높은 점수이므로 '약간 지체'로 판정받을 수 있으나, 여아의 −2표준편차 규준점수인 33.91에는 못 미치는 점수이므로 '언어발달지연'으로 판정할 수 있다. '언어발달지연'으로 판정되면 2차 전문평가를 실시한다.

(2) 수용언어장애 및 표현언어장애의 2차 전문평가

- '약간 지체' 및 '언어발달지연'으로 1차 판정이 된 경우에는 수용 및 표현 언어의 획득점수에 따른 등가연령을 산출한다.
- 등가연령 및 아동의 획득점수에 따른 동일 연령대별 백분위수는 지침서를 참조하여 산출한다.

(3) 수용언어장애 및 표현언어장애의 3차 영역별 평가

- 이 검사는 영 · 유아의 전반적인 언어발달 정도를 평가하는 목적 이외에도, 검사 문항을 언어의 영역별로 세분하여 정상발달의 규준을 제공하고 있다.
- 검사 결과가 정상발달인 경우에는 굳이 세부영역 점수로 2차 평가를 할 필요가 없으나, '약간 지체' 또는 '언어발달지연'으로 판정이 된 경우에는 각 영역별 점수를 참고할 필요가 있다.
- 영역별 규준점수는 각 항목이 영역별로 고르게 분포되어 있지 않으며 또한 해당 연령대에 포함된 항목의 수 자체가 너무 적기 때문에 통계적으로 변별력이 크다고 할 수는 없으나, 전반적으로 언어발달에 문제가 있다고 평가되었을 경우에는 문제영역이 어떤 언어영역에서 가장 크게 나타나는지를 알아보기 위해 유용하게 사용될 수 있다. 영역별 규준은 지침서에 제시되어 있다.

◆ 출처 및 개발자

김영태, 김경희, 윤혜련, 김화수(2003). 영 · 유아 언어발달 검사(SELSI). 서울: 도서출판 특수교육.

6 수용 · 표현 어휘력 검사(REVT)

◆ 검사목적

수용 · 표현 어휘력 검사(Receptive and Expressive Vocabulary Test: REVT)는 만 2세 6개월부터 만 16세 이상 성인의 수용어휘 능력과 표현어휘 능력을 측정하기 위하여 제작되었으며, 다음과 같은 목적으로 사용할 수 있다.

- 검사 대상자의 어휘능력에 대한 전반적인 정보 제공(어휘능력 지체 여부)
- 검사 대상자의 어휘 발달연령을 제공하여 생활연령과의 차이에 대한 정보 제공
- 검사 대상자의 어휘 발달수준을 백분위점수로 제공하여 같은 생활연령대의 대상자들에 대한 상대적인 어휘 발달수준 제시
- 품사별, 의미 범주별 수행 분석을 통하여 치료 진행 시 목표어휘의 선정과 치료 효과를 점검하는 데 활용
- 특정 집단 간 어휘능력 비교 등의 연구에 활용

◆ 검사대상

REVT는 만 2세 6개월부터 만 16세 이상 성인까지 실시 가능하고, 검사대상은 다음과 같다.

- 어휘발달 정도를 측정하고자 하는 일반 아동 및 성인
- 환경적 요인(예: 다문화가정, 저소득가정 등)으로 인해 수용어휘력과 표현어휘력 발달에 지체가 예상되는 자

- 유전적 요인이나 발달적 요인(예: 미숙아, 저체중아, 말 늦은 아동 등)으로 인해 수용어휘력과 표현어휘력 발달에 지체가 예상되는 자
- 단순언어장애, 지적장애, 청각장애, 뇌손상, 자폐, 전반적 발달장애, 뇌성마비 등으로 인해 수용어휘력과 표현어휘력 발달에 지체가 예상되는 자

◆ 검사 내용

REVT는 수용어휘검사(〈표 5-11〉 참조)와 표현어휘검사(〈표 5-12〉 참조)의 185개 문항으로 구성되어 있다.

표 5-11 수용어휘검사 문항 구성 및 내용

품사별 문항 및 비율	범주별 문항
명사(98개): 53%	자연물 15개, 기계와 도구 12개, 건물 및 구조물 10개, 직업 8개, 신체 8개, 생활용품 6개, 동물 5개, 오락과 운동 4개, 단위 3개, 악기 3개, 식품 3개, 모양 2개, 옷과 액세서리 2개, 기호 1개, 사무용품 1개, 기타 10개
동사(68개): 37%	동작동사 61개, 상태동사 7개
형용사(19개): 10%	
부사(19개): 10%	

표 5-12 표현어휘검사 문항 구성 및 내용

품사별 문항 및 비율	범주별 문항
명사(106개): 57.3%	자연물 21개, 건물 및 구조물 15개, 오락과 운동 12개, 생활용품 8개, 모양 7개, 직업 6개, 동물 5개, 사람 관련 5개, 탈것 3개, 옷과 액세서리 3개, 기계와 도구 3개, 기호 2개, 악기 2개, 식품 2개, 신체 2개, 학용품 1개, 사무용품 1개, 기타 8개
동사(58개): 31.35%	동작동사 53개, 상태동사 5개
형용사(21개): 11.35%	
부사(21개): 11.35%	

◆ 검사 시 유의사항

- 이 검사의 검사지에는 모든 지시문이 존칭으로 되어 있지만, 대상자의 반응 상황에 따라

융통성 있게 바꾸어 제시할 수 있다(예: 뭐지? 뭘까? ~해 봐, ~해 줘 등).

- 능숙한 검사 진행을 위해서 사전에 검사방법을 연습해 본 후 실시하여야 한다.
- 대상자가 틀리게 반응했을 경우라도 계속 격려해 준다.
- 대상자가 자신의 반응이 맞았는지 틀렸는지 물어볼 때에는 결과에 대해 이야기하지 않고 다만 "잘했어요."라고 말해 준다.
- 대상자가 요청하거나 검사자가 반복해서 말해 주는 것이 필요하다고 보일 때 한 번 더 말해 줄 수 있다.
- 대상자가 점수에 신경 쓰지 않도록 정답 유무에 관계없이 아동의 반응을 그대로 기록한다. 즉, 수용어휘검사에서는 대상자가 지적한 번호를 쓰고 표현어휘검사에서는 대상자의 대답을 그대로 기록한다.

◆ 검사 시 준비물

이 검사를 위해서는 검사 지침서, 표현어휘 검사자료, 수용어휘 검사자료, 검사지가 필요하다.

- 검사 지침서: 이 검사를 실시하고 채점하고 해석할 수 있는 절차들이 자세하게 설명되어 있다.
- 수용어휘 검사자료: 수용어휘를 검사하기 위한 그림자료다.
- 표현어휘 검사자료: 표현어휘를 검사하기 위한 그림자료로, 그림 뒤쪽에는 검사자의 지시문이 적혀 있다.
- 검사지: 표현어휘검사와 수용어휘검사 문항이 순서대로 기술되어 있으며, 대상자의 기초정보 및 검사일, 검사 결과 등을 계산하여 기록하도록 되어 있다.

◆ 검사의 시작과 종료

연습문항 실시: 6세 미만인 경우에는 연습문항 A, B, C를 실시하고, 6세 이상일 경우에는 연습문항 D와 E를 실시한다. 연습문항은 아동에게 검사방법을 익숙하게 해 주기 위한 것이므로 반응하는 방법, 모든 그림을 보여 주기 그리고 정답을 알려 주면서 실시한다.

(1) 검사의 시작과 기초선

- 검사를 시작하기 위해서는 대상자의 만 나이, 즉 생활연령을 계산해야 한다. 생활연령은 검사일자에서 생년월일을 빼어 산출한다.
- 실제 검사에 있어서 아동의 생활연령에 따라 시작 문항을 달리함으로써 아동에게 너무 쉬운 문항을 계속 검사하지 않도록 하였다.
- 검사는 표현어휘검사부터 실시하고, 표현어휘검사의 경우 〈표 5-13〉를 참조하여 생활연령에 따른 시작문항을 결정한다. 수용어휘검사의 경우 표현어휘검사에서 설정된 기초선(baseline) 번호를 시작문항번호로 한다.
- 검사는 기초선 문항을 찾는 것으로 시작하는데, 기초선이 확립되지 않으면 1번 문항부터 실시한다.
- 검사 시 **기초선**을 찾는 절차는 다음과 같다. 〈표 5-13〉에서 제시한 시작문항으로부터 연속해서 8개를 바르게 반응하지 못하면, 8개 문항을 연속해서 바르게 맞힐 때까지 낮은 번호의 쉬운 문항으로 내려간다. **연속해서 8개를 바르게 맞힌 문항들 중 가장 낮은(쉬운) 번호의 문항**을 기초선이라고 한다.
- 기초선이 확립되면 기초선보다 낮은(쉬운) 번호의 문항들은 굳이 실시하지 않더라도 맞은 것으로 간주한다. 예를 들어 20번부터 27번까지 연속해서 맞았다면, 1번부터 19번까지는 굳이 검사를 하지 않더라도 맞은 것으로 간주하는 것이다.

표 5-13 생활연령에 따른 시작문항 번호

연 령	표현어휘검사 시작문항 번호	수용어휘검사 시작문항 번호
2~4세	1	표현어휘검사에서 확립된 기초선 문항번호
5~6세	16	
7~9세	46	
10~12세	91	
13세 이상	121	

(2) 검사의 종료와 최고한계선

- 검사는 최고한계선(ceiling) 문항까지 실시하는 것을 원칙으로 하며, 최고한계선이 확정되지 않은 경우는 끝 문항까지 실시한다.
- 검사 시 **최고한계선**을 찾는 절차는 다음과 같다. 기초선이 확립되면 계속 윗 번호의 어려

운 문항들을 검사해 나가다가 대상자가 연속적으로 8개 문항 중 6개를 틀리게 반응하면 검사를 중지한다. 이때 틀리게 반응한 마지막 문항을 최고한계선이라고 한다.

- 최고한계선이 정해지면, 그보다 높은 번호의 문항들은 굳이 검사를 실시하지 않더라도 틀린 것으로 간주한다.

◆ 검사 실시방법

표현어휘검사를 먼저 실시하고, 그다음 수용어휘검사를 실시한다. 단, 표현어휘검사의 실시가 불가능한 경우에는 수용어휘검사만 실시할 수 있다.

(1) 표현어휘검사 실시

- 검사 시작 전에 검사방법에 대해 간단히 설명한다. "이제부터 내가 보여 주는 그림을 잘 보고 내 물음에 답해 주세요."
- 그다음 대상자가 6세 미만인 경우에는 연습문항 A, B, C를 실시하고, 6세 이상일 경우에는 문항 D와 E를 실시한다.
- 연습문항에서 대상자가 틀리게 반응하면 정확한 답을 알려 준 후 아동이 맞는 반응을 할 때까지 그 문항을 반복한다.
- 대상자가 검사자의 도움 없이 연습문항을 모두 정확하게 반응하면 문항을 실시한다.
- 많은 연습을 계속했는데도 아동이 적절하게 반응하지 못하면 검사를 중단한다.

① 1차 질문: 연습문항이 끝나면, 대상자의 생활연령에 따른 시작문항을 참고하여 검사문항을 실시한다. 〈표 5-14〉는 어휘의 품사별로 제시하는 일반적인 질문 형태다. 구체적인 질문 및 추가 질문의 형태는 그림 검사자료 뒷면에 게재된 내용을 참조한다.

② 추가질문: 반응이 정답과 유사한 경우(비슷한 말, 동일 범주 또는 그림의 일부분, 외국어, 구나 문장 등)는 추가 질문을 제공하여 정반응을 유도한다. 이때 추가 질문의 일반적인 형태는 〈표 5-15〉와 같으며, 문항별 구체적인 질문 형태는 그림 검사자료 뒷면에 게재된 내용을 참조한다.

- 검사지에 기록되어 있는 질문 단서 외에 검사자가 개별적으로 기타 단서를 제공해 주지 않도록 주의한다. 즉, 목표어휘를 설명해 주거나 첫 음소 내지 첫 음절과 같은 단서를 제공하지 않는다.

표 5-14 목표어휘 품사별 1차 질문 형태

품사	목표어휘 특성	목표어휘 예	질문 형태
명사	목표어가 개별 사물인 경우	냉장고	"이건 뭐예요?"
	목표어가 사물의 범주명인 경우	장난감	"이런 것들을 다 뭐라고 하지요?"
	목표어가 사람인 경우	할아버지	"이 사람이 누구지요?" "이런 사람을 뭐라고 하지요?"
	목표어가 장소인 경우	놀이터	"여기가 어디지요?"
동사	목표어가 사람 또는 다른 생물체가 행하는 행위인 경우	목욕하다	"이 ○○가(이) 뭐하고 있지요?" "뭐해요?"
형용사/부사	목표어가 형용사 또는 부사인 경우	뾰족한	"이 사람이 지금 어떤 것 같아요?" "이 사람 기분이 어떤 것 같아요?" "○○이 어떻게 하고 있어요?" "○○이 어때요?"

표 5-15 추가질문 형태

추가질문 형태	"다른 말로 뭐라고 하지요?"
	"비슷한 말로 뭐라고 하지요?"
	"다르게 표현하면 뭐라고 하지요?"
	"한 마디로 하면 뭐라고 하지요?"
	"한 낱말로 하면 뭐라고 하지요?"
	"이런 것들을 다(짚어 주며) 뭐라고 하지요?"
	"우리말로 하면 뭐라고 하지요?"

표 5-16 추가질문 단계 예시

예 시	1차 및 추가질문과 각 반응의 처리	
정답이 '장난감'인 경우	1차	이런 것들을 모두 뭐라고 하지요?(토이)
	2차	그걸 우리말로 뭐라고 하지요?(놀이감)
	3차	그걸 다른 말로 뭐라고 하지요?('장난감'이면 정답처리, '몰라'나 그 외 오답처리)
정답이 '시소'인 경우	1차	뭐예요?[음(생각하는 듯)]
	2차	놀이터에 가면 있는 건데 뭐지요? ('시소'면 정답처리, 15초 이상 무응답이면 NR로 기록하고 오답처리)

- 추가 질문은 첫 질문을 제외하고 2회 더 제공할 수 있으며, 이후로도 정답이 나오지 않을 경우는 오답으로 처리한다(즉, 대상자가 정답을 모르기보다는 비슷한 말로 답변했거나 질문의 의도를 잘 이해하지 못했다고 유추되는 경우)(〈표 5-16〉 참조).

- 반응 시간으로는 약 10~15초를 허용한다. 만약 첫 질문 이후에 대상자가 반응하지 못하고 15초 이상 생각을 하는 행동을 하면 추가 단서를 제공하는 것이 바람직하다. 그러나 추가 질문을 한 지 10~15초 이후에도 반응하지 못하면 '무반응(NR)'으로 기록하고 오답으로 처리한다.

(2) 수용어휘검사 실시

① 다음과 같이 수용어휘검사 방법을 설명한다. "이제부터 여기 있는 그림들을 모두 잘 보고 내가 말하는 것을 손가락으로 가리키세요."

② 그다음 6세 미만인 경우에는 연습문항 A, B, C를 실시하고, 6세 이상일 경우에는 문항 D와 E를 실시한다.

- 연습문항에서 만약 대상자가 틀리게 반응하면 정확한 답을 알려 준 후 대상자가 맞는 반응을 할 때까지 그 문항을 반복한다.
- 대상자가 검사자의 도움 없이 연습문항을 모두 정확하게 반응하면 문항을 실시한다.
- 많은 연습을 계속했는데도 대상자가 적절하게 반응하지 못하면 검사를 중지한다.

③ 검사 실시: 연습문항이 끝나면, 대상자의 생활연령에 따른 시작문항을 참고하여 본 검사 문항을 실시한다.

- 4개의 보기 그림을 모두 본 후 답하도록 격려한다.
- 목표어휘를 제시할 때에는 정확한 발음으로 말해 주며, 목표어휘 이외의 어떠한 말도 추가적으로 제공하지 않는다. 특히 다음과 같은 단서를 주지 않도록 주의한다.
  - 목표어휘를 설명하지 않는다.
  - 목표어휘를 사용한 문장을 말하지 않는다.
  - 목표어휘와 비슷한 어휘를 말하지 않는다.
- 대상자가 요청하거나 검사자가 반복해서 말해 주는 것이 필요하다고 판단될 때(예: 검사자 발음이 나빴을 때, 대상자가 듣지 않았다고 판단될 때 등)를 제외하고는 목표어휘를 1회 들려주는 것을 원칙으로 한다.
- 다음 문항으로 넘어가기 전에 대상자가 자발적으로 답을 수정한 경우는 수정한 것을 답으로 기록한다.

- 대상자의 반응이 정답일 경우 '+'로 기록하지만, 오답일 경우는 '−'로만 기록하지 말고 오반응한 번호를 검사지에 기록한다. 만약 아동이 자신의 점수에 너무 민감하게 반응하면 '+'나 '−'가 아닌 아동이 반응한 번호를 받아 적도록 한다.

④ 검사 실시 절차의 수정

- 대상자의 신체적 · 인지적 특성에 따라 검사 지침서에서 제시한 검사 절차를 수정할 필요가 있을 수 있다. 예를 들어, 다음과 같은 경우에는 검사자의 임상적 판단에 따라 그 절차를 수정하도록 한다.
- 단, 절차상 수정 내용은 검사지 겉표지의 '임상적 인상 또는 특이사항'에 반드시 기재하도록 하고, 보고서에도 '_____한 절차의 수정을 통해 본 검사를 실시한 결과…….'라고 명기한다.
- 신체마비가 심해서 수용어휘검사를 위한 가리키기나 표현어휘검사를 위한 구어 산출에 제한을 받을 경우 보완대체의사소통(Augmentative and Alternative Communication: AAC)도구를 사용할 수 있다. AAC는 단순한 그림 배열 수정으로부터 의사소통판의 사용 혹은 음성출력의사소통도구(Voice Output Communication Aid: VOCA)의 사용까지 모두 허용될 수 있다. AAC를 사용할 경우에는 충분한 반응 시간을 허용하는 것이 바람직하다.
- 시각장애(예: 저시력, 사시, 좁은 시야)가 있는 경우에는 그림 자극을 모두 볼 수 있는 시간을 허용하고, 특히 수용어휘검사의 경우 반응하기 전에 4개의 그림을 모두 보도록 매번 지시한다.
- 청각장애나 주의력결핍장애가 있는 경우 대상자가 구어 지시를 잘 들을 수 있는 수준으로 제시하고 보기 문항을 실시할 때 대상자가 들은 것을 확인한다. 필요시 보청기나 증폭기, 수화 등을 허용할 수 있다.
- 말 명료도가 너무 낮아서 알아듣기 힘든 대상자는 문자나 자판 등을 허용할 수도 있다.
- 판명된 장애가 없더라도 대상자가 시간 제한에 대한 과민반응을 보일 때는 시간 제한을 두었을 때와 충분한 시간을 허용하였을 때의 반응을 모두 기재하고 두 가지 경우에 대한 결과를 명기한다.

◆ 채점방법

- 각 문항은 1점씩 배점한다. 기초선이 확립되면 기초선보다 낮은 문항들은 맞은 것으로 간

주하고, 최고한계선이 확정되면 그보다 높은 문항들은 틀린 것으로 간주하여 원점수를 계산한다.

- (**원점수 = 최고한계선 문항번호-틀린 문항 수**)이며, 이로부터 백분위점수 및 등가연령을 산출할 수 있다.
- **언어장애인의 경우** 이 검사에서 제안하는 연령별 시작문항 번호를 기초선으로 하여 검사를 실시할 수 없는 경우가 대부분이다. 이렇게 시작문항 번호부터의 검사가 어려운 경우 연령에 따른 시작문항 번호보다 15번 문항 이전부터 시작한다. 그래도 수행이 불가능한 경우에는 그 이전부터 검사를 실시하면 된다.
- **이중 기초선**(double baseline)**이 나타날 경우**에는 높은 번호(어려운 문항)를 기초선으로 간주하여 그 이전의 문항들은 모두 맞은 것으로 간주한다. 이런 경우는 기초선을 확립한 후 최고한계선을 잡으려고 계속 높은 문항들을 검사하다 보면 다시 기초선이 나타나는 경우다.
- **이중 최고한계선**(double ceiling)**이 나타날 경우**에는 낮은 번호(쉬운 문항)를 최고한계선으로 한다. 이런 경우는 기초선이 확립되기 전에 최고한계선(높은 최고한계선)이 먼저 나타나서 기초선을 잡으려고 계속 낮은 문항들을 검사하다 보면, 또 다른 최고한계선(낮은 최고한계선)이 나타나는 경우다.
- 표현어휘검사 시 채점 기준은 〈표 5-17〉 및 〈표 5-18〉의 기준에 따른다.

표 5-17 정답으로 처리하는 경우와 예시

정답으로 처리하는 경우	목표어휘	정반응 예
오답 반응 후 스스로 정답으로 수정 산출한 경우	병아리	삐약, 병아리(+)
어간은 맞고 어미 활용(선어말 어미 또는 종결어미)을 한 경우	따다	따요/따고 있어요(+)
	무겁다	무거워(+)
	잡다	잡았어요(+)
나이가 어리거나 조음장애로 인해 목표어를 상관속(경음화, 격음화) 정도로 대치하거나 알아들을 수 있을 정도의 조음오류가 있는 경우. 단, 음절 수가 목표어와 동일(활용어인 경우 어간의 음절 수가 동일해야 함)한 경우	컴퓨터	껌뿌터(+)
	부러뜨리다	뿌러뜨리다(+) 부러트리다(+)
	자르다	짤라(+)
의미 없는 '으'와 같은 매개 모음이 삽입되는 형태론적 오류가 있어도 목표 어휘임을 알 수 있게 반응한 경우	잡다	잡으고 있어요(+)
목표어를 구나 절에 포함하여 반응한 경우	자르다	나무를 잘라요(+) 자르고 있어(+)
	타다	말 타요(+)
	누르다	수건 눌러요(+)
	놀라다	깜짝 놀란 거(+)
	경찰	경찰 아저씨(+)
목표어에 접두사나 접미사를 붙여 파생어로 반응한 경우	과일	과일들(+)
	구름	구름들(+)
	고추	풋고추(+)
목표어 형태를 포함하고 있으면서 본래의 의미가 변하지 않는 범위에서의 합성어 형태로 반응한 경우	신문	신문지(+)
	바다	바닷가(+)
목표어와 다른 형태이나 동일한 의미의 사투리나 동의어로 반응한 경우	게	꽃게(+)
	바느질하다	꿰매다(+)
목표어가 '어근+하다' 형태일 경우, '하다'를 생략하고 어근만으로 반응한 경우	하품하다	하품(+)
	바느질하다	바느질(+)
동사를 명사형으로 반응한 경우	잡다	잡기(+)
	누르다	누르기(+)

표 5-18 오답으로 처리하는 경우와 예시

오답으로 처리하는 경우	목표어휘	오반응 예
그림판 그림의 일부 또는 사물의 일부를 말한 경우	칫솔	치약(−)
	놀이터	그네(−)
발음이 매우 불명확해 목표어를 말한 것인지 확신하기 어려운 경우 또는 목표어를 정확히 몰라 유사하게 발음하는 경우로 음소가 목표어와 30% 이상 다르거나 음절 수가 목표어와 다른 경우	바이올린	바일럿(−)
유아어 형태로 반응한 경우	칫솔	치카(−)
	병아리	꼬꼬(−)
목표어휘를 포함하지 않고 목표어휘를 구나 문장으로 풀어 설명한 경우	칫솔	이 닦는 것(−)
	연필	글씨 쓰는 것(−)
	굴뚝	연기 나는 데(−)
	놀라다	어머 그래요(−)
그림 상황을 설명한 경우	어부	낚시하는 사람(−)
	바느질하다	바늘로 해요(−)
목표어가 개별 사물/생물의 이름인데 범주어로 반응한 경우	북	악기(−)
	은행잎	나뭇잎(−)
목표어가 범주어인데 목표어 범주에 해당하는 개별 사물/생물 이름으로 반응한 경우	그릇	접시(−)
	숫자	1, 2, 3(−)
검사자가 다시 한 번 기회를 주었음(다른 말로/우리말로 뭐라고 하지요?)에도 불구하고 목표어를 외국어로 반응한 경우	과자	쿠키(−)
복합어의 경우, 어간을 생략한 경우	냄새 맡다	맡다(−)
합성(복합)명사에서 낱말의 일부분만을 말한 경우	화내다	내다(−)
	촛불	불(−) 초(−)

◆ 검사 결과 처리 및 해석

- REVT는 만 2세부터 성인기까지의 어휘능력과 그 발달수준을 측정하는 표준화된 검사다. 즉, 정상성과 이탈 정도를 해석할 수 있는 평균 및 표준편차 규준, 등가연령 규준, 백분위 규준이 제공되어 있다.
- REVT는 언어발달검사이므로 전통적으로 언어발달에 영향을 주는 연령과 성에 따른 어휘

능력에 차이가 있을 수 있으나, 성별 규준은 통계적으로 유의하지 않아 연령별 규준만을 제작하였다.

- 연령별 규준은 2세는 3개월 단위, 3세부터 9세까지는 6개월 단위, 10세부터는 1년 단위로 제작하였다.
- 또한 성인기 검사는 16세 이상 성인기 연령대의 어휘능력 발달에는 통계적 차이가 없어 16세 이상을 하나의 규준으로 제작하였다.

◆ 어휘능력 발달 정상성 규준과 해석

- 이 검사의 결과를 통하여 우선 대상자의 어휘발달 정상성을 판별한다. 1차적으로 검사 결과를 '정상발달' '약간 지체/유의 요망' 및 '어휘능력 발달지체'로 크게 나누어 판정한다.
- 지침서에 제시되어 있는 생활연령에 해당하는 수용어휘능력과 표현어휘능력의 평균, 표준편차 점수를 기준으로 어휘능력 발달의 정상성을 판정한다.
- 수용 및 표현 어휘능력 점수가 해당 생활연령대의 평균점수로부터 **−1표준편차 내**에 해당하는 경우를 **'정상발달'**로 본다. 예를 들어, 9세 4개월 아동이 수용어휘능력 점수는 100점, 표현어휘능력 점수는 97점을 얻었다고 가정하자. 지침서의 평균 및 표준편차 규준표에서 9세 4개월 아동의 −1표준편차에 해당하는 수용어휘능력 점수가 96.66이고 표현어휘능력 점수가 96.69이므로 이 아동은 '정상발달'이라고 할 수 있다.
- 만약 −1표준편차와 −2표준편차 사이에 해당하는 경우는 **'약간 지체'** 또는 보다 세심한 평가에 대한 고려가 필요하다는 '유의 요망'으로 판정한다. −2표준편차를 넘어선 점수를 얻은 경우에는 **'어휘능력 발달지체'**로 판정한다.

◆ 어휘능력 발달연령 규준과 해석

이 검사에서는 수용 및 표현 어휘능력 발달연령 규준을 제공하여 어휘력 발달이 문제가 되는 경우 정상발달연령 수준과 어느 정도의 차이를 보이는지를 설명할 수 있도록 하였다. 수용 및 표현 어휘검사 획득점수에 따른 등가연령은 지침서의 연령 규준표를 참조하여 산출할 수 있다.

◆ 어휘능력 발달 백분위 규준

어휘능력 발달에 대한 규준의 하나로서 백분위 규준을 제작하였고 23개의 연령 집단별로 백분위수에 따른 수용어휘능력 점수와 표현어휘능력 점수를 산출하였다. 연령대별 백분위 규준표는 지침서에 제시되어 있다.

◆ 출처 및 개발자

김영태, 홍경훈, 김경희, 장혜성, 이주연(2009). 수용 · 표현 어휘력 검사(REVT). 서울: 서울장애인종합복지관.

학습과제

1. 언어란 무엇인지를 설명하라.
2. 언어의 5가지 구조를 설명하라.
3. 언어 이전 시기의 언어발달과정을 설명하라.
4. 언어 시기의 언어발달과정을 설명하라.
5. 연령별 수용언어는 어떻게 발달하는지를 설명하라.
6. 연령별 표현언어는 어떻게 발달하는지를 설명하라.
7. 한국영아언어검사(K-LII)의 목적, 대상, 검사 구성 및 특징, 실시 방법 및 유의사항, 해석방법을 설명하라.
8. 영 · 유아 언어발달 검사(SELSI)의 목적, 대상, 검사 구성 및 특징, 실시 절차 및 해석방법을 설명하라.
9. 수용 · 표현 어휘력 검사(REVT)의 목적, 대상, 검사 구성 및 특징, 실시 방법 및 채점과 해석방법을 설명하라.

핵심 용어

결정적 시기(critical period)
의사소통(communication)
언어(language)
말(speech)
음운론(phonology)
형태론(morphology)
구문론(syntax)
의미론(semantics)
화용론(pragmatic)
언어 이전 시기(prelinguistic period)
언어 시기(linguistic period)
쿠잉(cooing)
전보식 언어(telegraphic speech)
평균발화길이(mean length of utterance: MLU)
형태소(morpheme)
한국영아언어검사(K-LII)
영 · 유아 언어발달 검사(SELSI)
생활연령(chronological age: CA)
기초선(baseline)
최고한계선(ceiling)
수용 · 표현 어휘력 검사(REVT)

제 6 장 사회 · 적응영역의 평가

학 습 목 표

1. 사회성 · 적응행동이란 무엇인지를 설명할 수 있다.
2. 한국유아사회성기술검사의 실시 및 해석 방법을 설명할 수 있다.
3. 사회성숙도검사의 실시 및 해석 방법을 설명할 수 있다.
4. 사회성 관련 척도들의 실시 및 해석 방법을 설명할 수 있다.
5. 사회 · 적응영역 검사들의 장단점을 비교 설명할 수 있다.

1 사회 · 적응에 대한 정의

1) 사회성의 정의

■ 사회성이란 무엇인가?

- **사회성**(sociality)이란 일반적으로 집단생활에 잘 적응하는 능력, 집단을 만들어 생활하려는 인간의 근본 성질을 말하며, 바람직한 대인관계를 형성하고 유지하는 행동이라 할 수 있다. 즉, 사회성은 인간이 살아가는 데 필요한 아주 중요한 요소로, 다른 사람과 친밀한 관계를 형성하고 유지시키는 능력이다. 이는 언어능력, 인지능력 및 정서능력을 포함하는 삶의 종합판이라 할 수 있다.
- 또한 사회성은 주어진 사회적 상황에서 사회적으로 수용되고 가치를 부여받고 있는 특수한 방법으로 타인과 상호작용하는 능력이며, 개인적인 차원에서 유익할 뿐만 아니라 상호 유익하고 특별히 상대방에게 유익한 방법이다.
- 이러한 의미에서 사회성은 '어떤 개인이 사회생활을 하면서 자신이 속한 집단이나 사회에서 수용될 수 있는 감정의 표현과 행동 그리고 사회적 상황을 이해하고 반응하는 능력, 대인관계를 시도하고 맺어 가는 능력, 발생 가능한 문제나 발생한 문제를 긍정적이고 합리적으로 대처하고 해결해 가는 능력이나 기술' 등을 총칭하는 용어라 할 수 있다.
- 흔히 같은 또래와의 원만한 대인관계는 매우 긍정적인 기능을 하여 아동으로 하여금 자신감, 적응력 그리고 행복감을 느끼게 해 줄 것이다. 반면에, 사회적 기술이 부족한 아동은 사회적인 위축감을 갖고 또래로부터 배척당하게 되고, 이러한 부정적인 경험들은 전반적으로 행복감을 느끼지 못하게 할 수 있을 것이다.
- 이처럼 부정적인 대인관계의 경험은 아동의 미래 생활에 큰 영향을 미치므로 가능한 한 빨리 발견하여 적절한 교육을 통하여 사회성 기술을 향상시켜야만 한다.

2) 사회성 발달

■ 영아기 사회성은 어떻게 발달하는가?

- 사회성은 영아기를 포함한 인생 전반에서 아주 중요하다. 생애 최초로 맺게 되는 사회적 관계는 부모와의 **애착**(attachment)이다. 영아기의 핵심 단어라고 할 수 있는 애착은 부모가 영아의 사회화 과정을 이끌고, 따뜻하고 긍정적인 관계를 통해 영아에게 타인과 주변 세계에 대한 신뢰감을 발달시켜 주고, 자신의 능력에 대한 감정 또한 긍정적으로 발달하도록 한다(〈표 6-1〉 참조).
- 이처럼 보살핌을 통해 영아 초기에 이루어지는 부모-자녀 간의 정서적 신뢰감을 애착이라고 한다. 애착은 부모-자녀의 상호 의존적인 관계를 바탕으로 이루어지며, 주 양육자와 아기 사이에 형성해야 할 가장 중요한 심리적 유대관계다.
- 영 · 유아를 대상으로 한 많은 선행 연구에 따르면 주 양육자와 아기 간에 이루어지는 초기 접촉은 아기가 아동 및 성인이 되었을 때에도 매우 의미 있는 영향을 미친다. 따라서 최초의 사회적 관계인 애착은 초기 사회 및 정서 발달을 이해하는 중요한 요소다.
- 영아는 6개월경에 다른 사람들의 정서를 인식하게 되고, 정서조절 및 사회적 정서표출 규칙을 학습하기 시작한다. 이를 통해 초기 사회적 기능이 확대되어 간다.
- 말을 하기 시작하면서부터 자신의 정서를 말로 표현하기 시작하고, 양육자와의 대화를 통해 자신과 타인의 감정을 더 잘 이해하게 된다. 영아기의 대화는 정서표현의 기회를 주고, 정서 이해의 질을 높이며, 타인의 감정을 이해하도록 하는 도구적 역할을 한다.
- 18~24개월경의 영아는 신체 움직임이 활발해져 자신의 정서를 신체적으로 표출하기 시작한다. 양육자는 영아의 정서를 수용해 주고 사회적으로 받아들일 수 있는 감정표현을 하도록 유도해 주어야 한다. 특히 언어를 통한 정서 표현과 이해, 새로운 정서행동의 학습은 초기 사회화의 중요한 역할을 한다.
- **기질**(temperament)은 환경에 대해 반응하는 경향성으로 인생의 초기에 나타나는 유전적 성격의 총체라고 할 수 있다. 기질은 출생 후부터 개인차가 있지만, 환경과 상호작용하는 방식의 차이로 나타나며, 선천적으로 타고나지만 환경에 의해 조절될 수 있다.
- 기질이 변화되는 결정적 요인은 아이의 기질 유형과 부모의 자녀 양육 방식의 적절성이다. 따라서 영아의 기질은 부모와의 긍정적 상호작용 속에서 환경과 잘 조화된다면 긍정적인 발달을 하게 되고, 그렇지 못하면 부정적 경험을 하게 된다.

표 6-1 발달 시기별 사회성 발달 특징과 적절한 환경

	영아기	유아기	아동기
핵심 단어	애착	놀이	또래/친구
특징	• 기본 신뢰감(애착) • 자신의 신체 개념 • 타인존재 인식 • 분리 개념	• 놀이/또래관계 시작 • 자아개념 발달 • 자아존중감 • 성 개념 발달	• 사회/집단생활 • 탈자기중심화 (협동/양보/규칙 준수) • 또래를 통한 유능감 • 자신감
적절한 환경	• 모와의 상호작용 (상호응시/모성놀이 스킨십/접촉 • 기질에 따른 양육	• 자기통제 • 만족지연(정서조절) • 일관성 있는 훈육 • 협조/질서/규칙	• 칭찬/지지/격려 • 또래관계 장려 • 정서표현 교육 • 분노/갈등해결

- 이는 기질 자체보다 기질과 환경 간의 상호작용이 인간 발달에 중요하다는 것을 의미한다.

■ 유아기 사회성은 어떻게 발달하는가?

- 유아는 신체 및 인지, 정서 능력이 발달하면서 사회적 접촉을 하게 된다. 또래나 이웃과 접촉하는 사회화 과정을 통해 사회 구성원으로 성장하며, 그 과정 속에서 사회성을 발달시켜 나간다.
- 유아는 환경을 통해 수많은 정서를 경험하게 되고, 자신의 이러한 경험을 통해서 자신의 감정과 타인의 감정에 대처하는 방법을 배우게 된다. 특히 유아의 사회성 발달과 정서발달은 밀접한 관계가 있고 상호 간에 영향을 미친다. 즉, 유아는 사회적 관계에서 여러 가지 정서를 경험하며, 이러한 정서는 다시 사회적 상호작용에 영향을 준다.
- 특히 유아기 동안에는 또래와의 놀이를 통해 또래관계를 형성하고 의사소통하며 **친사회적 행동**(prosocial behavior)을 배우게 된다.
- 영아기에 자아인식이 형성되기 시작하여, 유아기에 자아개념(self-concept)이 발달하게 되며 지속적으로 변화해 나간다. 유아는 성장과정에서 어떤 사회적 경험을 하느냐에 따라 **자아개념** 형성에 큰 영향을 받게 된다.
- 이러한 자아개념은 학업성취, 수용력, 정신건강, 대인관계 등 개인의 행동 전반에 영향을 주며, 성격 형성과 발달의 중요한 결정요인이 된다.
- 또한 유아기의 두드러진 변화 중 하나로 자신에 대한 인식이 발달하면서 자신을 평가하는

능력이 나타나고, 주변 사람들과의 접촉을 통해 자신과 타인의 감정에 대처하게 된다.

- 이처럼 유아는 성장하면서 자신에 대하여 더 잘 이해할 뿐 아니라, 더 나아가 자신에 대해 평가하기 시작한다. 자신이 기대하는 기준에 비추어 자아평가 결과가 긍정적일 때 자아존중감과 긍정적 자아개념을 갖게 되며, 그렇지 못할 때는 부정적인 자아개념을 갖게 되고 심하면 무력감에 빠지게 된다.
- 부모는 유아의 **자아존중감**(self esteem) 발달에 결정적인 영향을 미친다. 부모는 유아의 행동에 일차적 모델이 되고, 유아로 하여금 자신의 행동이 타인에게 어떤 영향을 미치는가를 알게 해 주며, 유아의 행동에 대한 일차적 평가자이기 때문이다.
- 또한 **성 개념**(sexual concept)은 유아기의 중요한 사회성 발달요인이다. 이는 한 개인이 그가 속해 있는 사회에서 규정하는 성에 적합한 행동, 태도 및 가치를 학습을 통해 이루는 것이다. 성 개념은 3세경에 **성 정체감**(자신이 남성인지 여성인지 인식), 4세경에 **성 안정성**(남자아이가 남자 성인이, 여자아이가 여자 성인이 된다는 인식), 6~7세경에 **성 일관성**(시간과 상황이 변해도 성이 일관성이 있다는 인식) 등으로 발달해 나간다.
- 유아기가 되면 정서에 대한 많은 것을 학습하게 되며, 정서를 표현하는 어휘도 급속히 증가하게 된다. 3세경에 기쁨, 슬픔, 분노와 같은 기본 정서와 정서를 야기하는 원인에 대해 이해하기 시작하고, 4~5세경에는 '그네를 타서 행복해.' 등 다양한 정서를 유발하는 원인을 정확하게 판단하게 된다.
- 유아기 동안에 급격히 증가하는 능력은 정서조절이다. **정서조절**(emotional control)이란 정서표현을 조절하고 극단적인 감정을 느끼는 상황에서도 합리적으로 행동하는 능력 및 좌절 상황에서 인내하는 능력이다.
- 좌절 상황을 참는 능력은 **만족지연**(delay of gratification)의 형태로도 나타난다. 만족지연은 즉각적인 보상을 지연시켜 나중에 보다 큰 보상을 받는 것을 의미한다. 유아는 성인의 지원이 있다면 대부분 만족지연 상황을 잘 견딜 수 있으므로, 일관성 있게 훈육을 한다면 이러한 정서조절능력을 키울 수 있다.
- 한편, 유아기에는 타인의 행복에 대해 관심을 갖고 배려하는 내적인 심리적 특성인 **이타성**(altruism)이 발달한다. 이러한 이타성은 개인의 행복뿐 아니라 집단이나 사회 전체의 안정과 행복의 정도를 결정하는 중요한 요인이 된다.
- 이타성이 행동으로 나타날 때 이를 **친사회적 행동**(prosocial behavior)이라 부르는데, 타인과의 관계에서 사회적으로 바람직한 행동을 의미한다. 즉, 나누기, 돕기, 보살피기, 협조하기 등이 포함된다.

■ 아동기 사회성은 어떻게 발달하는가?

- 초등학교에 입학하는 아동기는 가정에서 벗어나 공적인 사회적 환경으로 나아가는 전환기다. 이 시기에는 또래와의 접촉이 확대되고, 활동의 중심이 자기 및 가정 중심이 아닌 학교나 또래와의 놀이에 있다.
- 친구들이나 사회적 요구에 적응하기 위해 친사회적 행동을 배우고, 남녀에 따라 다른 옷을 입고 다른 행동과 놀이를 하는 성역할도 배운다. 또한 남아와 여아 모두 자신의 행동에 대한 사회적 · 도덕적 책임을 경험하는 시기다.
- 아동기에 정서조절능력이 급속도로 발달하며, 아동이 자신을 또래와 비교하고 또래 인정에 더 관심을 갖게 되면서, 자신의 가치감과 유능감을 배워 나간다. 따라서 또래관계에서 자신이 수용되고, 또래관계를 형성하고 유지할 때 자신이 주도적인 역할을 하며, 또래관계에서 만족감을 느낄 수 있다는 기대 또는 신념을 갖게 하는 등 대인관계와 관련된 **자기효능감**(self efficacy)을 키워 주어야 한다.
- 교실에서 실제적인 대인관계를 통해 아동이 정서조절능력과 정서표현 규칙을 배우고 연습할 수 있는 분위기를 마련해 주어야 한다. 아동은 뜻이 맞지 않는 친구와 직접 접하여 분노를 경험함으로써 자신의 정서를 인식하게 되고, 그런 생생한 분노 체험을 통해서 정서조절의 필요성을 알게 된다.
- 특히 교사는 아동으로 하여금 자신의 정서를 파악하고 적절하게 표현하며 존중하고 나아가 그것을 학급 외의 사회생활에 전이시킬 수 있도록 도와주어야 한다.
- 뿐만 아니라 교사는 아동이 가족 내의 부모-자녀관계에서 기본적인 사회적 행동을 배우고, 부모의 개인적 특성, 양육 태도와 훈육 특성, 부모와의 애착 등이 아동의 사회성 발달과 관련되어 있다는 사실을 고려해야 한다. 따라서 부모교육을 통해 부모가 자녀에게 민감하게 반응적이며 적절히 관심을 표현할 뿐만 아니라, 민주적이고 설득적인 훈육방법을 사용하여 아동의 **사회적 유능감**(social competence)을 키우도록 지원해야 한다.
- 이러한 부모의 특성은 교사에게도 요구되며, 부모와 교사의 이러한 특성은 아동의 사회적 행동에 중요한 역할 모델이 된다.

■ 사회성숙도란 무엇인가?

- 한편, 사회성숙도란 자조, 이동, 작업, 의사소통, 자기관리, 사회화 등과 같은 변인으로 구성되는 **사회적 유능감**(social competence), 즉 적응행동을 의미한다.
- 아동이 다양한 경험을 통해 성장함에 따라 아동의 적응행동은 새로운 환경의 요구를 충족하기 위해 더 확대되어 간다. 즉, 아동은 새로운 상황에서 더 잘 기능하기 위해 새로운 적응 기술이 필요하고, 또 이미 습득한 적응 기술이라도 사회 및 환경의 요구에 따라 점점 더 복잡해진다. 이처럼 적응행동은 성공적인 삶의 기능에 필수적인 기술이라 할 수 있다.

■ 적응행동을 어떻게 정의할 수 있는가?

- 전통적으로 **적응행동**(adaptive behavior)은 개인의 독립성과 사회적 책임을 기초로 하여 정의되고 있다(〈표 6-2〉 참조).

표 6-2 학자들의 적응행동에 대한 정의

학 자	적응행동에 대한 정의
Salvia와 Ysseldyke(1995)	특정 연령의 개인이 주어진 상황에서 어떻게 처신해야 하는가에 대한 사회문화적 기대
Patton, Beirne-Smith와 Payne(1990)	개인이 환경의 요구에 적응하도록 하는 사회, 성숙, 자조 및 의사소통 등 나이와 상황에 적절한 행동
Grossman(1983)	개인이 자기 연령이나 문화에 맞는 표준적인 개인 독립성과 사회적 책임을 이행하는 능력
Evans(1990)	일정한 장소에 적응하는 능력과 상황의 요구에 맞도록 개인의 행동을 변화시키는 능력

■ 적응행동에 대한 정의의 공통 요소는 무엇인가?

- 적응행동에 대한 여러 가지 정의는 세 가지 공통된 측면을 가지고 있다. 모든 정의가, 첫째, 독립적으로 기능하는 능력을 포함시키고, 둘째, 개인적 책임에 대한 사회문화적 기대를 충족하는 능력을 포함시키며, 셋째, 적응행동을 특정 연령이나 문화의 관점에서 보고 있다는 점이다.

■ 사회성은 어떻게 측정할 수 있는가?

- 먼저, 사회성 검사는 아동과 가장 가까이에서 그리고 가장 많이 접촉하는 성인과의 면접이나 검사지에 답하게 함으로써 시작된다.
- 또는 또래집단에서 어떤 사회적 관계가 형성되어 있으며 주위에서 어떤 평가를 받고 있는가를 알기 위해 교우도 검사를 실시할 수 있다.
- 나아가서는 자기보고와 같은 방법을 사용하여 사회적 관계 속에서 아동 자신이 자신의 유능함을 어떻게 지각하고 있는지를 조사해 보는 방법도 있다.
- 이렇듯 아동의 사회성을 검사하기 위해서는 아동의 사회적 환경에서 중요한 위치를 차지하는 사람들과 같은 많은 자원, 즉 부모, 교사, 또래, 아동 자신을 이용한다. 즉, 부모와 교사의 평정척도, 또래 평정이나 또래 지명과 같은 교우도 검사, 자기보고, 아동 면담, 여러 사람과의 행동면담(부모-교사 면담, 교사-교사 면담) 등이 활용될 수 있다.
- 사회성 검사는 집과 학교의 여러 장면(예: 교실, 특별실, 식당, 체육관, 운동장)에서도 할 수 있다. 아동이 하는 행동 중에서 사회적 행동이나 반응을 분석하고, 친사회적 행동을 증가시키거나 방해하는 개인적 및 환경적 변인을 확인해야 한다.

2 한국유아사회성기술검사(K-SSRSP)

◆ 검사목적

- **한국유아사회성기술검사**(Korean-Social Skill Rating Scale for Preschoolers: K-SSRSP)는 여러 학자의 사회성 기술에 대한 정의와 외국 문헌에 나오는 척도를 기초로 유아의 사회성 기술을 측정하기 위해 개발된 척도다.
- 이 검사는 유아의 발달 상황을 잘 아는 부모나 주 양육자 혹은 교사가 평소 관찰한 내용을 토대로 **문제해결**, **정서표현**, **질서의식**, **자신감**의 4개 영역의 사회성 기술능력을 평가할 수 있다.
- 사회성 기술문제의 조기선별 기능뿐 아니라 문제영역에 대한 구체적인 양육 혹은 교육 정보를 제공해 주는 기능도 포함하고 있다.

- 특히 각 기관에서 주관적으로 사회성 기술문제가 있다고 의심이 되는 유아들을 대상으로 객관적인 평가를 하여 그 결과를 부모 상담에 활용할 수 있도록 고안되었다.

◆ 검사대상

K-SSRSP는 정상발달을 하고 있는 30개월~만 7세의 취학전 유아뿐 아니라 사회성 기술문제의 위험성이 있는 유아에게 사용할 수 있도록 표준화되었다.

◆ 검사 구성 및 특징

- 이 검사는 문제해결, 정서표현, 질서의식, 자신감의 4개 영역을 평가하기 위한 총 40개 문항으로 이루어져 있다.
- 요인분석 결과, 요인 1(문제해결)은 13문항(18, 22, 25, 27, 29, 30, 31, 32, 33, 34, 35, 36, 39), 요인 2(정서표현)는 15문항(1, 2, 4, 5, 9, 11, 13, 14, 15, 21, 23, 24, 26, 28, 38), 요인 3(질서의식)은 6문항(10, 16, 17, 20, 37, 40), 요인 4(자신감)는 6문항(3, 6, 7, 8, 12, 19)으로 추출되었다.
- 특히 하위검사별로 표준점수를 산출하고 이를 토대로 사회성 기술지수를 산출하도록 되어 있어 어떤 영역에서 강약점이 있는지를 알 수 있고, 전체적인 사회성 기술능력을 알 수 있다.
- 이러한 자료는 유아의 사회성 기술의 강점과 약점을 선별하는 데 이용할 수 있고, 사전 혹은 사후 검사로서 유아의 친사회적 기술의 진보를 파악할 수 있으며, 또한 개별화교육 프로그램(IEP)을 구안하는 데 활용할 수 있다.
- 한편, 문제해결능력, 정서표현능력, 질서의식, 자신감 등 사회성 기술을 향상시키기 위한 교사/부모교육 정보를 제공하고 있다.
- 인터넷상에서도 평가의 효율성 및 평가자의 편의성을 증대시키고 정확한 정보를 제공하기 위해 개발된 웹기반 평가 시스템을 이용하여 채점 및 결과를 확인할 수 있다(http://www.tespia.kr).
- 이 평가 시스템을 통해 부모, 교사 및 임상가 등 누구든지 어디서든 쉽고 편리하게 온라인상에서 유아의 사회성 기술수준을 파악할 수 있다.
- 검사 결과 자료는 각 기관별/사용자별로 데이터베이스화되어 있어 언제든지 추적 비교가 가능하다.

◆ 검사의 통계적 특성

- 대상: 남 172명, 여 156명, 전체 328명
- 신뢰도: 신뢰도는 내적일치도, 검사-재검사 신뢰도를 산출하였는데, 그 결과는 〈표 6-3〉에 요약되어 있다.

표 6-3 K-SSRSP의 신뢰도 간 비교

		요인 1(문제해결)	요인 2(정서표현)	요인 3(질서의식)	요인 4(자신감)
내적일치도		.91	.90	.76	.75
검사-재검사 신뢰도	부모	.91	.90	.81	.85
	교사	.92	.92	.80	.81

- 타당도: 구성타당도를 알아보기 위한 각 하위검사 간 상호상관은 .93 이상으로 통계적으로 유의하였으며($p<.001$), 내용타당도를 알아보기 위해 검사 문항 대 전체상관의 중앙값을 산출하였는데 전반적으로 .64 이상으로 비교적 높은 상관관계를 보였다. 그 결과는 〈표 6-4〉에 요약되어 있다. 한편, 구인타당도를 알아보기 위하여 표준점수를 이용하여 하위검사들 간의 상호상관을 알아보았는데, 각 하위검사들과 사회성 기술지수 간의 상호상관은 .421~.846으로 모두 통계적으로 유의미하였다($p<.01$).

표 6-4 K-SSRSP의 내용타당도

	요인 1(문제해결)	요인 2(정서표현)	요인 3(질서의식)	요인 4(자신감)
중간계수	.678	.648	.657	.664

◆ 하위영역별 측정내용

이 검사의 네 가지 하위영역별 측정내용에 대한 소개가 〈표 6-5〉에 제시되어 있다.

표 6-5 K-SSRSP의 하위영역별 측정내용

영 역	소 개
문제해결	문제가 발생하였을 때 친사회적 방법으로 해결하는지, 게임에 졌을 때 화를 내지 않고 받아들이는지, 무엇이 공정하고 불공정한가를 아는지, 자신의 실수를 받아들이는지 등 문제 발생 상황에서 대처하고 해결해 나가는 능력을 측정
정서표현	활동이나 놀이에 즐겁게 참여하는지, 아는 사람을 만나면 아는 체하고 인사하는지, 자신의 애정을 적절하게 표현하는지, 화가 났을 때 말로 표현하는지, 다른 사람에게 다정하게 말하는지 등 평상시 정서적으로 표현하는 능력을 측정
질서의식	게임이나 활동을 할 때 순서를 지키는지, 장난감이나 교구를 또래와 사이좋게 사용하는지, 부모나 교사의 지시를 잘 따르는지 등의 공중도덕이나 질서를 지키는 능력을 측정
자신감	어떤 상황에서도 기가 죽지 않고 침착한지, 자기 의사를 당당하게 말하는지, 또래와 갈등이 있을 때 자신있게 말하는지, 자신의 생각을 떳떳하게 말하는지 등 자기확신에 찬 태도를 측정

◆ 검사 실시 자격

- 이 검사는 평가자의 직접적인 관찰과 판단에 근거하여 평가하도록 되어 있다. 따라서 주 4일 이상 유아를 양육하고 있고, 문항을 읽고 이해할 수 있는 부모 혹은 양육자가 실시할 수 있다.
- 2개월 이상 보육 및 교육을 직접 담당하고 있는 교사 및 원장이 직접 실시할 수 있다.
- 만일 임상가가 직접 실시할 경우에는 부모 혹은 양육자와의 면담을 통해 사회행동발달 상황을 확인하여야 한다.

◆ 실시방법 및 유의사항

- 이 검사는 유아의 행동을 평소 관찰할 수 있는 문항으로 구성되었다. 따라서 각각 문항의 행동의 관찰 정도에 따라 항상 그렇지 않을 경우(0%: 전혀 아님), 평균 30% 정도만 그러할 경우(약간 그러함), 평균 50% 정도 그러할 경우(보통), 평균 70% 정도 그러할 경우(대체로 그러함), 항상 그러할 경우(100%: 항상 그러함)의 5점 척도로 평정해야 한다.
- 검사의 문항은 평가자의 직접적인 관찰과 판단에 따라 평정하도록 되어 있으므로, 유아의 사회성 발달과정을 상세히 알고 정확하게 평가하는 것이 중요하다.
- 검사대상의 행동 수행 여부를 잘 모를 경우에는 검사를 중단하고, 그 문항의 행동을 직접 관찰한 후에 평가해야 한다.

- 평가자는 적어도 2번 이상 검사문항을 읽고, 그 문항의 행동이 무엇을 의미하는지 생각한 후 행동 수행 정도를 평가해야 한다.
- 이 검사는 부모와 교사가 따로따로 동시에 실시할 수 있다. 그러나 부모와 교사의 의견이 불일치할 경우에는 교사의 평가 내용을 따라야 한다.
- 40개 모든 문항을 체크하되, 평소에 관찰한 행동을 정확하게 평정해야 한다.
- 임상가가 부모/양육자와의 면담을 통해 평가할 때, 가능한 한 문항의 의미를 서로 의사소통하면서 평소에 부모/양육자가 관찰한 행동을 정확하게 판단하도록 해야 한다.

◆ 채점 및 결과 해석

- 심리검사 전문기관 테스피아(http://www.tespia.kr)에서는 인터넷상에서도 평가의 효율성 및 평가자의 편의성을 증대시키고 정확한 정보를 제공하기 위해 웹기반 평가 시스템을 개발하였다.
- 평정한 문항은 '전혀 아님=1', '약간 그러함=2', '보통=3', '대체로 그러함=4', '항상 그러함=5'로 채점한다.
- 이 평가 시스템을 통해 40개 문항 점수를 입력하면, 컴퓨터가 자동 채점하여 영역별로 원점수와 변환점수를 산출해 주므로, 이런 변환점수들을 통하여 유아의 사회성 기술을 평가할 수 있다. 따라서 부모, 교사 및 임상가 등 누구든지 어디서든 쉽고 편리하게 온라인상에서 유아의 사회성 기술 상태를 파악할 수 있다.
- 또한 유아의 사회성 기술발달에 따른 교사/부모를 위한 다양한 교육/양육 정보를 제공하고 있을 뿐만 아니라 검사 결과 자료는 각 기관별/사용자별로 데이터베이스화되어 있어 언제든지 추적 비교가 가능하다.

■ 검사 결과는 어떻게 해석하는가?

이 검사는 원점수를 채점하여, 또래와 비교하기 위하여 다음과 같이 여러 가지 변환점수(척도점수, 사회성 기술지수, 백분위 등)를 산출하였다. 이러한 변환점수들은 유아의 사회성 기술수준을 이해하고 결과를 해석하는 데 활용할 수 있다. 이 검사에서 사용되는 원점수와 변환점수에 대한 자세한 설명은 〈표 6-6〉에 제시되어 있고, 변환점수의 범위와 해석은 〈표 6-7〉을 참조할 수 있다.

표 6-6 변환점수 해설

용 어	해 설
원점수	각 영역별 문항의 행동 수행 정도에 따라 '전혀 아님=1', '약간 그러함=2', '보통=3', '대체로 그러함=4', '항상 그러함=5'로 채점하여 합산한 점수
표준점수	각 영역별 원점수를 평균 10으로 환산한 척도점수로, 각 영역별 사회성 발달수준을 파악할 수 있음
사회성 기술지수 (SSQ)	각 영역별 표준점수의 합을 기초로 하여 평균 100으로 환산한 점수로, 전체적인 사회성 기술 수준을 파악할 수 있음
백분위점수 (%ile)	같은 또래의 아동이 100명이 있다고 했을 때, 검사를 받은 개인의 점수보다 낮은 점수를 받은 아동이 몇 명이 있는지를 알려 주는 수치. 즉, 백분위점수 90점은 상위 10%에 해당

표 6-7 변환점수의 범위와 해석

범 위	척도점수(표준점수)	백분위	사회성 기술지수(SSQ)	해석
최우수	17~19	98+	130+	최우수 수준
우수	15~16	91~97	120~129	우수 수준
평균상	13~14	75~90	110~119	평균상 수준
평균	**8~12**	**25~74**	**90~109**	**평균 수준**
평균하	6~7	9~24	80~89	경도 지연 수준
저조	4~5	2~8	70~79	중도 지연 수준
최저조	1~3	1	69	최중도 지연 수준

◆ 활 용

- 이 검사는 하위검사별로 표준점수(척도점수)를 산출하고 이를 토대로 사회성 기술지수를 산출하도록 되어 있어 영역별로 현 수준뿐 아니라 전체적인 사회성 기술수준을 알 수 있다.
- 이러한 자료는 유아 사회성 기술의 강점과 약점을 파악하는 데 이용할 수 있고, 개별화교육 프로그램(IEP)을 구안하는 데 활용할 수 있을 뿐 아니라, 사전 혹은 사후 검사로서 유아의 사회성 기술의 진보를 측정하는 데 사용할 수 있다.
- 특히 인터넷 웹기반(web-based) 채점 및 평가 시스템은 검사 소요 시간의 단축, 결과에 대한 즉각적인 피드백 제공, 기록과 계산상의 오류 감소, 언제 어디서나 누구든지 쉽게 활용할 수 있는 편의성 등이 장점이라 할 수 있다.

■ 검사 결과는 어떻게 활용할 수 있는가?

이 검사는 어린이집 및 유치원뿐만 아니라 치료 및 관련 기관 등에서도 다음과 같은 목적으로 활용할 수 있다.

- 유아의 사회성 기술영역별(문제해결, 정서표현, 질서의식, 자신감) 수준을 파악하여 정상 혹은 지연인지를 확인하려는 기초 자료를 얻고자 할 때
- 유아의 사회성 기술 특성에 따른 교육 및 치료 계획을 입안하고 실행할 수 있는 교육 및 양육 정보를 얻고자 할 때
- 사회성 기술문제의 조기선별과 함께 국가 정책적 중재서비스(예: 보건복지부 사회서비스 중의 아동발달지원 및 검사서비스 등) 제공 및 보육시설 평가 인증 시 기초 아동 평가자료가 필요할 때
- 현장의 임상가 및 연구자들이 발달에 대한 중재(교육 및 치료 등) 프로그램의 효과를 알아보기 위한 신뢰할 만한 연구자료가 필요할 때
- 현재 사회성 기술수준에 따른 교육 및 양육 정보를 토대로 부모 상담을 제공할 때 등

◆ 출처 및 개발자

윤치연(2012c). 한국유아사회성기술검사. 부산: (주)테스피아.

3 사회성숙도검사(SMS)

◆ 검사목적

- 사회성숙도검사(Social Maturity Scale: SMS)는 자조, 이동, 작업, 의사소통, 자기관리, 사회화 등과 같은 변인으로 구성되는 사회적 유능감(social competence), 즉 적응행동을 평가하기 위해 개발되었다.
- 이 검사는 개인의 성장 또는 변화를 측정하고 혹은 치료나 교육을 위한 기초 자료나 교육

후 향상을 측정하는 데 활용할 수 있다.
- 특히 국내에서는 「장애인복지법」의 지적장애(정신지체) 여부나 그 정도를 판별하는 데 이용되고 있다.

◆ 검사대상

- SMS는 문항별 평균연령 규준 계산법으로 각 문항의 평균생활연령을 구한 후, 검사문항을 재구성하여 0세에서 만 30세 성인의 적응능력을 평가할 수 있도록 표준화되었다.
- 특히 지적장애나 지적장애 위험성이 있는 대상의 사회성숙수준을 파악하는 데 사용할 수 있다.

◆ 검사 구성 및 측정내용

- 이 검사는 **자조, 이동, 작업, 의사소통, 자기관리, 사회화**의 여섯 가지 영역의 117개 문항이 난이도 순서(평균생활연령)로 배열되어 있다.
- 검사의 영역별 측정내용은 〈표 6-8〉에 제시되어 있다.

표 6-8 검사영역별 측정내용

용 어	해 설
자조 (self-help: SH)	일반 자조능력(SHG), 식사자조능력(SHE), 옷 입고 벗기 및 청결 자조능력(SHD) 등 39개 문항으로, 주로 일상생활을 해 나가는 데 필요한 기술을 측정
이동 (locomotion: L)	기어 다니기 등과 같은 단순한 운동능력뿐 아니라 어디고 혼자 다닐 수 있는 능력을 알아보는 10개 문항으로 구성
작업 (occupation: O)	단순한 놀이에서부터 고도의 전문성을 요하는 작업에 이르는 다양한 능력을 알아보는 22개 문항으로 구성
의사소통 (communication: C)	동작, 음성, 문자 등을 매체로 한 수용과 표현에 관한 15개 문항으로 구성
자기관리 (self-direction: SD)	금전 사용, 구매, 경제적 자립 준비, 책임 있고 분별 있는 행동에 관한 것으로 독립성과 책임감을 알아보는 14개 문항으로 구성
사회화 (socialization: S)	사회화 활동, 사회적 책임, 현실적 사고 등 17개 문항으로 구성

◆ 실시방법 및 유의사항

- 이 검사는 피검자에 관한 정확한 정보를 얻기 위해서 피검자를 잘 아는 부모와의 면접을 통해 실시한다. 부모가 없는 경우에는 형이나 누나 또는 피검자를 잘 아는 친척이나 후견인에게 실시할 수 있다.
- 피면접자의 대답이 믿기 어려운 경우에는 피검자를 직접 만나서 그의 행동을 관찰한 후 판단하는 것이 좋다.
- 면접 시에는 피면접자가 자발적인 진술을 할 수 있도록 호의적인 태도를 취해야 한다.
- 정보수집 후 다른 정보 제공자에게 묻거나 피검자의 행동을 직접 관찰하거나 그의 성취를 참작하여 몇 개의 문항을 검토해 봄으로써 수집된 정보의 정확성 여부를 알아보아야 한다.
- 생활연령이 5세 이하인 정상아동과 정신연령이 5세 이하인 지적장애의 경우에는 그로 하여금 정보제공자로서 실제 행동을 보이도록 해야 한다.
- 질문을 할 때는 1번부터 시작하지 않고 아동의 연령, 능력 등 일반 정보를 참작하여 예상되는 최고 점수보다 훨씬 아래 문항부터 시작한다.
- 검사용지 중앙에 연령 급간이 표시되어 있고, 각 문항번호 옆에는 문항별 평균생활연령이 적혀 있으므로, 이를 토대로 몇 번 문항부터 질문을 시작할 것인지를 판단해야 한다.
- 3개 문항이 계속해서 +F 또는 +로 표시되지 않으면 높은 번호 쪽으로 진행하던 질문을 중단하고, 3개 문항이 계속해서 +F로 표시될 때까지 낮은 번호 쪽으로 내려가며 질문을 한다.
- 그러나 지적장애의 경우에는 5개 문항이 계속해서 + 또는 +F로 표시될 때까지 내려가며 질문을 해야 한다.
- 그다음 높은 문항 쪽으로 질문을 계속해 가다가 3개 문항이 계속해서 −일 때는 검사를 끝낸다. 단, 지적장애의 경우에는 5개 문항이 −로 표시될 때 검사를 끝낸다.
- 질문을 할 때는 일정 범위 내의 문항을 유목별로 하는 것이 판단하기에 좋으며, 이때 유목별 문항의 순서는 바꾸어도 괜찮다.
- 문항의 판단이나 검사지의 기록은 검사자가 직접 해야 하며, 정보제공자에게 시켜서는 안 된다.

◆ 검사 결과의 채점

각 문항은 문항 판단 기준에 따라 다음과 같이 채점한다(〈표 6-9〉 참조).

표 6-9 문항 판단 기준과 채점 요령

	문항 판단 기준	채 점
+	부당한 강요나 인위적인 유인이 없이도 각 문항이 지시하는 본질적인 행동을 습관적으로 수행할 경우, 현재는 습관적으로 하고 있으나 하려고만 하면 쉽게 수행할 수 있는 경우	1점
+F	검사 시에 특별한 제약으로 각 항목이 지시하는 행동을 성공적으로 수행하지 못하였지만 평상시에는 성공적으로 수행하였을 경우	1점
+NO	지금까지는 기회의 부족으로 각 항목이 지시하는 행동을 수행하지 못하였지만 기회가 부여된다면 성공적으로 수행 또는 습득할 수 있는 경우	+와 +, +F와 +F, +No와 + 사이는 1점 −와 − 사이는 0점 그 외는 0.5점
±	각 항목이 지시하는 행동을 가끔 하기는 하나 그 행동이 불안정할 경우, 즉 과도적 상태에 있을 경우	0.5점
−	각 항목이 지시하는 행동을 전혀 수행하지 못할 경우, 부당한 강요나 유인이 있을 때만 수행이 가능한 경우, 과거에는 성공적으로 수행하였으나 현재는 노쇠나 비교적 항구적인 정신 또는 신체 장애로 수행하지 못할 경우	0점

- 총점은 기본점과 가산점을 합산하여 구한다(총점 = 기본점 + 가산점).
  - 기본점은 연속하여 + 또는 +F가 3개 이상인 경우의 마지막 문항번호다.
  - 가산점은 기본점 이외의 문항별 점수를 합산한 점수다.
- 사회연령(SA)은 총점을 이용해 사회연령 환산표(〈표 6-10〉 참조)에서 구한다.
- 다음과 같은 공식으로 사회지수(SQ)를 구한다.

사회지수(SQ) = 사회연령(SA)/생활연령(CA) × 100

표 6-10 사회연령 환산표

총점	SA	총점	SA	총점	SA	총점	SA	총점	SA	총점	SA
1.0	.06	21.0	1.21	41.0	2.45	61.0	5.20	81.0	10.20	101.0	18.67
1.5	.09	21.5	1.24	41.5	2.50	61.5	5.30	81.5	10.30	101.5	19.00
2.0	.12	22.0	1.26	42.0	2.54	62.0	5.40	82.0	10.40	102.0	19.33
2.5	.15	22.5	1.29	42.5	2.59	62.5	5.50	82.5	10.50	102.5	19.67
3.0	.18	23.0	1.32	43.0	2.64	63.0	5.60	83.0	10.60	103.0	20.00
3.5	.21	23.5	1.34	43.5	2.68	63.5	5.70	83.5	10.70	103.5	20.42
4.0	.24	24.0	1.37	44.0	2.73	64.0	5.80	84.0	10.80	104.0	20.83
4.5	.26	24.5	1.39	44.5	2.77	64.5	5.90	84.5	10.90	104.5	21.25
5.0	.30	25.0	1.42	45.0	2.82	65.0	6.00	85.0	11.00	105.0	21.67
5.5	.32	25.5	1.45	45.5	2.86	65.5	6.13	85.5	11.25	105.5	22.08
6.0	.35	26.0	1.47	46.0	2.91	66.0	6.25	86.0	11.50	106.0	22.50
6.5	.38	26.5	1.50	46.5	2.95	66.5	6.38	86.5	11.75	106.5	22.92
7.0	.41	27.0	1.53	47.0	3.00	67.0	6.50	87.0	12.00	107.0	23.33
7.5	.44	27.5	1.56	47.5	3.06	67.5	6.63	87.5	12.25	107.5	23.75
8.0	.47	28.0	1.58	48.0	3.12	68.0	6.75	88.0	12.50	108.0	24.17
8.5	.50	28.5	1.60	48.5	3.19	68.5	6.83	88.5	12.75	108.5	24.58
9.0	.53	29.0	1.63	49.0	3.25	69.0	7.00	89.0	13.00	109.0	25.00
9.5	.56	29.5	1.66	49.5	3.31	69.5	7.08	89.5	13.20		
10.0	.59	30.0	1.68	50.0	3.38	70.0	7.17	90.0	13.40	110.0	26.00
10.5	.62	30.5	1.71	50.5	3.44	70.5	7.25	90.5	13.60		
11.0	.65	31.0	1.73	51.0	3.50	71.0	7.33	91.0	13.80	111.0	27.00
11.5	.68	31.5	1.76	51.5	3.56	71.5	7.42	91.5	14.00		
12.0	.71	32.0	1.79	52.0	3.63	72.0	7.50	92.0	14.20	112.0	28.00
12.5	.74	32.5	1.82	52.5	3.69	72.5	7.58	92.5	14.40		
13.0	.77	33.0	1.84	53.0	3.75	73.0	7.67	93.0	14.60	113.0	29.00
13.5	.80	33.5	1.87	53.5	3.81	73.5	7.75	93.5	14.80		
14.0	.83	34.0	1.89	54.0	3.88	74.0	7.83	94.0	15.00	113.0+	30.00+
14.5	.85	34.5	1.92	54.5	3.94	74.5	7.92	94.5	15.25		
15.0	.88	35.0	1.95	55.0	4.00	75.0	8.00	95.0	15.50		
15.5	.91	35.5	1.97	55.5	4.10	75.5	8.17	95.5	15.75		
16.0	.94	36.0	2.00	56.0	4.20	76.0	8.33	96.0	16.00		
16.5	.97	36.5	2.05	56.5	4.30	76.5	8.50	96.5	16.25		
17.0	1.00	37.0	2.09	57.0	4.40	77.0	8.67	97.0	16.50		
17.5	1.03	37.5	2.14	57.5	4.50	77.5	8.83	97.5	16.75		
18.0	1.05	38.0	2.18	58.0	4.60	78.0	9.00	98.0	17.00		
18.5	1.08	38.5	2.23	58.5	4.70	78.5	9.25	98.5	17.25		
19.0	1.11	39.0	2.27	59.0	4.80	79.0	9.50	99.0	17.50		
19.5	1.13	39.5	2.32	59.5	4.90	79.5	9.75	99.5	17.75		
20.0	1.16	40.0	2.36	60.0	5.00	80.0	10.00	100.0	18.00		
20.5	1.18	40.5	2.41	60.5	5.10	80.5	10.10	100.5	18.33		

◆ 검사 결과의 활용

- 이 검사의 결과는 개인의 성장 또는 변화를 측정하고 개인차를 측정하는 도구로 활용할 수 있고, 치료나 훈련 후의 향상을 측정하는 도구로도 활용할 수 있다.
- 특히 「**장애인복지법**」의 지적장애 여부나 그 정도를 판별하는 도구로 활용할 수 있다.
- 「장애인복지법」에서는 다음과 같이 지적장애인을 법적으로 분류하고 있다(〈표 6-11〉 참조).

표 6-11 지적장애인의 법적 분류 기준

분 류	법적 정의
지적장애인 1급	지능지수 또는 사회성숙지수가 34 이하인 자로 일상생활과 사회생활의 적응이 뚜렷하게 곤란하여 일생 동안 타인의 보호가 필요한 사람
지적장애인 2급	지능지수 또는 사회성숙지수가 35 이상 49 이하인 자로 일상생활의 단순한 행동을 훈련시킬 수 있고, 어느 정도의 감독과 도움을 받으면 복잡하지 아니하고 특수기술을 요하지 아니하는 직업을 가질 수 있는 사람
지적장애인 3급	지능지수 또는 사회성숙지수가 50 이상 70 이하인 자로, 교육을 통한 사회 및 직업재활이 가능한 사람

◆ 검사의 장단점

- 수량화된 점수를 통해 종합된 적응행동 수준을 평가할 수 있어서 프로그램의 계획 및 효과 측정을 용이하게 해 준다.
- 면담에 의해 결과가 제시되므로 보호자의 판단에 따라 과대 또는 과소 평가될 수 있다.
- 나이가 많은 지적장애인은 생활연령이 높아 사회지수가 낮게 나올 수 있다.
- 각 영역별 적응행동 수준에 관한 규준이 없기 때문에 영역별 수준을 비교할 수 없다.
- 검사가 영·유아기 아동들의 행동에 관해서는 자세히 나와 있으나 나이가 많을수록 문항이 자세히 분류되어 있지 않다.

◆ 출처 및 개발자

김승국, 김옥기(2000). 사회성숙도검사. 서울: 중앙적성출판사.

4 교우도 검사

- 1932년 Moreno. J. L가 창시하고 **교우관계 사정**(sociometric assessment)과 같은 뜻으로 불리는 **교우도 검사**(sociogram)는 급우들 간의 수용 정도를 조사하는 것이다.
- 학교에서는 학급 집단 내의 학생들의 인간관계를 알아보는 데 유용하게 사용된다.
- 이 방법은 크게 두 가지로 분류된다. 한 가지는 어떤 성격이나 특성 또는 행동 경향이 현저한 개인을 그 집단에서 상호평가에 의하여 파악하는 것이고, 다른 한 가지는 동료 간에 어느 정도 수용되고 배척되고 있는가를 파악하는 것으로, 집단 구성원에게서 얻은 조사 결과를 도식으로 표시한다.

표 6-12 사회기능 교우도 검사(Social Skills Sociometric Questionnaire: SSSQ)

아래는 다른 친구들의 명단입니다. 친구들의 이름 옆에는 여러분이 그 친구들을 어느 정도 좋아하는지 표시하는 칸이 있습니다. 싫어하는 친구라면 번호 1에 동그라미를 하고, 별로 좋아하지 않는다면 번호 2에 동그라미를 하고, 좋아한다면 번호 3에 동그라미를 하세요. 한 사람의 이름마다 1, 2, 3 중에 반드시 한 번호에만 동그라미를 하세요(이 검사는 여러분을 지도할 때 참고자료로 사용됩니다. 그리고 여러분이 어떻게 표시하든 비밀이 지켜집니다.).

	싫어한다	별로 좋아하지 않는다	좋아한다		싫어한다	별로 좋아하지 않는다	좋아한다
김영삼	1	2	3	이재돈	1	2	3
민미숙	1	2	3	최규하	1	2	3
권동희	1	2	3	신명쾌	1	2	3
천재호	1	2	3	박치웅	1	2	3
전두환	1	2	3	여운형	1	2	3
전소웅	1	2	3	박용용	1	2	3
박정희	1	2	3	정치군	1	2	3
성창형	1	2	3	김치국	1	2	3
김애송	1	2	3	양치기	1	2	3
김대중	1	2	3	박태평	1	2	3
조애덕	1	2	3	김두령	1	2	3
이승만	1	2	3	황병우	1	2	3
이지웅	1	2	3	윤소라	1	2	3
문소리	1	2	3	채옥돌	1	2	3
윤보선	1	2	3	김종필	1	2	3
				노태우	1	2	3

1) 또래 지명법

- **또래 지명법**(peer nomination method)은 Moreno가 제안한 것으로 학급의 각 아동이 주어진 기준과 관련하여 정해진 수의 급우를 선택하도록 하는 것이다(〈표 6-12〉 참조).
- 또래 지명은 긍정적인 지명과 부정적인 지명으로 나눌 수 있다. 긍정적인 지명의 기준의 예는 '가장 좋아한다' '가장 친한 친구' '가장 함께 놀고 싶다' 등이며, 부정적인 지명의 기준의 예는 '가장 덜 좋아한다' '가장 덜 같이 놀고 싶다' 등이다.
- 각 아동의 점수는 급우들로부터 지명을 받은 수다. 긍정적인 지명점수는 또래 수용도 및 인기도의 지표가 되며, 부정적인 지명점수는 또래들에게 받는 거부의 지표가 된다.

2) 또래 평정법

- **또래 평정법**(peer rating method)은 학급에 소속된 모든 아동의 이름 옆에 5점이나 7점의 Likert 척도가 있고, 아동들은 각 아동에 대해 자신이 좋아하는 정도를 표시하도록 하는 방법이다(〈표 6-13〉 참조).
- 각 아동의 점수는 자신이 학급의 급우 전체로부터 받은 평정점수의 평균이다.
- 취학전 아동을 대상으로 이 절차를 실시할 때는 각 아동의 사진 옆에 웃는 얼굴(많이 좋아하는 친구), 중립적인 표정의 얼굴(그냥 좋아하는 친구), 찡그린 표정의 얼굴(좋아하지 않는 친구)을 그려 놓고 그중 하나에 ○표 하게 할 수 있다.
- 이러한 평정척도에서 받은 점수는 전 급우들에 의해 평정된 점수여서 지명점수보다 더 안정되어 있으며, 부정적인 지명과 관련된 윤리적인 문제를 최소화할 수 있다.
- 또한 급우들의 이름이 모두 나와 있기 때문에 또래 지명법에서처럼 이름을 잊어버렸거나 쓸 수가 없어서 선택하지 못할 염려가 없다.

표 6-13 또래 평정법의 예

분 류	매우 함께 놀고 싶다 (5점)	함께 놀고 싶다 (4점)	잘 모르겠다 (3점)	함께 놀고 싶지 않다 (2점)	전혀 함께 놀고 싶지 않다 (1점)
김영희	○				
이아람			○		
박영철				○	

- 또래 평정법과 또래 지명법은 교우관계의 다른 측면을 측정한다고 볼 수 있다. 또래 지명법은 우정의 패턴을 측정하는 반면, 또래 평정법은 반의 모든 아동으로부터 평정을 받기 때문에 반 급우들 사이에서 어느 정도 수용되고 있는가를 측정한다고 볼 수 있다.
- 따라서 아동들에게 부정적인 지명을 하도록 하는 것이 염려될 경우에는 또래 평정법과 긍정적인 지명만을 사용하면 된다. 그렇게 했을 경우 평정척도에서 1점에서 5점 사이에 평정하도록 하였을 때 1점에 평정된 것은 부정적인 지명으로 간주하면 된다.

3) 또래행동 기술법

또래 지명법이나 또래 평정법은 각 아동이 차지하는 또래 지위에 관한 정보는 주지만 아동이 어떤 기능에서 그러한 평정을 받고 있는지에 대해서는 정보를 제공하지 못한다. 따라서 또래행동 기술법에서는 아동의 사회적 행동을 나타내는 각 기술에 가장 적합한 급우들의 이름을 쓰게 한다(〈표 6-14〉 참조).

표 6-14 또래행동 기술법의 예

- 우리 반의 친구 중에서 남에게 친절하고 남을 가장 잘 도와주는 친구 3명의 이름을 적어 보십시오.
  (, ,)
- 우리 반의 친구 중에서 다른 사람 앞에서는 매우 수줍어하며 늘 혼자서 노는 친구 3명의 이름을 적어 보십시오. (, ,)
- 우리 반의 친구 중에서 늘 싸움을 걸거나 다른 친구들을 괴롭히는 친구가 있다면 3명만 이름을 적어 보십시오. (, ,)

학습과제

1. 사회성이란 무엇인지를 설명하라.

2. 영아기 사회성은 어떻게 발달하는지를 설명하라.

3. 유아기 사회성은 어떻게 발달하는지를 설명하라.

4. 아동기 사회성은 어떻게 발달하는지를 설명하라.

5. 사회성숙도란 무엇인지를 설명하라.

6. 적응행동의 정의와 세 가지 공통 요소는 무엇인지를 설명하라.

7. 사회성은 어떻게 측정할 수 있는지를 설명하라.

8. 한국유아사회성기술검사(K-SSRSP)의 목적, 대상, 검사 구성 및 특징, 실시 절차 및 해석방법을 설명하라.

9. 사회성숙도검사(SMS)의 목적, 대상, 검사 구성 및 특징, 실시 방법 및 채점과 해석방법을 설명하라.

10. 지적장애인의 법적 분류 기준을 설명하라.

핵심 용어

사회성(sociality)	친사회적 행동(prosocial behavior)
애착(attachment)	자기효능감(self efficacy)
기질(temperament)	사회적 유능감(social competence)
친사회적 행동(prosocial behavior)	적응행동(adaptive behavior)
자아개념(self concept)	한국유아사회성기술검사(K-SSRSP)
자아존중감(self esteem)	사회성숙도검사(SMS)
성 개념(sexual concept)	교우도 검사(sociogram)
정서조절(emotional control)	교우관계 사정(sociometric assessment)
만족지연(delay of gratification)	또래 지명법(peer nomination method)
이타성(altruism)	또래 평정법(peer rating method)

제 7 장

정신건강영역의 평가

학습목표

1. 정신건강이란 무엇인지를 정의할 수 있다.
2. 한국아동성격검사(교사평정용)를 실시하고 채점 및 해석하는 요령을 설명할 수 있다.
3. 한국아동성격검사(자기보고용)를 실시하고 채점 및 해석하는 요령을 설명할 수 있다.
4. 한국청소년성격검사(자기보고용)를 실시하고 채점 및 해석하는 요령을 설명할 수 있다.
5. 인터넷 중독검사를 실시하고 채점 및 해석하는 요령을 설명할 수 있다.

1 정신건강의 이해

■ 정신건강은 어떻게 정의할 수 있는가?

1) 정신건강에 대한 정의

- 인간은 육체적 존재인 동시에 정신적 존재이므로 이 중 어느 한쪽만 강조되거나 중요시되어서는 안 된다. 정신과 육체는 상호 연관되어 있고, 또 서로 분리할 수도 없다.
- 세계보건기구(World Health Organization: WHO)에 따르면 "건강이란 단지 질병이 없거나 허약하지 않은 상태를 말하는 것이 아니라 신체적 · 정신적 · 사회적 · 영적으로 완전한 안녕의 상태"를 말한다.
- 일반적으로 **정신건강**(mental health)이란 정신이나 심리 상태와 기능에 초점을 맞춰 건강을 설명하고 있는데, 정신적으로 장애가 없고 사회적으로 잘 적응하며 자신의 능력과 기능을 발휘하여 자기실현과 함께 생활에 대한 만족, 행복감을 경험하는 상태를 말한다.
- **건강한 정신**(healthy mental)이란 개인이 최선의 기능을 발휘하는 하나의 이상적 상태라고 할 수 있다. 이것은 정신적으로 건강하지 못한 상태를 사전에 예방하고 건강하지 않을 때 치료한다는 소극적인 측면만을 이야기하는 것이 아니라, 정신적으로 건강한 상태를 유지하고 그 건강한 상태를 더욱 증진시키는 적극적인 측면을 모두 의미하는 것이다.
- 미국정신위생위원회의 보고서에 따르면 정신적 질병에 걸려 있지 않은 상태만이 아닌 만족스러운 인간관계와 그것을 유지해 나갈 수 있는 능력을 갖춘 상태를 정신적으로 건강한 상태라고 정의하고 있다. 이러한 정의는 모든 종류의 개인적 · 사회적 적응을 포함하며, 어떤 환경에도 대처해 나갈 수 있는 건강하고 균형 잡힌 성격의 발달을 의미한다.
- 이처럼 정신건강이란 자기가 가진 능력을 최대한 발휘하면서 환경에 대한 적응력을 가지며 자기의 생활을 건설적 · 독립적 · 자주적으로 처리해 나가는 능력이라고 할 수 있다. 즉, 정신적으로 건강하다는 것은 신체적 · 정신적 · 사회적 · 도덕적 측면의 조화가 이루어져서 모든 성격이 충분히 활동하고 있는 상태를 의미한다고 볼 수 있다.

■ 정신적으로 건강한 사람의 특징은 무엇인가?

- Fromm은 정신적으로 건강한 사람들이 사회적 환경과의 관계에 초점을 두고 생산적으로 자신을 세계에 관계시키는 사람, 객관적으로 현실을 파악하는 데 이성을 사용하는 사람, 자기 자신을 유일한 개체로서 경험하며 동시에 자신의 친구로도 느끼는 사람, 살아 있는 한 항상 새로 태어나는 과정에 있음을 아는 사람, 인생이라는 선물을 가장 가치 있게 여기는 사람이라고 주장한다.
- Jahoda는 **좋은 정신건강의 특징**을 〈표 7-1〉과 같이 설명하고 있다. 이처럼 정신적으로 건강한 사람은 자아정체감을 갖고 있으며, 시간이 지남에 따라 미래 지향적이고, 효과적으로 인생에 투자할 줄 알며, 통합된 인격을 가진다. 또한 스트레스에 저항할 수 있고, 자율성을 가지고 있으면서 욕구를 충족할 수 있는 것이 무엇인지 깨달으며, 현실을 왜곡하지 않고, 감정이입을 할 줄 아며, 자신이 주변 환경에 최적의 적응을 하도록 노력하고, 효과적으로 일하고 사랑할 줄 안다.
- 따라서 좋은 정신건강이란 다양한 측면에서의 자질들을 충분히 획득하여 능력을 갖추고 있을 때의 상태이기 때문에, 그렇지 못할 때에는 개인적으로 성공적인 적응을 하지 못하게 되고, 심한 경우에는 정신병리 문제를 일으킬 수 있다. 즉, 정신건강은 곧 적응의 문제와 깊은 관계가 있다고 볼 수 있다.

표 7-1 좋은 정신건강의 특징

조 건	설 명
자아정체감	자신을 긍정적으로 수용하고, 필요한 경우에는 자기개념을 수정하기도 하는 자아정체감을 갖고 있음
자아실현	자신을 인정할 뿐만 아니라 성장, 발달하려는 욕구를 가지고 있으며, 또한 궁극적으로는 자아실현의 동기를 갖고 있음
통합력	정신적으로 균형 잡혀 있고, 삶에 대한 통합적인 노력을 하며, 스트레스 상황에서도 일관된 행동을 함
자율성	행동의 결정과정에서 자율적으로 행동하며, 독립적인 행동에 대하여 스스로 통제하는 자율성을 보임
현실지각능력	사물을 왜곡하지 않을 뿐만 아니라 현실에 대한 민감성도 가지고 있어 다른 사람에게 보다 적절히 대응하고, 적절하게 자신의 감정을 주고받을 수 있음
환경적응능력	주어진 환경 속에서 대인관계가 적절하고, 환경에의 적응 능력 및 조정 능력이 있으며, 사랑할 수 있는 능력이 있고, 문제해결 장면에서도 효율성을 보임

2) 건강의 개념

■ 건강의 다섯 가지 차원은 무엇인가?

많은 학자는 건강에 대해 **다섯 가지 차원**—**신체적 · 정신적 · 정서적 · 사회적 · 영적**—을 강조하고 있다. 모든 사람은 이 다섯 가지 차원의 건강을 가지고 있으며, 각 차원은 전체적인 안녕을 위해 중요한 역할을 한다(전석균, 2015). 이러한 차원의 건강은 신체건강과 정신건강으로 구분할 수 있다. **정신건강**에는 정신적 건강, 정서적 건강, 사회적 건강, 영적 건강이 포함된다(〈표 7-2〉 참조).

표 7-2 건강의 구분

구 분			요 소
건 강	신체건강	신체적 건강	생리적 · 신체적 요소
	정신건강	정신적 건강	합리성, 의사결정
		정서적 건강	감정, 정서적 반응
		사회적 건강	상호작용, 인간관계
		영적 건강	신념, 희망, 삶의 목표

3) 정신건강의 요소

■ 정신적으로 건강한 사람들의 특징적 요소는 무엇인가?

어떤 사람도 항상 정신건강과 관련된 모든 특징을 가지고 있을 수 없지만, 일정한 기간 이상으로 정신건강의 특징이 내포된 행동을 보일 것이라 기대한다. 비록 사람들이 상이한 관점이나 배경을 가지고 있지만, 정신적으로 건강한 사람이 지니고 있는 특징적 요소는 다음과 같다(Donnelly, Eburne, & Kittleson, 2001). 즉, ① 삶에 대한 긍정적인 전망, ② 삶에 대한 현실적인 기대, ③ 효과적인 정서 관리, ④ 대인관계, ⑤ 타인으로부터 역량을 끌어내는 능력, ⑥ 합리적인 기호나 취미, ⑦ 효과적인 스트레스 대처 기술, ⑧ 정직한 자기관심과 자존감, ⑨ 명확하고 현실적인 세계관, ⑩ 자기계발과 자기변화를 위한 영성 등이다.

2 한국 아동 인성 평정 척도(KPRC)

◆ 목적 및 특성

- 대부분 아동이 행동이나 정서, 발달 혹은 대인관계에 문제가 있을 경우 병원이나 임상장면에 의뢰되며, 임상가들은 아동 자신만이 아니라 이들 보호자와의 면담을 통해 진단적으로나 치료적으로 중요한 정보를 얻게 된다.
- 특히 아동들의 경우 자신의 심리적인 상태에 대해 잘 깨닫지 못하거나 표현하지 못하는 경우가 많으므로 보호자와의 면담은 진단적인 정보를 얻고 치료계획을 세우는 데 매우 중요하다.
- 면담에서의 초점은 아동의 현재 행동에 관한 것이고, 아울러 아동의 생물학적·발달적 측면, 학업수행과 대인관계 그리고 가족의 생활양식이나 기타 아동의 인지나 행동, 정서에 영향을 주는 환경적인 요인들과 생활사건에 대해 파악하는 것이다.
- 이러한 정보를 가지고 진단적인 결론을 내리고 치료계획을 수립하게 되는데, 정상적인 아동과 심리적 기능장애를 보이는 아동들에게서 체계적으로 그러한 자료를 모은다면, 임상장면에서 아동의 정신과적인 문제를 선별진단하고, 학교 장면에서 심리적인 도움을 필요로 하는 아동들을 조기에 발견하여 도움을 줄 수 있다.
- KPRC는 임상 장면뿐 아니라 학교 장면에서 심리적인 도움을 필요로 하는 아동들을 조기에 가려내어 적절한 예방적 혹은 치료적인 조치를 취할 수 있도록 개발되었다.

◆ 검사 구성 및 내용

- KPRC는 3개의 타당도 척도(검사-재검사척도, L척도, F척도)와 1개의 **자아탄력성척도**, 그리고 10개의 **임상척도**(언어발달척도, 운동발달척도, 불안척도, 우울척도, 신체화척도, 비행척도, 과잉행동척도, 가족관계척도, 사회관계척도, 정신증척도)로 구성되어 있다(〈표 7-3〉 참조).

표 7-3 척도의 구성과 문항 수

척도 이름		측정 영역	문항 수
타당도 척도	T-R척도	검사-재검사 신뢰도	18
	L척도	방어적인 태도	12
	F척도	증상의 과장이나 무선반응	30
자아탄력성척도	ERS척도	자아탄력성	18
임상척도	VDL척도	언어발달	12
	PDL척도	운동발달	13
	ANX척도	불안, 긴장, 걱정	15
	DEP척도	우울, 자신감 결여	15
	SOM척도	신체화 경향성	15
	DLQ척도	비행, 품행장애	15
	HPR척도	주의력결핍, 과잉행동	19
	FAM척도	가정불화, 부모-자녀관계	18
	SOC척도	사회적 관계에서의 어려움	14
	PSY척도	현실접촉의 어려움, 정신증상	19

(1) 타당도 척도

① 검사-재검사 척도(T-R)

- 이 척도는 피검자가 KPRC 각 문항에 얼마나 일관성 있게 반응하였는지의 여부를 파악한다.

② L척도(L)

- 이 척도는 아동에게서 흔히 볼 수 있는 문제행동을 부정하고 아주 바람직한 아동으로 기술하려는 보호자의 방어적인 태도를 측정한다. 문제가 없거나 실제보다 문제가 덜 있는 것으로 보이고자 의도적인 시도를 할 때 L척도가 상승한다.
- L척도는 비행이나 반사회적인 행동, 혹은 대인관계 영역에서 문제의 부재나 부정을 반영한다.

③ F척도(F)

- 이 척도는 의도적이거나 비의도적인 증상의 과장과 같은 일탈된 반응자세를 가려내기 위해 만들어진 척도다.

- 극단적인 상승은 일탈된 반응자세에서 비롯되었을 가능성이 크며 프로파일이 과장되어 있거나, 타당하지 않음을 시사한다. 그러나 이러한 가능성이 배제될 수 있다면 F척도는 정신병리의 심각성을 반영한다. 즉, F척도의 극단적인 상승은 발달, 정서, 행동, 가족관계, 대인관계에서 심각한 문제를 시사한다.

(2) 자아탄력성척도(ERS)

- 이 척도는 여러 가지 심리적인 문제에 대한 아동들의 대처능력이나 적응잠재력을 측정하며, 자신감과 여유, 원만하고 친밀한 대인관계, 인내심, 집중력, 포용력 등을 측정하는 문항으로 구성되었다.
- 자아탄력성이란 내적 · 외적 스트레스에 융통성 있고 적절하게 대처하는 개인의 전반적인 능력이다. 자아탄력성이 높은 아동들은 상황의 요구에 맞게 행동하고 환경적인 변화에 적절히 대처하며 가능한 문제해결의 책략들을 융통성 있게 사용한다.
- 반면, **탄력성이 낮은 아동**들은 적응적인 융통성이 없고 상황의 역동적인 요구에 반응하지 못하며, **환경의 변화나 스트레스 상황에 직면했을 때 쉽게 좌절**하고, 외상적인 경험 후에 재적응하는 데 어려움을 보인다.
- **자아탄력성이 높은 아동**들은 화목하고 원칙을 중시하며 감정과 의사표현이 자유로운 가정 분위기와 자식을 사랑하고, 자신감이 있고, 통합된 어머니 밑에서 자랐으며, 반면 탄력성이 **낮은 아동**들은 가족들 간에 갈등과 불화가 심한 것으로 나타날 수 있다.

(3) 임상 척도

- 10개의 임상 척도는 **지적 발달**과 관련된 척도(언어발달, 운동발달 척도), **정서**와 관련된 척도(우울, 불안, 신체화 척도), 아동의 **행동상의 문제**를 측정하는 척도(비행, 과잉행동 척도), **대인관계**와 관련된 척도(가족관계, 사회관계 척도), **현실접촉**과 관련된 척도(정신증 척도) 등으로 구분할 수 있다.

① 언어발달척도(VDL)

- 이 척도는 언어 능력에서 발달지체나 기능상의 손상을 측정하며, 전반적인 지적 수준에 대한 평가 및 언어 이해, 읽기, 쓰기, 기본적인 연산 능력, 시간 개념 등 언어발달과 관련된 문항으로 구성되어 있다.
- 이 척도에서의 70T 이상 상승된 경우 언어를 포함한 지적 능력이 떨어지거나, 전반적인 혹

은 특정 영역에서의 지적 손상이 있을 가능성이 크다.

- 우선 아동이 너무 어리거나 지능이 낮아 기존의 지능검사를 실시하기 어려울 경우 아동의 발달수준에 대한 보호자의 평가는 아동의 지적 수준을 추정할 수 있다.
- 또한 모든 아동에 대해 충분한 평가를 할 수 없는 상황에서, 발달척도의 상승은 더 심층적인 평가를 받을 필요성이 있는 아동을 알아내는 데 유용하다.

② 운동발달척도(PDL)

- 이 척도는 정신운동기능이나 운동 능력에서 발달지체나 기능상의 손상을 측정하며, 전반적인 지적 수준에 대한 평가 및 운동능력의 발달, 정교한 정신운동성 협응, 위생관리, 일상적인 위험에의 대처능력 등을 측정하는 문항으로 구성되어 있다.
- 이 척도에서의 70T 이상 상승된 경우 동작성 능력에서의 발달지체가 의심되며, 따라서 개별적 지능 평가나 신경심리학적 평가를 받을 필요가 있다.

③ 불안척도(ANX)

- 이 척도는 자연현상이나 동물, 대인관계 혹은 사회관계에서의 두려움이나 불안, 긴장을 측정하며, 자연현상이나 동물에 대한 공포 대인불안, 당황, 초조, 우유부단, 걱정, 자율신경계의 각성 등 공포나 불안 혹은 이와 관련된 증상들을 측정하는 문항으로 구성되어 있다.
- 이 척도에서의 상승은 자연 현상, 동물에 대한 두려움 혹은 대인관계에서의 불안이 있음을 시사하며, 상승할수록 수면장애, 등교거부, 타인에 대한 두려움과 회피, 개인적 실수를 지나치게 회피하려는 경향이 있을 수 있다.

④ 우울척도(DEP)

- 이 척도는 우울한 기분, 자신감의 결여, 활동성의 저하, 가정불화, 흥미의 감소, 사회적 철수 등 우울과 관련된 문항으로 구성되어 있다.
- 이 척도에서의 상승은 우울과 그에 따른 심리적인 불편함과 소외가 있음을 시사하며, 70T 이상 상승한 경우 심한 우울증상을 경험하고 있을 수 있다.

⑤ 신체화척도(SOM)

- 신체화척도는 심리적인 문제를 신체 증상으로 나타내는 신체화의 경향을 측정하며, 전반적인 건강 정도와 다양한 신체 증상을 측정하는 문항으로 구성되어 있다.

- 이 척도에서의 상승은 건강과 관련된 호소를 통해 주의나 전문적인 관심을 얻으려는 시도를 반영한다.
- 미약한 상승은 신체 증상이 실제로 있는가에 관계없이 통증과 고통을 호소함을 시사하며, 이러한 신체 증상들은 책임감을 피하기 위해 사용하거나 불편한 상황으로부터 도피하기 위해 사용하는 것일 수도 있다.

⑥ 비행척도(DLQ)

- 이 척도는 반항과 불복종, 공격성과 적대감, 거짓말, 도벽 등 비행이나 품행상의 문제를 측정하는 문항으로 구성되어 있다.
- 이 척도에서의 상승은 규칙을 따르지 않거나 순종하지 않고, 적대적이고 충동적이며 무책임한 행동경향을 시사하며, 이들은 사회적 기대를 무시할 뿐만 아니라, 분노를 잘 통제하지 못한다.
- 70T 이상은 비행의 정도가 심각하므로 추가 평가가 필요하다.

⑦ 과잉행동척도(HPR)

- 이 척도는 주의력결핍 과잉행동장애(Attention Deficit Hyperactive Disorder: ADHD)의 특징을 보이는 아동들을 가려내기 위해 주의산만, 과잉행동, 충동성 등을 평가하는 문항으로 구성되어 있다.
- 이 척도에서의 상승은 행동이 부산하고 주의가 산만하며 충동조절에 어려움이 있음을 시사하며, 이러한 아동들은 좌절에 대한 인내력이 부족하고 집이나 학교에서 요구하는 사항들을 잘 따르지 않고 제재해도 말을 듣지 않을 수 있다.
- 또한 이들은 행동이 부산하여 수업을 방해하고 과제에 주의를 기울이지 못하여 학업성취가 떨어지며, 친구들을 성가시게 하는 나머지 또래관계가 나쁘며, 학업이나 친구관계와 관련하여 자아존중감이 낮고 우울을 경험하기도 한다.

⑧ 가족관계척도(FAM)

- 가족관계척도는 가족 내의 역동이 아동의 부적응이나 정신병리에 영향을 미치는 정도를 측정하며, 가정불화와 가정 내의 긴장, 부모와 자녀와의 관계, 부부관계의 위기, 자녀에 대한 무관심 등을 측정하는 문항으로 구성되어 있다.
- 이 척도의 상승은 가정이 화목하지 못하고 아동에게 필요한 심리적인 지지를 해 주지 못

하고 있을 뿐만 아니라, 부부간의 불화나 가정 내의 긴장이 오히려 아동에게 스트레스의 주요 원천이 되고 있음을 시사한다.

- 부모들은 가정교육에 일관성이 없고, 비효율적이며 그들 자신의 정서나 대인관계에서의 문제 혹은 음주문제와 관련하여 전문적인 도움을 필요로 하는 경우도 있을 수 있다.
- 70T 이상 상승한 경우 가정 내의 긴장이 위험수준이며, 부모들이 서로 미워하고 자녀들에게 지나치게 처벌적일 가능성이 있고, 아내학대와 아동학대, 별거나 이혼의 가능성이 있다.

⑨ 사회관계척도(SOC)

- 이 척도는 대인관계의 어려움을 측정하며, 또래관계에 대한 관심 정도 및 소외되어 있는 정도, 대인관계에서의 불안이나 수줍음을 측정하는 문항으로 구성되어 있다.
- 이 척도에서의 상승은 아동이 친구를 사귀는 데 어려움이 있고, 위축되어 있으며, 고립되어 있을 가능성을 시사한다.

⑩ 정신증척도(PSY)

- 이 척도는 상동적인 행동, 부적절하고 특이한 언행, 망상과 환각, 비현실감 등 언어, 사고, 행동에서의 특이함이나 현실접촉의 어려움을 측정하는 문항으로 구성되어 있다.
- 실제로 아동기의 정신병은 매우 드물며 정신병으로 진단된 대다수의 아동이 이 척도에서 점수가 상승하지만, 이 척도에서의 상승이 항상 정신병을 시사하는 것은 아니다. 그렇지만 이 척도에서의 상승은 정서적 불안정, 사회적 기술의 부족, 사회적 철회나 고립, 이상하거나 특이한 행동상의 문제를 지니고 있을 가능성을 시사한다.

◆ 실시방법 및 채점

(1) 실 시

① 검사자

- 임상 장면의 경우 검사자의 조건으로 임상심리전문가나 임상심리전문가의 지도감독하에 있는 임상심리 수련생이 가장 적합하다.
- 또한 상담이나 학교 장면에서도 아동들을 위해 유용하게 사용 가능하다. 이 경우에도 검사자는 성격심리, 아동발달, 심리측정평가, 아동과 청소년의 정신병리에 대한 충분한 기

본지식이 있어야 하며, 이 안내서에 포함된 검사의 구성과 제작과정, 실시, 채점, 해석절차를 숙지해야 한다.

② 피검자

- 가장 유용한 정보제공자는 아동과 같이 생활하고 있는 아동의 어머니이다. 그러나 아동의 아버지나 아동을 잘 아는 다른 사람들도 유용한 정보원이 될 수도 있다.
- 일반적으로 피검자는 이 검사를 실시하기 전 적어도 6개월 동안은 아동과 긴밀한 관계를 맺고 있어야 하며, 각 문항을 읽고 제대로 답하기 위해서 적어도 초등학교 6년 수준의 읽기 능력이 있어야 한다.
- 부득이한 경우 다른 사람이 보호자에게 대신 검사문항을 읽어 주거나 보호자의 응답대로 응답지에 표시를 해 줄 수는 있으나, 이 경우 제삼자는 보호자의 답변에 영향을 주지 않도록 특히 주의해야 한다.

③ 응답 요령에 대한 설명

- 시작하기 전에 검사자는 피검자에게 검사지에 나와 있는 지시사항에 대해 설명해 주어야 한다.
- 이 검사가 아동과 가족관계에 대한 진술들로 구성되어 있으므로, 그 진술이 자신의 아동에게 해당되는 정도에 따라 0점에서 3점에 이르기까지 답하도록 한다.
- 가능한 한 모든 문항에 응답을 하도록 하며, 되도록 빨리 답하도록 격려해 준다.
- 검사자는 검사 결과가 아동을 위해 매우 중요하고 유용한 정보를 제공할 것이라는 점을 강조해야 한다. 배경 정보들 역시 빠뜨리지 않도록 해야 하고, 응답지의 빈칸에는 아동의 이름과 주민등록번호, 생년월일과 검사일, 나이, 성별, 학교, 학년 그리고, 응답자의 이름과 아동과의 관계를 쓰도록 해야 한다. 아동의 나이와 성별은 적절한 채점을 위해서 반드시 필요하다.

(2) KPRC의 온라인 채점 시스템

사용자의 편의성과 신속한 결과 처리를 위해 한국심리주식회사 홈페이지(http://www.koreapsy.co.kr)에서는 온라인 채점시스템을 제공하고 있다.

◆ 출 처

조선미, 박혜연, 김지혜, 홍창희, 황순택(2006). 한국 아동 인성 평정 척도(Korean Personality Rating Scale for Children; KPRC)의 표준화 연구. *Korean Journal of Clinical Psychology, 25*(3), 825-848.

3 한국아동/청소년성격검사(자기보고용; KCPI-S/KAPI-S)

◆ 검사 목적 및 특징

(1) KCPI-S/KAPI-S의 목적과 배경

- 아동 · 청소년기의 심리적 부적응문제를 치유하지 않고 방치할 경우 성인기 부적응 또는 정신장애로 연결될 가능성이 크므로, 부적응문제를 조기에 발견하고 치료하는 일이 무엇보다 중요하다.
- 부적응문제를 조기에 발견하기 위한 경제적이고 현실적인 방법 중 하나는 선별검사를 실시하는 것이다. 기존의 KPI-C나 KPRC와 같은 아동용 성격검사가 부모평정 방식으로 제작된 이유는 일반적으로 아동은 발달과정에 있으므로 자신의 감정, 지각, 행동을 정확하게 인식하기 어려울 뿐 아니라 문장에 대한 이해력도 제한적이어서 정확하게 보고하기 어렵기 때문이다.
- 그러나 아동에 대한 부모의 보고나 평정은 부모의 정신병리와 성격 같은 변인뿐만 아니라 아동과의 상호작용 방식에 의해 정확성이 떨어질 수도 있고, 부모가 현재 경험하고 있는 스트레스, 아동에 대한 수용의 정도, 아동의 나이 등에 영향을 받을 수도 있기 때문에 자기보고형 검사를 개발하여 함께 활용하고 있다. 이에 해당하는 것 중 하나가 한국아동/청소년성격검사(자기보고용; Korean Child/Adolescence Personality Inventory for Self Report: KCPI-S/KAPI-S)다.
- 이는 부모와 같은 외부 평정자의 판단에만 의존할 경우 아동 자신이 경험하는 매우 주관적인 심리적 현상에 대한 자료를 풍부하게 수집하기 어렵다는 단점을 보완하기 위함이다.
- 아동의 경우 자신의 감정, 지각, 행동을 정확하게 인식하기 어렵고, 검사문항에 대한 문장 이해력이 제한될 수 있기 때문에 자신의 문제를 정확히 평정하기 어렵다는 단점이 있다.

따라서 아동 평가는 아동의 행동관찰과 관련된 여러 가지 장면이나 맥락에서 나타나는 다양한 정보를 통합하는 다축적 진단 또는 평가 체제를 활용하는 것이 중요하다.

- 즉, 부모와 교사의 평정, 인지적 평가와 신체 상태에 대한 확인 및 아동의 자기보고나 관찰결과를 모두 통합하여 평가에 반영할 때 평가 결과의 신뢰성과 타당성이 높아진다.
- 부모보고형과 자기보고형으로 이루어진 검사의 경우 부적응과 정신병이 측정의 교차타당화 측면에서 매우 유용하다. 또한 보고하는 보고자의 입장에 따라 나타난 서로 다른 자료의 가치는 매우 크다.
- 자료수집의 효율성 측면에서 볼 때, 자신으로부터 정보를 얻게 된다면 정보수집 과정이 간편화되며, 외부로 드러나지 않는 정보에 대해 알 수 있다. 즉, 내면의 감정과 정서, 지각, 판단을 측정할 수 있으며, 적응에 대한 본인의 관점을 알 수 있는 장점이 있다.

(2) KCPI-S/KAPI-S의 대상과 특징

- KCPI-S는 초등학교 4~6학년, KAPI-S는 중 · 고등학교 학생들에게 실시할 수 있다.
- KPRC 문항을 **아동 · 청소년 자기보고형**으로 수정하여, 아동들이 문항의 의미를 정확하게 이해하고 자신의 경험과 상태를 제대로 보고할 수 있도록 수정하는 과정을 거쳤다.
- 수정된 문항을 토대로 신뢰도와 타당도를 분석하였으며, 척도별 요인구조를 탐색하였다.
- 이 검사는 **4점 척도**(전혀 아니다, 약간 그렇다, 대체로 그렇다, 매우 그렇다)로 본인이 직접 평정해야 한다.

◆ 검사 구성 및 내용

KCPI-S/KAPI-S는 **3개의 타당도 척도**(비일관성척도, 허위척도, 저빈도척도)와 **1개의 자아탄력성척도** 및 **10개의 임상척도**(언어발달척도, 운동발달척도, 불안척도, 우울척도, 신체화척도, 비행척도, 과잉행동척도, 가족관계척도, 사회관계척도, 정신증척도)로 구성되어 있다(〈표 7-4〉 참조).

표 7-4 KCPI-S/KAPI-S의 구성 및 측정내용과 문항 수

척도	하위척도	측정내용	문항 수	
			확장형	단축형
타당도 척도	비일관성척도 (ICN)	각 문항에 얼마나 주의를 기울여 일관성 있게 응답하는지 알기 위해 측정	20	
	허위척도 (L)	문제행동을 부정하고 자신을 아주 바람직한 모습으로 기술하려는 방어적인 태도를 측정	15	6
	저빈도척도 (F)	현재 겪고 있는 문제를 의도적으로 과장하려 하거나 실제로는 있지 않은 증상을 보고하는 것을 측정	15	6
자아탄력성척도 (ERS)		여러 가지 심리적 문제에 대한 아동들의 대처능력이나 적응잠재력을 측정	19	9
임상척도	언어발달척도 (VDL)	언어발달이 연령에 맞게 이루어지는가를 측정	10	6
	운동발달척도 (PDL)	정신운동기능이나 동작성 능력에서 발달의 지체나 기능손상을 측정	11	5
	불안척도 (ANX)	자연현상이나 동물, 대인관계 또는 사회관계에서의 두려움이나 불안과 공포를 측정	15	7
	우울척도 (DEP)	우울증/자신감 결여 측정	14	7
	신체화척도 (SOM)	건강에 관한 내용과 정신적 문제로는 보이지 않는 신체감각에 대한 내용으로 이루어져 있으며, 사실상 신체 증상으로 나타나는 정신적 문제 측정	15	7
	비행척도 (DLQ)	비행성향을 측정하고 품행장애 여부 측정	13	8
	과잉행동척도 (HPR)	주의력결핍 과잉행동장애의 증후 여부 측정	19	9
	가족관계척도 (FAM)	가족 간의 갈등과 부모로서 아이를 대하는 태도, 부모의 부적응 여부를 측정	18	8
	사회관계척도 (SOC)	또래관계나 어른들과의 관계 등 아동의 사회관계에서의 어려움을 측정	13	7
	정신증척도 (PSY)	발달상의 일탈이나 망상과 환각, 비현실감, 상동행동 등 정신병적 증상을 측정	18	9

◆ 검사 실시 자격

- 검사자는 임상 장면의 경우 임상심리 전문가나 임상심리 전문가의 지도감독하에 있는 임상심리 수련생이 적합하다.
- 검사자는 성격심리, 아동발달, 심리측정평가, 아동과 청소년의 정신병리에 대한 충분한 지식을 가지고 있어야 하고, 검사의 구성, 실시, 채점 및 해석 절차를 숙지하고 있어야 한다.

◆ 실시방법 및 유의사항

- 검사자는 검사지에 나와 있는 지시에 준하여 응답 요령에 대해 설명해 준다. 먼저 이 검사가 성격검사이며, 옳고 그르고의 정답이 없는 문항으로 구성되어 있으므로, 자신에게 해당하는 정도에 따라 '전혀 아니다(0)' '약간 그렇다(1)' '대체로 그렇다(2)' '매우 그렇다(3)' 중 하나에 답하도록 한다.
- 가능한 한 모든 문항에 응답을 하도록 하고 되도록 빨리 답하도록 격려한다.
- 검사자는 답안지를 회수하면서 응답하지 않은 문항이 얼마나 되는지와 함께 기록하지 않은 항목이 있는지를 확인하여야 한다.

◆ 채 점

- 채점하기 전에 응답하지 않았거나 이중으로 체크한 문항이 없는지를 확인한다.
- 각 문항별로 '전혀 아니다(0)' '약간 그렇다(1)' '대체로 그렇다(2)' '매우 그렇다(3)'로 채점한다.
- 채점과정은 각 임상척도별로 순서대로 답한 문항들만 합산되므로 무응답 문항은 채점에 포함시키지 않는다.
- 학지사 심리검사연구소 인싸이트 홈페이지(http://www.inpsyt.co.kr)에서는 인터넷상에서도 평가의 효율성 및 평가자의 편의성을 증대시키고 정확한 정보를 제공하기 위해 웹기반 평가 시스템을 개발하였다.
- 이 평가 시스템을 통해 각 영역별 평가한 내용을 입력하면, 컴퓨터가 자동 채점하여 표준점수와 결과 프로파일을 작성해 준다.

◆ 결과 해석

(1) 타당도 척도

① 비일관성척도

- 비일관성척도(inconsistency: ICN)는 피검자가 검사의 각 문항에 얼마나 주의를 기울여 일관성 있게 응답했는지를 측정한다.
- 상관이 높은 문항 10쌍으로 이루어져 있고, 문항의 의미나 내용이 유사하다.
- 피검자가 주의 깊게 응답하였다면 의미가 유사한 문항 쌍에 대해 같은 반응을 보일 것이라고 예상할 수 있다.
- 이 척도의 표준점수(T)가 70점이 넘을 경우에는 임상척도의 프로파일을 해석할 때 조심해야 하는데, 충분히 주의를 기울이지 않거나 비일관적인 태도로 수행했을 가능성이 높고, 경우에 따라서는 문항이해능력이 부족했을 가능성도 고려해야 한다.
- 이 척도의 점수가 상승하면 임상척도가 상승할 가능성이 있으므로 프로파일을 그대로 해석하는 것은 주의를 요한다.

② 허위척도

- 허위척도(Lie: L)는 청소년들에게서 흔히 볼 수 있는 문제행동을 부정하고, 자신을 아주 바람직한 모습으로 기술하려는 방어적인 태도를 측정한다.
- 15개의 문항은 지나치게 바람직하여 전적으로 긍정하기는 어려운 내용 혹은 일반적으로 청소년들이 흔히 보일 수 있는 문제행동이어서 전적으로 부정하기는 어려운 내용으로 구성되어 있다.
- 이러한 보편적인 내용들을 부정할 경우 사소한 문제나 흔히 있을 수 있는 가벼운 문제까지도 인정하지 않으려 하는 태도를 가진 것으로 해석할 수 있다.
- 이 척도는 모든 임상척도와 유의미한 부적 상관이 있으며, 70T 이상으로 상승할 경우 피검자가 문제를 부인하거나 최소화하려는 태도를 가진 것으로 해석할 수 있다.
- 피검자가 문제를 부인하려는 태도를 가지면 임상척도의 점수가 저하되므로 경미한 상승도 심각한 문제를 반영할 수 있다.
- 이 척도가 상승할 경우 세부적인 면담을 통해 피검자의 태도를 확인하는 것이 필요하다.

③ 저빈도척도

- 저빈도척도(infrequency: F)는 현재 경험하고 있는 부적응문제를 피검자가 의도적으로 과장하려 하거나 실제로는 있지 않은 증상을 보고하는 것을 측정한다.
- 이 척도의 점수가 상승하면 심각한 정신병리와 부적응이 있을 가능성이 있다.
- 이 척도가 상승할 때 이 검사의 결과와 다른 면접이나 다른 검사 결과를 함께 고려해서 척도의 상승의 의미를 파악해야 한다.
- 타당도 척도는 개별적으로 표준점수에 따라 해석을 하는 것도 중요하지만 2개의 척도가 어떤 패턴을 보이는지를 살펴보는 것이 중요하다.
  - ICN, L, F척도가 모두 상승하지 않는 경우: 규준집단의 대부분이 이런 형태의 프로파일을 보이고, 임상척도는 표준점수대로 해석한다.
  - L척도의 단독 상승: 의뢰된 임상집단에서는 거의 찾아볼 수 없으며, 주로 규준집단이나 집단 선별용(screening) 검사에서 볼 수 있는 프로파일의 형태다. F척도가 지나치게 상승하지 않을 경우 대체로 정상 범위의 적응을 하고 있는 경우로 볼 수 있으나, 임상집단에서 이런 프로파일이 나오면 문제를 부정하려는 태도를 의심해 볼 수 있다.
  - F척도의 단독 상승: F척도가 지나치게 상승하면 문제를 과장해서 보고하려는 시도와 부적응의 가능성 둘 다를 의심해 볼 수 있다. 다른 자료나 문항 분석을 통해 좀 더 자세한 정보를 얻는 것이 필요하며, 프로파일을 그대로 해석하면 오해석 가능성이 있다.
  - ICN척도가 상승하고 F척도가 상승하지 않는 경우: 상당히 드문 경우로, 무선응답의 가능성은 그리 높지 않다. 문항 분석을 통해 ICN척도에서 비일관적으로 응답한 문항의 내용을 직접 확인해 보는 것이 도움이 된다. 응답자가 독해력이 다소 떨어져 문항의 미묘한 뉘앙스의 차이를 이해하지 못했을 가능성이 있다.
  - ICN척도와 F척도가 동시에 상승할 경우: 무선응답의 가능성이 상당히 높고, 응답자가 문항의 내용을 제대로 이해할 만한 능력이 되는지도 확인할 필요가 있다.

(2) 자아탄력성척도

- 자아탄력성척도(ego resilience: ERS)는 여러 가지 심리적 문제에 대한 대처능력이나 적응 잠재력을 측정한다.
- 문항내용은 자신감과 또래관계에서의 효능감, 원만한 관계 형성능력, 정서적 안정감과 자신감, 집중력 등을 포함하고 있다.
- 자아탄력성은 외적 · 내적 스트레스에 융통성 있고 적절하게 대처하는 개인의 전반

적인 능력을 의미한다.

- 자아탄력성이 높은 아동 · 청소년들은 상황의 요구에 맞는 적절한 행동을 하고 환경 변화에 능동적으로 대처하며 문제해결의 책략들을 융통성 있게 사용한다. 자아탄력성이 높은 아동 · 청소년으로 성장하는 데는 가정의 분위기와 어머니의 역할이 매우 중요한 요소로 작용한다. 이러한 아동 · 청소년들은 화목하고, 원칙을 중요시하며 감정과 의사표현이 자유로운 가정 분위기와 자녀를 사랑하고 자신감이 있고 통합된 어머니 밑에서 자라 왔을 가능성이 크다.
- 반면에 자아탄력성이 낮은 아동 · 청소년들은 가족 간에 불화가 심하고, 어머니로서의 자신의 역할에 대해 신경증적이고 불안해하는 양가적 어머니를 두고 있을 가능성이 있다.
- 자아탄력성척도는 여러 가지 정신병리의 중요한 역지표이고, 정신병리가 나타났을 때 환경적 요인의 심각성과 아울러 치료에 대한 능동적인 참여 및 좋은 예후를 시사해 주는 지표이기도 하다.
- 점수가 30T 이하일 경우 적응적인 융통성이 부족해 환경의 변화에 잘 적응하지 못하고, 일상생활에서도 상황의 요구에 적합한 행동을 하는 데 어려움이 있다. 특히 스트레스 상황에 직면했을 때 쉽게 좌절하고 위축되거나 회피행동을 보일 수 있고, 정서 · 행동장애를 발현시킬 가능성도 높다.
- 이 척도는 모든 임상척도와 부적 상관을 나타내었으며, 교사보고용의 경우 우울, 사회관계, 정신증 척도와 높은 부적 상관을 보였다.

(3) 임상척도

임상척도는 지적 발달과 관련된 척도(언어발달, 운동발달 척도), 정서와 관련된 척도(우울, 불안, 신체화 척도), 아동의 행동상의 문제를 측정하는 척도(비행, 과잉행동 척도), 대인관계와 관련된 척도(가족관계, 사회관계 척도), 현실 접촉과 관련된 척도(정신증척도)의 10개로 이루어져 있다.

① 언어발달척도

- 언어발달척도(verbal development: VDL)는 아동 · 청소년의 언어발달이 연령에 맞게 이루어지고 있는가를 측정한다.
- 척도를 구성하는 문항의 내용들은 언어발달에 대한 직접적인 내용뿐 아니라 전반적인 지

적 수준에 대한 평가, 학업성취 정도 등 광범위한 영역의 발달을 반영하는 것들로 구성되어 있다.

- 이 척도는 다른 적응상의 문제와의 관련성을 시사해 주므로 종합적으로 진단을 내리거나 예후를 평가하는 데 상당한 도움이 된다.
- 이 척도의 상승은 일차적으로 언어발달이 또래에 비해 뒤지고 있음을 시사한다. 70T 이상 상승한 경우 언어발달만 제한된 경우도 있지만 전반적인 지적능력이 제한되었을 가능성도 있으며, 특정 영역에서의 제한도 고려해 볼 수 있다.
- 이 척도가 상승하면 아동 · 청소년의 언어능력 제한이 지적 능력의 제한 때문인지, 언어능력의 지체 때문인지, 아니면 다른 신경학적 손상 때문인지를 분명히 알아보기 위해 추가적으로 지능검사를 비롯한 신경심리학적 검사를 받도록 권유할 필요가 있다.
- 이 척도는 모든 임상척도와 유의한 수준으로 정적 상관을 나타내었고, 특히 정신증, 운동발달, 과잉행동 척도와 높은 상관을 보인다.

② 운동발달척도

- 운동발달척도(physical development: PDL)는 정신운동 기능이나 동작성 능력에서 발달의 지체나 기능 손상을 측정한다.
- 전반적인 지적 수준에 대한 평가 및 운동능력의 발달, 정교한 정신-운동 협응력, 위생 관리, 일상적인 위험에의 대처능력 등을 측정하는 문항으로 구성되어 있다.
- 이 척도의 상승은 운동능력과 신체발달의 지체를 반영할 가능성이 높으므로 언어발달척도가 상승되었을 경우와 마찬가지로 지능검사 및 신경심리학적 검사를 추천할 필요가 있다.
- 이 척도의 상승은 운동능력이나 신체발달이 또래에 비해 뒤져 있고, 발달상의 지체가 있음을 시사하며, 언어발달의 지연을 함께 보일 가능성도 고려해야 한다.
- 이 척도는 모든 임상척도와 유의미한 상관을 보이고 있고, 특히 언어발달, 정신증, 과잉행동 척도와 높은 상관을 보인다.

③ 불안척도

- 불안척도(anxiety: ANX)는 자연현상이나 동물, 대인관계 또는 사회관계에서의 두려움이나 불안과 공포를 측정한다. 즉, 자연현상이나 동물에 대한 공포, 대인불안, 당황, 초조, 우유부단, 걱정, 자율신경계의 각성 등 공포나 불안 혹은 이와 관련된 증상들을 측정한다.

- 이 척도에서의 상승은 아동의 과도한 걱정과 불안을 시사한다. 이 척도가 상승한 아동 · 청소년들은 대인관계나 자연현상, 동물에 대해 과도한 두려움을 가지고 있으며, 상승할수록 수면장애, 등교거부, 타인에 대한 두려움과 회피, 개인적 실수를 지나치게 회피하려는 경향을 보인다.
- 임상 장면에서 이러한 아동 · 청소년의 경우 지나치게 긴장하고 신경이 예민해 보이며, 걱정이 많아 보이는데, 실제로 이들이 걱정하는 내용은 현실적이기보다 비현실적인 경우가 많다.
- 불안척도는 모든 임상척도와 정적인 상관을 보였는데, 우울, 사회관계, 정신증 척도와는 특히 높은 상관을 보였으나, 자아탄력성척도는 부적 상관을 보인다.

④ 우울척도

- 우울척도(depression: DEP)는 아동 · 청소년 우울증을 측정하는데, 우울한 기분과 자신감의 결여, 활동성 저하, 가정 불화, 흥미의 감소, 사회적 위축 등 우울과 관련된 문항으로 구성되어 있다.
- 이 척도는 자아탄력성과는 높은 부적 상관을 보이고 있어 우울감이 높은 아동 · 청소년은 스트레스를 견디고 환경적 요구에 적절하게 반응하지 못한다는 것을 의미한다.
- 임상척도와는 모두 의미 있는 정적 상관을 나타내었고, 교사보고용의 경우 사회관계, 불안, 운동발달, 정신증 척도와, 자기보고용의 경우 사회관계, 정신증, 신체화 척도와 높은 상관을 보였다.
- 이 척도가 경미하게 상승할 경우(60T 이하) 아동 · 청소년은 쉽게 짜증을 내거나 사소한 일에도 금방 좌절하는 모습을 보이고, 자아존중감이 낮은 모습을 보이고, 걱정이 많고 쉽게 상처받으며, 자기비판적이고 무망감을 보일 수 있다.
- 주변에서 보기에 이러한 아동 · 청소년들은 별다른 이유 없이 쉽게 화를 내고 별일 아닌 것에 걱정하며 겉보기에 우울하고 불행해 보인다.
- 점수가 70T를 넘을 경우 아동 · 청소년은 겉보기에도 현저하게 우울하고 기분이 저조하고, 때로는 반항적인 모습을 보일 수 있으며, 웃는 일이 별로 없고 지나치게 걱정하는 모습이 두드러지며 때로는 감정의 기복을 보이기도 한다.

⑤ 신체화척도

- 신체화척도(somatization: SOM)는 건강에 관한 내용과 정신적 문제로는 보이지 않는 신체감

각에 대한 내용들로 이루어져 있다.

- 신체화 경향성은 실제로는 심리적인 문제를 신체 증상으로 나타내는 정신적 문제이며, 이 척도에서의 상승은 건강과 관련된 호소를 통해 주의나 관심을 얻으려는 시도로 본다. 이러한 신체 증상들은 책임감을 피하기 위해 사용하거나 불편한 상황으로부터 도피하기 위해 사용하는 것일 수도 있다.
- 이 척도가 60~70T로 경미하게 상승하는 아동 · 청소년은 일상생활에서 쉽게 피곤을 느끼고 두통을 호소하기도 한다. 이 척도가 70T 이상으로 상승하면 진단이 분명하지 않은 증상이나 불편함으로 자주 병원을 방문하지만 뚜렷한 병명도 없고 치료를 통해 증상이 쉽게 호전되지 않을 수 있다.
- 신체 증상으로는 요통이나 호흡곤란, 위의 통증을 많이 호소하고, 흉부 통증이나 현기증을 호소하는 경우도 있다. 임상적으로 이러한 아동 · 청소년들은 스트레스에 직면했을 때 신체 증상을 발현시키는 것처럼 보이고, 과도하게 잠을 자거나 만성적인 무기력을 보이기도 한다.
- 신체화척도는 모든 임상척도와 유의미한 상관을 보이고 있는데, 여러 척도 중에서 우울, 불안, 정신증 척도와 상관이 가장 높게 나타나고 있다.

⑥ 비행척도

- 비행척도(delinquency: DLQ)는 아동 · 청소년의 비행 성향이나 품행장애를 측정하는데, 반항과 불복종, 공격성과 적대감, 거짓말, 도벽 등 비행이나 품행상의 문제를 측정하는 문항들로 구성되어 있다.
- 이 척도에서의 상승은 불순종적이고 적대적이고 충동적이며 무책임한 행동 경향을 시사한다. 이러한 아동 · 청소년들은 사회적 기대를 무시할 뿐만 아니라 분노를 잘 통제하지 못하며, 후천적 경험에서 배우는 능력이 낮아서 비슷한 잘못을 되풀이한다.
- 60~70T 정도로 경미하게 상승하는 아동 · 청소년들은 비순응적이고 불평이 많으며, 파괴적인 행동을 보이고, 비슷한 유형의 아동 · 청소년들과 자주 어울리며, 급우들에게 화를 내는 경우가 많은데 문제의 탓을 다른 사람에게 돌리는 경우가 많다.
- 점수가 70T를 넘을 경우 이른 시기부터 비순응적이고 무책임한 행동을 보이며, 행동은 충동적이다. 분노조절능력이 부족해서 사소한 일에도 짜증을 내고, 욕구 좌절에 대한 내성이 낮으며, 남과 다투거나 공격적인 행동을 보인다. 대체로 학교 가는 것을 싫어하고 학교 성적이 저조하며, 잘하려는 모습도 거의 보이지 않다. 또한 사회적 기술이 결

핍된 경우가 많고, 또래관계에서 부적절하게 분노를 표현해 문제를 일으키는 경우가 많다.

- 자아탄력성척도와는 높은 부적 상관을 보이고 있으며, 과잉행동척도와 정신증척도와는 높은 정적 상관을 보인다.

⑦ 과잉행동척도

- 과잉행동척도(hyperactivity: HPR)는 주의력결핍 과잉행동장애를 측정하는데, 주의산만, 과잉행동, 충동성과 이에 수반되는 학습이나 대인관계에서의 어려움, 우울 등을 측정하는 문항들로 이루어져 있다.
- **이 척도가 70T 이상 상승하는 아동 · 청소년은 충동적이고 행동량이 많으며, 시비를 잘 거는 모습을 보인다.** 또래와 잦은 갈등을 보이고, 감정을 통제하지 못한 채 표출하거나 다른 사람이 말하는 데 방해하는 행동을 나타내는 경우가 많다.
- 임상 장면에서 이러한 아동 · 청소년들은 쉽게 주의가 산만해지고, 쉴 새 없이 움직이며, 충동적인 반응 양상을 보인다. 또한 많은 외현화 행동문제를 보이며, 통제력 저하와 관련된 문제도 많이 보인다.
- 다른 사람과 자주 다투고 판단력이 미숙하며 사회적 인지에 왜곡을 보이는 경우가 많고, 부모나 교사에게 불응하는 경우가 잦고 훈계나 지도를 통해 행동이 잘 교정되지 않는다.
- 자아탄력성척도와는 부적 상관을 보이고 있으며, 비행척도와 정신증척도와는 높은 정적 상관을 보인다.

⑧ 가족관계척도

- 가족관계척도(family relationship: FAM)는 가족 간의 갈등과 부모로서 아이를 대하는 태도, 부모의 부적응 여부를 측정한다.
- 문항내용은 가정 불화나 가정 내 긴장, 부모와 자녀 간의 관계, 부부관계의 위기, 자녀에 대한 무관심 등을 측정하는 것들로 구성되어 있다. 가족 내 관계와 분위기는 아동 · 청소년의 부적응이나 정신병리에 영향을 미치기 때문에 치료계획을 세우거나 개입방법을 결정할 때 중요한 정보를 제공한다.
- **이 척도가 상승할 경우 부모의 이혼이나 별거, 갈등이 있는 가정일 경우가 흔하며,** 아동 · 청소년 보고에서는 가족끼리 시간을 함께 보내거나 여행을 가는 등 공동의 관심사나 활동이 별로 없는 것으로 나타나며, 양육에 대한 부모의 의견도 일치하지 않는다.
- **이 척도가 70T를 넘으면 아동 · 청소년이 심리적 또는 신체적으로 학대를 받고 있**

을 가능성을 고려해야 하며, 부모가 알코올 문제나 정신건강 문제를 가졌을 가능성에 대해서도 추가적으로 탐색해야 한다.

- 이 척도는 모든 임상척도와 유의한 상관을 보이고 있으며, 특히 우울척도와 높은 상관을 보인다.

⑨ 사회관계척도

- 사회관계척도(social relationships: SOC)는 또래관계나 어른들과의 관계 등 아동 · 청소년의 사회관계에서의 어려움을 측정한다.
- 또래관계에서의 소외, 리더십과 자신감의 부재, 대인관계에서의 불안이나 수줍음, 제한된 인내력과 포용력을 측정하는 문항들로 구성되어 있다.
- 이 척도가 상승하는 아동 · 청소년은 친구를 사귀는 데 어려움이 있고, 친구가 있다고 해도 소수에 불과한 경우가 대부분이다.
- 사회적 관계에서 위축되어 있고, 겉보기에 수줍음이 많고 밖에 잘 나가지 않으려 하며, 새로운 사람들을 만나는 것을 어려워하고 가족이 아닌 다른 사람과 이야기하는 것도 힘들어 한다.
- 이 척도는 자아탄력성척도와 높은 부적 상관을 보였고, 교사보고용의 경우 우울척도와 불안척도, 운동발달척도와 높은 정적 상관을 보인다.

⑩ 정신증척도

- 정신증척도(psychosis: PSY)는 망상과 환각, 비현실감, 상동적인 행동 등 정신병적 증상을 측정한다.
- 이 척도가 상승하면 현실 접촉에 어려움이 있을 수 있고, 발달상에 중대한 일탈을 보일 가능성도 고려해야 한다.
- 정신병으로 진단된 아동 · 청소년의 경우 이 척도점수가 상승을 보이는 것이 일반적이지만, 아동 · 청소년기에 정신병이 발현되는 경우는 상당히 적기 때문에 이 척도가 상승했다고 해서 모두 정신병적 증상을 보인다고 할 수 없다.
- 대인관계 형성이나 의사소통에 어려움을 보이는 전반적 발달장애 아동 · 청소년들의 경우 이 척도에서 상당한 상승을 보이며, 발달장애가 아니라 하더라도 정서적 불안정과 사회적 기술 부족, 사회적 위축이나 고립을 보이는 아동 · 청소년은 이 척도점수가 상승한다.
- 이 척도가 상승된 아동 · 청소년은 정서적으로 불안정하고 의존적이며, 적응력이 떨

어지고, 전반적으로 적응에 어려움을 보일 뿐 아니라 인지능력이나 학업성취에서도 저조한 수행을 보일 가능성이 높다. 일부 아동 · 청소년은 혼란되고, 의사소통이나 정서소통에 문제를 보이며, 현실에 무관심한 모습을 보일 수 있다.

- F척도와 상당히 높은 상관을 보였으며, 언어발달, 불안, 우울, 품행장애, 과잉행동 척도와 높은 상관을 보인다.

(4) 해석 순서

- 검사자는 단순히 특정 척도의 상승 정도에만 관심을 두어서는 안 되며, 결과의 해석 가능성과 함께 척도 간의 상관관계와 T점수 범위 그리고 각 척도들의 유기적인 관계를 살피면서 프로파일을 분석해야 한다.
- 이 프로파일은 해석할 수 있는 것인가? 버려야만 하는 것인가? 반응에 있어서 어떤 편향이나 체계적인 오류나 왜곡이 있는가? 있다면 어느 정도인가? 심리적 평가가 필요한 아동인가? 아동이 보이는 이상이 어떤 임상적 증후나 진단적 분류와 일치하는가?

① 프로파일의 타당성

- 먼저 얻은 프로파일이 타당한지, 해석이 가능한지를 평가한다. 프로파일의 타당성을 평가하기 위해서는 먼저 타당도 척도를 검토한 후, 얻은 프로파일과 이상반응 양식으로 얻은 프로파일들을 비교해야 한다.
- 질문지형의 자기보고형 검사이므로 피검자가 한글을 읽고 그 의미를 이해할 수 있을 만큼의 지적 능력과 사회적 경험을 갖추고 있는지를 확인해야 한다.
- 피검자가 문항을 읽고 내용을 이해할 수 있을 정도의 지적 능력을 갖추고 있다고 판단되는 경우 타당도 척도를 검토한다.
- 세 개의 타당도 척도(ICN, L, F)는 각각 다른 측면에서 반응의 타당도를 평가한다. ICN척도는 문항의 내용상 의미가 매우 유사하거나 문항 간 상관이 높은 문항 쌍들로 구성되어 있다. 이 척도가 지나치게 상승하면(70T 이상), 응답이 일관적이지 못하며 타당하지 못한 결과일 가능성이 크다. L척도는 자신의 문제행동을 부정하고 바람직한 방향으로 기술하려는 방어적 태도를 측정하는데, 이 척도가 지나치게 상승하는 것(70T 이상)은 실제 자신의 모습보다 바람직한 방향으로 왜곡되게 반응했을 가능성을 시사한다. F척도는 현재 경험하고 있는 부적응문제를 과장하거나 실제로는 있지 않은 증상을 호소한 것을 측정하는데, 이 척도의 지나친 상승(70T 이상)은 반응의 비타당성을 시사한다.

② 정보 왜곡의 평가

- 우선 세 타당도 척도 중 하나 이상의 척도가 상승되어 있는 경우 그 이유를 확인해야 한다. 즉, 피검자가 자신의 경험과 상태를 감추거나 과장하여 왜곡되게 반응할 만한 현실적이고 명백한 외적 상황이 존재하는가를 확인해야 한다.
- 그러나 반응을 왜곡할 만한 현실적인 이유가 확인되지 않는 경우 타당도 척도의 상승에 대해 다른 해석을 해 볼 수 있다. 타당도 척도의 상승이 그 자체로 피검자의 성격과 정신병리, 적응상의 어떤 문제를 반영하는 것일 수 있음을 고려해야 한다.
- 이런 경우 ICN척도의 지나친 상승은 매우 불안정하거나 혼란된 생각을 반영한다. 그리고 L척도의 지나친 상승은 자신의 문제를 잘 인식하지 못함을 의미할 수 있으며, F척도의 지나친 상승은 혼란과 부적응이 매우 심하거나 자신에 대한 부정적이고 비관적인 태도, 심한 열등감 등을 의미할 수 있다.

③ 척도별 검토

- 이 척도는 발달, 정서, 행동, 대인관계, 현실 접촉 순으로 척도가 배열되어 있다.
- 상승한 척도들을 직선적으로 살펴보면 아동의 문제에 대해 대략적인 윤곽을 얻을 수 있다.
- 임상척도에서 현재 문제가 되고 있는 주요 영역을 알아보고, 자아탄력성척도에서 이에 대처할 수 있는 아동의 적응잠재력을 평가해야 한다.
- 높은 T점수는 의뢰되지 않은 아동들에게서는 일어날 가능성이 적고, 정신병리나 심리적인 장애가 있는 아동들에게서는 나타날 가능성이 높다.
- 환아들과 정상 아동들을 판별 분석한 결과들에 따르면 임상 장면에서 65T 이상은 주목해서 볼 필요가 있음을 시사한다.
- 낮은 점수가 그 척도와 관련된 증상이나 문제가 없음을 시사한다는 증거는 있으나, 낮은 점수가 심리적인 적응에 있어 긍정적인 측면을 반영하는 것인지는 불확실하며, 추가적인 연구가 필요하다.

④ 프로파일 분석

- 함께 상승하는 척도 쌍을 찾아내어 검토하는 것은 단순하게 직선으로 프로파일을 훑어볼 때 관찰되지 못한 정보나 중복되지 않는 정보를 줄 수 있다.
- 이 과정에서 척도의 전반적인 상승도, 상승해 있는 척도들, 하강해 있는 척도들, 그들 척도들이 시사하는 해석적 함의의 전후관계 등에 대한 종합적인 판단이 이루어지게 된다.

◆ 출 처

황순택 외(2010). 한국 아동/청소년성격검사(자기보고용)(Korean Child/Adolescence Personality Inventory for Self report: KCPI-S/ KAPI-S). 서울: 학지사 심리검사연구소 인싸이트.

4 인터넷 중독검사

■ 인터넷 중독은 어떻게 정의할 수 있는가?

- 일반적으로 '인터넷 중독(internet addiction)'이란 '과도한 통신/인터넷 사용에 의해 현실 세계에서의 사회생활 및 가정과 일상에서의 생활에 실제 어려움이 생겨 자신이나 주변 사람들이 문제가 있다고 인식하게 되는 경우'에 통상적으로 쓰이고 있다.
- 인터넷 중독은 다시 온라인 게임에 몰두해 학업 성적이 떨어진 청소년들을 중심으로 게임 중독, 채팅을 통해 원조교제를 하거나 불륜에 빠지게 되는 경우 채팅중독, 온라인 주식 트레이딩에 빠져들어 재산을 탕진하는 경우 주식중독 등으로 세분되기도 한다.
- 그런데 지금까지 현대 정신의학에서 중독(中毒, addiction)은 흔히 사용되는 단어가 아니다. 1964년 세계보건기구(WHO)는 중독이라는 단어가 더 이상 과학 용어라 할 수 없기 때문에 '약물의존(藥物依存, drug dependence)'이란 표현을 쓸 것을 권장했다. 그럼에도 불구하고 중독이라는 단어는 'TV 중독' '쇼핑중독' '사랑에 중독된'과 같이 일상적으로 사용되어 왔다. 그래서 의학계에서는 중독이란 용어를 쓰는 것을 더욱 조심하고 있다.
- 원래 중독 혹은 의존증이란 용어는 알코올, 카페인, 니코틴, 마약류와 같이 인간의 몸 안으로 흡수되는 화학물질에 의해 발생하는 구갈 등의 행동 변화, 금단, 내성 등의 증상이 있을 때 사용하며, 치료의 목적은 영원히 다시는 그 물질을 사용하지 않게 하는 것이다.
- 흔히 병적 도박(Pathologic Gambling), 방화광(Pyromania), 도벽광(Kleptomania) 등은 정신과 진단상 '충동조절'이 안 되어 생기는 장애로 분류되어 있다. 그 외에도 섹스, 운동, 쇼핑 같은 특정 행위를 과도하게 해서 생기는 여러 문제도 관심의 초점이 된 바 있다. 그러나 일부에서는 이런 문제를 '충동조절'의 문제라기보다 광의의 의존증의 하나로 분류해 '행위중독'이라 명명하기도 한다. 인터넷 중독의 경우도 의존증으로 분류할 수 있다.

■ 중독 혹은 의존증의 핵심적인 문제는 무엇인가?

중독 혹은 의존증이 있는 경우 생기는 핵심적인 문제를 정리해 보면 다음과 같다.

첫째, 집착이다. 즉, 어떤 특정한 행위가 그 사람의 삶에서 매우 중요한 위치를 차지하게 되고, 그것에 대해서만 생각하고, 느끼고, 그것을 계속하기 위해 노력한다. 그리하여 그 행위를 하지 않을 때에도 항상 다음번에 그 일을 할 때 어찌할까에 대해 지속적으로 생각한다. **둘째, 그 행동을 할 때에 기분의 변화를 느낀다.** 그리고 이것을 사회생활이나 마음의 갈등을 해결하기 위한 도구로 사용하기도 한다. **셋째, 내성이다.** 즉, 같은 정도의 만족감을 느끼기 위해서 점점 더 많은 시간, 많은 양의 활동을 해야만 한다. **넷째, 금단현상이다.** 만일 그 행동을 하지 않거나 갑자기 행동량이 줄어들게 되면 불쾌감이나 불안감, 짜증, 불면 등의 금단 증상이 생긴다. **다섯째, 특정 행동 때문에 그 행위를 하는 사람 주위의 인간관계, 사회관계가 나빠지고 문제가 생긴다. 여섯째, 특정 행동에 대해 주변에서 지적을 하는 경우 자신의 문제를 축소하거나 어떤 문제도 없다고 부정을 하고 거짓말을 하고 속이기 시작한다. 일곱째, 문제를 인식하고 조절을 하려 하지만 번번이 실패하고 점차 자포자기하게 된다. 여덟째, 특정 행동을 하거나 물질을 얻기 위해 많은 시간과 에너지, 금전적 소모를 한다.**

■ 인터넷 중독 여부를 평가할 때 주의할 점은 무엇인가?

- 특히 임상가가 인터넷 중독 여부를 평가할 때 주의해야 할 점은 다른 문제의 표현은 아닌지를 알아보아야 한다는 것이다. 청소년기는 정체성을 획득해 나가는 과정에서 가치관의 혼란을 겪게 되며, 사이버 공간이라는 비정형적이고 빠른 공간이 제공되면서 그 혼란은 더 커질 수 있다. 또한 가출, 도벽, 등교거부 등의 청소년기의 반항적 행동, 일탈행위가 청소년기의 '질풍노도'와 같은 성장통의 하나이거나, 우울증과 같은 정신질환의 다른 표현, 가정 내 갈등이나 불화의 외적 표현일 수 있듯이, 사이버 공간에 몰입해 있는 청소년의 경우 가장 먼저 봐야 하는 것은 다른 원인이 있는지 찾아보는 것이다. 사이버 공간에 들어가야만 편안함을 느낀다면 현실 세계가 재미없고 괴롭고 칙칙하다고 생각하는 이유가 무엇인지, 문제가 있다면 어디에 있고 해결 가능한 것인지를 알아보는 것이 무엇보다 먼저 해야 할 일이다.

1) 인터넷 중독 자가진단 체크리스트

(1) 목 적

이 검사는 병적인 컴퓨터의 사용으로 인해 신체적 · 심리적 · 대인관계적 · 경제적 및 사회적 기능에 손해나 지장을 초래하고 있는지를 측정하기 위함이다(〈표 7-5〉 참조).

(2) 검사 특징

- 이 검사는 Young(1998)의 온라인 중독센터의 인터넷 중독검사를 기초로 하여 우리나라 상황에 맞게 수정하여 제작되었다(김은정, 이세용, 오승근, 2003에서 재인용).
- 이 검사는 인터넷이나 통신 이용과 관련된 강박행동, 학업부진, 가정에서의 소홀, 대인관계 문제, 행동문제, 정서적 변화 등에 관한 20개 문항의 자기보고식 척도다.

(3) 검사대상

초등학생, 중/고등학생, 대학생 및 성인

(4) 검사 자격

한글을 알고 있고, 자기 의사표현이 가능한 본인

(5) 실시방법

- 지난 한 주 동안의 자신의 상태에 대해 '전혀 아니다' 에서부터 '아주 많이 그렇다' 까지 중 하나를 한 문항도 빠짐없이 해당란에 클릭(체크)해야 함
- 검사자(부모, 상담가 등)는 이런 사항을 검사대상에게 주지시킨 후 검사에 임하도록 해야 함

(6) 채 점

A(전혀 아니다: 0), B(많이 아니다: 1), C(약간 아니다: 2), D(조금 그렇다: 3), E(많이 그렇다: 4), F(아주 많이 그렇다: 5)

(7) 해 석

- 합계점수가 0~19인 경우
  - 인터넷을 건강하게 잘 이용하는 사람

–너무 지나치게 컴퓨터를 사용한다면 신체적 · 심리적 · 대인관계적 · 경제적 · 사회적 기능에 큰 손해나 지장을 초래하므로 항상 주의하여야 함

- 합계점수가 20~49인 경우
  –인터넷을 평균적으로 이용하는 사람
  –병적인 컴퓨터의 사용으로 인해 신체적 · 심리적 · 대인관계적 · 경제적 · 사회적 기능에 큰 손해나 지장을 초래하지 않도록 항상 주의하여야 함

- 합계점수가 50~79인 경우
  –인터넷 중독 성향이 있는 사람
  –병적인 컴퓨터의 사용으로 인해 신체적 · 심리적 · 대인관계적 · 경제적 · 사회적 기능에 큰 손해나 지장을 초래할 수 있음
  –혹시 '사이버 게임 중독' '사이버 채팅 중독' '사이버 섹스 중독' '사이버 주식 중독' 등에 빠져 있는지 점검해 보아야 함
  –가능한 한 빨리 다른 전문가와 상담하여 치료를 받을 필요가 있음

- 합계점수가 80~100인 경우
  –인터넷에 중독된 사람
  –인터넷 중독은 의학적으로 '병적 컴퓨터 사용장애'로 불리는 병
  –병적인 컴퓨터의 사용으로 인해 신체적 · 심리적 · 대인관계적 · 경제적 · 사회적 기능에 큰 손해나 지장을 초래함
  –'사이버 게임 중독' '사이버 채팅 중독' '사이버 섹스 중독' '사이버 주식 중독' 등에 빠져 있는지 점검해 보아야 함
  –가능한 한 빨리 다른 전문가와 상담하여 치료를 해야만 함

(8) 출 처

김은정, 이세용, 오승근(2003). 한국판 청소년 인터넷 중독 척도의 개발 및 타당화. **한국심리학회지: 임상, 22**(1), 125-139.

표 7-5 인터넷 중독 자가진단 체크리스트

지난 한 주 동안의 자신의 상태를 '전혀 아니다' 에서부터 '아주 많이 그렇다' 까지 중 하나로 한 문항도 빠짐없이 해당란에 체크하여 주십시오.

	문 항	전혀 아니다	많이 아니다	약간 아니다	조금 그렇다	많이 그렇다	아주 많이 그렇다
1	처음에 마음먹었던 것보다 더 오래 인터넷을 하게 된다.	0	1	2	3	4	5
2	인터넷으로 시간을 보내느라 다른 해야 될 일을 소홀히 한다.	0	1	2	3	4	5
3	가장 친한 친구와 노는 것보다 인터넷 하는 것을 더 좋아한다.	0	1	2	3	4	5
4	인터넷을 통해 새로운 사람을 사귄다.	0	1	2	3	4	5
5	인터넷에 시간을 뺏기는 것에 대해 가까운 사람들이 불평한다.	0	1	2	3	4	5
6	인터넷에 시간을 뺏겨 성적이나 학교 일에 지장을 받는다.	0	1	2	3	4	5
7	공부나 해야 할 일을 하기 전에 이메일부터 먼저 확인한다.	0	1	2	3	4	5
8	인터넷 때문에 학습 능률이 떨어진다.	0	1	2	3	4	5
9	다른 사람이 인터넷으로 무엇을 하느냐고 물어 볼 때 숨긴다.	0	1	2	3	4	5
10	현실의 골치 아픈 생각을 잊기 위해 인터넷을 하게 된다.	0	1	2	3	4	5
11	다시 인터넷 하기를 기대하는 자신을 발견한다.	0	1	2	3	4	5
12	인터넷이 없다면 생활이 지루하고, 허전하며, 기쁨이 없을 것이라고 걱정한다.	0	1	2	3	4	5
13	인터넷 접속 중 다른 사람이 방해하면 소리지르고 고함치거나 화를 낸다.	0	1	2	3	4	5
14	밤늦게까지 인터넷을 하느라 잠을 못 잔다.	0	1	2	3	4	5
15	인터넷을 하지 않을 때에도, 인터넷에 대한 생각으로 꽉 차 있거나 접속하는 것을 상상한다.	0	1	2	3	4	5
16	인터넷을 할 때, '조금만 더 하고 그만두어야지.' 라고 생각하면서도 계속한다.	0	1	2	3	4	5
17	인터넷 하는 시간을 줄이려고 노력하지만 실패한다.	0	1	2	3	4	5
18	인터넷을 얼마나 오래 했는지 숨기려고 한다.	0	1	2	3	4	5
19	남들과 밖에서 놀기보다 인터넷으로 시간을 보내는 것을 택한다.	0	1	2	3	4	5
20	인터넷을 하지 않을 때에는 우울하고 울적해지거나 신경이 날카롭다가도, 인터넷을 하게 되면 그런 기분이 사라진다.	0	1	2	3	4	5

2) 인터넷 중독 K-척도(청소년 자기진단)

(1) 목적

이 검사는 인터넷 중독에 대한 조작적 정의를 내리고 이 정의를 기반으로 하여 심리검사 개발 절차에 따라서 인터넷 중독 경향성(proneness to internet addiction)을 측정하기 위함이다(〈표 7-6〉, 〈표 7-7〉 참조).

(2) 검사 특징

이 검사는 총 20개 문항으로 구성된 자기보고식 척도다.

(3) 검사 대상

만 9세 이상 18세 미만의 초등학생, 중/고등학생

(4) 검사 자격

한글을 알고 있고, 자기 의사표현이 가능한 본인

(5) 실시 방법

- 자신의 인터넷 사용 실태를 '전혀 그렇지 않다'에서부터 '항상 그렇다'까지 중 하나로 한 문항도 빠짐없이 해당란에 체크해야 함
- 인터넷의 사용이란 컴퓨터를 이용한 모든 활동을 말하며, 게임 및 채팅, 정보검색 등을 포함하는 것으로 생각해서 대답하도록 해야 함
- 검사자(부모, 상담가 등)는 이런 사항을 검사대상에게 주지시킨 후 검사에 임하도록 해야 함

표 7-6 K-척도 청소년 자기진단

201__. . . . ______________학교 ______학년 (남 , 여) 나이_____ 이름______________

		문 항	전혀 그렇지 않다	때때로 그렇다	자주 그렇다	항상 그렇다
1	1	인터넷 사용으로 건강이 이전보다 나빠진 것 같다.	1	2	3	4
	2	인터넷을 너무 사용해서 머리가 아프다.	1	2	3	4
	3	인터넷을 하다가 계획한 일들을 제대로 못한 적이 있다.	1	2	3	4
	4	인터넷을 하느라고 피곤해서 수업시간에 잠을 자기도 한다.	1	2	3	4
	5	인터넷을 너무 사용해서 시력 등에 문제가 생겼다.	1	2	3	4
	6	다른 할 일이 많을 때에도 인터넷을 사용하게 된다.	1	2	3	4
2	7	인터넷을 하는 동안 나는 더욱 자신감이 생긴다.	1	2	3	4
3	8	인터넷을 하지 못하면 생활이 지루하고 재미가 없다.	1	2	3	4
	9	인터넷을 하지 못하면 안절부절못하고 초조해진다.	1	2	3	4
	10	인터넷을 하고 있지 않을 때에도 인터넷에 대한 생각이 자꾸 떠오른다.	1	2	3	4
	11	인터넷을 할 때 누군가 방해를 하면 짜증스럽고 화가 난다.	1	2	3	4
4	12	인터넷에서 알게 된 사람들이 현실에서 아는 사람들보다 나에게 더 잘해 준다.	1	2	3	4
	13	오프라인에서보다 온라인에서 나를 인정해 주는 사람이 더 많다.	1	2	3	4
	14	실제에서보다 인터넷에서 만난 사람들을 더 잘 이해하게 된다.	1	2	3	4
5	15	인터넷 사용시간을 속이려고 한 적이 있다.	1	2	3	4
	16	인터넷 때문에 돈을 더 많이 쓰게 된다.	1	2	3	4
6	17	인터넷을 하다가 그만두면 또 하고 싶다.	1	2	3	4
	18	인터넷 사용 시간을 줄이려고 해 보았지만 실패한다.	1	2	3	4
	19	인터넷 사용을 줄여야 한다는 생각이 끊임없이 들곤 한다.	1	2	3	4
	20	주위 사람들이 내가 인터넷을 너무 많이 한다고 지적한다.	1	2	3	4

출처: 한국정보화진흥원 인터넷중독예방상담센터(http://www.iapc.or.kr).

표 7-7 K-척도 청소년 자기진단 해석

채점 방법	1점 ☞ 전혀 그렇지 않다 2점 ☞ 때때로 그렇다 3점 ☞ 자주 그렇다 4점 ☞ 항상 그렇다	채점하기	총 점 ▶ ① 1~20번 합계 요인별 합계 ▶ ② 1요인(1~6번) 합계 ③ 3요인(8~11번) 합계 ④ 6요인(17~20번) 합계
고위험 사용자군	중고교생	총 점▶ ① 53점 이상 요인별▶ ② 1요인 17점 이상 ③ 3요인 11점 이상 ④ 6요인 13점 이상	
	초등학생	총 점▶ ① 46점 이상 요인별▶ ② 1요인 14점 이상 ③ 3요인 10점 이상 ④ 6요인 12점 이상	
	판정: ①에 해당하거나, ②~④ 모두 해당되는 경우		
	인터넷 사용으로 인하여 일상생활에서 심각한 장애를 보이면서 내성 및 금단 현상이 나타난다. 대인관계는 사이버 공간에서 대부분 이루어지며, 해킹 등 비도덕적 행위와 막연한 기대가 크고, 일상생활에서도 인터넷에 접속하고 있는 듯한 착각을 하기도 한다. 인터넷 접속시간은 중 · 고생의 경우 1일 약 4시간 이상, 초등생 약 3시간 이상이며, 중 · 고생은 수면시간도 5시간 내외로 줄어든다. 대개 자신이 인터넷 중독이라고 느끼며, 학업에 곤란을 겪는다. 또한 심리적으로 불안정감 및 대인관계 기피, 우울한 기분을 느끼는 경우가 흔하고, 성격적으로 자기조절에 심각한 어려움을 보이며, 충동성도 높은 편이다. 현실세계에서 대인관계에 문제를 겪거나, 외로움을 느끼는 경우도 많다. ▷ 인터넷 중독 성향이 매우 높으므로 관련 기관의 전문적인 지원과 도움이 요청된다.		
잠재적 위험 사용자군	중고교생	총 점▶ ① 48~52점 요인별▶ ② 1요인 15점 이상 ③ 3요인 10점 이상 ④ 6요인 12점 이상	
	초등학생	총 점▶ ① 41~45점 요인별▶ ② 1요인 13점 이상 ③ 3요인 9점 이상 ④ 6요인 10점 이상	
	판정: ①~④ 중 한 가지라도 해당되는 경우		
	고위험 사용자에 비해 보다 경미한 수준이지만, 일상생활에서 장애를 보이며, 인터넷 사용시간이 늘어나고 집착을 하게 된다. 학업에 어려움이 나타날 수 있으며, 심리적 불안정감을 보이지만 절반 정도의 학생은 자신이 아무 문제가 없다고 느낀다. 대체로 중 · 고생은 1일 약 3시간 정도, 초등생은 2시간 정도의 접속시간을 보이고, 다분히 계획적이지 못하고 자기조절에 어려움을 보이며, 자신감도 낮은 경향이 있다. ▷ 인터넷 과다사용의 위험을 깨닫고 스스로 조절하고 계획적으로 사용하도록 노력한다. 인터넷 중독에 대한 주의가 요망되며, 학교 및 관련 기관에서 제공하는 건전한 인터넷 활용 지침을 따른다.		
일반 사용자군	중고교생	총 점▶ ① 47점 이하 요인별▶ ② 1요인 14점 이하 ③ 3요인 9점 이하 ④ 6요인 11점 이하	
	초등학생	총 점▶ ① 40점 이하 요인별▶ ② 1요인 12점 이하 ③ 3요인 8점 이하 ④ 6요인 9점 이하	
	판정: ①~④ 모두 해당되는 경우		
	중 · 고생의 경우 1일 약 2시간, 초등생 약 1시간 정도의 접속시간을 보이며, 대부분 인터넷 중독 문제가 없다고 느낀다. 심리적 정서문제나 성격적 특성에서도 특이한 문제를 보이지 않으며, 자기 행동을 잘 관리한다고 생각한다. 주변 사람들과의 대인관계에서도 자신이 충분한 지원을 얻을 수 있다고 느끼며, 심각한 외로움이나 곤란함을 느끼지 않는다. ▷ 인터넷의 건전한 활용에 대하여 자기점검을 지속적으로 수행한다.		

출처: 한국정보화진흥원 인터넷중독예방상담센터(http://www.iapc.or.kr).

3) 인터넷 중독 K-척도(청소년 관찰자 진단)

(1) 목 적

이 검사는 인터넷 중독에 대한 조작적 정의를 내리고 이 정의를 기반으로 하여 심리검사 개발 절차에 따라서 인터넷 중독 경향성(proneness to internet addiction)을 측정하기 위함이다(〈표 7-8〉, 〈표 7-9〉 참조).

(2) 검사 특징

필수 대표문항과 7개 하위요인별 문항의 총 20개 문항으로 구성

- 필수 대표문항: 1문항
- 일상생활장애: 4문항
- 현실구분장애: 2문항
- 긍정적 기대: 3문항
- 금단: 3문항
- 가상적 대인관계 지향성: 1문항
- 일탈행동: 3문항
- 내성: 3문항

(3) 대 상

초등학교 고학년 및 중·고등학생에 대한 관찰자(상담자, 교사, 학부모 등)

(4) 채 점

각 문항에 대해 예/아니요로 평정(총점 범위 0~20점)

표 7-8 K-척도 청소년 관찰자 진단지

작성일 20________ 관찰자 성명__________ 사용자와의 관계________ 사용자 성명__________

▷▶ 다음은 당신이 관찰한 인터넷 사용자의 행동에 대한 문항입니다.
각 문항이 그 사용자의 행동에 해당되면 '예', 아니면 '아니요'에 '○'표 해 주세요.

번호		항 목	예	아니요
	1	누가 봐도 인터넷에 중독된 것을 단번에 알 수 있다.		
1	2	인터넷문제로 가족들과 자주 싸운다.		
	3	식사나 휴식 없이 화장실도 가지 않고 인터넷을 한다.		
	4	인터넷 사용으로 학교 성적이 떨어졌다.		
	5	인터넷 사용 때문에 피곤해서 수업시간에 잔다(혹은 잔다고 한다).		
2	6	인터넷을 하면서 혼자 욕을 하거나 소리를 지른다.		
	7	인터넷을 하고 있지 않을 때에도, 인터넷에서 나오는 소리가 들리고 인터넷을 하는 꿈을 꾼다고 말한다(혹은 그렇게 보인다).		
3	8	인터넷을 하고 있을 때만, 흥미진진해 보이고 생생해 보인다.		
	9	평소와는 달리, 인터넷을 할 때만, 할 말을 다하고 자신감이 있어 보인다.		
	10	인터넷만 재미있어하는 것 같다.		
4	11	인터넷에 빠진 이후로, 폭력(언어, 신체)적으로 변했다.		
	12	인터넷 하는데 건드리면 화내거나 짜증을 낸다.		
	13	인터넷을 안 할 때, 다른 것에 집중하지 못하고, 불안해 보인다.		
5	14	주변 사람들의 시선이나 반응에 무관심하다.		
6	15	약속을 지키지 않고 거짓말을 자주 한다.		
	16	인터넷을 하느라 상당한 용돈을 쓰고 빚을 지기도 한다.		
	17	인터넷을 몰래 하다가 들켰다.		
7	18	하루에 4시간 이상 움직이지 않고 한 곳에서 인터넷을 한다.		
	19	인터넷을 하느라 학교를 무단으로 빠지거나 지각한다.		
	20	하루 이상을 밤을 새우면서 인터넷을 한다.		

출처: 부산정보문화센터 인터넷중독예방상담(http://www.busanicc.or.kr).

표 7-9 K-척도 청소년 관찰자 진단(채점기준)

<table>
<tr><td>채점
방법</td><td colspan="2">1점 = 예
0점 = 아니요</td><td>채점하기</td><td>(1점× _____개) = 총 _____점</td></tr>
<tr><td rowspan="6">사용자군별
해석</td><td rowspan="2">일반
사용자군</td><td colspan="3">3점 미만</td></tr>
<tr><td colspan="3">인터넷을 자신의 흥미와 욕구, 목적에 맞게 사용하는 경우로, 인터넷 사용 시간을 적절하게 조절할 수 있다. 원하는 목적을 이루고 나면 지체하지 않고 인터넷 접속을 종료한다. 필요에 의해서 인터넷에 접속하고 당장 인터넷을 사용할 수 없어도, 그다지 불편감을 느끼지 않고 참고 기다릴 수 있으며, 인터넷 사용으로 인한 정서, 행동, 직업, 대인관계에 별다른 영향을 받지 않는 건전한 사용자들이 속하는 유형이다.

▷ 치료적 접근: 불필요</td></tr>
<tr><td rowspan="2">잠재적
위험
사용자군</td><td colspan="3">3점 이상 10점 미만</td></tr>
<tr><td colspan="3">현실의 대인관계가 현저하게 줄어들면서 사이버 세계가 대인관계의 중심이 되며, 이러한 인터넷 과다 사용으로 인해 일상생활에 문제가 발생하고(예: 학교/직장에서 경고를 받거나 지각, 지연) 주변 사람들도 이러한 문제를 인식하기 시작하고 인터넷 사용에 대한 걱정과 염려, 잔소리를 표현한다. 인터넷을 사용할 수 없는 상황은 회피하게 되고, 인터넷을 사용하지 못하는 상황에서 불안, 초조, 짜증, 분노를 경험하며, 수면 부족, 피로감, 금전적 소비가 증가한다. 심지어 인터넷 사용과 관련해서 거짓말을 하거나 변명, 합리화하고 자신의 인터넷 사용을 축소/은폐하려는 시도를 보인다. 최소한의 사회생활을 하지만 인터넷 사용으로 인해 사용 이전에 비해 뚜렷한 생활의 변화가 생기고, 인터넷을 조절하기 위해서 외부의 도움이 필요한 단계다.

▷ 치료적 접근: 상담 요망
정신건강 관련 분야에서의 전문적인 상담이 필요</td></tr>
<tr><td rowspan="2">고위험
사용자군</td><td colspan="3">10점 이상</td></tr>
<tr><td colspan="3">인터넷 사용을 자기의 의도대로 적절하게 조절할 수 없는 상태에 이른 경우로, 대부분의 시간을 인터넷에서 보낸다. 식음을 전폐하고 씻지도 않고 인터넷에 몰두하고, 며칠씩 외박을 하기도 하며, 심지어 현실과 사이버 세상을 구분하지 못하고 혼란을 경험한다. 인터넷을 하지 못하게 되면 심각한 불안, 초조, 짜증, 분노를 경험하고, 폭력적인 말과 행동을 보이는 등 감정 조절에 어려움이 있다. 가족갈등이나 대인관계 문제가 빈번하게 발생하고 학교에서 쫓겨나는 등 사회생활에 뚜렷한 장애가 있다. 현실생활보다는 인터넷이 생활의 중심이 되어, 가족이나 주변 사람들을 전혀 고려하지 않고 사회적인 역할을 수행하지 못하며, 하루 종일 인터넷에 빠져 있는 상태로 전문적인 치료가 시급한 단계다.

▷ 치료적 접근: 집중치료 요망
전문 치료기관에서 인터넷 병적 사용에 대한 집중적인 치료가 필요</td></tr>
</table>

출처: 부산정보문화센터 인터넷중독예방상담(http://www.busanicc.or.kr).

학습과제

1. 정신건강이란 무엇인지를 설명하라.

2. 정신적으로 건강한 사람의 조건을 설명하라.

3. 건강의 다섯 가지 차원과 정신적으로 건강한 사람들의 특징적 요소를 설명하라.

4. 한국아동성격검사(교사평정용)의 목적, 대상, 검사 구성 및 특징, 실시 절차 및 해석방법을 설명하라.

5. 한국아동/청소년성격검사(자기보고용)의 목적, 대상, 검사 구성 및 특징, 실시 절차 및 해석방법을 설명하라.

6. 인터넷 중독이란 무엇인지를 설명하라.

7. 중독 혹은 의존증의 핵심적인 문제들을 설명하라.

8. 인터넷 중독 여부를 평가할 때 주의할 점을 설명하라.

9. 인터넷 중독 자기진단 체크리스트의 목적, 대상, 검사 구성 및 특징, 실시 절차 및 해석방법을 설명하라.

10. 인터넷 중독 K-척도(청소년 자기진단)의 목적, 대상, 검사 구성 및 특징, 실시방법 및 채점과 해석방법을 설명하라.

11. 인터넷 중독 K-척도(청소년 관찰자 진단)의 목적, 대상, 검사 구성 및 특징, 실시방법 및 채점과 해석방법을 설명하라.

핵심 용어

정신건강(mental health)
건강한 정신(healthy mental)
한국아동성격검사(교사평정용)(KCPI-T)
한국아동/청소년성격검사(자기보고용)(KCPI-S/KAPI-S)
비일관성 척도(inconsistency: ICN)
저빈도척도(infrequency: F)
자아탄력성척도(ego resilience: ERS)
언어발달척도(verbal development: VDL)
운동발달척도(physical development: PDL)
불안척도(anxiety: ANX)
우울척도(depression: DEP)
신체화척도(somatization: SOM)
비행척도(delinquency: DLQ)
과잉행동척도(hyperactivity: HPR)
가족관계척도(family relationship: FAM)
사회관계척도(social relationships: SOC)
정신증척도(psychosis: PSY)
인터넷 중독(internet addiction)

제 8 장 성격영역의 평가

학습목표

1. 성격의 정의와 특징을 설명할 수 있다.
2. 성격의 유형론을 설명할 수 있다.
3. 성격 형성의 영향요인을 설명할 수 있다.
4. MBTI이론과 Keirsey의 기질이론을 비교 설명할 수 있다.
5. 한국청소년성격유형진단검사(K-ATI)를 실시 및 해석할 수 있다.

1 성격에 대한 이해

- 모든 인간은 자신과 타인을 구분할 수 있게 된 이후부터 자신이 누구인지에 대한 질문을 던지고, 주위 사람들의 성격을 이해하려는 노력을 하게 된다.
- 이러한 관심과 노력의 결과로 사람들은 '소심하다' '냉정하다' '공격적이다' 등의 용어를 사용하여 자신이나 타인의 성격을 평가하고 표현한다.
- 그러나 자신과 타인의 성격을 이해하기 위한 개인의 노력은 개인의 통찰능력이나 주관적 판단에 의존하기 때문에, 성격을 이해하는 데 한계를 지닐 수밖에 없다. 그러므로 보다 과학적인 연구나 결과에 근거하여 인간의 성격을 이해할 필요가 있다.

1) 성격의 정의

■ 학자들은 성격을 어떻게 정의하고 있는가?

- 원래 **성격**(personality)이란 단어는 라틴어로 '~을 통하여'라는 의미를 지닌 'per'와 '말하다'라는 의미를 지닌 'sonare'에서 유래된 것으로, 희랍어로는 배우들이 연극을 할 때 쓰는 가면(persona)에서 유래된 말이다. 성격에 대한 정의는 학자들에 따라 매우 다양하다([그림 8-1] 참조).
- Allport(1961)는 어원학, 신학, 철학, 법학, 사회학, 심리학 등의 분야에서 사용되고 있는 성격에 대한 개념적 정의에 포함된 주요 내용을 종합하여, 성격을 "개인의 특유한 행동과 사고를 결정하는 심리신체적 체계들의 역동적 조직"이라고 하였다.

[그림 8-1] 인간 성격이 잘 나타나 있는 하회탈

- Child(1968)는 "개인의 행동을 한 시점에서 다른 시점까지 일관성 있게 하고, 다른 사람들이 유사한 상황에서 보이는 행동과 다른 행동을 하게 만드는 상당히 안정적이고 내적인 요인들"이라 하였고, Pervin(1996)은 성격을 "상황에 대한 일관된 반응양식들을 설명해 주는 사람의 특징"이라 하였으며, Maddi(1980)는 "사람들의 심리적 행동(사고, 감정, 행동)에 있어 공통성과 차이를 결정하는 일련의 안정된 경향성과 특성이다. 이러한 심리적 행동은 시간에 따른 연속성을 가지며, 어떤 순간의 사회적 및 생물학적 압력의 단일한 결과로 쉽게 이해될 수 없다."라고 하였다(민경환, 2002에서 재인용).
- 이와 같은 기존의 성격에 대한 개념 정의를 종합하여 볼 때, 성격이란 '생리적 욕구나 환경적 자극만으로는 설명될 수 없는 개인의 사고, 감정, 행동의 결정요인으로 간주되는 지속적이고 역동적이며 통합적인 정신기제'라고 정의할 수 있다.
- 성격을 정의할 때는 이러한 독특성과 일관성, 행동양식 모두를 고려하는 것이 바람직하다. 만약 독특성만 강조된다면 어떤 성격이 건강하고 어떤 성격이 부적응적인지를 구분하여 규정하는 데 많은 어려움이 있을 것이다. 그리고 일관성만을 강조한다면 자신의 성격이 부적응적이고 타인에게 피해를 준다고 하더라도 그대로 받아들이고, 좀 더 나은 방향으로 성격을 개선하기 위한 노력을 하지 않을 수 있다. 또한 행동양식만을 강조한다면 그 사람 내면의 사고과정이나 감정에 대해 간과해 버릴 수 있으므로 주의해야 한다.

■ 학자들의 성격에 대한 정의의 공통점은 무엇인가?

- 첫째, 성격에는 개인이 가지고 있는 고유하고 독특한 성질이 포함되어 있다. 모든 학자가 성격에 대해서 이야기할 때 사고과정이나 감정에 매우 독특한 **개인차**가 있음을 강조하고 있다.
- 둘째, 이러한 개인의 독특성이 시간이 지나더라도 비교적 안정적으로 변함없이 나타나는 **일관성**을 가진다. 일관성이란 환경이나 상황이 바뀌었는데도 그 사람이 자신의 개성을 그대로 유지하는 경향을 의미한다.
- 셋째, **인지적**인 부분뿐만 아니라 **행동양식**까지도 포함하고 있다. 성격은 다른 사람이나 환경과 상호작용하는 과정에서 개인의 개성이 밖으로 드러나는 것이므로 그 사람의 행동양식을 통해서도 성격을 짐작할 수 있다.

2) 성격의 특징과 기능

■ 성격의 다섯 가지 특성은 무엇인가?

성격에 대한 정의에 근거할 때, 성격은 다음과 같은 다섯 가지 특성을 지니고 있다(민경환, 2002).

- 첫째, 성격은 내적 속성이다. 성격은 직접 관찰될 수 없으며, 외적으로 접근할 수 있는 현상(예: 행동)을 관찰함으로써 간접적으로 측정할 수 있을 뿐이다. 그러나 행동 등의 외적 현상과 성격 사이에 일관성 있는 관계가 항상 존재하는 것은 아니므로, 성격 추론에 오류를 낳기도 한다.
- 둘째, 성격은 정신신체적 체계들의 통합과정이다. 성격은 인지, 감정, 행동 등의 구성요소들로 나뉘어서 기능 또는 작동하는 것이 아니라 생물학적 기반과 환경의 영향을 받는 인지, 정서, 행동 등이 전체적이고 통합적이며 조직적으로 기능하는 특성을 지닌 체계다.
- 셋째, 개인마다 고유한 성격을 갖고 있다. 성격은 모든 사람이 보편적으로 갖고 있는 심리과정이긴 하지만 개인에 따라 각기 다르며, 이로 인해 개인과 타인이 구분된다. 이러한 성격의 개인차로 인하여 성격의 개념 규정이 어려워지는 것이다.
- 넷째, 성격에는 일관성이 있다. 성격이 변하지 않는 것은 아니며 오랜 세월에 걸쳐 성장하기도 하고, 매일매일 작은 변화를 일으키기도 한다. 그러나 이러한 변화는 피상적 수준의 변화일 따름이며, 그러한 피상적 변화의 이면에는 시간의 흐름에도 불구하고 변하지 않고 일관되게 안정성을 유지하는 성격의 핵심적 부분이 있다.
- 다섯째, 성격은 역동적이다. 성격은 내적 역동성과 외적 역동성을 지닌다. Freud는 원초아(id), 자아(ego) 그리고 초자아(superego)라는 세 가지 성격구조들 간의 끊임없는 정신 에너지 교환으로 인하여 개인의 성격이 달라진다고 하며 성격의 내적 역동성을 강조하고 있다. 이에 반해 사회적 영향력을 중시하는 Erikson 등의 자아심리이론은 성격이 상황 또는 환경과 평면적인 관계가 아니라 서로 영향을 주고받는 역동적 관계를 맺고 있으며, 개인이 이러한 환경적 요구와 압력에 어떻게 반응하는가에 따라 행동은 달라진다고 하며 성격의 외적 역동성을 강조하고 있다.

■ 성격은 어떤 기능을 가지고 있는가?

- 첫째, 개인이 부분적이고 비조직적으로 기능하지 않으며 통합적이고 조직적으로 기능할 수 있게 해 준다.
- 둘째, 인간관계를 형성 · 유지하거나 사회생활을 도모하고 환경적 요구에 적응할 수 있는 기반을 제공해 준다.
- 셋째, 각 개인을 독특한 존재로서 규정해 줌으로써 다른 사람과 구별 지어 준다.
- 넷째, 실제로 그 사람이 어떤 사람인가 하는 인간 본성을 이해할 수 있는 기반을 제공해 준다.

2 성격의 유형

- 모든 사람이 비슷한 성격 특성을 공유하고 있지만, 개인마다 성격 특성은 다르다. Allport (1937)는 이러한 성격의 보편성과 특수성을 설명하기 위하여 **특질**(trait)이라는 개념을 제시하였다. Allport(1961)는 특질을 "다양하고 상이한 자극이나 상황에 대하여 유사한 형태의 적응적 · 표현적 행동을 시작하게 하고 유지시키는 기능을 하는 신경정신적 구조"라고 정의하였다.
- 이러한 특질은 성격의 기본적 구성요소로서 Allport(1961)는 공통 특질(common traits)과 개인 특질(individual traits)로 구분하였다. 공통 특질은 한 문화 안에 속한 대부분의 사람이 공통적으로 지니고 있는 특질로서 동일 문화권에 속한 개인이 유사한 행동을 하게 만드는 성격의 구성요소다. 개인 특질은 개인의 특유한 행동을 유도하고 동기화하는 성격의 구성요소로서, 동일 문화권에 속한 개인이라고 할지라도 각기 다른 행동을 표현하게 만드는 요인이다.
- Cattell(1965)은 표면적 행동의 결정요인이 되는 근원특질(source traits)을 근거로 16개의 성격요인을 제시하였다. 예를 들면, 내성적인(reserved)-외향적인(outgoing), 수줍은(shy)-대담한(venturesome), 제멋대로인(undisciplined)-통제된(controlled) 등이다.
- 이에 비해 Eysenck(1970)는 특질보다는 성격의 유형과 차원에 더 많은 관심을 기울였다. Eysenck는 인간 성격의 세 가지 차원을 내향성-외향성(introversion-extraversion), 신경증 성

향(neuroticism), 정신병 성향(psychoticism)으로 구분하고 있다. 외향적 성격은 사교적이고, 친구가 많고, 흥미로운 것을 추구하며, 순간의 기분에 따라 행동하는 데 반하여 내향적 성격은 조용하고, 말수가 적으며, 충동적 결정을 내리기보다는 심사숙고하며, 잘 정리된 삶을 영위하는 특성을 지니고 있다. 신경증 성향의 성격을 지닌 사람들은 정서적으로 불안정하고 변덕스러우며, 걱정, 불안, 우울, 긴장, 낮은 자존감 등의 특성을 지니고 있다. 정신병 성향의 성격은 공격성, 냉정함, 자기중심성, 비정함, 비관습적 행동 등의 특성을 지니고 있다.

- 특질이론가들은 상반되는 특질을 양극단으로 하여 어떠한 특질을 더 강하게 보이는가에 따라 인간의 성격을 구분하고 있다. 내향성-외향성 특질 차원을 예로 들어 보면, 특질이론가들은 한 개인은 내향적 성격이나 외향적 성격 모두를 지니고 있지만 둘 중 어떤 성격적 특질을 더욱 많이 지니고 있다고 본다.
- 이에 반해 성격을 유형으로 분류하고자 하는 접근방법에서는 개인의 성격을 상호 배타적인 유형으로 구분한다. 동일하게 내향성-외향성의 예를 들면, 유형 분류 접근방법에서는 한 개인의 성격을 외향적 성격 아니면 내향적 성격 유형으로 분류한다.
- 이러한 성격유형 분류방법에는 체액, 체형이나 체질, 자아와 심리 기능에 따른 유형 분류 등이 있는데, 이에 대해 살펴보면 다음과 같다.

1) 체액에 따른 성격유형 분류

- 최초로 Hippocrates는 혈액, 흑담즙, 황담즙, 점액 등 인체의 네 가지 체액에 따라 성격을 분류하였다. 이를 토대로 Galen은 다혈형, 우울형, 담즙형, 점액형이라는 네 가지 기질유형을 제시하고 각각의 성격적 특성을 제시하고 있다. 먼저 다혈형(sanguine)은 혈액이 비교적 많은 사람으로서 활동적이고, 기운이 넘치고, 자신만만하며, 수다스럽고, 근심이 없으며, 리더십이 강한 성격이다. 우울형(melancholic)은 흑담즙이 많은 사람으로서 우울하고 비관적이며, 경직되어 있고, 냉정하며, 비사교적인 조용한 성격적 특성이 강하다. 담즙형(choleric)은 황담즙이 많은 사람으로 쉽게 화를 내고, 행동이 조급하고, 폭력 성향이 있으며, 들떠 있고, 변덕이 심하며, 충동적인 성격적 특성을 지니고 있다. 점액형(phlegmatic)은 점액이 과다한 사람으로 수동적이고 무기력하며, 사려가 깊고, 신뢰성이 높고, 침착하며 평온한 성격적 특성을 지니고 있다.

2) 체형과 체질에 따른 성격유형 분류

- Sheldon(1942)은 체형(體刑)과 성격 간의 관련성 연구에서 인간의 체형을 내장구조가 고도로 발달하고 비만한 체형의 내배엽형(endomorphy), 근육의 발달이 우세한 체형의 중배엽형(mesomorphy), 근육이 섬세하고 마른 체형의 외배엽형(ectomorphy)으로 구분하고, 이러한 체형을 가진 사람의 특징을 제시하였다. 즉, 외배엽형은 예민하고 수줍어하고 내성적인 성향이 강하며, 중배엽형은 활동적이고 자기주장적이며 정력적이고 지배적이며 냉담한 성격적 특성이 강하다. 이에 비하여 내배엽형은 유쾌하고 이완되어 있고 편안함을 추구하고 사교적인 성격 특성을 보인다고 하였다.
- 조선후기의 한의학자인 이제마의 사상의학(四象醫學)에서는 주역의 태극설에 근거하여 인간의 사상체질을 태양인, 태음인, 소양인, 소음인이라는 네 가지 유형으로 구분하고, 이에 따라 성격적 특성을 기술하고 있다(민경환, 2002). 먼저 태양인(太陽人)은 과단성이 있고, 머리가 명석하고 뛰어나 독창적인 일을 잘하며, 대인관계에 능하지만 고집이 강하여 쉽게 굽힐 줄 모르고, 진취적 기상이 충만하다. 태음인(太陰人)은 고집과 욕심이 많고 대범하여 일의 착수는 느리나 한번 시작한 것은 끝까지 하는 강한 지구력을 소유하고 있으며, 민첩하지 못하고 잘 움직이려 하지 않는다. 소양인(小陽人)은 성격이 급하고 예민하여 사무에 능하지만 인내심이 부족하고, 항상 무엇에라도 관여하고 싶어 하고 조용히 있지 못한다. 소음인(小陰人)은 온순하고 소심하며 윗사람을 잘 받들고 아랫사람을 다스리는 데 능숙하지만, 항상 집 안에 있으려 하고 바깥 출입을 자주 하지 않는다.

3) 자아 성향과 심리기능에 따른 성격유형 분류

- Jung은 **자아 성향**(ego orientation)과 **심리기능**(psychological function)이라는 두 가지 잣대를

표 8-1 MBTI의 심리유형 분류의 네 가지 지표

지 표	선호 경향	주요 활동
외향(E)-내향(I)	에너지의 방향은 어느 쪽인가?	주의집중
감각(S)-직관(N)	무엇을 인식하는가?	인식기능, 정보수집
사고(T)-감정(F)	어떻게 결정하는가?	판단기능, 결정기능
판단(J)-인식(P)	어떤 생활양식을 채택하는가?	생활양식, 이행양식

출처: 어세스타(http://www.kpti.com).

근거로 성격의 유형을 분류하고 있다. **자아 성향**이란 삶에 대한 일반적인 태도로서 **외향성**과 **내향성**의 상반된 성향을 말하며, **심리기능**은 **사고**, **감정**, **직관**, **감각**이라는 네 가지 기능을 말한다. Jung은 두 가지 자아 성향과 네 가지 심리적 기능을 조합하여 성격을 여덟 가지의 유형으로 분류하고 있다(이부영, 1998).

- 이러한 Jung의 성격유형 분류에 근거하여 Myers와 Briggs는 〈표 8-1〉에서 보는 바와 같이 외향-내향, 감각-직관, 사고-감정, 판단-인식이라는 네 가지 심리적 선호 경향을 근거로 하여 16개의 성격유형을 제안하고, 이를 측정할 수 있는 성격검사인 MBTI(Myers-Briggs Type Indicator)를 개발하였다.

3 성격 형성의 영향요인

- **성격**이 타고나는 것인가 아니면 후천적으로 습득되는 것인가에 대한 논의는 성격의 본질과 영향요인을 밝혀내려는 학자들이 갖고 있는 영원한 의문이라 할 수 있다. 즉, 성격이 유전된 생물학적 힘에 의해 결정되는가 아니면 학습, 경험 및 환경에 의해 결정되는가에 대한 명확한 답은 아직 밝혀지지 않고 있다.
- 따라서 성격이 타고나는 것인지 아니면 학습되는 것인지, 즉 성격의 천성과 양육(nature-nurture)에 관한 논쟁은 마음(mind)과 신체(body)에 관한 논쟁과 함께 심리학 분야의 주된 논쟁이 되어 왔다(민경환, 2002).
- 행동유전학은 인간의 성격이 타고난 것이라고 주장하는 반면, 환경론자들은 성격이 환경의 영향으로 인하여 생후에 형성된 것이라고 보고 있다. 심리학 분야에서는 최근까지도 유전과 환경 중 어느 것의 영향력이 더 크게 작용하느냐에 대한 논쟁이 이어지고 있지만, 성격이 유전과 환경의 상호작용에 의해 형성된다는 것에 대부분이 동의하고 있다.

■ Maddi는 성격이론을 어떻게 분류하고 있는가?

- Maddi(1996)는 기존의 열여섯 가지 주요 성격이론을 중심으로 하여 각 이론에서 성격이 어떻게 형성되고 변화하는가를 분석하였다. Maddi는 성격이란 **핵심 성격**과 **주변 성격**이라는 두 가지 차원으로 구성되어 있다고 하였다. 핵심 성격이란 모든 인간에게 공통적이면서도 가장 근본적인 인간의 속성으로서 후천적인 생활환경을 통하여 쉽게 변화하지 않고

인간의 행동에 절대적인 영향을 미치는 성격의 차원을 의미한다. 이에 반해 주변 성격은 좀 더 구체적이고 직접 관찰의 대상이 될 수 있고 행동과 직결되어 있는 인간의 속성으로 대부분 후천적으로 형성되는 인간의 측면이며, 한 개인과 타인을 구별 짓는 성격적 차원이다.

- 또한 Maddi(1996)는 Freud의 정신분석이론, Erikson의 자아심리이론 등을 **갈등형 성격**이론으로 분류하고, 이 이론에서는 서로 대립되는 두 가지 힘(forces) 사이의 갈등에 의해 성격이 형성된다고 하였다. Freud의 정신분석이론에서는 원초아(id), 자아(ego) 그리고 초자아(superego) 간의 갈등, Erikson의 경우에는 개인내적 힘과 사회적 힘 사이의 갈등에 의해 성격이 형성된다고 하였다.
- Maddi의 성격이론 분류에 있어서 **성취형**에 속하는 Rogers, Maslow 등의 인본주의이론 및 Adler의 개인심리이론은 인간이 태어날 때 갖고 있는 잠재력이나 가능성을 실현하는 과정에서 성격이 형성된다고 보고 있다. 그리고 Kelly의 인지이론 등과 같은 **일치형** 성격이론에서는 인간이 후천적으로 외부 세계와의 접촉을 통해서 얻는 정보나 정서적 경험을 통해 성격이 형성된다고 보고 있다.
- 이러한 Maddi의 주장에 근거하여 보면, 성격이란 인간이 태어날 때 타고난 것이 실현된 결과일 수도 있으며, 후천적인 경험과 학습의 결과일 수도 있다. 따라서 인간의 성격이 어떠한 요인에 의해 형성되는가에 대한 관점도 각기 다르다.
- Freud의 전통적 정신분석이론은 강한 생물학적 결정론에 입각해 있으며, 인간 행동과 성격의 근거를 인간 내부의 무의식적 힘에서 찾고 있다. 이에 반하여 성격은 존재하지 않는 허구의 개념이라고 주장하는 Skinner의 행동주의이론은 강한 환경결정론에 입각하여 인간의 모든 행동은 각 개인에게 주어진 환경적 자극에 의해 획득된다고 믿고 있다.
- 앞의 두 이론에 반기를 든 제3의 심리학이라고 불리는 인본주의이론에서는 성격 형성이 기질적 요인이나 환경적 요인에 의해서 이루어지는 것이 아니라 인간의 주체적 삶의 선택 과정의 결과라고 본다.
- 이와 같이 성격 형성에 영향을 미치는 요인들에 대해 이론마다 각기 다른 관점을 보이고 있지만, 현대적 성격이론에서는 유전적 요인과 환경적 요인이 끊임없이 상호작용한 결과로서 성격이 형성된다는 **상호결정론적 관점**이 더욱 우세해 보인다.

1) 유전 및 생물학적 요인의 영향

- 성격은 유전자를 통해 유전된다. 인간은 부모에게서 23쌍의 염색체를 물려받게 되는데, 유전 정보는 DNA에 담겨 있다([그림 8-2] 참조). 유전자는 단백질을 특정 방향으로 합성함으로써 인간의 생물학적 성장과 성숙을 결정하고 그 기능을 통제하며, 본능, 감각기능 등의 심리적 기능에도 강한 영향을 미친다.
- **유전**이 성격 형성의 중요한 영향요인이라고 보는 시각은 인간의 지능에 대한 쌍생아 연구와 정신질환에 대한 연구에 잘 나타나 있다. 먼저, 지능이 타고난 것인지 아니면 후천적으로 습득된 것인지를 알아보기 위한 쌍생아 연구에서는 인간의 지능발달에 있어서 유전적 요인이 많은 영향을 미치는 것으로 나타났다. 즉, 유사한 환경에서 양육된 경우는 물론 서로 다른 환경에서 성장한 경우에도 일란성 쌍생아가 이란성 쌍생아에 비하여 지능지수의 상관관계가 더 높은 것으로 나타나, 지능발달에 유전적 영향이 더 강한 영향을 미친다고 보고하였다. 그리고 정신분열증에 관한 연구에서도 이란성 쌍생아보다는 일란성 쌍생아의 정신분열증 발병 일치율이 높고, 정상적 형제자매나 사촌들보다는 이란성 쌍생아의 발병 일치율이 높은 것으로 나타났다.
- 성격 형성에 영향을 미치는 **생물학적 요인**인 갑상선, 부갑상선, 뇌하수체, 생식선, 부신 등과 같은 내분비선에 의해 분비되는 호르몬은 자율신경계와 밀접한 관련성을 지니며 정신 작용에 깊이 관여한다(안향림, 박정은, 1994). 신체 성장과 신진대사에 관여하는 갑상선 호르몬의 분비가 저하되면, 동작이 둔해지고 쉽게 피로해하며 우울한 성격 특성을 보일

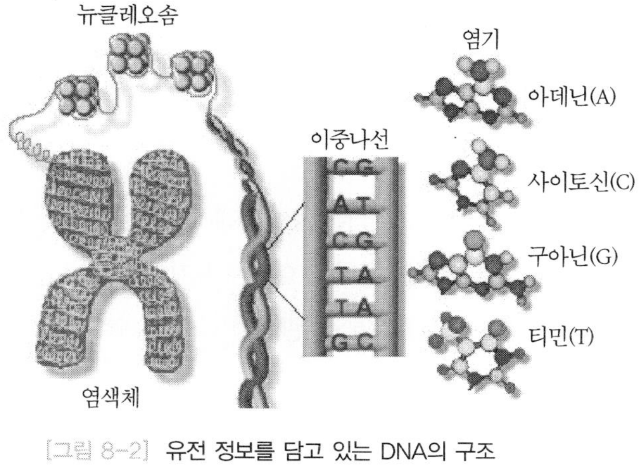

[그림 8-2] 유전 정보를 담고 있는 DNA의 구조

수 있다. 그러나 이 기능이 항진되면 흥분하기 쉽고, 침착성을 잃고 불안을 쉽게 경험한다. 부갑상선 호르몬의 저하는 신경과 근육의 흥분성을 높여 경미한 자극에도 과민반응을 보이고 매우 활동적이 되게 한다. 뇌하수체 기능이 저하될 경우 공격성이 부족하고 쉽게 단념하며 겁쟁이로 놀림을 받는 경우가 많은 반면, 이 기능이 항진되면 공격적 특성이 강하게 나타난다.

- 생식선에서 분비되는 **성 호르몬**은 남성 또는 여성적 성격 특성을 결정하는 주요 요인이 된다. 부신피질 호르몬의 분비가 저하되면 흥분하기 쉽고, 협동성이 결여된 성격적 특성을 보인다. 부신수질 호르몬은 활동성을 고양시키고, 위기 상황에 적극적으로 대처할 수 있게 만들어 준다. 이와 같이 내분비선에 의해 분비되는 호르몬은 성격 특징 중에서 성, 공격성, 정서와 관련된 영역에 많은 영향을 미치는 것으로 밝혀지고 있다.
- **중추신경계**는 자율신경계의 중추적 역할을 하는데, 불안증이나 우울증으로 인한 충동적 행동을 할 가능성이 높을 경우 전두엽 절제 수술을 하여 충동성을 제거할 수 있다. 이는 중추신경계와 성격적 특징이 상당한 관련성을 지니고 있음을 암시해 주는 것이다. **자율신경계**는 성격 특징 중 정서를 지배하는 기능을 담당한다. 만약 자율신경기능이 비정상일 경우에는 정서적 불안이 유발된다. 특히 부교감신경이 긴장 상태에 놓이게 되면 감정적 흥분 상태가 적게 나타나고, 인내심과 억제성이 강하여 활동성이 부족하며, 규칙을 잘 지키는 성격적 특징이 강하게 나타난다(안향림, 박정은, 1994).
- 생물학적 요인 중에서 **체액**, **체형**, **체질** 등은 성격 특성에 의미 있는 영향을 미치는 것으로 나타나고 있다. 그러나 Sheldon 등의 체형론자들은 인간의 체형, 체액, 체질 등이 성격 특성과 밀접한 관련성이 있지만, 이것으로만 인간의 성격적 특성을 판별한다는 것은 심대한 오류를 범할 가능성이 있다는 의견이 지배적이다.

2) 환경 및 후천적 요인의 영향

- 개인의 성격발달은 유전적 · 생물학적 요인 이외에 개인이 속해 있는 환경적 요인에 의해서도 큰 영향을 받는다. 즉, 성격은 유전적 · 생물학적 요인에 의해 자동적으로 습득된 것 이외에 개인을 둘러싼 환경적 조건에 적응해 가는 동안에 독자적인 행동양식을 습득함으로써 형성되는 것이다.
- Mischel은 행동이 개인이 지닌 특질(trait)에 의해서가 아니라 개인이 기능하는 상황적 특성에 의해 통제된다고 하였다. 그리고 Ekehammar와 Magnuson의 연구에서도 상황적 특성

이 행동을 결정하는 주요 요인인 것으로 나타났다(안향림, 박정은, 1994).

- Lorenz는 인간의 사회적 애착 형성이 각인(imprinting)이라는 학습과정에 의해 이루어진다고 하였다. 이러한 본능적 학습에 의한 성격 형성이나 행동 습득이 불가역적이며 본능적이라는 주장도 있지만, 각인이라는 것은 사회적 자극에 대한 반응이라는 하나의 후천적 학습과정이기 때문에 후천적 요인에 의한 성격 형성을 설명해 줄 수 있는 개념이다(안향림, 박정은, 1994).
- 가족은 인간이 가장 먼저 그리고 가장 오랫동안 소속되어 있는 기본적 사회집단이다. 따라서 가족의 구성, 가족관계, 부모의 양육 태도, 형제간의 서열, 가족의 사회문화적 상태 등은 개인의 성격발달에 가장 중요한 영향을 미친다. 그리고 아동과 청소년들은 또래집단에서의 상호작용을 통하여 사회생활에 필요한 기초적인 도덕성이나 사회적 역할 분담을 학습하게 되며, 의미 있는 지도력까지도 경험할 수 있게 된다.
- 지역사회 환경 역시 성격 형성의 기초가 된다. 자연 환경과 성격 특징을 비교한 김계숙(1988)의 연구에 의하면 대륙 사람은 단결심이 약하고 작은 일에 소홀하고 큰일에 집착하는 반면, 섬 사람은 단결심은 강하나 작은 일에 집착하는 경우가 많다. 그리고 도시 사람은 민첩하고 교활하며 경박하고 냉정하며 허영심이 강한 반면, 농촌 사람은 순박하고 온순하고 둔하고 미련하다. 산악지방 사람들은 순진하며, 평지와 해변 사람들은 경박하고 냉담하다. 이러한 연구 결과를 근거로 하여 볼 때, 자연 환경은 인간의 성격 형성에 많은 영향을 미침을 알 수 있다.
- 성격 형성에 있어서 사회문화적 요인은 매우 중요한 역할을 한다. Kluckhohn은 한 집단 속의 개인은 문화적 압력을 받으며 생활하게 되고, 이러한 문화적 힘이 성격 형성에 많은 영향을 미친다고 보았다. 그리고 Frank는 문화가 개인 유기체 안으로 짜여 들어간다고 말할 정도로 성격 형성에 있어서의 문화적 영향을 강조하였다. 즉, 인간의 감정적 반응 양식은 문화적 요인에 의하여 결정되며, 부모의 양육 태도나 가치관을 통하여 사회의 도덕적 관념과 사회적 태도 등이 전달되기 때문에 문화가 성격 형성 및 발달의 원천이라 할 수 있다. 문화인류학자인 Mead는 사춘기의 문제가 생물학적 원인보다는 사회문화적 요인에 기인하며, 개인의 특질은 문화권에 따라 달라진다고 하였다. 현대사회에서도 지역에 따라 또는 같은 지역 내에서도 사회계층에 따라 문화가 다르며, 각 계층에 속한 개인들이 보이는 성격적 특질 또한 다르다(안향림, 박정은, 1994).

3) 생물학과 환경의 상호작용

- 이와 같이 생물학적 존재이면서 동시에 사회문화적 존재인 인간은 후천적 환경에 적응하는 과정에서 자신만의 독특한 행동방식이나 적응양식, 즉 성격을 형성해 나가게 된다고 할 수 있다.
- 동일한 유전자를 타고난 쌍둥이도 성장하면서 서로 성격이 다를 수 있고, 태어나서 동일한 환경에서 자란 형제도 성격이 다를 수 있다. 이것은 성격이 생물학적 요인이나 환경적 요인 어느 하나에 절대적인 영향을 받지 않는다는 증거다.
- 생물학적 요인을 주장하고 그 근거가 되는 쌍둥이 연구를 살펴보자. 일란성 쌍둥이가 이란성 쌍둥이나 다른 형제들에 비해 성격 특징이 더 비슷하다고 해서 반드시 유전적 요인 때문이라고 결정지을 수 없다. 왜냐하면 일란성 쌍둥이는 체격이나 외모 등에서 훨씬 유사한 점이 많을 것이고 부모나 주위의 다른 사람들과의 관계도 더 유사한 환경에 있기 때문에 더 유사한 성격을 형성할 수도 있기 때문이다. 따라서 어떤 성격 특징이 반드시 생물학적 요인 때문이라고 단언하기는 어렵다.
- 최근 들어서는 어느 한쪽의 영향보다는 두 가지 요인을 종합하여 이 둘의 상호작용으로 성격이 결정된다고 본다. 즉, 개인의 성격은 타고난 유전적 조건들과 성장하면서 경험하게 되는 환경적 조건들의 상호작용을 통해 형성된다는 이론이 설득력을 얻고 있다.

4 MBTI 이론과 Keirsey의 기질이론

- Keirsey는 Carl Jung의 심리유형론과 이를 토대로 만들어진 MBTI에 자신의 이론을 접목시켜 일반인들도 쉽게 스스로 성격과 기질을 분석할 수 있도록 하였다.
- MBTI에서 기존에 해석된 용어가 너무 이해하기 어렵기 때문에, 누구나 쉽게 이해할 수 있는 용어로 대치하였다.

1) MBTI이론

- Jung은 두 가지 자아 성향과 네 가지 심리적 기능을 조합하여 성격을 여덟 가지의 유형으

로 분류하고 있다. 이러한 Jung의 성격유형 분류에 근거하여 Myers와 Briggs는 외향-내향, 현실-미래, 논리-감성, 계획-자율이라는 네 가지 심리적 선호 경향을 근거로 하여 16개의 성격유형을 제안하고, 이를 측정할 수 있는 성격검사인 MBTI(Myers-Briggs Type Indicator)를 개발하였다.

- MBTI의 심리적 선호 경향(psychological preference)이란 '개인이 지속적이고 일관성 있게 활용하는 것' '더 자주, 많이 쓰는 것' '선택적으로 더 좋아하는 것' '상대적으로 편하고 쉬운 것' '상대적으로 더 쉽게 끌리는 것'을 의미한다.

(1) 4차원 선호 경향

① 외향(E):내향(I) 선호

- 이 차원은 **심리적인 에너지를 어디에서 얻고, 어떤 방향으로 쏟아내는가**를 알아보는 것이다.
- **외향형** 아동은 외부 세계에 관심이 많고 에너지를 외부 밖에서 공급받는다. 즉, 친구들과 어울려 이야기하기를 좋아하고, 낯선 아이들과도 잘 사귀고 잘 어울린다. 대화를 주도해 나가며, 질문을 받으면 생각할 틈도 없이 곧바로 대답하는 바람에 실수를 많이 한다. 또한 모임에서도 말이 많고 빠르고 목소리도 크며 시끄러운 편이다.
- 반면에, **내향형** 아동은 내부 세계에 관심이 많고 에너지를 자신 내부에서 공급받는다. 즉,

표 8-2 외향(E), 내향(I) 선호 특징

외향형 선호 특징	내향형 선호 특징
• 말이 많고 떠들썩하다. • 활기에 넘친다. • 말하면서 생각한다. • 먼저 행동한 후에 나중에 생각한다. • 다양한 것을 좋아하고 활동적이다. • 말이 빠르고 목소리가 크다. • 여러 친구와 어울리는 것을 좋아한다. • 직접 얼굴을 맞대고 대화하기 좋아한다. • 또래관계가 넓으나 깊이는 얇다. • 한곳에 집중하지 못한다. • 화제를 신속하게 바꾼다. • 남의 이야기 중간에 잘 끼어든다.	• 말이 적고 차분하다. • 신중하고 절제된 행동을 한다. • 먼저 생각한 후에 나중에 행동한다. • 천천히 조용하게 말한다. • 집중력이 좋은 편이다. • 한 번에 한 가지 주제를 다룬다. • 혼자서 시간 보내는 것을 좋아한다. • 어떤 일을 하기 전에 관찰하기 좋아한다. • 주인공보다는 무대 뒤에 있고 싶어 한다. • 상당히 조심스럽고 망설이는 편이다. • 대화 시 곧바로 본론으로 들어간다. • 침묵하는 것이 편안하다.

외부 세계와 관계 맺는 것을 불편해할 수 있고, 낯선 곳에 가는 것을 두려워하며, 말로 표현하기 전에 먼저 생각부터 하는 경향이 있다. 대화를 주도해 나가기보다는 경청을 잘하며 전반적으로 조용한 것을 편안해한다. 평소에 말이 적지만, 중요하다고 생각하는 것에 대해서는 주변 상황을 감안하지 않고 말하기 때문에 상대방을 불편하게 할 때도 있다.

② 현실(S):미래(N) 선호

- 이 차원은 **정보를 오감으로 수집하는지 아니면 육감으로 수집하는지**를 알아보는 것이다. 기존 검사에는 감각(S)과 직관(N)이라는 용어를 사용하였으나, 현실(S)과 미래(N)라는 용어로 대치하였다.
- **현실형** 아동은 정보를 오감을 통해 수집하며, 추상적인 것보다 구체적인 것을 더 선호한다. 즉, 실화를 바탕으로 한 실존 인물 이야기나 짧은 모험담이나 인물 전기를 좋아하고, 직선적으로 생각하고 순서대로 따르기를 좋아한다. 주로 세부적인 것부터 시작하여 전체를 보는 성향이 있고, 세부사항을 이해하고 암기를 잘하며, 기계적으로 암기하여 치르는 시험을 좋아한다.
- 반면에, **미래형** 아동은 추상적으로 생각하며 '육감'을 통해 결론을 내린다. 현재보다는 미래에 더 관심이 많으며, 하던 일을 멈추고 다른 것에 쉽게 관심을 돌리기도 한다. 장난감 설명서에 나오는 것보다는 다른 방식으로 가지고 놀려고 하며, 가지고 놀던 장난감을 버려 둔 채 몇 달 동안 다른 물건에 푹 빠지기도 한다. 또한 공상하기를 좋아하고 상상력이

표 8-3 현실(S), 미래(N) 선호 특징

현실형 선호 특징	미래형 선호 특징
• 분명하고 직설적으로 말한다. • 매우 구체적이고 정확하다. • 사실적인 것을 좋아한다. • 천천히 읽지만 꼼꼼하게 파악한다. • 세부사항에서 시작해서 전체 윤곽을 잡는다. • 과거사를 잘 기억한다. • 쉽게 암기를 잘한다. • 직선적이고 곧장 핵심에 접근한다. • 육체(신체)적인 면을 중요시한다. • 다른 사람의 말을 끝까지 귀담아 듣는다. • 과거와 현재를 중요시한다.	• 추상적이고 아이디어 세계에 산다. • 공상하는 것을 좋아한다. • 지시받는 것을 견디지 못한다. • 세부적인 것에 집중하기 어렵다. • 우회적으로 생각하면서 건너뛴다. • 상징적인 말을 하며, 비유적인 표현을 즐긴다. • 정신적인 면을 중요시한다. • 몇 번이고 되새긴 다음 정리하고 수정한다. • 창의성을 요구하는 직업에 끌린다. • 전반적이고 보편적인 관점에서 말한다. • 다른 사람의 말에 끼어들어 결론을 내린다.

풍부하며 공상과학 소설을 좋아한다.

③ 논리(T):감성(F) 선호

- 이 차원은 여러 문제에 대한 의사결정을 어떤 방식으로 내리는지를 알아보는 것이다. 기존 검사에는 사고(T)와 감정(F)이라는 용어를 사용하였으나, 논리(T)와 감성(F)이라는 용어로 대치하였다.
- **논리형** 아동은 자기가 수집한 정보를 분석한 후 공정하고 논리적이고 객관적인 결정을 하는 성향이 있다. '왜'라는 질문을 자주 사용하며, 과학, 수학, 토론을 좋아한다. 개념을 이해하는 능력은 뛰어나지만 사람들과의 관계를 이해하는 능력은 부족할 수 있다. 평소에 자신의 감정을 내색하지 않는 편이지만, 일을 성취할 때는 자기 애정을 잘 표현하기도 한다.
- 반면에, **감성형** 아동은 다른 사람과의 기분을 배려하여 결정하는 성향이 있다. 다른 사람의 감정을 잘 이해하지만, 무심코 지나쳐 버린 말 한마디도 심각하게 받아들일 수 있다. 이런 아이는 얼굴에 자신의 기분이 잘 나타나 있고, 경쟁하는 것에 관심이 적으며, 공동의 과제를 수행하기 좋아한다. 자신의 감정에 대해 다른 사람에게 이야기하거나 잘 표출하기도 한다.

표 8-4 논리(T), 감성(F) 선호 특징

논리형 선호 특징	감성형 선호 특징
• '왜'라는 질문을 좋아한다. • 논쟁하거나 경쟁하기를 좋아한다. • 분석하기를 좋아한다. • 경기의 규칙을 중요하게 생각한다. • 다른 사람에게 냉정하게 행동한다. • 사람의 마음에 둔한 편이다. • 감정을 억제하고 무미건조하다. • 칭찬에 인색하다. • 감정을 배제한 공정한 언어를 사용한다. • 전략적 사고가 필요한 직업을 선호한다.	• 타인에게 따뜻하고 우호적으로 행동한다. • 친절하고 외교적이다. • 논쟁, 갈등, 대립을 피한다. • 마음의 상처를 쉽게 받는다. • 민감하게 반응한다. • 사람들을 잘 이해하고 협상을 잘한다. • 감상적이고 쉽게 흥분한다. • 칭찬에 관대하다. • 단정적으로 말하지 않는다. • 도움을 주는 직업을 선호한다.

④ 계획(J):자율(P) 선호

- 이 차원은 **생활양식, 생활 태도 등 살아가는 방식**을 알아보는 것이다. 기존 검사에는 판단(J)과 인식(P)이라는 용어를 사용하였으나, 계획(J)과 자율(P)이라는 용어로 대치하였다.
- **계획형** 아동은 과제물을 미리 준비하며, 자신의 세계를 잘 계획한다. 시간을 잘 배분하여 과제를 일찍 끝내며, 자신이 한 일의 결과에 자신감을 가지는 성향이 있다. 어떤 일이 일어날지 빨리 결정하며, 정리정돈을 잘하며 질서를 지키려는 의지가 강하다. 이런 아동은 명확하고 예측 가능한 규칙이 있을 때 일을 잘하며, 시간에 민감하고 약속을 잘 지킨다.
- 반면에, **자율형** 아동은 창의적으로 자신이 세계를 만들어 간다. 많은 규칙은 자율을 제한한다고 생각하기도 하며, 계획성이 부족하고 마감 날짜가 닥쳐서야 행동에 옮기는 성향이 있다. 또한 즉흥적인 일을 좋아하고, 정리정돈을 잘하지 못하지만, 매우 쾌활하고 가족을 즐겁게 하기도 한다. 한번 놀이에 빠져들면 시간 가는 줄 모르기도 하며, 어느 때는 일을 끝마치지 못하고 또 다른 일을 시작하기도 한다.

표 8-5 계획(J), 자율(P) 선호 특징

계획형 선호 특징	자율형 선호 특징
• 해야 할 일을 미리 준비한다. • 성실한 수업/일 태도를 지니고 있다. • 시간 개념이 확실하다. • 방/교실을 깨끗하게 정리한다. • 책임을 맡고 관리하기를 좋아한다. • 목표를 세우고 달성한다. • 규칙과 제도를 중요시한다. • 일정한 방식에 따라 일한다. • 권한이 부여되는 직업을 선호한다.	• 겉으로 보기에는 계획성이 부족하다. • 쾌활하나 우유부단하다. • 변화에 대한 적응력이 뛰어나다. • 방/교실을 잘 정돈하지 못한다. • 규칙과 제도를 갑갑해한다. • 체계적이지 못하고 의사표현이 분명치 않다. • 목표를 자주 바꾼다. • 관습과 전통에서 벗어나려 한다. • 흥미 있는 직업을 선호한다.

2) Keirsey의 기질이론

- Keirsey에 따르면 사람은 제각기 서로 다르며, 차이점은 나쁜 것이 아니라 좋은 것이기 때문에 바꿔야 할 하등의 이유가 없다. 이러한 차이는 기질에 기인하는 것으로서 기질은 체형이나 머리 색깔처럼 선천적으로 타고나는 것이다.
- Keirsey는 Jung의 심리유형론과 이를 토대로 만들어진 MBTI에 자신의 이론을 접목시켜 일

반인들도 쉽게 스스로 성격과 기질을 분석할 수 있도록 Keirsey 기질분류검사(Keirsey Temperament Sorter)를 개발했다.

(1) 기질

- 기질(temperament)이란 서로 다른 힘들이 전체적으로 종합되고 다양한 것이 일관성을 갖는 것을 의미한다. 행위에 있어서의 이러한 일관성은 그 사람이 아주 어렸을 적부터 관찰되기도 한다. 따라서 기질은 타고나는 것이며, 그 사람이 지니고 있는 선천적인 형태라고 할 수 있다.
- 개성에는 두 가지 측면이 있으며, 그 가운데 하나는 기질이고 다른 하나는 성격이다. 기질은 성향의 형상을 나타내는 반면, 성격은 습관의 형상을 나타낸다.
- 여우는 닭장을 공격하는 성향이 있고(공격하도록 태어났고), 비버는 댐을 만드는 성향이 있으며, 부엉이는 어둠 속에서 홀로 사냥을 하는 성향이 있다.
- 불리한 환경에서 성숙을 방해받지 않는 한 각각의 동물은 닭을 훔치고, 댐을 쌓고, 밤에 사냥을 하는 것과 같이 기질에 적합한 습관을 발전시킨다.
- 다르게 말하면, 우리의 두뇌는 일종의 컴퓨터와 같아서 하드웨어의 기질과 소프트웨어의 성격을 나타내는데, 하드웨어는 성격이 나타나는 물리적 기반이며 각 개인의 태도와 행동에 식별 가능한 지문을 남긴다.
- 이러한 일관성은 개인적인 경험이나 사회적 상황이 개인에게 각인될 시간이나 기회를 가지기도 훨씬 전인 매우 어릴 때부터 관찰될 수 있다. 따라서 기질은 인성의 선천적 형태이며, 성격은 후천적 형태로서 기질과 환경의 상호작용을 통해 발전한다(Keirsey, 1978).

① 지적 역할

- 기질이론에서 Keirsey는 유형 정의를 사람들이 잘하는 것, 그들의 능숙한 행동에 근거하였다. 이를 지적 역할이라고 부르는데, 이는 관찰 가능하므로 좀 더 객관적으로 정의될 수 있다.
- 네 가지 기질에 관한 특징이 지속적으로 일관성이 있는 것은 인간 본성의 근본적인 양상을 반영하는 것이며, 우리 서로를 구분되도록 하는 것은 말과 도구를 사용하는 방식으로 이를 추상적:구체적 언어 사용, 협력적:실용적 도구 사용으로 나눌 수 있다.

㉮ 추상적 : 구체적 언어 사용(Abstract:Concrete Word Usage)

- 인간의 차이를 고려함에 있어, 일부 연구자는 언어적 성향에 대한 차이에 초점을 두었고 일부 연구자는 인식 성향에 초점을 두었다. 그러나 둘 다 우리가 행동을 취할 때 사회적 맥락에서 우리 자신을 위치시키도록 하는 인간의 필수적인 것과 관련이 있다.
- **추상적인 말**은 유추적, 범주적, 허구적, 비유적, 일반적, 도식, 상징적 그리고 이론적인 방법과 관련이 있다. **구체적인 말**은 세부적, 사실적, 요소적, 경험적, 직설적, 신호적, 표상적인 방법과 관련이 있다.

㉯ 협력적 : 실용적 도구 사용(Cooperative:Utilitarian Tool Usage)

- 우리가 목표를 수행하기 위해 하는 거의 모든 것은 도구의 사용을 필요로 한다. 책상, 책, 컴퓨터, 텔레비전, 자동차도 도구이며 길, 다리, 우리의 옷조차도 도구다. 문명화 그 자체는 도구에 의해 만들어졌고, 우리 자신을 동물들 가운데 최고의 존재로 만든 것도 도구다.
- 우리 중 일부는 우리 구성원 그룹이 인정한 도구를 사용하는 것을 선호하며, 다른 사람들은 그것들의 승인 유무와는 상관없이 자신의 일에 최적의 도구를 사용한다.
- 전자를 그들이 원하는 것을 추구하는 데 있어 **협력적**인 것으로 생각하고, 후자를 목표 성취에 있어 **실용적**인 것으로 생각한다.
- 협력자들은 다른 사람을 통해 그들이 원하는 것을 얻고자 노력한다. 그들은 합의된 규칙에 완전히 일치하고 그들이 속해 있는 사회 그룹의 도덕관을 따른다.
- 반면, 실용주의자들은 그들이 추구하는 것을 가능한 실용적인 방법으로 추구하는 경향이 있으며, 최소 비용과 노력으로 성공을 보장하는 도구를 선택한다. 사회적 규칙 준수 유무와는 상관없이 말이다.
- 언어와 도구 사용에 따른 네 가지 기질 분류는 〈표 8-6〉과 같다.

표 8-6 언어와 도구 사용에 따른 네 가지 기질 분류

추상적 N F 협력자	구체적 S J 협력자
추상적 N T 실용주의자	구체적 S P 실용주의자

② Keirsey의 네 가지 기질 분류

- Keirsey는 Hippocrates의 네 가지 기질 분류를 비롯해 많은 심리학자가 사람의 유형을 네 가지로 분류한 데 주목하여, 그리스 신화의 네 신(神)을 통해 보다 정확하게 기질 특성에 대한 해석을 하였다.
- Hippocrates가 말한 네 가지 기질은 체액-혈액, 점액질, 황담질, 흑담질에 근거하기 때문에 참조하기에는 애매하다. 따라서 Keirsey는 제우스가 신들을 닮도록 인간을 만들라고 명령한 그리스 신화의 네 신들이 은유적임에도 불구하고 매우 정확하게 기질들을 설명할 수 있다고 보고 네 가지 기질에 **아폴로**, **디오니소스**, **프로메테우스**, **에피메테우스** 등 신들의 이름을 붙여서 기질을 설명하고자 시도하였다.
- 신화에서는 **아폴로**가 사람들에게 영혼을 주도록 명령받았고, **디오니소스**는 사람에게 즐거움을 주도록, **프로메테우스**는 과학을 가르치도록, **에피메테우스**는 의무를 전달하도록 명령받았다.
- 각 신은 그에 맞는 성향이 있기 때문에 네 가지 기질에 신들의 이름을 붙이면 기질들을 명확히 설명할 수 있을 것이다. 아폴로(영혼)를 숭배하는 사람은 프로메테우스(과학)를 숭배하지 않으며, 디오니소스의 즐거움(또는 자유)을 원하는 사람은 에피메테우스의 의무에 동의하지 않는다. 네 가지 기질이 근본적인 면에서 서로 다르다는 것을 알 수 있다.
- Jung이 말한 직관(N: 미래)은 Kretschmer의 **분열기질**과 비슷하다. 직관 혹은 분열 기질 유형은 아폴로의 영성(자아실현)과 프로메테우스의 과학(힘) 중에서 선택한다(NF, NT).
- 감각(S: 현실)은 Kretschmer의 **순환기질**과 비슷한데, 디오니소스의 즐거움(자유)과 에피메테우스의 의무 중에서 선택한다(SP, SJ).
- Jung이 말한 감정(F)을 아폴로의 자아실현 동기로 하고, 사고(T)를 프로메테우스의 힘 동기로 구분하며, 판단(J: 계획)을 에피메테우스의 의무 동기로, 인식(P: 자율)은 디오니소스의 자유 동기로 구분한다.
- Jung의 심리유형론과 Kretschmer의 기질 분류를 연결하여 **디오니소스적 기질(SP)**, **에피메테우스적 기질(SJ)**, **프로메테우스적 기질(NT)**, **아폴로적 기질(NF)**로 구분하였다.

㉮ 디오니소스적 기질(SP): 자유분방한 경험주의자

- 디오니소스적 기질(SP)을 가진 사람은 구속이나 제약을 받거나 의무를 지지 않고 자유로움을 추구한다. 원할 때 원하는 것을 하는 것이 이상적이며, 기다리거나 준비하는 것, 내일을 위해 사는 것은 그들 방식이 아니다.

- 행동을 중요하게 여기며, 행동 자체가 목적이지 목표달성의 수단이 될 수는 없다. 인간은 동물에게 없는 세 가지, 즉 상징과 신과 도구를 가지고 있다. SP 기질을 가진 사람은 신에게 빠지지 않으며 상징에도 관심을 두지 않는다.
- 사용해 볼 수 있는 도구가 있으면 사용해 봐야 하며, 이로 인해 행동의 효과가 한층 높아진다. SP 기질을 가진 사람은 친구들로부터 '낙천적이며 쾌활하고 재미있는 사람'이라는 평가를 들으며, 함께 있으면 밝고 활기찬 분위기가 만들어진다.
- 이들은 삶에 충동이 있어야 하며, 행동하고픈 갈망이 생기면 몇 시간이고 계속 할 수 있다.
- 이런 추진력과 지구력 때문에 세계적으로 유명한 화가, 악기 연주자, 성악가, 무용가, 운동선수 등의 대가가 많다. 역설적이게도 모든 유형 중 형제애와 동료애가 가장 깊은 유형이기도 하다.

㉯ 에피메테우스적 기질(SJ): 의무를 중시하는 전통주의자

- 에피메테우스적 기질(SJ)의 가장 큰 존재 이유는 자신이 속한 사회를 위해 쓸모 있는 사람이 되는 것이다. 책임과 의무를 중시하며 보호해 주는 자다.
- SJ 기질을 가진 사람은 쓸모 있는 사람이 되고 싶어 하며, 어딘가에 결속되어 책임지고 싶은 욕구가 강하다. 어떤 유형들보다 준비성이 철저하며 실수나 결점에 대비하는 현실적인 사람, 궂은날을 대비해 무언가를 챙겨 놓는 사람이다.
- 이들은 누군가를 돌보고 섬기고 봉사하는 것이 자신의 의무라고 생각하기 때문에 감사나 보답을 요구하지 못하며, 파티가 열리면 파티를 즐기기보다 파티 준비와 뒤치다꺼리를 담당한다.
- 직업 선택은 교육, 설교, 회계, 은행 업무, 의료, 판매 등 보존과 보호를 위하는 직업이라면 무엇이라도 좋다.

㉰ 프로메테우스적 기질(NT): 완벽을 추구하는 합리주의자

- 프로메테우스적 기질(NT)을 매혹시키는 것은 자연을 다스리는 힘이다. NT가 원하는 것은 능력, 재능, 기량, 기술, 독창성 같은 것들이다. NT 기질을 가진 사람은 어떤 상황에서든 무슨 일이든 잘 해내는 총명함을 좋아한다.
- 이들은 능력이 목적이며, 무언가를 하는 것은 능력을 얻기 위한 수단에 불과하다. 네 가지 유형 중 가장 자기비판적인 유형이다. 자신의 잘못에 대해서 스스로를 괴롭히고, 발전을 위해 자신을 채찍질하며 얼마나 향상했는지 스스로를 감시하고 가차 없이 비판한다.

- 이들은 알아야 하는 것, 할 수 있는 것들의 목록이 머릿속에 가득 차 있어야 한다. 기존의 권위에 도전하는 것이 특징이며, 그 때문에 튀어 보이고 어떨 때는 오만해 보일 수도 있다. 이들은 자신의 능력을 스스로 믿지 못하며 성취의 기준을 높여 불안감을 가중시키기도 한다.
- 스스로에게 무리한 요구를 하면서 자신에게 짐을 지우고 자신이 무능하다는 생각을 굳힌다. 놀 때나 일할 때나 완벽해야만 하고, 마음속에 정한 수준이 될 때까지 스스로 여유를 주지 않는다.
- 이들은 사람들에게 기대하지 않는다는 생각과 다른 사람도 자신이 세운 기준과 똑같은 기준을 세우고 달성하고자 해야 한다는 메시지를 사람들에게 보냄으로써 다른 사람과 지적 경험을 나누지 못하게 되며, 그로 인해 대인관계가 좋지 못하다.
- 네 가지 유형 중 가장 일에 파묻혀 사는 유형이며, 일은 일이고 놀이도 일이다. 사람을 대할 때 솔직하고 직설적인 편이라서 차갑고 속을 알기 힘든 사람으로 느껴지기도 한다.

㉣ 아폴로적 기질(NF): 자아를 찾고자 하는 이상주의자

- 직관/감정(NF) 유형에 속하는 아폴로적 기질(NF)은 뭐라고 말로 표현하기 힘들다. NF는 '진정한 자아'는 스스로 찾고자 하는 자아이며, 인생의 목적은 인생에서 목적을 갖기 위한 것이다.
- NF 기질을 가진 사람은 다른 사람들이 자신을 중요한 사람으로 알아주기를 바란다. 자기 정체성에 대한 갈망을 채우려면 주목받는 삶을 살고 세상에서 특별한 존재가 되어야 하기 때문에 이들에게 모든 사건은 드라마이며, 이들은 모든 관계에 높은 의미를 부여한다. 이들은 사람들을 대할 때에도 남들은 생각지도 못하는 특별한 의미를 부여해서, 그것을 몰라주는 사람들 때문에 쉽게 상처받기도 한다.
- 그러므로 대인관계에 열정과 시간을 아끼지 않고 헌신적이다. 소설가, 극작가, 텔레비전 구성작가, 저널리스트, 시인 등 대부분의 저술가가 이 유형에서 나오기 때문에 사람들의 정신세계에 미치는 영향이 크다.
- 이들은 상대가 원하는 모습대로 자신을 보여 주는 재주가 뛰어나며 감정이입 능력, 공감하는 능력이 뛰어나다. 아폴로는 이상과 진리, 아름다움과 신성을 추구하면서 한편으로는 세속적이고 퇴폐적인 욕망에 빠지는 헬레니즘 정신의 이중성을 상징하는데, 이들은 아폴로에게서 자신의 원형(原型)을 보게 된다. 이들은 관계를 원하며 정체성과 유일성을 통한 자기실현을 찾아 나간다.
- 네 가지 기질별 특성과 직업에 관한 비교가 〈표 8-7〉에 제시되어 있다.

표 8-7 네 가지 기질의 특징 및 직업 비교

	SJ(현실/계획형) 감각/판단형	SP(현실/자율형) 감각/인식형	NT(미래/논리형) 직관/사고형	NF(미래/감성형) 직관/감성형
그리스 신화	에피메테우스 (의무)	디오니소스 (즐거움/자율)	프로메테우스 (불/과학/힘)	아폴로 (영혼)
이념	전통주의자	경험주의자	합리주의자	이상주의자
동기	의무	자율	힘	자아실현
기본 성향	의무 중시	자율 분방	완벽 추구	자아 추구
모토 주제	준비된(쓸모 있는) 사람이 되자!	현재 여기에서 모험을 즐기자!	실력 있는 사람이 되자!	자아를 실현하자!
핵심 단어	책임감/의무	행동/도전	유능성/객관성	의미/존재
욕구	소속	자율	능력	관계
행동 방식	섬김/봉사	평등/나눔	실력/지식	공감/소통
삶의 철학	금욕주의	쾌락주의	완벽주의	이상주의
삶의 태도	일하자(개미)	놀자(베짱이)	공부하자(괴짜 천재)	가능성을 실현하자
어울리는 단어	확고부동, 믿음, 성실, 안정감, 세상의 소금	열정, 낙천, 쾌활, 파티	새로운 아이디어, 지식, 원리 파악	인생, 인간관계
태도	비관적(머피 법칙)	낙천적/충동적	비판적	공감적
일처리 선호	절차/순서/ 예측가능/조직	실외/영업/모험/활동 개인	과학원리/철학/ 실험 연구	대인관계/ 성장(자기계발)
직업	행정직/비서직/은행/ 의료직(의사/간호 사)/약국/ 사회사업	연극배우/아티스트/ 실내장식가/ 유치원 교사/ 음악가/미술가/ 미용사/운동선수	과학기술/연구개발/ 철학/고등수학/ 공학/논리/설계/	상담/목회/홍보/ 세일즈맨/소설가/ 극작가/시인/ 임상심리사/ 상담심리사

S: 순환 기질, N: 분열 기질

5 한국청소년성격유형진단검사(K-ATI)

◆ 검사목적

• **한국청소년성격유형진단검사**(K-Adolescence Temperament Inventory: K-ATI)는 교육 현장에서 청소년들이 손쉽게 검사를 실시할 수 있게 하고 한국인의 사회문화적 특성을 고려하

여 타당한 설명 내용을 제공할 수 있는 성격유형을 파악하기 위해 개발되었다.
- 특히 성격유형과 기질에 따른 진로/적성, 학습 태도, 친구관계, 스트레스, 훈육 등 여러 정보를 제공하기 위함이다.

◆ 검사대상

이 검사는 자기보고식 질문지로 글을 읽을 수 있고, 자기 자신을 이해할 수 있으며, 자신의 행동을 인식할 수 있는 **초등학생 및 중 · 고등학생**까지 활용할 수 있다.

◆ 검사 구성 및 특징

- 이 검사는 네 가지 차원의 총 74문항(외향:내향 차원 11문항, 현실:미래 차원 21문항, 논리:감성 차원 21문항, 계획:자율 차원 21문항)으로 구성되어 있다. 여기에는 임상적/경험적 문항 4개가 포함되어 있다.
- 이 검사는 인간의 선천적인 형태인 기질의 특성을 정확하게 해석한 Keirsey의 이론을 적용하여 개발되었다. Keirsey는 Carl Jung의 심리유형론과 이를 토대로 만들어진 MBTI에 자신의 이론을 접목시켜 일반인들도 쉽게 스스로 성격과 기질을 분석할 수 있도록 하였다.
- 이 검사는 실시 요령과 채점 방식이 간단하고, 심리검사와 측정에 대한 충분한 지식이 없어도 아동의 성격유형, 특성, 학습 태도, 또래관계, 진로 등을 파악하여 교육 및 양육 자료로 사용하기 원하는 교사, 부모 등 누구든 사용할 수 있다.
- 이 검사에서는 기존에 해석된 용어가 너무 이해하기 어렵기 때문에, 누구나 쉽게 이해할 수 있는 용어로 대치하였다.

◆ 검사의 통계적 특성

- 대상: 남 287명, 여 270명, 전체 557명
- 표준화 과정
  - 예비 연구 결과로 제작된 성격검사 140문항에 대한 557명의 데이터로 요인분석을 실시하였다. 요인분석에서는 요인 수를 5개로 고정하고, 주성분 분석(principal component analysis)에서 회전 방식은 베리맥스(Varimax rotation)로 설정하였고, 스크리(Scree) 검사로

요인 수를 파악한 결과, 4개의 요인이 존재하였다. 그리고 확인적 요인분석 결과, 적합도 지수는 양호한 것으로 나타났다(〈표 8-8〉 참조).

- 신뢰도: 신뢰도는 내적일치도를 산출하였는데, 그 결과는 〈표 8-9〉에 요약되어 있다.

표 8-8 K-ATI의 적합도 지수

모 형	x^2	df	TLI	CFI	RMSEA
적합도 지수	3874.451	2339	.705	.714	.034

- 타당도: 구성타당도를 알아보기 위하여 요인들 간의 상관관계를 살펴보았는데, 현실-미

표 8-9 K-ATI의 내적 일관성 신뢰도

	신뢰도(Cronbach's α)	평균	표준편차
외향-내향	.78	12.33	2.26
계획-자율	.74	30.06	4.66
논리-감성	.72	29.63	3.91
현실-미래	.81	32.83	3.81

래의 상관계수가 .17인 것을 제외하고는 상관계수들이 .10 미만인 것으로 나타났다(〈표 8-10〉 참조). 이러한 결과를 볼 때 각 요인은 비교적 독립적인 영역을 측정하고 있는 것으로 판단할 수 있다.

표 8-10 K-ATI의 요인 간 상호 상관관계

	외향-내향	계획-자율	현실-미래	논리-감성
외향-내향	-			
계획-자율	.08	-		
현실-미래	.03	.00	-	
논리-감성	-.08	.09*	.17***	-

*$p<.05$, ***$p<.001$

◆ 검사 실시 요령

- 이 검사는 교실에서 집단적으로 실시할 수 있을 뿐 아니라 상담 장면이나 가정에서 치료나 양육을 위해 개인별로 실시할 수 있다.
- 검사자는 검사의 목적이 피검자 자신의 성격유형을 좀 더 정확하고 객관적으로 알아보고, 자신의 효과적인 학습방법이나 미래 진로에 관한 정보를 얻기 위한 것이라는 것을 미리 알려 주어야 한다.
- 각 문항마다 두 개의 선택사항 중 자신과 더 일치한다고 생각되는 것을 솔직하게 답하고, 옳고 틀린 답은 없으므로 각 문항에 대해 너무 깊이 생각하지 말고 평소 자신의 자연스러운 행동을 기준으로 한 문항도 빠짐없이 ① 혹은 ②에 ✓ 표시하도록 지시해야 한다.
- 학교 시험이 아니므로 시간 제한이 없으며, 각자가 생각하고 느끼는 대로 답하면 된다고 강조해 주고, 두 선택 문항 중 고르기 어렵다고 호소할 경우에는 조금이라도 본인에게 더 가깝다고 생각하는 것을 고르도록 말해 준다.
- 답지를 어떻게 완성하는지를 이해시킨 후, 모든 문항을 완성하도록 충분한 시간을 주어야 한다. 차이가 있지만 검사를 실시하는 데는 약 30~40분가량 소요된다.

◆ 채점 및 결과 해석

(1) 자가채점 및 진단

답안지는 심리검사 전문기관 테스피아(http://www.tespia.kr)에서 제작한 자가채점용지를 이용할 수 있다. 검사자의 지시에 따라 스스로 채점하고 기입하도록 하는데, 그 순서는 다음과 같다.

① 아동이 직접 채점용지의 각 문항에 ① 혹은 ②에 ✓ 표시하도록 하여, 네 가지 선호 척도 각각에 ✓ 표시한 수를 합산하여 기입하도록 한다.

② 1차원 점수는 바로 그 밑 칸에 그대로 옮겨 적도록 하고, 2, 3, 4차원의 점수는 [그림 8-3]과 같이 좌측의 점수를 우측에 옮겨 적은 후 합산하여 그 밑에 기입하도록 한다.

③ 1단계로, 각 네 가지 차원에서 둘 중에 높은 점수에 ○표를 하도록 한다. 각 차원에서 높은 점수가 아동의 성향이라고 할 수 있다.

④ 2단계로, 네 가지 차원에서 높은 점수를 조합하여 기록하도록 한다. 이것이 열여섯 가

〈한국청소년성격유형진단검사 채점용지〉

1차원			2차원						3차원						4차원					
외향-내향			현실-미래						논리-감성						계획-자율					
문항	①	②		①	②		①	②		①	②		①	②		①	②		①	②
1		✓	2		✓	3		✓	4	✓		5	✓		6	✓		7	✓	
8		✓	9		✓	10	✓		11	✓		12	✓		13		✓	14	✓	
15	✓		16	✓		17		✓	18		✓	19		✓	20	✓		21		✓
22		✓	23		✓	24	✓		25	✓		26	✓		27	✓		28	✓	
29		✓	30		✓	31		✓	32	✓		33	✓		34	✓		35		✓
36	✓		37	✓		38		✓	39		✓	40	✓		41	✓		42	✓	
43		✓	44		✓	45		✓	46	✓		47		✓	48		✓	49		✓
50		✓	51		✓	52	✓		53	✓		54	✓		55		✓	56	✓	
57		✓	58		✓	59		✓	60	✓		61	✓		62		✓	63		✓
64		✓	65	✓		66		✓	67		✓	68	✓		69	✓		70		✓
71			72		✓				73	✓					74	✓				
개수	2	9	개수	3	8	개수	3	7	개수	8	3	개수	8	2	개수	7	4	개수	5	5
	↓						3	8					8	9					7	4
	2	9		→+			6	15		→+			16	5		→+			12	9
	외	(내)					현	(미)					(논)	감					(계)	자
	E	(I)					S	(N)					(T)	F					(J)	P

종합 자가 진단			
1단계	4가지 각 차원에 대한 판정		내향/미래/논리/계획
2단계	4가지 차원의 조합에 의한 〈16유형〉		내미논계(INTJ)
3단계	4기질	2차원 〈현실〉인 경우에 4차원과 조합	미래논리형(NT)
		2차원 〈미래〉인 경우에 3차원과 조합	

[그림 8-3] 채점 및 진단 예

지 성격유형 중 하나가 된다.

⑤ 3단계로, 2차원에서 '현실'인 경우에 4차원과 조합하여 기록하도록 하고, 만일 '미래'인 경우에 3차원과 조합하여 기록하도록 한다. 이것이 네 가지 기질 중 하나가 된다.

(2) 컴퓨터 채점

이 검사는 컴퓨터 채점 방식을 이용할 수 있다. 학교에서 채점용지를 수거하여 우편으로 심리검사 전문기관인 테스피아에 보내면 상세한 결과를 한눈에 알아볼 수 있는 결과분석 기록지를 단체로 받아볼 수 있다. 만일 개인이라면, 테스피아 사이트(http://www.tespia.kr)에 접속하여 인터넷상에서 쉽고 빠르게 결과분석 기록지를 출력할 수 있다.

◆ 출처 및 개발자

윤치연, 천성문, 양귀숙(2013). 한국청소년성격유형진단검사. 부산: (주)테스피아.

학습과제

1. 성격이란 무엇인지를 설명하라.

2. 여러 학자들의 성격에 대한 정의의 공통점을 설명하라.

3. 성격의 다섯 가지 특성을 설명하라.

4. 성격의 기능을 설명하라.

5. 체액에 따른 성격유형을 설명하라.

6. 체형과 체질에 따른 성격유형을 설명하라.

7. Jung의 자아와 심리기능에 따른 성격유형을 설명하라.

8. Myers와 Briggs의 선호하는 네 가지 심리지표를 설명하라.

9. Maddi는 성격이론을 어떻게 분류하고 있는지를 설명하라.

10. 성격에 영향을 미치는 요인들을 설명하라.

11. Keirsey의 기질이론 및 네 가지 유형을 설명하라.

12. 한국청소년성격유형진단검사(K-ATI)의 목적, 대상, 검사 구성 및 특징, 실시방법 및 채점과 해석방법을 설명하라.

핵심 용어

성격(personality)	기질(temperament)
특질(trait)	추상적:구체적 언어 사용(Abstract:Concrete Word Usage)
자아 성향(ego orientation)	협력적:실용적 도구 사용 (Cooperative:Utilitarian Tool Usage)
심리기능(psychological function)	디오니소스적 기질(SP)
핵심적 성격	에피메테우스적 기질(SJ)
주변적 성격	프로메테우스적 기질(NT)
MBTI(Myers-Briggs Type Indicator)	아폴로적 기질(NF)
심리적 선호 경향(psychological preference)	한국청소년성격유형진단검사(K-ATI)
Keirsey 기질분류검사(Keirsey Temperament Sorter)	

제 9 장

지능영역의 평가

학습목표

1. 지능의 정의에 대한 학자들의 견해를 비교 설명할 수 있다.
2. 지능검사의 발전과정을 설명할 수 있다.
3. 한국 웩슬러 아동지능검사의 실시, 채점 및 해석요령을 설명할 수 있다.
4. 한국 웩슬러 유아지능검사의 실시, 채점 및 해석요령을 설명할 수 있다.
5. Gardner의 다중지능이론과 뇌와의 관계를 설명할 수 있다.

1 지능의 정의

■ 지능에 대한 학자들의 이론적 개념은 어떻게 다른가?

- 지능은 성격, 정서, 가치, 동기 등과 같은 여러 가지 특성들과 함께 한 개인의 총체적인 모습을 구성하는 중요한 요소다. 지능이 무엇인지에 대해 막연하게는 알고 있다고 생각할 수 있지만, 지능에 대한 하나의 합의된 정의를 내리는 것은 매우 어려운 일이다.
- 지능이 무엇인가에 대해서는 고대 그리스시대 이래 현재까지도 많은 이견이 있어 왔다. Darwin의 진화론이 대두된 이후 개인차에 대한 관심이 고조되면서부터 지능에 대한 과학적 접근이 이루어지기 시작하였다. Galton은 개인차 연구의 선구자로 알려져 있는데, 그는 감각변별 능력검사(여러 가지 그림을 놓고 다른 것을 골라내는 과제)와 심리운동 능력 검사(손으로 과제를 얼마나 빨리 조작하는가의 여부를 보는 과제)를 통해 우수한 지적 능력을 가진 사람을 선별할 수 있다고 주장하였다. 이후 지능을 보다 과학적으로 측정하기 위한 지능검사가 탄생하게 되었고, 지능에 대한 여러 가지 이론이 등장하게 되었다.
- 지능에 대한 정의는 학자들의 이론적 입장에 따라 다양하다. 이를 크게 세 가지 유형으로 나누어 보면 지능을 '학습능력'이라고 보는 입장(Binet), '환경이나 새로운 상황, 문제에 적응하는 능력'이라고 보는 입장(Piaget), '추상적인 사고 능력으로서 그것을 구체적인 사실들과 관련시킬 수 있는 능력'이라고 보는 입장(Thurstone)이 있다.
- 지능의 요인과 구조에 대한 이론들을 보면, Spearman은 "지능은 모든 개인이 공통적으로 가지고 있는 일반요인(g요인)과 어떤 특정한 한 분야에 대한 능력인 특수요인(s요인)으로 구성되어 있다."는 이요인설을 주장하였으며, Thorndike는 "지능은 특수능력(s요인)의 총합체다."라고 하였다. Thurstone은 "언어요인(V요인), 단어 유창성(W요인), 수리능력(N요인), 기억(M요인), 공간관계인식(S요인), 지각속도(P요인), 논리적 능력(R요인) 등 일곱 가지 기본 정신능력(primary mental ability: PMA)으로 구성되어 있다."라며 다요인설을 제안하였다.
- Guilford는 Thurstone의 다요인설을 확대하여 지능구조 입체모형설(structure of intellect model: SI모형)을 제안하였는데, 지능이란 다양한 방법으로 상이한 종류의 정보를 처리하는 능력의 체계적인 집합체로서 주어지는 정보의 '내용(content)', 이 정보에 대한 '조작(operation)', 이에 의한 결과의 '산출(product)'의 3차원으로 구성되어 있다고 주장한다. 또

한 내용, 조작, 산출의 각 차원은 각각 네 개, 다섯 개, 여섯 개의 요소를 가지고 있는 세부적인 구조를 이루고 있어 총 120개의 지능구조 단위로 구성되어 있다고 보았다.

- 한편, Guilford는 이 모형의 '조작' 과정에서 수렴적 사고(convergent thinking)와 확산적 사고(divergent thinking)를 포함시키고 있다. 수렴적 사고란 하나의 문제해결을 위하여 기존에 알고 있던 지식들로부터 가장 적합한 답을 찾아내는 방식의 사고를 말하며, 확산적 사고란 하나의 문제해결을 위하여 여러 가지 다양한 해결 방식을 도출해 내는 사고를 말한다. 이 확산적 사고는 창의성과 밀접하게 관련되어 있다. 현재의 지능검사들은 거의 대부분 수렴적 사고과정을 통해 해결할 수 있는 과제들로 이루어져 있으므로, 확산적 사고과정을 동시에 필요로 하는 창의성을 예언하기에는 부족하다는 한계를 지니고 있다.
- 이에 비하여 Cattell은 지능의 다양한 측면들을 '유동적 지능'과 '결정적 지능'이라는 2개의 군집으로 분류하였다. '유동적 지능(fluid intelligence)'이란 유전적이며 선천적으로 주어지는 능력으로, 뇌와 중추신경계의 성숙에 비례하여 발달하고 쇠퇴하는 특성을 가지고 있다. 이는 속도(speed), 기계적 암기(rote memory), 지각 능력(perception), 일반적 추론 능력(general reasoning)과 같이 새로운 상황에 직면할 때의 문제해결 능력에서 잘 나타난다고 보았다. 반면에 '결정적 지능(crystallized intelligence)'은 환경이나 경험, 문화적 영향에 의해서 발달되는 지능으로, 유동적 지능을 기초로 하여 후천적으로 계속 발달하며, 언어이해 능력(verbal comprehension), 문제해결 능력(problem solving), 논리적 추리력(logical reasoning), 상식(common sense) 등이 포함된다.

■ Wechsler는 지능을 어떻게 정의하고 있는가?

- Wechsler는 **지능**을 단일요인이 아닌 다요인적이며 중다결정적이며, 특정한 능력이 아닌 전체적인 능력으로 보았다. 즉, 지능을 유전 및 환경의 결정요인을 지니고 있을 뿐만 아니라 초기 교육환경, 이후 교육과 직업 경험, 현재의 정서적 상태 및 기질적 · 기능적 정신장애, 검사 당시의 상황요인 등 상호작용의 결과로 나타나는 개인의 전체적인 적응 능력으로 정의하였다.
- 여기서 지능이란 용어가 **인지적**인 정보만이 아니라 **정서적**, **도덕적** 측면의 정보까지도 포함하고 있다는 것을 알 수 있다. 또한 지능은 전체 성격의 일부 요소로서 인지적 능력과 비지적 요인들의 영향을 받기 때문에 이러한 비지적 요인도 함께 평가해야 한다고 보았다. 많은 임상가들은 지능이란 **인지적인 요소**와 **정서적인 요소**를 모두 포함해야 한다는

Wechsler의 총체적 개념을 받아들이고 있다.

2 지능검사의 발전과정

1) 지능검사의 기원

■ 최초의 지능검사는 어떻게 태동하게 되었는가?

- 현대 지능검사 개발의 선구자는 프랑스의 심리학자인 Binet다. 1900년 초에 프랑스의 의무교육이 처음으로 실시되면서 정규반 수업을 받을 수 없는 아동을 선별할 필요가 있었다. 프랑스 정부에서는 1904년에 Binet를 포함한 특별위원회를 구성하여 이 문제에 대해서 검토한 결과, 객관적인 진단도구가 필요하다는 결론을 내리게 되었고, 이에 Binet는 정상아와 지적장애아를 변별할 목적으로 최초의 실용적인 지능검사를 개발하게 되었다.
- Binet는 이해력, 논리력, 추리력, 기억력을 지능의 구성요소라고 보았는데, 이런 구성요소들을 평가하기 위하여 '기억' '산수' '어휘'와 같은 소검사들로 구성된 검사를 제작하였다. Binet는 지능을 측정하기 위해 각 아동의 반응을 비교할 수 있도록, 각 연령에 적합한 과제 또는 검사 문항을 만들어 '맞다' '틀리다' 등 객관적으로 점수화하였다.
- 또한 Binet는 지능은 인간이 성숙할 때까지 연령에 따라 발달한다고 보고, 각 연령대에 따라 아동들이 평균적으로 풀 수 있는 문제들을 찾아서 규준을 구성하여 해당 연령의 아동이 그 규준의 어느 위치까지 도달할 수 있느냐를 통해서 그 아동의 지능을 측정하려 하였다. 이것을 그는 '정신연령(mental age: MA)'이라고 칭하였는데, 이 MA를 아동의 실제 생활연령(chronological age: CA)과 비교해서 MA가 CA보다 앞서 있다면 우수한 아동으로, 뒤떨어져 있다면 지체되어 있는 것으로 보았던 것이다.

2) Stanford-Binet 지능검사

■ Stanford-Binet 지능검사에서는 어떻게 IQ를 산출하는가?

- 이러한 Binet의 방식은 규준 집단에서 '얼마나 우수하고' '얼마나 지체되어 있는지'를 알

수가 없었다. Stanford 대학의 Terman 교수는 Binet의 지능 측정방법을 높이 평가하고, Binet의 검사문항들을 채택하여 미국의 초등학교 아동들을 대상으로 표준화하여 연령별 규준을 만들었는데, 이를 Stanford-Binet 지능검사라고 부른다.

- 그는 Stern의 지능지수(intelligent quotient: IQ) 개념을 받아들여 지능을 비율로 표현하기로 하였다. 즉, IQ를 [MA ÷ CA × 100]이라는 공식으로 산출한다. 만일 생활연령이 8세인 아동이 검사 점수에서 10세의 정신연령을 보인다면, IQ는 125다(10÷8×100). 자신의 생활연령과 동일한 정신연령을 수행하면 IQ는 100인 셈이다. 평균 IQ는 100이라고 간주한다.
- 제1차 세계대전 이후 여러 검사들이 출현하였으나 Stanford-Binet 검사는 여전히 표준적인 지능검사로 여겨지고 있었다. 그러나 이 검사는 아동용 검사로 제작되었기 때문에 성인의 지능을 측정하기에는 부적합하였고, 지나치게 언어적인 평가를 강조하고 비언어적인 평가를 소홀히 했다는 문제점이 제기되었다.
- 또한 앞서 언급된 바와 같이 Binet 검사에서의 지능지수는 정신연령과 실제 연령 간의 비율로 표현되는 '비율 지능지수'다. 이러한 지능지수는 연령에 따라서 지능이 계속적으로 증가한다는 것을 전제로 하고 있다. 그러나 실제로 지능은 일정 연령 이후에는 직선적인 증가를 보이지 않으며 오히려 계속 하강하는 추세를 보이게 되는데, Binet 검사는 이러한 점을 고려하지 못하였다.

3) Wechsler 지능검사

■ Wechsler 지능검사에서는 어떻게 IQ를 산출하는가?

- 이런 맥락에서 Wechsler는 Army Alpha(지필식 검사)와 Army Beta(문맹자나 영어를 모르는 외국인을 위한 비언어적 검사), 즉 제1차 세계대전 중에 신병들을 적절한 부서에 빠르고 효율적으로 배치할 목적으로 개발된 집단용 검사들과 Binet 검사를 기초로 하여 1939년 성인을 대상으로 하는 검사인 'Wechsler-Bellevue Intelligence Scale Form I: W-B I'를 개발하였다.
- W-B I검사는 11개의 소척도로 구성되어 있으며, 이 소척도들은 크게 '언어성 검사'와 '동작성 검사'로 구분된다. 이 검사에서는 MA를 CA로 나눔으로써 지능지수를 산출하는 비율 지능지수 개념을 사용하지 않고, 같은 연령대의 점수와 직접 비교하는 편차 지능지수 개념을 사용한다. 즉, IQ 점수가 100이라면 이는 '평균'이며, 90~109는 평균 수준으로 분류한다(제1장 참조).

- 그 후 성인용(WAIS), 아동용(WISC), 유아용(WPPSI) 등 대상 연령에 따라 지능검사를 개발하였고, 시대적 변화에 따라 계속 개정하여 왔다(〈표 9-1〉 참조). 특히 몇십 년이 지나게 되면 지능 검사의 몇몇 전형적인 과제들을 수행했을 때 평균 점수가 점점 높아진다는 연구 결과들이 있다. 이는 언어성 척도에서보다 동작성에서 더 크게 나타난다. 따라서 검사 수행과 관련된 검사의 규준(norms)을 정기적으로 갱신하는 것이 필수적이다. 시대에 뒤떨어진 규준이 사용되었을 때, 검사대상의 IQ는 현재의 규준보다 더 높은 점수를 보이게 된다.
- 따라서 지능검사의 경우 적어도 10년마다 재표준화가 이루어져야 제대로 된 규준점을 제시할 수 있다. 특히 Wechsler 4판에서는 많은 변화를 시도하였다. 기존의 여러 가지 소검사를 삭제하거나 새로운 소검사를 추가하였으며, **두 가지 IQ(언어성과 동작성) 구조를 더 이상 사용하지 않고**, 대신 **전체검사IQ와 4개의 지표 점수를 제공**한다. 특히, 여러 임상 연구에서 가장 중요한 인지능력으로 강조하고 있는 **처리속도**와 **작업기억**, **유동적 추론**

표 9-1 Wechsler 지능검사 개발 및 한국 표준화 개발

1939	Wechsler–Bellevue Intelligence Scale Form I
1946	Wechsler–Bellevue ntelligence Scale Form II
1949	Wechsler Intelligence Scale for Childen(WISC) → KWISC(이창우, 서봉연, 1974)
1955	Wechsler Adult Intelligence Scale(WAIS) → KWISC(전용신, 서봉연, 이창우, 1963)
1967	Wechsler Preschool and Primary Scale of Intelligence(WPPSI)
1974	Wechsler Intelligence Scale for Childen–Revised(WISC–R) → KEDI–WISC(한국교육개발원, 1989)
1981	Wechsler Adult Intelligence Scale–Revised(WAIS–R) → K–WAIS(임상심리학회, 1992)
1989	Wechsler Preschool and Primary Scale of Intelligence–Revised(WPPSI–R) → K–WPPSI(박혜원, 곽금주, 박광배, 1996)
1991	Wechsler Intelligence Scale for Childen–Third Eduition (WISC–III) → K–WISC–III(곽금주, 박혜원, 김청택, 2001)
1997	Wechsler Adult Intelligence Scale–III(WAIS–III)
2003	Wechsler Intelligence Scale for Childen–Fourth Edition(WISC–IV) → K–WISC–IV(곽금주, 오상우, 김청택, 2011)
2008	Wechsler Adult Intelligence Scale–Fourth Edition(WAIS–IV) → K–WAIS–IV(황순택, 김지혜, 박광배, 최진영, 홍상황, 2012)
2012	Wechsler Preschool and Primary Scale of Intelligence–Fourth Edition(WPPSI–IV) → K–WPPSI–IV(박혜원, 이경옥, 안동현, 2016)

등을 측정하기 위한 소검사와 지표들이 추가되거나 개선되었다. 이에 따라, 소검사들의 본질과 각 지표가 측정하는 인지적 능력들을 더욱 정확히 반영하기 위해 몇 가지 용어를 변경하였다.

- 뿐만 아니라 아동들이 검사 경험을 좀 더 흥미 있게 느낄 수 있도록 검사 도구와 실시 절차상에 변화를 꾀하였다. 예를 들면 모든 그림을 보다 세련되게 바꾸었으며, 검사에 대한 지시를 보다 간결하고 쉽게 할 수 있도록 지시문을 개선하였다. 또한 완전히 새로운 문항을 첨가하여 예전에 있던 문항들을 대처하였고, 하한선과 상한선을 적절하게 결정하기 위해 필요하다고 여겨지는 다양한 난이도의 문항들을 첨가하였다. 검사자 또한 더욱 간단명료하게 검사를 실시할 수 있도록 실시 절차에 변화를 주었다.
- 특히 Wechsler 지능검사는 인지적 측면뿐만 아니라 불안이나 지구력, 목표지각, 기타 정의적 성향 등 정서, 사회성, 도덕 발달, 동기 영역에 대한 설명이 가능하고 여러 영역에서의 내용을 통해 임상 장면에서 장애의 진단, 평가에 필요한 정보를 제공해 주고 있다.

3 한국 웩슬러 아동지능검사(K-WISC-IV)

◆ 검사목적

- 한국 웩슬러 아동지능검사(Korean-Wechsler Intelligence Scale for Childen-4th: K-WISC-IV)는 최근 지능에 대한 새로운 이론을 토대로 개정된 WISC-IV(2003)를 한국 실정에 맞게 표준화한 한국형 아동·청소년용 지능검사다.
- 이 검사의 결과는 지적장애, 정서·행동장애, 정신장애 등 장애는 물론 영재를 판별하는 데 기초 자료로 활용할 수 있다.
- 특히 여러 임상 연구에서 가장 중요한 인지능력으로 강조하고 있는 **처리속도**와 **작업기억**, **유동적 추론** 등을 측정하기 위한 소검사와 지표들을 추가하여 영역별 강점과 약점을 확인할 수 있다.

◆ 검사대상

- K-WISC-IV는 만 6세부터 16세 11개월까지의 아동 및 청소년들에게 사용할 수 있도록 표준화되었다.
- 한국 웩슬러 유아지능검사(K-WPPSI-IV)는 2세 6개월부터 7세 7개월까지 사용 가능하므로, 이 검사와 6세부터 7세 7개월까지는 겹친다. 이 경우 인지능력이 평균하로 추정되는 아동 혹은 언어표현에 문제가 있는 아동에게는 K-WPPSI-IV를 실시할 수 있다.
- 한편, 한국 웩슬러 성인지능검사(K-WAIS-IV)도 16세 이상부터 실시할 수 있으므로 16세부터 16세 11개월까지가 겹치게 되는데, 이 경우에도 인지능력이 평균하로 추정되는 경우에는 K-WISC-IV를 실시해야 한다.

◆ 검사 구성 및 특징

■ 이 검사는 어떻게 구성되었는가?

K-WISC-IV는 15개의 소검사로 구성되어 있고, 소검사에 대한 약자와 설명은 〈표 9-2〉에 제시되어 있다.

표 9-2 소검사의 약자와 설명

소검사	약자	설 명
토막짜기 (Block Design)	BD	아동이 제한시간 내에 흰색과 빨간색으로 이루어진 토막을 사용하여 제시된 모형이나 그림과 똑같은 모양을 만든다.
공통성 (Similarities)	SI	아동이 공통적인 사물이나 개념을 나타내는 두 개의 단어를 듣고, 두 단어가 어떻게 유사한지 말한다.
숫자 (Digit Span)	DS	숫자 바로 따라하기에서는 검사자가 큰 소리로 읽어 준 것과 같은 순서로 아동이 따라 한다. 숫자 거꾸로 따라하기에서는 검사자가 읽어 준 것과 반대방향으로 아동이 따라 한다.
공통그림찾기 (Picture Concepts)	PCn	아동에게 두 줄 또는 세 줄로 이루어진 그림들을 제시하면, 아동은 공통된 특성으로 묶일 수 있는 그림을 각 줄에서 한 가지씩 고른다.

(계속)

기호쓰기 (Coding)	CD	아동은 간단한 기하학적 모양이나 숫자에 대응하는 기호를 그린다. 기호표를 이용하여 아동은 해당하는 모양이나 빈칸 안에 각각의 기호를 주어진 시간 안에 그린다.
어휘 (Vocabulary)	VC	그림문항에서, 아동은 소책자에 있는 그림들의 이름을 말한다. 말하기 문항에서 아동은 검사자가 크게 읽어 주는 단어의 정의를 말한다.
순차연결 (Letter-Number Sequencing)	LN	아동에게 연속되는 숫자와 글자를 읽어 주고, 숫자가 많아지는 순서와 한글의 가나다 순서대로 암기하도록 한다.
행렬추리 (Matrix Reasoning)	MR	아동은 불완전한 행렬을 보고, 다섯 개의 반응 선택지에서 제시된 행렬의 빠진 부분을 찾아낸다.
이해 (Comprehension)	CO	아동은 일반적인 원칙과 사회적 상황에 대한 이해에 기초하여 질문에 대답한다.
동형찾기 (Symbol Search)	SS	아동은 반응 부분을 훑어보고 반응 부분의 모양 중 표정 모양과 일치하는 것이 있는지 제한 시간 내에 표시한다.
빠진곳찾기 (Picture Completion)	PCm	아동이 그림을 보고 제한시간 내에 빠져 있는 중요한 부분을 가리키거나 말한다.
선택 (Cancellation)	CA	아동이 일반적 지식에 관한 광범위한 주제를 다루는 질문에 대답을 한다. 그리고 제한시간 안에 표적 그림들에 표시한다.
상식 (Information)	IN	아동이 일반적 지식에 관한 광범위한 주제를 다루는 질문에 대답을 한다.
산수 (Arithmetic)	AR	아동이 구두로 주어지는 일련의 산수 문제를 제한 시간 내에 암산으로 푼다.
단어추리 (Word Reasoning)	WR	아동이 일련의 단서에서 공통된 개념을 찾아내어 단어로 말한다.

* 고딕체는 K-WISC-IV에 도입된 신규 검사임

■ 어떤 소검사들이 네 가지 지표점수와 관련이 있는가?

이 검사에서는 전체적인 인지능력을 나타내는 전체검사 IQ와 더 분화된 인지기능영역인 네 가지 지표점수를 산출할 수 있는데, 네 가지 지표점수에 해당되는 소검사들은 〈표 9-3〉에 제시되어 있다.

표 9-3 네 가지 지표와 해당 소검사

합산점수	소검사
언어이해 지표(Verbal Comprehension Index: VCI)	공통성, 어휘, 이해 (단어추리)
지각추론 지표(Perceptual Reasoning Index: PRI)	토막짜기, 공통그림찾기, 행렬추리 (빠진곳찾기)
작업기억 지표(Working Memory Index: WMI)	숫자, 순차연결 (산수)
처리속도 지표(Processing Speed Index: PSI)	기호쓰기, 동형찾기 (선택)
전체검사 IQ(Full Scale IQ: FSIQ)	FSIQ

* 괄호 ( )는 보충검사임

■ 일곱 가지 처리점수로는 어떠한 것들이 있는가?

또한 신경심리학적 평가를 위해 일곱 가지 처리점수를 산출할 수 있는데(〈표 9-4〉 참조), 이러한 점수들은 소검사 수행에 기여하는 아동의 인지능력에 대한 더 자세한 정보를 제공한다.

표 9-4 처리점수의 약자

처리점수	약 자
시간 보너스가 없는 토막짜기(Block Design No Time Bonus)	BDN
숫자 바로 따라하기(Digit Span Forward)	DSF
숫자 거꾸로 따라하기(Digit Span Backward)	DSB
가장 긴 숫자 바로 따라하기(Longest Digit Span Forward)	LDSF
가장 긴 숫자 거꾸로 따라하기(Longest Digit Span Backward)	LDSB
선택(무선배열)(Cancellation Random)	CAR
선택(일렬배열)(Cancellation Structured)	CAS

■ K-WISC-IV에서는 어떤 용어로 대체되었는가?

- K-WISC-IV에서는 언어성 IQ(VIQ)와 동작성 IQ(PIQ)라는 용어는 각각 언어이해 지표(VCI)와 지각추론 지표(PRI)라는 용어로 대체되었다. **언어이해 지표**(VCI)는 언어적 추론, 이해 그리고 언어적 표현을 평가하는 소검사를 포함한다. **지각추론 지표**(PRI)라는 용어는 유동적 추론의 중요성을 더욱 반영하기 위해 선택되었다.
- 마찬가지로 K-WISC-III의 주의집중 지표(FDI)는 소검사들이 평가하는 능력을 더욱 정확히 설명하기 위해 작업기억 지표(WMI)로 대체되었다.

■ 새롭게 도입된 검사는 무엇인가?

- 이 검사는 신경심리학, 임상심리학, 학교심리학 분야 전문가들의 조언, 지능이론, 지적 평가, 인지발달, 인지신경과학 영역의 문헌에 대한 광범위한 연구 등을 통해 새롭게 개정되었다. 특히 유동적 추론, 작업기억, 처리속도 측정을 개선하기 위한 새로운 소검사를 도입하였다.
- 첫째, 인지기능 이론들은 유동적 추론의 중요성을 강조한다. 유동적 추론을 요구하는 과제들은 '추상적 개념, 규칙, 일반화, 논리적 관계를 조작하는' 과정과 관련된다. WISC-IV는 유동적 추론능력을 측정하기 위해 고안된 3개의 새로운 소검사들(**행렬추리**, **공통그림찾기**, **단어추리**)을 포함하였다.
- 둘째, 작업기억은 의식상의 정보를 활발하게 유지하고, 결과를 도출하기 위해 이 정보를 조작하는 능력을 말한다. 최근 연구에 의하면 작업기억은 유동적 추론 및 인지적 과정의 핵심 구성요소이며, 학업성취와 학습에 밀접한 관련이 있다. WISC-IV에서는 작업기억의 측정을 위해 '**순차연결**' 소검사를 포함하였고, '**산수**'에서는 요구되는 수학적 지식을 연령에 적합하게 바꾸었다. 또한 '숫자 바로 따라하기'보다 '숫자 거꾸로 따라하기'에 필요한 작업기억이 더 크다는 연구 결과에 기초하여, 이 과제들에 대한 분리된 처리점수가 개발되었다.
- 셋째, 최근 연구에 의하면 정보처리속도는 지적 가용성, 읽기 수행과 발달, 보유하고 있는 인지적 자원으로부터의 추론능력, 보다 높은 체계의 유동적 과제 수행을 위한 작업기억 활용능력과 역학적인 관련이 있다. **처리속도**는 간질, 주의력결핍 과잉행동장애, 외상적 뇌손상과 같은 신경학적 상태와 관련되어 있다.

◆ 검사의 통계적 특성

- 대상: 6~16세 연령별 200명(남, 여 100명씩) 표집, 최종 2,448명
- 신뢰도: 소검사의 내적일치도 .68(동형찾기/단어추리)~.89(숫자)까지로 적절하였으며, 합산 척도의 신뢰도 계수는 .81(처리속도)~.94(전체척도) 범위로 개별 소검사의 계수보다 높다. 검사-재검사 신뢰도에서도 '공통성' '어휘' '빠진곳찾기' '상식'의 평균 안정성 계수는 .90대로 우수하고, '숫자' '기호쓰기' '이해' '동형찾기'의 평균 안정성 계수는 .80대로 적절한 것으로 나타났다. 또한 소검사 총점을 사용한 채점자 간 일치도에서도 모두 .95 이상으로 나타났다.

◆ 하위영역별 측정내용

이 검사의 열다섯 가지 소검사별 측정내용에 대한 소개가 〈표 9-5〉에 제시되어 있다.

표 9-5 소검사별 측정내용

소검사	측정내용
공통성	* '공통성'은 '언어이해'의 주요 소검사 • 언어적 추론과 개념 형성 측정 • 청각적 이해, 기억, 본질적/비본질적 특성 간의 구분, 언어적 · 표현과 관련
어휘	* '어휘'는 '언어이해'의 주요 소검사 • 언어 지식과 언어적 개념 형성, 학습 능력, 장기 기억, 언어발달 측정 • 청지각과 청각적 이해, 언어적 개념화, 추상적 사고, 언어적 표현 등과 관련
이해	* '이해'는 '언어이해'의 주요 소검사 • 언어적 추론과 개념화, 언어이해와 표현, 실제 지식의 활용 능력 측정 • 행동에 대한 관습적인 기준, 사회적 판단력과 성숙도, 상식과 관련
상식	* '상식'은 '언어이해'의 보충 소검사 • 일반적이고 사실적인 지식을 획득하고, 유지하고, 인출하는 능력 측정 • 장기 기억, 학교/환경으로부터 얻은 정보를 인출하는 능력과 관련
단어추리	* '단어추리'는 '언어이해'의 보충 소검사 • 일련의 단서가 설명하고 있는 공통개념 찾기 • 언어적 이해, 유추 및 일반적 추론 능력, 언어적 추상화, 정보 통합능력 등 측정

(계속)

토막짜기	* '토막짜기'는 '지각추론'의 주요 소검사 • **추상적 시각 자극을 분석하고 종합하는 능력** 측정 • 비언어적 개념 형성, 시지각 및 시각적 조직화, 동시처리, 시각-운동 협응, 학습, 지각적 자극에서 전경과 배경을 분리해 내는 능력과 관련
공통그림찾기	* '공통그림찾기'는 '지각추론'의 주요 소검사 • **추상화와 범주적 추론 능력**을 측정하기 위해 새롭게 고안 • 추상적 추론 능력이 점점 더 요구되는 순서대로 배열
행렬추리	* '행렬추리'는 '지각추론'의 주요 소검사 • 행렬 유추과제는 유동성 지능 측정 • 일반 지적 능력에 대한 신뢰할 만한 추정치
빠진곳찾기	* '빠진곳찾기'는 '지각추론'의 보충 소검사 • 시각적 조직화, 집중력, 사물의 본질적인 세부사항에 대한 시각적 재인 측정
숫자	* '숫자'는 '작업기억'의 주요 소검사 • **청각적 단기기억, 계열화 능력, 주의력, 집중력** 측정 • '숫자 바로 따라하기'는 기계적 암기 학습과 기억, 주의력, 청각적 처리와 관련, '숫자 거꾸로 따라하기'는 작업기억, 정신적 조작, 시공각적 형상화와 관련
순차연결	* '순차연결'은 '작업기억'의 주요 소검사 • 이 과제는 **계열화, 정신적 조작, 주의력, 청각적 단기기억, 처리속도**와 관련
산수	* '산수'는 '작업기억'의 보충 소검사 • 정신적 조작, 집중력, 주의력, 단기 및 장기기억, 수 추론 능력, 정신적 기민성, 계열화, 유동적 추론, 논리적 추론과 관련
기호쓰기	* '기호쓰기'는 '처리속도'의 주요 소검사 • **처리속도, 단기기억, 학습 능력, 시지각, 시각-운동 협응, 주의력, 동기** 측정 • 시각적 처리 및 순차 처리와 관련
동형찾기	* '동형찾기'는 '처리속도'의 주요 소검사 • **처리속도, 시각적 단기기억, 시각-운동 협응, 시각적 변별, 집중력**과 관련 • 청각적 이해, 지각 조직화, 계획 세우기와 관련
선택	* '선택'은 '처리속도'의 보충 소검사 • 무선 또는 일렬로 배열된 그림들을 보고 특정 제한 시간 내에 목표 그림에 표시 • **처리속도, 시각적 선택 주의, 각성, 시각적 무시** 측정

◆ 검사 실시 자격

• 이 검사는 표준화된 임상도구의 실시 및 해석에 대한 훈련을 받은 전문가가 실시할 수 있다.

- 또한 평가할 아동과 연령, 언어적 배경, 임상적 · 문화적 · 교육적 이력이 비슷한 아동들을 검사한 경험이 있거나 훈련을 받아야 한다.
- 심리학적 평가에 대한 대학원 수준 또는 전문가 수준의 훈련을 마쳐야 한다.
- 수련감독하에서 수련을 받은 검사자가 검사를 실시하고 반응을 채점한다 할지라도, 검사 결과는 항상 평가 분야에서 전문 훈련을 받은 사람만이 해석해야 한다.

◆ 실시방법 및 유의사항

- 제일 먼저 비언어적이고 흥미를 끄는 '토막짜기'를 실시한다. '언어이해' 소검사와 '지각추론' 소검사를 번갈아 실시하는데, '작업기억' 소검사와 '처리속도' 소검사가 그 사이사이에 섞여 있다. 이러한 소검사 순서는 검사를 실시하는 동안 계속 흥미를 증가시키고 피로 효과를 최소화하기 위함이며, 검사 기록지의 순서대로 실시한다.
- 소검사 모두 실시하지 않을 경우에는, 원하는 합산점수에 필요하지 않은 소검사는 건너뛰고 계속해서 표준 순서대로 소검사를 실시한다.
- 만약 아동이 어떤 특별한 소검사에 응하기를 거부한다면, 그 소검사를 일시적으로 중지하고 다음 소검사를 실시해도 된다. 아동이 검사에 좀 더 열중하는 것 같고 검사에서 어느 정도 성공을 했을 때 중지했던 그 소검사로 되돌아간다.
- 검사자는 평가하기 전에 어떤 보충 소검사를 실시할지 결정하기 위해서 추가적인 임상 정보, 차이 분석 또는 처리점수를 고려해야 한다.
- 어떤 상황에서는 검사자가 주요 소검사 대신 보충 소검사로 대체할 수도 있다. 예를 들어, 소근육에 어려움이 있는 아동을 검사하는 검사자는 '기호쓰기' 대신 '선택'을, 혹은 '토막짜기' 대신 '빠진곳찾기'를 선택해도 된다.
- WMI, PSI, FSIQ를 도출하기 위해서는 '작업기억' 및 '처리속도'에서 각각 두 개의 소검사가 필요하기 때문에, **'산수'와 '선택'은 반드시 실시해야** 한다. '작업기억' 및 '처리속도'의 주요 소검사가 나중에 무효가 될 경우에 대체할 수 있기 때문이다.
- 소검사 대체는 각각의 지표점수(VCI, PRI, WMI, PSI)에 대해서 **단 하나씩만 허용**된다. '상식'이나 '단어추리' 중 하나가 주요 '언어이해' 소검사 중 하나를 대체할 수 있다. '산수'는 '숫자'나 '순차연결' 중 하나를 대체할 수 있다. '선택'은 포함할 수 있지만, FSIQ를 도출할 때는 2개의 지표까지만 대체가 가능하며, 3개 이상의 서로 다른 지표에서 대체하는 것은 허용되지 않는다.

- 검사 실시 시간을 단축시키고 아동이 피로해하거나 지루해하지 않도록 시작점, 역순 규칙 및 중지 규칙을 지켜야 한다.
- 시간 제한이 명시되어 있지 않은 소검사들은 정확하게 반응하기에 충분한 시간을 10~30초로 잡는다. 그러므로 만약 수행을 잘 못하는 아동이 우물쭈물하거나 답을 생각하는 데 시간이 오래 걸리면, 검사자는 30초 후에 아동이 반응하도록 격려해야 한다.
- '순차연결' 소검사에서 검정문항들은 그 과제를 완수하는 데 필수적인 기술을 지녔음을 확인하기 위해서 6~7세 아동에게 실시된다.
- K-WISC-IV 소검사의 다수는 실제적으로 채점되는 문항들을 실시하기 전에 연습문항들을 제공한다. 특별한 연습문항이 없는 소검사(예: '어휘' '상식')에서는 그 과제에 대한 아동의 이해를 확실하게 하기 위해 가르치는 문항에 대해 교정을 위한 피드백을 제공한다.
- 추가 질문, 촉구 및 문항 반복은 아동의 반응을 명료하게 하며, 아동으로 하여금 소검사 과제를 상기시키고, 수행능력을 최대한 발휘하게 한다. 추가 질문, 촉구 및 반복을 어떻게 사용할지에 대한 지침들은 다양하기 때문에, 검사자는 각 소검사에 대한 요구사항을 잘 숙지해야만 한다.
- 누락되거나 미실시한 문항과 구별하기 위해서, 실시한 모든 문항은 기록용지에 기록하는 것이 바람직하다. 또한 점수, 점검 표시(✓), 아동의 반응 등을 그대로 기록해야 한다.

◆ 채점 및 결과 해석

■ 채점은 어떻게 하는가?

- 수많은 채점 지침은 소검사들 전부나 혹은 특정한 몇 가지 소검사에 적용되며, 예시 반응 사용, 다양한 반응의 채점, 손상된 반응 결정 등을 포함한다.
- 경계선에 위치하는 반응은 채점하기가 가장 어려운 반응으로, 그 문항에 대한 부분적인 이해를 나타낼 수는 있지만 그 문항의 본질적인 특징을 말해 주는 것은 아니다. 이러한 유형의 반응들을 식별하는 데 도움을 주기 위해, 추가 질문을 요구하는 몇 가지 예가 예시 반응에 포함되어 있다.
- 만약 아동이 추가 질문을 받고 나서도 계속 0점이나 1점짜리 반응을 하면서 더 이상 상위 반응을 하지 않는다면, 아동이 처음에 했던 원래 반응에 대한 평가를 그대로 유지하여 채점한다.

- 그러나 손상시키는 반응은 그 문항에 대해 근본적으로 잘못된 이해를 드러낸다. 올바르게 시작했으나 그 개념에 대한 명백한 오해를 드러냄으로써 좋은 반응을 손상시키고, 틀리게 만드는 것이다. 1점짜리 반응일지라도, 근본적인 오해를 드러낼 때 0점으로 채점한다.
- 모든 검사의 채점이 끝난 후에는 기록용지를 작성한다. 기록용지에는 검사문항들에 대한 아동의 반응들을 기록하고 채점하기 위한 칸이 있으며, 시작점, 역점 규칙, 중지 규칙 및 제한 시간 같은 정보를 포함하고 있다. 또한 검사 동안의 행동 관찰 및 아동에 대한 타당한 정보를 기록해야 한다.
- 표준점수 산출을 위해서는 학지사 심리검사연구소 인싸이트(http://www.inpsyt.co.kr)에서 제공하는 채점 프로그램을 이용하면 된다.

■ 자료 입력 및 결과 프로파일 작성은 어떤 순서로 이루어지는가?

- 먼저 학지사 심리검사연구소 인싸이트 홈페이지(http://www.inpsyt.co.kr)에 로그인한다.

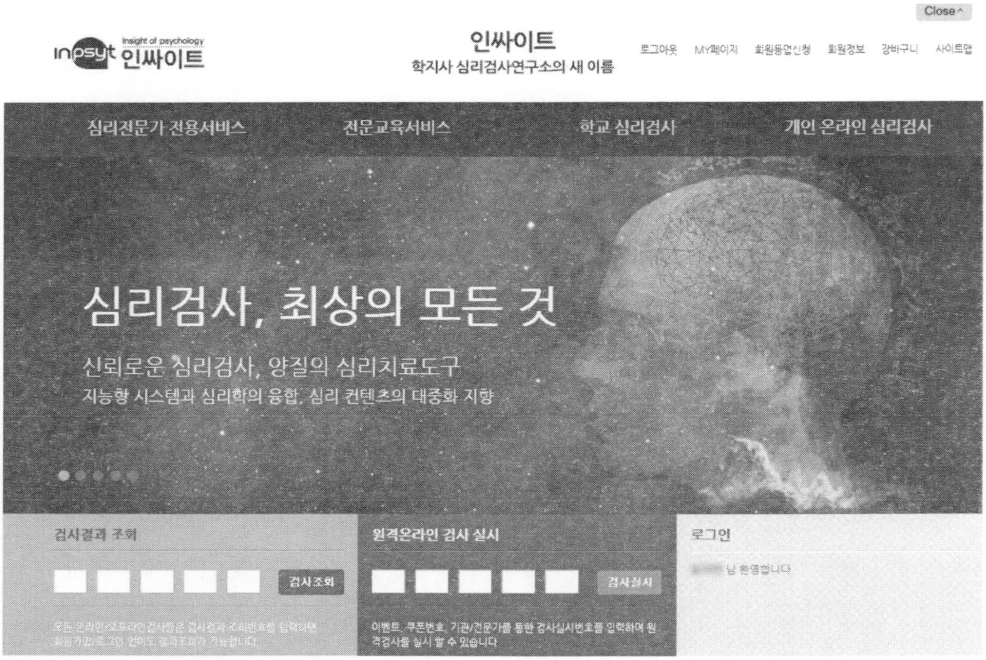

[그림 9-1] 학지사 심리검사연구소 인싸이트 홈페이지에 로그인한 화면

- 로그인 후 MY페이지에서 심리검사 실시 메뉴를 클릭한다.

[그림 9-2] 로그인 후 심리검사 실시 클릭 화면

- 심리검사 실시 화면에서 인적 사항과 답안을 입력한다.

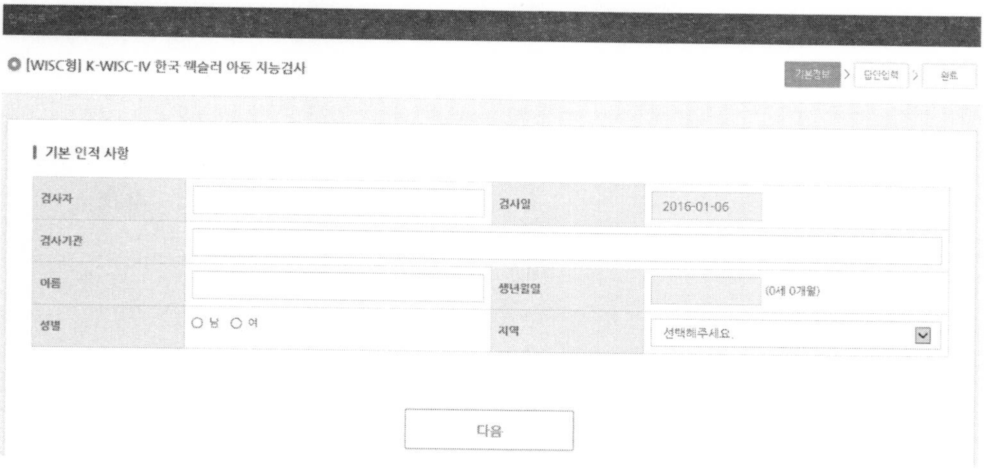

[그림 9-3] 인적 사항 입력 화면

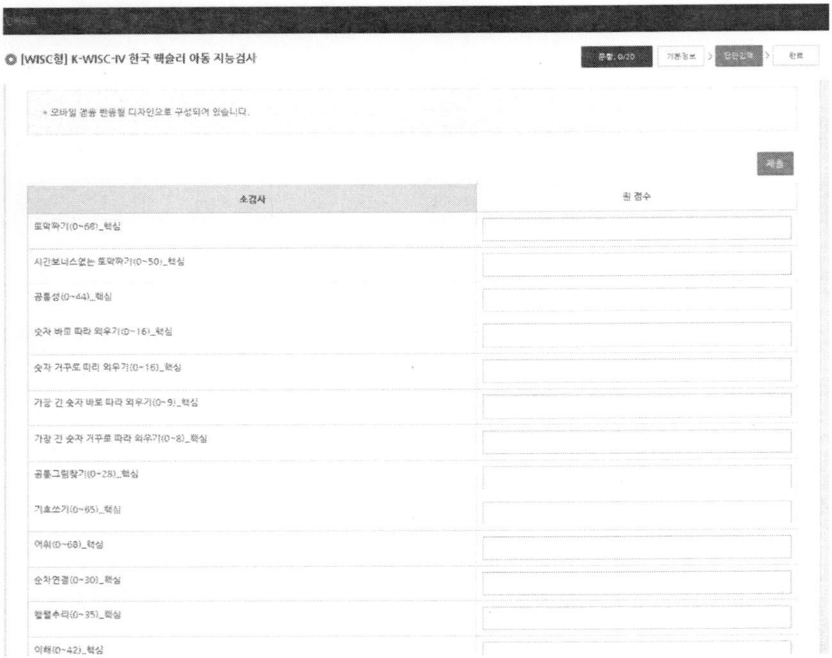

[그림 9-4] 답안 입력 화면

- 인적사항과 답안을 입력한 후 결과 프로파일을 산출한다.

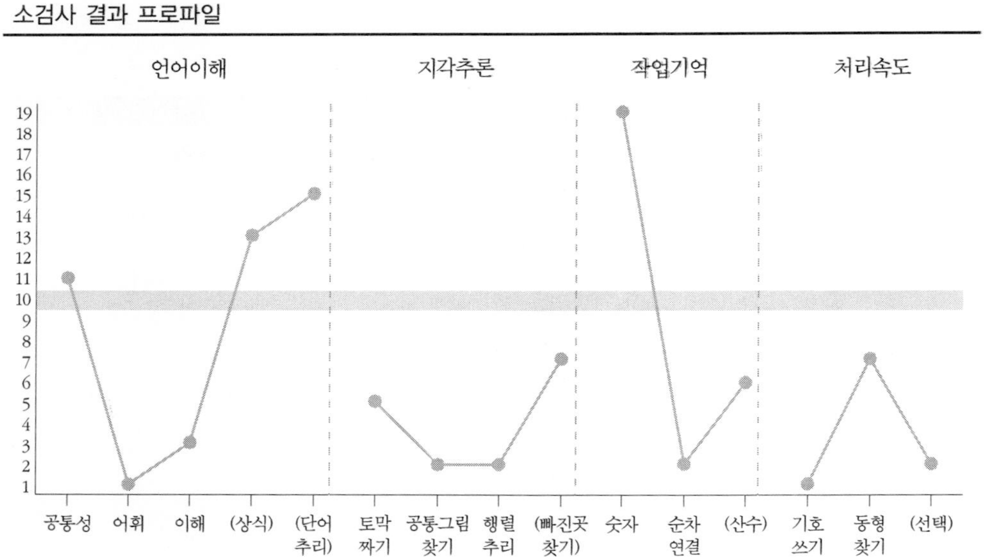

[그림 9-5] 결과 프로파일

지표점수 분석

지표	환산점수 합산	IQ점수	백분위	90% 신뢰구간	질적분류(수준)
언어이해	15	71	2.8	67~81	경계선
지각추론	9	56	0.2	54~68	매우 낮음
작업기억	21	103	58.6	96~110	평균
처리속도	8	65	1.0	62~78	매우 낮음
전체IQ	53	65	1.0	62~73	매우 낮음

지표점수 분석

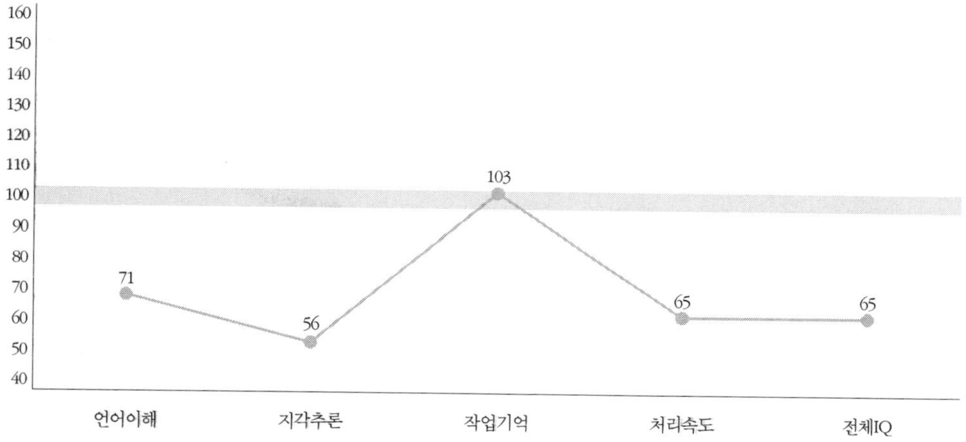

[그림 9-6] 네 가지 지표점수와 전체 IQ 결과

■ 검사 결과는 어떻게 해석하는가?

- K-WISC-IV의 결과들은 아동의 인지 기능에 대한 중요한 정보를 제공하지만, 절대 단독으로 해석해서는 안 된다. 문항 반응들과 점수들이 주는 양적 · 질적 정보들은 아동의 발달사 및 임상 관찰을 함께 고려해야 한다.
- 일반적으로 검사자는 아동 및 이차적인 정보 제공원으로부터 얻은 의학적 · 교육적 · 심리학적 발달사 정보, 직접적인 행동관찰, 이전 검사점수, 검사 수행의 질적인 양상, 종합검사 내에서 다른 관련 검사로부터 얻은 결과 등 여러 부가적인 정보 출처들을 접할 수 있다. 더불어 검사자는 의뢰 사유나 평가목적의 맥락 내에서 검사 결과를 평가해야 한다.
- 원점수를 표준점수로 변환하면 지능검사 점수를 다른 연관된 검사 측정치들과 비교할 수 있다. 또한 연령-교정 표준점수들은 검사자가 각 아동의 인지 기능을 다른 비슷한 연령의

표 9-6 합산점수들의 질적인 기술

합산점수	분 류
130 이상	최우수
120~129	우수
110~119	평균상
90~109	평균
80~89	평균하
70~79	경계선
69 이하	매우 낮음*

* K-WISC-III에서 사용했던 지적 결손이란 용어를 대신하여, K-WISC-IV에서는 '매우 낮음'이란 용어를 사용한다. 이것은 매우 낮은 IQ 점수가 '지적장애' 또는 '지적 결손'으로 분류되는 것에 대한 충분한 근거가 된다는 의미를 피하기 위함이다. 그러나 이것은 개인이 얻은 점수가 평균 수준의 기능보다 매우 낮다는 것을 반영하며, 인지적 기능에 결함이 있다는 것을 나타낸다.

아동들과 비교할 수 있게 해 준다. 아동의 수행을 설명할 때 표준점수와 함께 백분위점수, 신뢰구간, 기술적 분류, 추정 연령 등 다른 정보들을 사용할 수 있다.

- 합산점수는 아동의 수행능력에 따라 보다 질적인 용어로 기술되기도 한다. 질적 분류는 아동의 수행능력을 같은 연령의 또래 아동들에게 상대적으로 설명한다(〈표 9-6〉 참조).
- 추정 지적 연령은 특정 총원점수가 주로 나타내는 평균 연령(연, 월)을 의미한다. 추정 지적 연령은 여러 연령대의 아동들에 대해 중앙치나 전형적인 지능에 비해서는 아동의 인지적 기능을 유용하게 설명해 주지만 제한점도 있다.
- 이러한 제한 때문에 추정 지적 연령은 기본적인 점수로 추천하지 않으며, 이를 해석할 시에는 주의해야 한다. **같은 연령의 다른 아동들의 수행과 비교할 때에는 표준점수나 백분위점수를 사용해야만 한다.** 임상적 판단을 내릴 때는 아동의 표준점수와 다른 배경 정보 및 질적 정보를 평가한 것에 기초해야 한다. 배치 결정이나 진단을 내릴 때 추정 지적 연령이나 다른 한 가지 유형의 점수만 사용해서는 절대 안 된다.

■ 기본적인 프로파일은 어떻게 분석하는가?

- FSIQ는 가장 신뢰성 있는 점수이며, 전통적으로 프로파일을 해석할 때 가장 첫 번째로 고려해야 할 점수다. 전체 IQ(FSIQ)는 VCI, PRI, WMI, PSI 등 네 개의 지표 환산점수의 합을 통해 산출된다. FSIQ는 일반적 지적 기능(g)을 가장 대표할 수 있는 점수다. 기록용지에 표기되어 있듯이 FSIQ는 해당하는 백분위점수 및 신뢰구간과 함께 보고해야 한다. 참고로 FSIQ의 해

석은 앞에서 설명하였던 정보를 토대로 이루어져야 하며, 지표 간 비교(예: VCI-PRI, PRI-WMI, PRI-PSI)도 함께 해석해야 한다.

- VCI는 언어적 개념 형성, 언어적 추론, 환경으로부터 획득한 지식을 측정한다. 현재 VCI는 K-WISC-Ⅲ의 VIQ에 비해 언어적 추론과 개념화에 대한 더욱 개선되고 순수한 측정치다. VCI는 기록용지에 백분위점수 및 신뢰구간과 함께 보고해야 한다. 낮은 VCI 점수는 다양한 임상적 및 환경적 조건과 관련된다. 예를 들어, 신경학적 장애가 있는 아동은 좌반구의 정보처리에서의 어려움으로 인해 언어 기술이 손상되어 낮은 VCI 점수를 받을 수 있다. 중간 정도 또는 심한 뇌손상이 있는 아동은 장기기억에서 정보를 인출하기가 어렵기 때문에 낮은 VCI 점수를 받을 수 있다. 열악하거나 혼란스러운 사회적 환경에서 자란 아동들도 VCI 점수가 낮을 수 있다.
- PRI는 지각적 · 유동적 추론, 공간처리, 시각-운동 통합을 측정한다. '행렬추리'와 '공통그림찾기'가 새롭게 추가되었고, '빠진곳찾기'가 주요 소검사에서 보충 소검사로 변화한 것은 K-WISC-Ⅲ의 PIQ보다 유동적 추론을 더욱 강조하여 측정한다는 것을 의미한다. PRI 점수가 낮을 경우 비언어성 학습장애나 터너(Turner) 증후군 및 다양한 임상적 상태와 관련될 수 있다.
- WMI는 아동의 작업기능 능력을 측정한다. 작업기억 과제는 기억 내에 일시적으로 정보를 유지하고, 이것을 조작하여 결과를 산출해 내는 것을 요구한다. 작업기억은 주의력, 집중력, 심적 통제(집행 기능), 추론과 관련된다. 최근 연구들은 작업기억이 인지과정의 중요한 구성요소이며, 성취 및 학습과 매우 관련성이 높다는 결과를 보여 주었다. 낮은 WMI 점수는 읽기장애 및 언어장애 등 임상적 상태와 관련될 수 있다. 이러한 과제에서 낮은 수행을 보이는 것은 학습장애의 위험요인으로 봐야 한다. 낮은 WMI 점수는 더욱 면밀한 학습장애 평가가 필요함을 가리킬 수 있다.
- PSI는 간단한 시각적 정보를 빠르고 정확하게 살펴보고 배열하고 구별하는 능력을 측정한다. 또한 PSI는 단기 시각적 기억력, 주의력, 시각-운동 협응을 측정한다. PSI를 이루고 있는 소검사는 단지 단순한 반응 시간이나 시각적 구별을 측정하는 것만이 아니라는 점을 주목해야 한다. 이러한 과제 내에는 인지적 의사결정이나 학습요소가 포함되어 있다. 처리속도와 일반적인 인지적 능력 사이에는 유의미한 상관관계가 있다. 낮은 PSI 점수는 ADHD, 학습장애, 외상적 뇌손상과 같은 임상적 상태와 관련될 수 있다. 모든 합산점수가 그렇듯이 PSI 점수는 지표 내에 포함된 소검사 점수들이 비슷할 때 더 확신을 가지고 해석될 수 있다. 임상가는 PSI에 대한 모든 시각-운동 협응의 영향에 주의해야 한다.

■ 지표수준의 차이는 어떻게 비교하는가?

- Wechsler는 FSIQ 점수를 가장 강조하였고, FSIQ를 실시된 모든 소검사에 대한 개인의 평균 수행능력으로 설명하였다. 그러나 '특별히 고려해야 할 특수 장애'를 가지고 있을 때 지표점수를 개별적으로 봐야 하는 경우가 생긴다. 지표점수는 특정 인지영역 또는 내용영역에서의 전반적인 기능에 대한 추정치다.
- 검사자는 점수를 해석할 때 지표를 구성하는 소검사에 대한 아동의 상대적인 수행능력을 면밀히 살펴봐야 한다. 소검사 수행능력에서 유의미한 차이가 있다면, 합산점수 간 비교해석을 할 때 이러한 변산성을 반드시 고려해야 한다.
- 지표수준과 소검사 수준에서 수행능력에 대한 한 쌍 간의 차이를 평가해야 한다. 쌍별 비교를 할 때, 첫 번째 단계는 점수 차이의 절대치가 통계적으로 유의한지 아닌지 결정하는 것이다. 두 점수 간 차이의 절대치가 임계치보다 같거나 크면, 그 차이는 측정오차나 무작위 변동이 아닌 진정한 차이로 간주된다. 만약 두 점수 간에 유의미한 차이가 없다면, 이것은 검사된 영역들에서 아동의 능력이 상당히 고르게 발달되었다는 것을 의미한다.

■ 강점과 약점은 어떻게 평가하는가?

- 대부분의 아동은 상대적인 인지적 강점 및 약점 영역이 있다. 검사자는 차이점수를 평가할 때 아동의 발달력, 의뢰 사유, 행동관찰, 다른 검사 결과에 기반을 둬야 한다. 또한 두 점수들 간 차이가 어떤 아동에게 임상적으로 의미가 있지만, 다른 아동에게는 그렇지 않을 수도 있다는 점을 염두에 두어야 한다.
- 검사자는 임상적으로 유의미하든 그렇지 않든, 소검사 수행능력에 영향을 미치는 많은 인지적 요소를 반드시 고려해야 한다. 수행능력에 대한 해석을 지지하기 위해 확증적인 근거를 제시해야 하고, 추가적인 검사를 통해 구체적인 가설을 반박하거나 확증할 수 있어야 한다.
- 예를 들어, '행렬추리' 및 '공통그림찾기'와 비교했을 때 '토막짜기'에서 두드러지게 낮은 수행능력을 보인 아동은 시각-구성 능력, 부분-전체 통합, 부분적인 대 전체적인 세부사항 분석, 느린 처리속도, 정신 조작을 집행하는 것에서의 어려움, 낮은 운동 협응능력 등에서 어려움이 있을 수도 있다.
- K-WISC-IV는 .15 및 .05 신뢰수준에서 통계적으로 유의미하기 위해 필요한 단일 소검사

와 몇몇 소검사의 환산점수의 평균 간 최소 차이값(임계치)들을 제공한다. 또한 단일 소검사와 FSIQ에 기여하는 소검사들의 전체 평균, 또는 VCI와 PRI에 기여하는 소검사들의 평균 간 차이에 대한 기저율을 제공한다. 검사자는 이를 통해 점수가 통계적으로 유의미한지, 그리고 유의미하다면 그것이 규준집단에서 얼마나 드문 점수인지 결정할 수 있다.

- 기록용지는 소검사 수준에서 아동의 강점과 약점을 결정하는 데 도움이 된다. 검사자는 FSIQ를 계산하기 위해 열 가지 소검사의 평균을 사용해야 하는지, 아니면 '언어이해' 및 '지각추론' 소검사들의 평균점수를 따로따로 사용해야 하는지 결정해야 한다. 만약 후자의 방법을 사용할 경우 실시된 세 가지 '언어이해' 소검사의 평균점수는 '언어이해' 소검사 점수 각각을 비교하기 위해 사용할 수 있는 기준이 되고, 실시된 세 가지 '지각추론' 소검사의 평균점수는 '지각추론' 소검사 점수 각각을 비교하기 위해 사용할 수 있는 기준이 된다. **일반적으로 지표점수 사이에 유의미한 차이가 없으면, 열 가지 주요 소검사의 평균을 강점 및 약점 분석에 사용해야 한다.**

■ 소검사 수준의 차이는 어떻게 평가하는가?

- 대부분의 상황에서 프로파일에 대한 통계적 분석은 앞과 같은 단계에서 끝난다. 그러나 추측적인 개별적 가설들을 확증하거나 반박하기 위해 두 개의 소검사 점수들을 비교할 필요가 있다. K-WISC-Ⅳ는 .05 및 .15 수준에서 요구되는 모든 가능한 주요 소검사 및 보충 소검사 쌍들 간의 차이를 제공한다.
- 아동의 프로파일을 더 깊게 분석하기 위해, 검사자는 소검사 내에서의 점수 패턴을 고려해야 한다. 예를 들어, 20개 문항을 맞히고 중지 기준에 도달하여 환산점수 10점을 받은 아동과 동일한 수의 문항을 맞혔지만 맞힌 문항이 산발적으로 있는(예를 들어, 난이도가 쉬운 문제들은 틀렸지만 어려운 문제는 맞추는) 아동은 상당히 다르다. 여러 소검사에서 고르지 않은 점수 패턴을 보인 아동은 주의력 및 언어와 관련된 특정 문제점들로 인해 추후 평가가 필요한 아동이거나 검사를 지루해하는 매우 똑똑한 아동일 수 있다.

◆ 출처 및 개발자

곽금주, 오상우, 김청택(2011). K-WISC-IV 전문가 지침서. 서울: 학지사 심리검사연구소 인싸이트.

4 한국 웩슬러 유아지능검사(K-WPPSI-IV)

◆ 검사목적

- 한국 웩슬러 유아지능검사(Korean-Wechsler Preschool and Primary Scale of Intelligence-4th: K-WPPSI-IV)는 지능, 인지발달, 신경발달, 인지뇌과학에 대한 새로운 연구를 종합하여 개발된 WISC-IV(2012)를 한국 실정에 맞게 표준화한 **한국형 유아용 지능검사다.**
- 이 검사는 심리교육학적 도구로서 일반 지적 기능에 대한 전반적인 평가뿐 아니라, 영재성, 인지발달지연, 지적장애 등을 판별하는 데 활용할 수 있다.
- 특히 교육장면에서 낮은 학업성취의 원인이 되는 특정 인지결함을 평가하고 미래의 학업성취를 예측하기 위해 활용할 수 있으며, 임상 장면에서 지적 · 기능적 · 신경심리학적 문제를 평가하기 위해 활용할 수 있다.

◆ 검사대상

- K-WPPSI-IV는 2세 6개월부터 7세 7개월 미만의 유아에게 사용할 수 있다.

◆ 검사 구성 및 특징

■ 이 검사는 어떻게 구성되었는가?

K-WPPSI-IV는 15개의 소검사로 구성되어 있고, 소검사에 대한 약자와 설명이 〈표 9-7〉에 제시되어 있다.

표 9-7 소검사의 약자와 설명

소검사	약자	설 명
1. 토막짜기 (Block Design)	BD	제한시간 내에 제시된 모형 또는 토막 그림을 보고, 한 가지나 두 가지 색으로 된 토막을 사용하여 똑같은 모양을 만든다.
2. 상식 (Information)	IN	그림문항의 경우 일반 상식에 관한 질문에 가장 적절한 보기를 선택한다. 언어문항의 경우 일반 상식에 관한 광범위한 주제를 다루는 질문에 답한다.
3. 행렬추리 (Matrix Reasoning)	MR	완성되지 않은 행렬을 보고 행렬을 완성시키기 위해 적절한 보기를 선택한다.
4. 동형찾기 (Bug Search)	BS	제한시간 내에 제시된 벌레 그림과 같은 벌레 그림을 보기 중에서 찾아 표시한다.
5. 그림기억 (Picture Memory)	PM	일정 시간 동안 1개 이상의 그림이 있는 자극 페이지를 보고 난 후, 반응 페이지의 보기 중에서 해당 그림을 찾아낸다.
6. 공통성 (Similarities)	SI	그림문항의 경우 제시된 2개의 사물과 같은 범주의 사물을 보기 중에서 선택한다. 언어문항의 경우 공통된 사물이나 개념을 나타내는 2개의 단어를 듣고 공통점을 말한다.
7. 공통그림찾기 (Picture Concepts)	PC	두 줄 또는 세 줄의 그림을 보고, 각 줄에서 공통된 특성을 지닌 그림을 하나씩 선택한다.
8. 선택하기 (Cancellation)	CA	제한시간 내에 비정렬 또는 정렬된 그림을 훑어보고 목표그림을 찾아 표시한다.
9. 위치찾기 (Zoo Location)	ZL	일정시간 동안 울타리 안에 있는 1개 이상의 동물카드를 보고 난 후, 각 카드를 보았던 위치에 동물카드를 배치한다.
10. 모양맞추기 (Object Assembly)	OA	제한시간 내에 사물의 표상을 만들기 위해 조각을 맞춘다.
11. 어휘 (Vocabulary)	VC	그림문항의 경우 검사책자에 있는 그림의 이름을 말한다. 언어문항의 경우 검사자가 읽어 준 단어의 정의를 말한다.
12. 동물짝짓기 (Animal Coding)	AC	제한시간 내에 동물과 모형의 대응표를 보고, 동물 그림에 해당하는 모양에 표시한다.
13. 이해 (Comprehension)	CO	그림문항의 경우 일반적인 원칙이나 사회적 상황을 가장 잘 나타내는 보기를 선택한다. 언어문항의 경우 일반적인 원칙과 사회적 상황에 대한 이해를 기초로 질문에 답한다.
14. 수용어휘 (Receptive Vocabulary)	RV	검사자가 읽어 주는 단어를 가장 잘 표현하는 보기를 선택한다.
15. 그림명명 (Picture Naming)	PN	그림으로 제시된 사물의 이름을 말한다.

* 고딕체는 K-WPPSI-IV에 도입된 신규 검사임

■ 어떤 소검사들이 지표점수와 관련이 있는가?

- 2세 6개월~3세 11개월용의 경우 7개의 소검사와 3개의 기본지표(언어이해, 시공간, 작업기억) 및 3개의 추가지표(어휘습득, 비언어, 일반능력)로 구성되어 있으며([그림 9-7] 참조), 4세~7세 7개월용의 경우 17개의 소검사와 기본지표(언어이해, 시공간, 유동추론, 작업기억, 처리속도) 및 4개의 추가지표(어휘습득, 비언어, 일반능력, 인지효율성)로 구성되어 있다([그림 9-8] 참조).
- 기본지표척도(언어이해, 시공간, 유동추론, 작업기억, 처리속도)는 아동의 가장 일반적인 인지능력을 설명하고 평가하며, 추가지표척도(어휘습득, 비언어, 일반능력, 인지효율성)는 일반적으로 관련 임상상황(예: 심각한 언어지연이나 어려움을 겪고 있는 아동의 평가)에서 기본지표 점수를 보완한다.

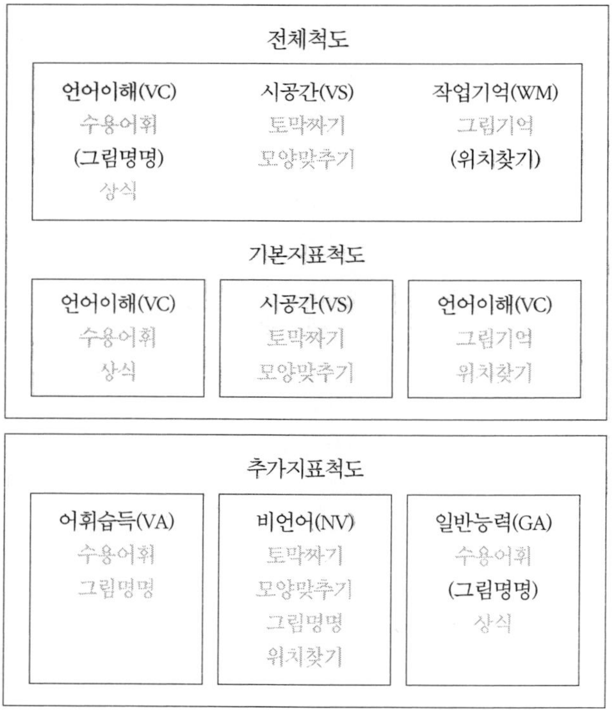

[그림 9-7] 2세 6개월~3세 11개월용 검사체계

전체척도

언어이해(VC)	시공간(VS)	유동추론(FR)	작업기억(WM)	처리속도(PS)
상식	토막짜기	행렬추리	그림기억	동형찾기
공통성	모양맞추기	(공통그림찾기)	(위치찾기)	(선택하기)
(어휘)				(동물짝짓기)
(이해)				

기본지표척도

언어이해(VC)	시공간(VS)	유동추론(FR)	작업기억(WM)	처리속도(PS)
상식	토막짜기	행렬추리	그림기억	동형찾기
공통성	모양맞추기	공통그림찾기	위치찾기	선택하기

추가지표척도

어휘습득(VA)	비언어(NV)	일반능력(GA)	인지효율성(CP)
수용어휘	토막짜기	상식	그림기억
그림명명	(모양맞추기)	공통성	위치찾기
	행렬추리	(어휘)	동형찾기
	공통그림찾기	(이해)	선택하기
	그림기억	토막짜기	(동물짝짓기)
	(위치찾기)	(모양맞추기)	
	동형찾기	행렬추리	
	(선택하기)	(공통그림찾기)	
	(동물짝짓기)		

[그림 9-8] 4세~7세 7개월용 검사체계

◆ 검사 실시 자격

- 이 검사는 표준화된 임상 도구의 실시 및 해석에 대한 훈련을 받은 전문가가 실시할 수 있다.
- 또한 평가할 아동과 연령, 언어적 배경, 임상적/문화적/교육적 배경을 지닌 아동들을 검사한 경험이 있어야 한다.
- 심리학적 평가에 대한 대학원 수준, 또는 전문가 수준의 훈련을 마쳐야 한다. 훈련된 전문가의 감독하에 소검사를 실시하고 채점할 수 있지만, 검사결과는 반드시 평가에 적합한 훈련을 받은 사람이 해석해야 한다.

- 무엇보다도 검사자는 교육 및 심리검사 지침(미국심리학협회, 1999)을 준수해야 한다.

◆ 적합성과 공정성 문제

- 이 검사는 유아기에 나타나는 급격한 인지발달을 고려하여 두 연령군으로 나뉜다. 2세 6개월~3세 11개월의 경우 주의집중시간과 언어발달의 제한으로 인해 수행에 영향을 받기 때문에 대체로 최소한의 언어표현을 요구하며 소검사의 수도 적다. 4세~7세 7개월의 경우 더 많은 소검사를 실시하고, 일부는 더 정교한 언어표현과 상위수준의 추리능력이 요구된다.
- K-WPPSI-IV와 K-WISC-IV의 연령범위가 6세~7세 7개월은 겹치기 때문에, 검사자는 이 연령대의 아동에게 실시할 적절한 검사를 선택해야 한다. 인지능력이 평균 이하로 추정되는 유아는 이 연령대보다 더 낮아질 수 있기 때문에 K-WPPSI-IV를 실시한다. 또한 한국어가 익숙하지 않거나 언어적 손상이 있거나 언어적 표현에 어려움이 있는 유아는 언어나 언어적 표현에 의한 불이익을 줄이기 위해 K-WPPSI-IV를 실시한다.
- 우수한 아동의 경우 높은 점수로 인해 상한선에 도달할 수 있기 때문에 K-WISC-IV를 실시하지만, 평균 수준의 아동의 경우에는 교육적 및 심리학적 전문가의 임상적 판단을 하여 선택해야 한다.

◆ 특수유아 검사

- 신체, 언어, 감각에 제한을 지닌 특수아동은 인지검사에서 실제 지적 능력보다 낮은 수행수준을 보인다. 검사를 표준방식으로 실시하면, 유아가 지닌 어려움과 실시된 검사의 특성에 의해 유아의 지적 능력을 과소평가할 수 있다.
- 이런 특수유아를 검사하기 전에, 검사자는 유아의 한계와 선호하는 의사소통방식을 파악해야 하므로 표준절차와 다르게 진행할 수 있다. 예를 들어, 유아가 토막짜기, 위치찾기, 모양맞추기 소검사를 수행하는 데 필요한 능력인 소근육 운동기술에 어려움이 있을 경우, 운동기술이 필요없거나 간단한 운동기술을 요구하는 언어이해, 유동추론, 작업기억 소검사만 실시할 수 있다.
- 심한 언어장애 유아의 경우, 유아의 인지능력에 대한 추정시에는 비언어 소검사에 더 큰 비중을 둘 수 있다. 한국어가 유창하지 않은 유아도 동일한 문제가 발생할 수 있다. 이 경

우 통역가의 도움을 받아 검사를 실시하거나 번역된 도구 또는 유아의 모국어나 이중언어의 사용 등과 같은 다양한 방법을 사용할 수 있으나 검사 해석의 문제가 따른다.

◆ 실시 방법 및 유의사항

- 검사자는 실시, 기록, 채점절차를 준수해야 한다. 검사결과의 타당도를 확보하기 위해서는 표준 실시절차를 따르는 것이 중요하다.
- 검사 실시 전에 검사도구와 실시절차에 익숙해져야 한다. 시간을 재기 위한 초시계와 유아의 반응, 행동관찰, 기타 반응 등을 기록하기 위한 연필이 필요하다. 또한 아동이 기록지를 보지 못하게 클립보드를 사용할 필요가 있다. 초시계는 신중히 그리고 조용히 조작하되 가능한 한 유아의 눈에 띄지 않도록 한다.
- 주의를 산만하게 하거나 방해하는 요소가 없고 적절한 조명의 조용한 실내에서 검사를 실시한다. 가구는 편안하고 유아에게 적합한 크기여야 하고, 탁자의 표면은 매끄러워야 한다.
- 라포를 형성하고 유지하는 것은 유아의 흥미, 협조, 최상의 노력을 끌어내기 위해 매우 중요하다. 가능한 한 검사실에는 검사자와 아동 이외에 다른 사람이 있어서는 안 된다. 불안 문제가 있는 유아의 경우에는 검사실 뒤편에 보호자가 조용히 앉게 할 수 있다.
- 아동의 노력을 칭찬함으로써 열의와 관심을 표현한다. "열심히 하고 있구나." 혹은 "그렇게 하면 돼요." 와 같은 말은 적절하나, 유아가 정확한 반응을 한 후에 "잘 했어요." 또는 "맞았어요." 라는 말로 수행을 강화해서는 안 된다.
- 가능하면 핵심 소검사를 실시해야 한다. 그러나 지표점수별로 단 1개의 소검사 대체만 허용되며, 동일한 인지영역 내의 보충 소검사와 핵심 소검사 간의 대체가 이루어져야 한다.
- 검사시간을 단축하고 유아가 불필요한 피로나 지루함을 피하기 위해 시작점, 역순규칙, 중지규칙을 지켜야 한다(지침서와 기록지 참조). 또 엄격한 제한시간이 없는 소검사의 경우, 대부분의 유아는 30초면 응답하기에 충분하다.
- 추가질문, 촉구 및 문항 반복은 아동의 반응을 명료하게 하며, 아동으로 하여금 소검사 과제를 상시시키고, 수행능력을 최대한 발휘하게 한다. 추가질문, 촉구 및 반복을 어떻게 사용할지에 대한 지침들은 다양하기 때문에, 검사자는 각 소검사에 대한 요구사항을 잘 숙지해야만 한다.
- 누락되거나 미실시한 문항과 구별하기 위해서, 실시한 모든 문항은 기록용지에 유아의 반응을 그대로 기록해야 하는데, 약자를 사용한다.

◆ 채점 및 결과 해석

- 예시반응 사용, 추가질문반응과 중다반응의 채점 등 몇 가지 채점지침은 모든 소검사에 적용되기도 하지만 특정 소검사에만 적용되기도 하므로 상세히 검토하여야 한다.
- 먼저 유아의 반응을 제시된 예시반응 및 일반 채점지침이나 원칙과 비교한다. 0, 1, 2점으로 채점되는 문항에서는 2점 예시반응과 동등하거나 우수한 반응에 2점을 부여하고, 1점 예시반응과 동등한 반응에 1점을 부여하고, 0점 예시반응과 동등하거나 더 낮은 반응에 0점을 부여한다. 반응의 질은 수식이나 문장의 길이가 아닌, 내용에 근거하며, 문법이나 발음 등의 문제로 감점하지 않는다.
- 만약 아동이 추가질문을 받고 나서도 계속 0점이나 1점짜리 반응을 하면서 자신의 아래 반응을 개선하지 않는다면, 아동이 처음에 했던 원래 반응에 대한 평가를 그대로 유지하여 채점한다.
- 그러나 훼손 반응은 그 문항에 대해 근본적으로 잘못된 이해를 드러낸다. 올바르게 시작했으나 그 개념에 대한 명백한 오해를 드러냄으로써 좋은 반응을 손상시키고, 틀리게 만드는 것이다. 1점짜리 반응일지라도 근본적인 오해를 드러낼 때 0점으로 채점한다.
- 상식, 공통성, 어휘, 이해, 그림명명 소검사에서 유아의 반응수준이 다양할 때 한 반응이 전체반응을 훼손하지 않으면 가장 좋은 반응에 대해 점수를 준다.
- 모든 검사의 채점이 끝난 후에는 기록용지를 작성한다. 기록용지에는 검사문항들에 대한 아동의 반응들을 기록하고 채점하기 위한 칸이 있으며, 시작점, 역순 규칙, 중지 규칙 및 제한시간 같은 정보를 포함하고 있다. 또한 검사 동안 행동관찰 및 유아에 대한 타당한 정보를 기록해야 한다.
- 검사자는 유아가 수행한 각 소검사를 문항별로 채점하고 총점을 산출하여 기록지의 해당 칸에 표시한 후 학지사 심리검사연구소 인싸이트(http://www.inpsyt.co.kr)에서 제공하는 '자동채점프로그램'을 이용하면 된다.

◆ 출처 및 개발자

박혜원, 이경옥, 안동현(2016). K-WPPSI-IV 실시 지침서. 서울: 학지사 심리검사연구소 인싸이트.

5 다중지능검사

1) 다중지능검사의 배경

- 다중지능검사의 창시자인 Howard Gardner는 인간의 잠재적 능력과 발달에 깊은 관심을 갖게 되었고, Jean Piaget의 이론이 인간의 정신이 어떻게 작용하는가를 너무 좁게 설명하고 있다고 재평가하면서, 인간의 사고 전체를 이끄는 한 가지 형태의 인지는 없으며, 여러 지능이 마치 파이(pie)의 조각들처럼 서로 독립적으로 작용하는 것으로 보았다.
- 즉, **다중지능이론**은 인간의 지능이 단순히 한 가지로 이루어져 있지 않고 여러 종류의 지능으로 이루어져 있는데, Roger W. Sperry가 주장한 좌우뇌이론(Left-brain/Right-brain Model)을 기반으로 하고 있다.
- 대뇌는 좌뇌와 우뇌로 나뉘어 있는데, 각각 반대편에 있는 몸의 지각과 운동을 담당하고 있다. 언어뇌라고도 하는 좌뇌에는 언어 중추가 자리 잡고 있어, 좌뇌가 발달하면 언어 구사력, 문자나 숫자, 기호의 이해, 조리에 맞는 사고 등 분석적이고 논리적이며 합리적인 사고능력이 뛰어나다고 한다. 한편, 우뇌는 이미지 뇌라고도 하며 그림이나, 음악 감상, 스포츠 활동 등 즉각적인 상황 파악과 관련된 직관과 같은 감각적인 분야를 담당한다.
- 이와 같이 두뇌 각 부위에 따라 기능이 다르다는 것은 잘 알려진 사실이다. 그런데 전통적으로 지능지수(IQ)는 주로 언어적 기능과 수리적 기능을 측정하는 방식, 즉 좌뇌의 기능만 측정한 것으로 볼 수 있다. 따라서 가드너는 두뇌의 전반적인 기능을 측정하여야 한다고 주장하였다.
- Gardner가 주장하는 각각의 지능은 나름대로의 이미지를 갖고 있으며, 그 이미지는 나름대로 독특할 뿐만 아니라 관련된 일련의 과제를 성취하는 데 중요하다는 것이다. Gardner는 각자가 처해 있는 세계의 문화가 가치를 부여한 역할을 수행하는 데 여러 가지 지능이 유용하게 활용되어야 한다고 주장한다.
- 다중지능이론은 많은 부분이 최근의 두뇌 연구에 기초하고 있음을 알 수 있다. 어떤 경험을 하느냐에 따라 그에 상응하는 지능이 발달하며, 지능이 통합적인 형식으로 발달하고, 사회적이고 협력적인 활동이 지능발달에 기여한다는 가드너의 주장은 두뇌 연구와 일치하고 있다.

2) Gardner가 제시한 여덟 가지 지능

- Gardner는 그의 저서 『정신의 구조: 다중지능이론(Frames of Mind: The Theory of Multiple Intelligences)』이라는 책을 통하여 새로운 접근을 시도하였다. 그는 기존의 문화가 지능을 너무 좁게 해석하고 있다고 전제하고, 책명에서 알 수 있듯이 일반지능과 같은 단일한 능력이 아닌 다수의 능력이 인간의 지능을 구성하고 있으며, 이러한 능력들도 상대적 중요성은 동일하다고 가정하였다.
- Gardner는 IQ 점수가 함축하고 있는 의미보다 넓은 시각에서 인간의 잠재적 능력을 탐구하였다. Gardner는 지능을 "문화 속에서 가치가 부여된 문제를 해결하거나 결과물을 창출하는 능력"으로 정의하였다.
- 전통적인 IQ 개념은 학교 내에서 특별한 가치가 부여된 지식이나 기능에 초점이 맞추어져 있지만, 가드너의 정의는 이보다 훨씬 넓은 범위에 걸쳐 있다. '결과물을 창출'한다는 것은 하얀 화판에 사람의 감정을 자아내는 그림을 그리는 것도 될 수 있으며, 또는 어떤 집단이 어떤 문제에 대해 아무런 합의점을 찾아내지 못할 때 그 집단을 잘 이끌어 합의점에 도달하는 것도 해당된다. '문제를 해결하거나 결과물을 창출한다.'는 것은 하나의 실용적인 접근으로서 실생활 상황에서 어떤 능력을 사용한다는 것에 초점이 맞추어져 있다.
- Gardner가 처음 제시한 인간의 지능은 음악지능(musical intelligence), 신체운동지능(bodily-kinesthetic intelligence), 논리수학지능(logical-mathematical intelligence), 언어지능(linguistic intelligence), 공간지능(spatial intelligence), 대인관계지능(interpersonal intelligence) 그리고 자기이해지능(intrapersonal intelligence)이었다.
- 최근에는 여덟 번째 지능인 자연탐구지능(naturalist intelligence)을 새롭게 추가하였다. 또한 아홉 번째인 실존지능(existential intelligence)을 제기하기도 했지만, 아직 널리 인정되지는 않았다. 지금까지 널리 알려진 여덟 가지 다중지능을 자세히 살펴보면 다음과 같다.

(1) 음악지능

- 음악지능(musical intelligence)이 뛰어난 사람은 소리, 리듬, 진동과 같은 음의 세계에 민감하고, 사람의 목소리와 같은 언어적인 형태의 소리뿐만 아니라 비언어적 소리에도 예민하다. 예를 들어, 발자국 소리만으로도 누가 오고 있는지를 알아내는 사람은 음악지능이 높다. 또한 음악의 형태를 잘 감지하고, 음악적 유형을 잘 구별할 뿐만 아니라 다른 음악 형태로 변형시키기도 한다. 이러한 아이는 악기 연주를 좋아하고 작곡하는 것을 좋아한다. 단순히

음악이나 리듬에만 국한되는 것이 아니고 소리의 전체를 다루기 때문에 청각-진동적인 지능(auditory/vibrational intelligence)이라고 부르기도 한다.

(2) 신체운동지능

- 사람마다 자신의 운동, 균형, 민첩성, 태도 등을 조절할 수 있는 능력이 있다. 농구선수, 야구선수, 축구선수 등 유명 운동선수들은 신체운동지능(bodily-kinesthetic intelligence)이 높고, 이러한 유명 운동선수들의 지능은 선수가 되기 이전부터 이미 나타났다고 주장한다. 유명 운동선수들은 어떻게 몸을 움직여야 하고 어떻게 반사적인 행동을 해야 하는지에 대해 타고난 감각을 가졌다고 한다.
- 신체운동지능이 높은 사람은 글이나 그림보다는 몸 동작으로 생각이나 느낌을 표현하는 능력이 뛰어나다. 가수들이 노래할 때 병행하는 율동을 쉽게 따라 하거나 레크리에이션 등에서 하는 무용, 연극 등을 잘한다. 또한 손으로 다루는 능력이 뛰어나 손재주가 있다는 말을 많이 듣는다. 자동차 운전은 물론 스케이트나 자전거를 다른 사람보다 쉽게 배운다든지 나무를 잘 타고 오르는 능력이 있다. 즉, 몸의 균형감각과 촉각이 다른 사람들에 비해 잘 발달되어 있다.

(3) 논리수학지능

- 논리수학지능(logical-mathematical intelligence)은 기존 지능의 핵심으로 간주되어 왔고, 유럽 학자들은 이를 인지능력으로서 가장 중요시하였다. 논리수학지능은 논리적 문제나 방정식을 풀어 가는 정신적 과정에 관한 능력이다.
- 논리수학지능이 높은 사람은 논리적 과정에 대한 문제들을 보통 사람들보다 훨씬 빠른 속도로 해결하는 능력을 갖고 있다. 추론을 잘 이끌어 내며, 주먹구구식이 아닌 체계적이고 과학적인 방법을 동원하여 문제를 파악한다. 숫자에 강하고, 차량번호나 전화번호 등도 남들에 비해 잘 기억하는 경우가 많다.

(4) 언어지능

- 언어지능(linguistic intelligence)은 단어의 소리, 리듬, 의미에 대한 감수성이나 언어의 다른 기능에 대한 민감성 등과 관련된 능력이다. 두뇌의 브로카 영역(Broca's area)이라고 부르는 부분이 손상되면, 비록 그 사람의 단어나 문장 인식의 능력은 그대로 남아 있다 할지라도 자신을 표현하는 데 있어서 문법적으로 정확한 문장을 만드는 데 어려움을 겪는 것으로 알

려졌다. Gardner는 유아나 청각장애인도 자기 나름대로의 독특한 언어를 개발한다고 주장한다.

- 언어지능이 높은 사람은 토론학습 시간에 두각을 나타내며, 유머나 말 잇기 게임, 낱말 맞히기 등을 잘한다. 다양한 단어를 잘 활용하여 말을 잘하는 달변가가 많으며, 똑같은 글을 써도 심금을 울리기도 하고, 웃음을 자아내게도 한다.

(5) 공간지능

- 공간지능(spatial intelligence)은 시공간적 세계를 정확하게 인지하는 능력과 건축가, 미술가, 발명가 등이 그런 것처럼 3차원의 세계를 잘 변형시키는 능력이다. 공간지능은 색깔, 선, 모양, 형태, 공간 그리고 이러한 요소들 사이의 관계에 대한 민감성과 관련이 있다. 신경과학에 의하면 인간 두뇌의 우반구가 공간지능에 관련되어 있으며, 공간지능은 시각능력과 관계가 깊은 것으로 알려졌다.
- 공간지능이 높은 사람은 밤하늘의 별을 보고 방향을 잘 찾아내며, 처음 방문한 곳도 다시 찾아가는 데 별 어려움을 느끼지 않고 잘 찾아간다. 또한 시공간적 아이디어들을 도표, 지도, 그림 등으로 잘 나타내고, 시각적으로 표현하는 디자인, 그림 그리기, 만들기 등을 좋아한다.

(6) 대인관계지능

- 대인관계지능(interpersonal intelligence)은 다른 사람들과 교류하고, 이해하며, 그들의 행동을 해석하는 능력이다. 다른 사람들의 기분, 감정, 의향, 동기 등을 인식하고 구분할 수 있는 능력과 얼굴표정, 음성, 몸짓 등에 대한 감수성, 대인관계에서 나타나는 여러 가지 다양한 힌트, 신호, 단서, 암시 등을 변별하는 역량, 이들에 효율적으로 대처하는 능력이다.
- 대인관계지능이 뛰어난 사람은 친구들을 많이 사귀고, 교우도(sociogram)에서 중앙에 위치한다. 유능한 정치인, 지도자 또는 성직자들은 대인관계지능이 우수한 사람들이 많다.

(7) 자기이해지능

- 자기이해지능(intrapersonal intelligence)은 대인관계지능과 유사한 특성을 지녔으며, 자기 자신을 이해하고 느낄 수 있는 인지적 능력을 말한다. '자신이 누구인가' '자신은 어떤 감정을 가졌는가' '왜 이렇게 행동하는가' 등과 같이 자기 존재에 대해 이해하는 것이다.
- 자기이해지능이 높은 사람은 자존감, 자기향상(self-enhancement), 자기가 처한 문제를 해결

하기 위해 사용할 수 있는 성격이 강하다. 하지만 자기이해기능이 낮은 사람들은 (예를 들어, 자폐증을 가진 사람들처럼) 자신을 주변 환경으로부터 독립된 존재로서 인식하는 데 어려움을 겪는다.

(8) 자연탐구지능

- 자연탐구지능(naturalist intelligence)은 다중지능이론의 목록에서 가장 최근에 올라온 것으로, 자연현상에 대한 유형을 규정하고 분류하는 능력을 말한다. 원시 사회에서는 어떤 식물이나 동물이 먹을 수 있는지를 그들의 자연탐구지능에 의존하여 알아냈다. 현대 사회에서는 기후 형태의 변화에 대한 감수성과 같은 것이 자연탐구 능력을 잘 나타내 주고 있다.
- 자연탐구지능이 높은 사람은 영화에 나오는 타잔처럼 자연 친화적이고, 동물이나 식물 채집을 좋아하며, 이를 구별하고 분류하는 능력이 높다. 산에 가더라도 나뭇잎의 모양이나, 크기, 지형 등에 관심이 많고, 이들을 종류대로 잘 분류하기도 한다.
- Gardner는 앞에서 제시한 여덟 가지 지능과 실존지능 외에도 많은 지능이 있을 수 있다고 주장하였다. 새롭게 제기될 수 있는 지능들은 영성(靈性, spirituality), 도덕적 감수성(moral sensibility), 성적 관심(sexuality), 유머(humor), 직관(intuition), 창의성(creativity), 요리능력(cooking ability), 후각능력[olfactory perception(sense of smell)], 타 지능을 종합하는 능력(an ability to synthesize the other intelligences) 등이다.

3) 다중지능이론과 학습양식

- 모든 학생이 학습활동에 적극적으로 참여할 수 있는 수업설계가 이루어지면 그들은 성공적으로 학습목표에 쉽게 도달할 수 있다. 다중지능이론의 특성과 이론적 배경은 바로 이런 측면에서 학생들의 특성에 맞는 수업설계를 할 수 있는 근거를 제시하고 있다. 학생 각자의 학습 양식에 맞추어 학습활동을 제시할 수 있다면 모든 학생에게 좋은 수업을 보장할 수 있을 것이다.
- 주로 교육자들은 시청각교육이 붐을 이루면서 세 가지 유형의 학습자(청각적 학습자, 시각적 학습자, 촉각적 학습자)로 분류하였다. 그러나 다중지능이론이 교실에 받아들여지면서 여덟 가지 지능에 의한 여덟 가지 형태의 학습자들이 추출된 것이다.
- 이들은 언어적 학습자(linguistic learner), 논리/수학적 학습자(logical/mathematical learner), 공간적 학습자(spatial learner), 음악적 학습자(musical learner), 신체/운동적 학습자(bodily/

kinesthetic learner), 대인관계적 학습자(interpersonal learner), 자기이해적 학습자(intrapersonal learner), 자연탐구적 학습자(naturalist learner)로, 이들이 선호하여 학습에 심취할 수 있거나 이들에게 활동을 시켰을 때 학습의 효과를 거둘 수 있는 활동들은 다음과 같다.

(1) 언어적 학습자

언어적 학습자들은 읽기, 쓰기, 말하기를 좋아한다. 이름이나 장소, 날짜, 기타 하찮은 것이라도 잘 기억한다. 언어적 학습자는 말하기, 듣기, 그리고 단어 보기를 통해 많이 배운다. 읽기, 쓰기, 이야기 들려주기, 날짜를 기억하거나 어휘를 통해 생각하기 등 단어 읽고 듣고 알아맞히기, 말하기, 작문, 토론, 논쟁 등의 활동이 효과가 있다.

(2) 논리/수학적 학습자

논리/수학적 학습자는 실험하기를 좋아하고, 뭔가 항상 밝혀내려는 노력이 보이며, 수와 관련된 내용에는 귀와 눈이 번뜩인다. 질문을 많이 하며, 어떤 유형과 관계를 밝혀내는 데는 일가견이 있다. 수학에 흥미를 갖고 있으며, 논리적으로 생각하고, 문제해결에 있어서도 근거와 원리를 찾아 해결하려 한다. 분류, 그룹 짓기 또는 추상적인 유형이나 관계를 통해 가장 많이 배운다. 수학, 추리, 논리, 문제해결, 유형화 등 유형 · 관계 분석, 분류, 유목화, 추상적 사고 등의 활동이 효과가 있다.

(3) 공간적 학습자

공간적 학습자는 그림 그리기, 모형 만들기, 디자인, 뭔가 만드는 데는 남에게 뒤지지 않는다. 다른 학생들에 비해 한 번 보면 비슷하게 그려 내거나, 한 번 본 물체도 쉽게 모형을 만들어 낸다. 그림 감상, 영화 보기, 기계 다루기 등을 좋아한다. 뭔가 상상해 내기를 잘하고, 변화를 쉽게 찾아내고, 미로 찾기와 낱말 맞추기, 지도나 도표 등을 잘 읽어 낸다. 시각화(視覺化) 또는 상상을 통하여 잘 배우고, 색깔이나 그림을 활용했을 때 많이 배운다. 읽기, 지도 · 도표 보기, 미로 그리기, 수수께끼, 물체 상상, 영상화 등 그림, 색깔을 통한 학습, 영상과 그림을 통한 시각화 등의 활동이 효과가 있다.

(4) 음악적 학습자

음악적 학습자는 노래를 좋아하고, 흥얼거리기를 잘하며, 음악 감상과 악기 연주를 좋아한다. 한 번 노래를 들으면 쉽게 멜로디를 익히며, 음높이나 리듬 등을 쉽게 구별한다. 리듬, 멜로디, 음악 등을 통하여 잘 배운다. 노래하기, 소리 알아맞히기, 음율 · 리듬 기억하기 등 리듬, 화음, 노래, 음악과 멜로디 듣기 등의 활동이 효과가 있다.

(5) 신체/운동적 학습자

신체/운동적 학습자는 여기저기 잘 돌아다니며, 만져 보면서 이야기하고, 신체 언어를 많이 활용한다. 이런 학습자들은 스포츠, 댄스, 연극 그리고 손재주를 이용한 신체적 활동을 잘한다. 신체감각을 통한 지식 탐구, 공간과의 교류, 만지기, 움직이기 등을 통해 잘 배운다. 운동, 춤, 연극, 물건 만들기, 연장 사용하기 등 접촉하기, 움직이기, 신체감각을 통한 지식 구성 등의 활동이 효과가 있다.

(6) 대인관계적 학습자

대인관계적 학습자는 많은 친구를 거느리고 있으며, 사람들에게 말을 잘하고, 그룹 활동에 잘 참여한다. 남을 잘 이해하고, 그들을 잘 이끌어 가며, 그룹을 조직하거나, 그룹 간에 발생한 문제에 대해 중재, 조정 등을 잘한다. 다른 학습자들과 함께 공유하면서 잘 배우고, 비교 또는 연계시키거나, 협동과 대화를 통해 잘 배운다. 타인 이해하기, 앞장서기, 조직하기, 대화하기, 분쟁 해결, 물건 팔기 등 참여하기, 비교하기, 관련시키기, 인터뷰하기, 협동학습 등의 활동이 효과가 있다.

(7) 자기이해적 학습자

자기이해적 학습자는 혼자서 조용히 공부하기를 좋아하고 자신의 관심사 추구를 즐긴다. 자기 자신을 누구보다도 잘 알고, 자신의 감정이나 꿈에 초점을 맞추어 생활한다. 본능적인 감각에 잘 따르고, 자신의 목표와 관심사를 끝까지 밀고 나가려 하며, 남을 모방하기보다는 자기 자신의 생각을 많이 따른다. 이러한 학습자들은 혼자서 공부를 잘하며, 개별화된 프로젝트나 자기 학습 속도에 맞는 수업, 그 학습자만이 즐길 수 있는 공간을 갖도록 했을 때 잘 배운다. 자기 이해, 자신의 장단점 파악, 목표설정 등 개별 학습 선호, 자신의 학습 속도에 의한 학습, 여유, 반성적 사고 등의 활동이 효과가 있다.

(8) 자연탐구적 학습자

자연탐구적 학습자는 지구환경에 관심을 갖고 있으며, 주어진 환경을 잘 변별하거나 특성을 분류 또는 활용하기를 좋아한다. 주어진 자료를 통해 결론을 지으면서 많이 배운다. 조사, 분석, 관찰, 종합 등 관찰일기, 현장학습 등의 활동이 효과가 있다.

4) 다중지능과 뇌의 관계

- Gardner가 말하는 8개의 다중지능은 종래의 단순한 IQ 수치에 의한 차별적인 것이 아니라 '동등'하며 '독립적'이지만, 몇 개의 지능이 유기적으로 '상호작용'을 하기도 하며, **상위 세 가지 지능에 대한 자아성찰에 의하여 직업을 선택하면 만족스럽고 성공적인 삶을 살게 된다.** "아이가 호기심을 갖는 것을 도와주면 그것이 아이의 인생에서 가장 중요한 것이 된다."고 한다. 또 아이들이 자기가 좋아하는 분야에 호기심을 갖고 몰입한다면 결국 그 분야에서 성공하는 사람이 된다고 주장한다.
- 다중지능과 좌우 뇌의 관계는 [그림 9-9]에 나와 있다.

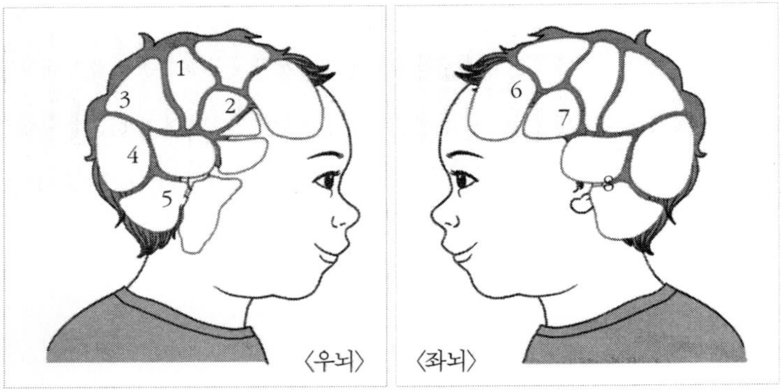

1. 대인관계지능 세종대왕, 테레사 수녀 등	2. 자기이해지능 간디, 괴테 등	3. 공간지능 다빈치, 에디슨 등
4. 신체운동지능 박찬호, 타이거 우즈 등	5. 음악지능 조수미, 모차르트 등	6. 언어지능 셰익스피어, 윤동주 등
7. 논리수학지능 빌 게이츠, 아인슈타인 등	8. 자연탐구지능 파브르, 다윈 등	

[그림 9-9] 다중지능과 좌우 뇌의 관계

출처: http://blog.naver.com/pgfive

5) 다중지능이론의 핵심

- 다중지능이론의 특성과 이론적 배경을 고려해 볼 때, 다중지능의 핵심은 서너 가지로 정리될 수 있다(다중지능교육연구소 홈페이지). 첫째, 모든 개개인은 이 여덟 가지 지능을 모두 가지고 있다. 이 이론은 인지 기능에 관한 이론으로서 모든 개개인이 정도의 차이가 있겠지만 이 여덟 가지 지능을 모두 갖고 있다고 보며, 여덟 가지 지능이 합해져서 독특한 방식을 형성한다는 것이다.
- 그래서 독일의 시인이자 과학자이며 철학자인 Johann Wolfgang von Goethe처럼 어떤 사람은 여덟 가지 지능이 모두 빼어날 만큼 우수할 수 있고, 야구선수 박찬호처럼 한 가지 지능이 다른 지능에 비해 특히 우수할 수도 있다. 그렇다고 박찬호 선수가 신체운동지능만 우수하다는 것은 아니다. 그는 타자의 심리를 잘 읽어 낼 수 있는 대인관계지능이나, 자신이 위기에 처했을 때 자신을 이해하고 통제할 수 있는 자기이해지능, 더 나아가 자신이 던진 공의 속도와 더불어 타자가 방망이를 휘두르는 속도, 바람의 속도 등을 계산해 내는 논리-수학적 지능이 남들보다 뛰어날 수 있다.
- 둘째, 모든 사람은 각각의 지능을 적절한 어떤 수준까지 개발할 수 있다. 가드너는 사실상 모든 사람이 적절한 여건(용기, 좋은 내용, 좋은 교육)만 주어진다면 비교적 높은 수준의 성취를 할 수 있다고 주장한다. Gardner가 예로 든 것은 스즈키 재능교육 프로그램(Suzuki Talent Education Program)이다. 이 프로그램의 창시자이자 바이올리니스트, 교육자, 철학자, 인간주의자인 Suzuki는 지난 반세기 동안 자국(自國)에서뿐만 아니라 세계적으로 음악교육에 영향을 끼쳐 왔다. 특히 그는 '음악적 재능은 타고난 것이 아니라 계발될 수 있다.'는 믿음을 가졌고, 누구든지 적절하게 교육을 받으면 음악적 능력을 향상시킬 수 있다고 주장하였으며, 이를 실천함으로써 증명하였다. 이는 특기 · 적성교육의 성공을 보여 준 가장 시범적인 예라고 할 수 있다.
- 셋째, 여덟 가지 지능은 여러 가지 복잡한 방식으로 함께 작용한다. 지능들은 항상 서로 교류하면서 작용한다. 예를 들어, 요리를 한다고 할 때에, 먼저 요리법을 읽어야 하고(언어지능), 이때 요리를 몇 단계로 나눌 때도 있고(논리수학지능), 모든 가족 구성원의 취향을 고려해야 하고(대인관계지능), 뿐만 아니라 자신만이 잘 창출해 내는 맛을 자아내게 해야 한다(자기이해지능). 축구나 야구처럼 운동경기를 할 때도 마찬가지다.
- 여기서 말하고자 하는 것은 다중지능이론에서 각 지능의 특성을 살펴보고 이를 효율적으로 학습하는 방법을 모색하고자 하는 것이지, 이들을 각각으로 분리하여 어떤 특출한 하나

만을 집중적으로 계발하자는 것은 아니다. 왜냐하면 이들 여러 지능은 서로 협응(協應)하여 작용하기 때문이다.

- 넷째, 각 지능영역 내에서도 그 지능을 향상시킬 수 있는 많은 방법이 있다. 어떤 지능영역에 있어서 지능적이라고 간주될 수 있는 한 가지 표준화된 특성은 없다. 어떤 사람은 읽지는 못하지만, 이야기를 참 잘하거나 다양한 어휘를 갖고 있는 경우도 있다. 운동장에서 달리기는 못하지만, 기민한 행동을 요하는 작업은 잘하는 사람도 있다. 다중지능이론은 개개인이 가진 독특한 지능을 발휘할 수 있도록 다양하고 풍부한 방법을 추구할 뿐만 아니라 각 지능들 사이의 관계를 통한 지능 향상방법을 추구한다.

6) 다중지능이론의 비판

- **새로운 이론은 아니다.** Gardner 자신도 밝혔듯이 다중지능이론 그 자체가 전혀 새로운 이론은 아니라는 것이다. 이미 Gilford라든지 다른 심리학자들이 일찍부터 주장해 온 것이라는 것이다.
- **정의가 허술하다.** 일부 비판론자는 앞으로 얼마나 많은 지능이 나올지 의문을 품고 있다. 또한 비판론자들은 신체운동지능이나 음악지능은 개인의 적성 또는 재능으로 보아야지 지능으로 보아서는 안 된다고 한다. 다중지능 이론가들은 보다 과학적인 접근의 필요성이 있다는 것이다. 이 점은 Gardner가 지능이 몇 개라고 한정하여 말할 수 없다는 데서 볼 수 있다.
- **문화에 의존적이다.** 다중지능이론은 개개인의 문화가 각자의 지능들의 강약을 결정한다고 보고 있다. 하지만 참 지능이란 새로운 환경에서 새로운 문제에 부딪혔을 때 이를 해결해 나가는 능력으로 볼 수 있는데, 다중지능이론은 그렇지 못하다.
- **국가수준의 교육과정에 위배된다.** 많은 학교가 다중지능이론에 근거한 교육을 한다면, 국가에서 학생들의 학업성취도는 물론, 학생들에게 꼭 필요한 지식과 기능을 가르쳐야 하는 문제들과 더 나아가 평가 등 교육의 질 관리에도 어려움이 있다.
- **실용적이지 못하다.** 교사들은 넘쳐나는 학생들과 부족한 학습 자원으로 고통을 받고 있는데, 학생 개개인의 지능을 반영한 교육을 한다는 것은 하나의 이상향에 불과하다.

학습과제

1. 지능에 대한 요인적, 인지론적, 암시적, 총체적 정의를 설명하라.

2. 지능의 결정요인을 설명하라.

3. 한국 웩슬러 아동지능검사(K-WISC-IV)의 목적과 대상을 설명하라.

4. 한국 웩슬러 아동지능검사(K-WISC-IV)의 열다섯 가지 소검사 및 측정내용을 설명하라.

5. 한국 웩슬러 아동지능검사(K-WISC-IV)의 네 가지 지표와 해당 소검사를 설명하라.

6. 한국 웩슬러 아동지능검사(K-WISC-IV)의 실시 및 유의사항을 설명하라.

7. 한국 웩슬러 아동지능검사(K-WISC-IV)의 채점방법을 설명하라.

8. 한국 웩슬러 아동지능검사(K-WISC-IV)의 결과 해석 방법을 설명하라.

9. 한국 웩슬러 아동지능검사(K-WISC-IV)의 기본적인 프로파일을 설명하라.

10. 한국 웩슬러 아동지능검사(K-WISC-IV)의 강점과 약점을 어떻게 평가하는지를 설명하라.

11. Gardner가 제시한 여덟 가지 지능을 설명하라.

12. 다중지능과 뇌의 관계를 설명하라.

11. 한국 웩슬러 유아지능검사(K-WPPSI-IV)의 목적과 대상을 설명할 수 있다.

12. 한국 웩슬러 유아지능검사(K-WPPSI-IV)의 소검사 및 측정내용을 설명할 수 있다.

13. 한국 웩슬러 유아지능검사(K-WPPSI-IV)의 지표점수와 해당 소검사를 설명할 수 있다.

14. 한국 웩슬러 유아지능검사(K-WPPSI-IV)의 실시 및 유의사항을 설명할 수 있다.

15. 한국 웩슬러 유아지능검사(K-WPPSI-IV)의 채점 및 해석방법을 설명할 수 있다.

16. Gardner가 제시한 8가지 지능과 뇌와의 관계를 설명하라.

핵심 용어

기본정신능력(Primary Mental Abilities: PMA)	삼위일체이론(triarchic theory)
요인적 정의	한국 웩슬러 아동지능검사(K-WISC-IV)
인지론적 정의	한국 웩슬러 유아지능검사(K-WPPSI-IV)
암시적 정의	다중지능이론
총체적 정의	좌우뇌 이론(Left-brain/Right-brain Model)
인지적 정보처리 과정	

제 3 부
장애영역별 평가

제 10 장

특수아동 및 발달장애의 이해

학 습 목 표

1. 특수아동에 대한 정의를 할 수 있다.
2. 특수아동에 대한 국내외 법적 분류 및 차이를 설명할 수 있다.
3. 『DSM-5』(APA, 2013)에 나오는 장애의 유형별 특성을 설명할 수 있다.
4. 여러 장애의 진단기준 및 변별 특성을 설명할 수 있다.
5. 여러 장애의 유사점과 차이점을 설명할 수 있다.

1 특수아동의 이해

1) 특수아동에 대한 정의

- 아동은 다양한 특수성(exceptionality)을 복합적으로 가지고 있기 때문에 특수아를 한마디로 정의한다는 것은 아주 어려운 일이다. 특수성이란 장애(disability)라는 부정적인 측면뿐 아니라 재능과 같은 긍정적인 측면도 있다.
- 일반적으로 특수아동의 장애를 지칭하는 용어로는 impairment(기능장애), disability(능력장애), handicap(사회장애), retardation(지체), disorder(장애) 등이 사용되고 있으나 이런 용어들은 장애의 특성을 구분하는 일정한 기준을 가지고 있다.
- 즉, 일반아동과 특수아동을 구분하는 기준은 평균에서 이탈된 정도에 따라 결정하는 **평균적 기준**, 사회적 통념, 사회적 상식, 가치 개념에 따른 **가치적 기준**, 심신의 생리적 기능면에서 기준을 설정하는 **병리적 기준** 등 3가지가 있다. 그러나 이런 기준은 주관적인 이상이 객관적으로는 정상이 될 경우가 있고, 객관적인 이상이 주관적으로는 정상으로 생각되는 경우가 있다.
- 따라서 정상과 이상을 절대적 기준으로 양분할 수 없기 때문에 하나의 연속 선상에서 상대적으로 이해하여야 하며, 질적이고 객관적인 평가를 통해 구분하여야 한다.

■ 학자들과 법률에서는 특수아동을 어떻게 정의하고 있는가?

- 특수아동에 대한 정의는 학자들 간에 다소 차이가 있지만, 대부분은 여러 영역에서 정상아와 달라 특수교육서비스가 필요한 아동으로 장애아뿐만 아니라 영재아도 포함시키고 있다(〈표 10-1〉 참조).
- Kirk와 Gallagher(1986)는 "① 정신적 특성, ② 감각능력, ③ 의사소통 능력, ④ 행동 및 정서 발달, ⑤ 신체 특성 등에서 일반아동과 차이가 있는 자"로, Hallahan과 Kauffman(2011)은 "타고난 잠재능력을 충분히 실현하려면 특수교육 및 관련 서비스를 필요로 하는 아동"으로, Heward(2013)는 "신체 속성이나 학습능력이 일반아동과 달라 개별화된 특수교육 프로그램 및 관련 서비스가 필요한 아동"이라고 정의하였다.

표 10-1 특수아동에 대한 정의 비교

학자 및 법률	정 의
Kirk & Gallagher(1986)	정신적 특성, 감각능력, 의사소통능력, 행동 및 정서 발달, 신체 특성 등에서 일반아동과 차이가 있는 아동
Hallahan & Kauffman(2011)	타고난 잠재능력을 충분히 실현하려면 특수교육 및 관련 서비스가 필요한 아동
Heward(2013)	신체속성이나 학습능력이 일반아동과 달라 개별화된 특수교육 프로그램 및 관련 서비스가 필요한 아동
「장애인 등에 대한 특수교육법」(2008)	특수교육을 필요로 하는 사람으로 선정된 사람

- 우리나라의 「**장애인 등에 대한 특수교육법**」(2008)에서는 "특수교육대상자란 제15조에 따라 특수교육을 필요로 하는 사람으로 선정된 사람"이라고 정의하여 장애아동만 포함시키고 있다(〈표 10-1〉, 부록 2 참조).
- 이러한 정의들을 종합해 보면, **특수아동**(exceptional children)이란 아동의 능력을 최대한 개발하기 위하여 일반학교 교육 프로그램을 수정해야 하거나 특수한 교재, 교육 기술, 교사를 통한 교육이 필요한 아동이라고 정의할 수 있다.
- 다시 말하면, 일반아동에 비해 감각, 운동, 언어, 정신적 · 신체적 기능, 정서적인 결함을 가지고 있는 아동으로서, 일반아동의 교육, 지도, 방법, 기술로는 학습이 곤란하고 교육의 효과를 기대하기 어려운 아동을 지칭한다고 할 수 있다.

2) 특수아동의 분류

- 이 세상에 똑같은 아동은 아무도 없다. 따라서 **특수아동**도 여느 아동과 마찬가지로 '독특한 개성을 지닌 한 사람', 즉 '규준(norm)에서 벗어난 점이 있는 개인'으로 인식해야 한다. 아동의 기능수준과 행동은 중재를 위해 분석해 봐야 할 아주 중요한 요소이기는 하지만 그것이 특수아를 어떤 장애 범주로 구분하여 명칭을 부여하기 위한 것이 주목적이 되어서는 안 된다.
- Smith(1998)는 "**분류**(classification)란 질서 체제를 정하기 위하여 특성들을 확인하고 조직하는 구조화된 체계"를 말하고, "**명칭 부여**(labeling)란 개인이나 집단을 그들이 속한 범주에 따라 확인하는 것(예: 학습장애)"이라고 설명한다.
- 명칭 부여가 치명적이거나 해로울 수 있지만, 장애를 설명하는 공통된 언어를 제공해 준

다는 점도 인정해야 한다. 또한 분류체계는 전문가들이 어떤 장애를 효과적으로 의사소통할 수 있도록 해 줄 뿐만 아니라, 장애를 확인하고 변별할 수 있도록 해 주고, 연구를 할 때 특별한 장애를 지닌 사람들의 욕구나 장애를 효과적으로 기술할 수 있으며, 장애를 지닌 사람들을 위한 서비스를 강화하기 위한 이익단체를 형성하도록 도와주고, 특수장애를 치료하기 위한 계획을 세우는 데도 유용하다.

- 미국과 우리나라의 특수교육대상자 분류는 비슷한 점이 많으나 미국이 더 세분화하여 분류하고 있음을 알 수 있다(〈표 10-2〉 참조). 일반적으로 특수아들이 지닌 특성에 따라 지적장애, 학습장애, 정서・행동장애, 의사소통(말/언어)장애, 청각장애, 시각장애, 지체 및 건강 장애, 외상적 뇌손상, 중도/중복장애, 자폐증, 영재/특수 재능 등으로 분류한다(Heward, 2013).
- 미국 교육국(2004)에서는 특수교육대상자를 특정학습장애, 말/언어장애, 정신지체, 정서장애, 기타 건강장애, 중복장애, 자폐증, 정형외과적 장애, 청각장애, 발달지연, 시각장애, 외상적 뇌손상 등으로 분류하고 있고, 우리나라의 「장애인 등에 대한 특수교육법」(2008)에서는 특수교육대상자를 ① 시각장애, ② 청각장애, ③ 정신지체, ④ 지체장애, ⑤ 정서・행동장애, ⑥ 자폐성장애, ⑦ 의사소통장애, ⑧ 학습장애, ⑨ 건강장애, ⑩ 발달지체, ⑪ 그 밖에 대통령령으로 정하는 장애로 규정하고 있다.

표 10-2 특수아동의 분류 비교

미국 교육국(2004)	「장애인 등에 대한 특수교육법」(2008)	Heward(2013)
특정학습장애	학습장애	학습장애
말/언어장애	의사소통장애	의사소통(말/언어)장애
정신지체	정신지체	지적장애
정서장애	정서・행동장애	정서・행동장애
정형외과적 장애	지체장애	지체 및 건강장애
청각장애	청각장애	청각장애
시각장애	시각장애	시각장애
기타 건강장애	건강장애	중도/중복장애
자폐증	자폐성장애	자폐증
중복장애	발달지체	외상성 뇌손상
외상적 뇌손상		영재/특수 재능
맹-농		

2 발달장애의 이해

발달장애(developmental disabilities)라는 용어에 대한 정의는 국내외적으로 아직 정립되지 않은 상태다. 각 학문적 관점에 따라 다르게 정의하고 있지만, 보편적으로 발달기 이전에 여러 가지 원인(유전 및 환경)에 의해 중추신경계 이상 혹은 인지, 언어, 사회성 및 운동능력 발달에 지체를 보이는 상태를 총칭한다. 예를 들면, 지적장애, 특정학습장애, 뇌성마비, 자폐스펙트럼장애, 주의력결핍 과잉행동장애 등이 포함된다.

■ 미국정신의학회(2013)의 『DSM-5』는 어떻게 새롭게 바뀌었는가?

- 발달장애 아동을 이해하기 위한 분류체계는 여러 가지가 있으나, 의학, 심리학, 교육학 등의 분야에서 가장 널리 사용하고 있고, 최근에 개정된 미국정신의학회(American Psychiatric Association: APA, 2013)의 『정신질환의 진단 및 통계 편람(Diagnostic and Statistical Manual of Mental Disorders-5ed: DSM−5)』을 중심으로 장애아동의 진단기준을 살펴보기로 한다.
- 『DSM−5』는 전 판에 비해 다음과 같은 점들이 크게 바뀌었다. 첫째, 다축진단체계(multi-axial system)를 사용하지 않고, 전반적으로는 **차원적 접근**(dimensional approach)을 강화하고 있다. 즉, 진단은 통합하고, 그 안에서 경도(mild), 중등도(moderate), 중도(severe) 등 세부 심도를 구분하고 있다.
- 둘째, **신경발달장애**(neurodevelopmental disorder)라는 새로운 정식 명칭을 사용하여 여러 개의 소아정신질환을 포함시키고 있고, 다른 장애들을 각각 다른 **진단군**에 포괄적으로 포함시키고 있다. 예를 들면, 신경발달장애군에는 지적장애(ID), 자폐스펙트럼장애(ASD), 의사소통장애(CD), 주의력결핍 과잉행동장애(ADHD) 등을 포함시켰고, 외상 및 스트레스장애군에는 외상후 스트레스장애(PTSD), 반응성 애착장애(RAD), 탈억제형 사회성 사교장애(DSED) 등을 포함시켰으며, 불안장애군에는 분리불안장애(SAD)와 선택적 함구증(SM) 등을 포함시켰다.
- 셋째, 전반적 발달장애라는 용어가 사라지고, 자폐장애와 아스퍼거증후군을 통합하여 **자폐스펙트럼장애**(ASD)라는 공식 명칭을 사용하도록 하였으며, 학습장애(LD)라는 명칭을 **특정학습장애**(SLD)로 변경하여 사용하는 등 **장애를 통합하거나 명칭을 변경하고 있다.**

- 넷째, ADHD는 큰 변화는 없지만, 과거 진단기준 중에서 6세 이전에 집중력 부족이나 과잉행동의 과거력이 있어야 한다는 기준이 12세 이전으로 확대되었는데, 이는 성인 ADHD 진단을 용이하게 하기 위함이고, 일부 진단기준도 성인의 경우에 적용할 수 있도록 개정되었다. 예를 들어, 타인의 말을 듣다가 주제를 잃어버리고 딴생각을 하는 경우나, 집안일을 두서없이 한다는 등 어른의 집중력장애 증상을 포함하고 있다.
- 다섯째, 의사소통장애군에는 언어장애(LD), 말소리장애(SSD), 아동기 발병형 유창성장애(말더듬), 사회(실용) 의사소통장애(social/pragmatic CD) 등을 포함시켜 새로운 장애 명칭을 사용하거나 새로운 장애를 추가하였다.
- 여섯째, 예전까지 충동조절장애로 분류되었던 도박중독(예전 pathologic gambling)이 정식 명칭인 도박장애(gambling disorder)라는 이름으로 중독장애군에 포함되고 있다. 행동중독(behavioral addiction)을 중독장애의 일환으로 받아들이고 있고, 인터넷게임장애(internet gaming disorder)는 정식 질환으로는 포함되지 않았으나, 중독장애 부록에 싣고 있다.

1) 신경발달장애

- 신경발달장애(Neurodevelopmental Disorders)는 발달기에 시작되는 장애로 주로 학령전기에 나타나기 시작하며, 개인, 사회, 학업 또는 직업 기능에 손상을 야기하는 발달 결함이 특징이다. 발달 결함은 학습 혹은 집행기능 조절 등과 같은 부분적 손상부터 사회기술이나 지능처럼 전반적인 손상에 이르기까지 다양하다.
- 신경발달장애는 흔히 공존장애를 가지고 있다. 즉, 자폐스펙트럼장애 아동은 지적장애를 동반하며, 많은 ADHD 아동은 특정학습장애를 동반하고 있다.
- 신경발달장애에는 지적장애(지적발달장애), 의사소통장애, 자폐스펙트럼장애, ADHD, 특정학습장애, 운동장애 등이 포함된다.

(1) 지적장애

① 지적발달장애

- 지적장애[Intellectual Disabilities, 지적발달장애(Intellectual Developmental Disorder)]는 추론, 문제해결, 계획, 추상적 사고, 판단, 경험 학습 등 전반적 지적 기능에 결함이 나타나며, 이로 인해 부적응을 초래한다. 또한 가정, 학교, 일터, 지역사회 등 여러 환경에서 의사소통, 사

표 10-3 지적장애(지적발달장애)의 진단기준

지적장애(지적발달장애)는 개념, 사회, 실용 영역에서 지적 기능 및 적응기능의 결함이 발달기에 발병하는 장애다. 다음 3가지 기준을 충족해야 한다.

A. 추리, 문제해결, 계획, 추상적 사고, 판단, 학업, 경험 학습 등과 같은 지적 기능의 결함이 있다. 이는 임상적 평가와 개별 표준화 지능검사 모두에서 확인되어야 한다.

B. 개인 독립성 및 사회적 책임에 대한 발달적 및 문화적 기준을 충족하지 못하는 적응 기능에서의 결함이 있다. 지속적인 지원이 없다면, 적응결함은 가정, 학교, 일터, 지역사회 등의 여러 환경에서 의사소통, 사회참여, 독립생활과 같은 일상생활 활동 중 한 가지 이상 제한을 가져온다.

C. 지적 및 적응 기능 결함이 발달기에 시작한다.

심도: 가벼운(경도), 보통의(중등도), 심한(고도), 아주 심한(최고도)

회참여, 독립생활 등 일상생활을 할 때 한 가지 이상 적응 결함이 있다. 이런 지적 및 적응 결함이 발달기에 나타난다(〈표 10-3〉 참조).

- 지적 기능은 타당도가 입증되고 신뢰도가 높은 지능검사(평균 100, 표준편차 15)에서 2표준편차 이하(IQ 70)이어야 한다. 그러나 오차 범위를 포함하면 IQ 65~75 이하를 의미하며, 지능검사의 결과를 해석할 때는 임상적 판단이 요구된다.
- 지적장애의 심도는 IQ 점수가 아니라 요구되는 지원수준에 따른 적응 기능을 토대로 결정된다. 심도수준은 개념(학업)영역, 사회영역, 실용영역에 따라 **경도**, **중등도**, **고도**, **최고도**의 네 가지로 구분된다.
- **개념(학업)영역**은 기억, 언어, 읽기, 쓰기, 수학, 실용지식 습득, 문제해결, 새로운 상황에서의 판단이 포함되며, **사회영역**은 타인의 사고, 감정 및 경험 이해, 공감, 대인 의사소통 기술, 우정, 사회적 판단이 포함되며, **실용영역**은 자조, 직무책임, 금전관리, 여가, 행동관리, 학교/일터 업무관리 등 생활에서의 학습과 자기관리가 포함된다.
- 유병률은 전체 인구의 1%이지만 연령별로 유병률이 다양하다. 심한 지적장애의 유병률은 1,000명당 6명 정도다.

② 광범위성 발달지연

- 광범위성 발달지연(Global Developmental Delay)은 유아기에 임상적 심도를 신뢰성 있게 평가할 수 없는 **5세 이하의 유아**에게 해당된다. 이 범주는 몇 가지 지적 기능 영역에서 기대되는 발달 이정표를 충족시키지 못할 때 진단하고, 너무 어려서 표준화 검사를 실시할 수 없는 아동을 포함하여 지적 기능을 체계적으로 평가할 수 없는 아동에게 적용한다.
- 이 범주는 일정 기간 후에 재평가가 요구된다.

(2) 의사소통장애

- 의사소통장애(Communication Disorder)는 언어, 말 및 의사소통에서의 결함을 포함한다. 말(speech)은 조음, 유창성, 소리 및 공명의 질 등을 포함하는 소리의 표현적 생성을 말한다. 언어(language)는 규칙적인 의사소통 방법에서 상징체계(단어 말하기, 수화, 단어 쓰기, 그림 등)의 형태, 기능 및 사용을 포함한다.
- **의사소통**(communication)은 행동, 개념 혹은 다른 사람에 대한 태도에 영향을 주는 언어 혹은 비언어 행동(의도적이든 비의도적이든)을 포함한다.
- 의사소통장애에는 언어장애, 말소리장애, 아동기 발병형 유창성장애(말더듬), 사회(실용) 의사소통장애 등이 포함된다.

① 언어장애

- 언어장애(Language Disorder)의 진단적 특징은 어휘, 문장구조, 화법에 대한 이해와 생성의 결함으로 인해 언어의 습득과 사용에 어려움을 겪는 것이다(〈표 10-4〉 참조). 언어 습득과 사용은 수용 기술과 표현 기술을 말하며, 표현능력은 어휘, 몸짓 또는 언어적 신호의 생성과 연관이 있으며, 수용능력은 언어적 의미를 수용하고 이해하는 과정과 연관이 있다.
- 언어기술은 표현 및 수용 능력이 각각 다를 수 있으므로 모두 평가해야 한다.
- 아동의 첫 단어와 구가 나타나는 시기가 지연되기 쉽고, 어휘량이 적으며, 기대되는 수준보다 다양하지 못하고, 특히 과거 시제와 관련된 문법 오류가 많고 짧고 단순하다.

표 10-4 언어장애의 진단기준

A. 다음과 같은 증상을 포함하여 이해나 생성의 결함에 기인하여 여러 양상(구어, 문어, 수화 등)에 따른 언어 습득과 사용이 지속적으로 곤란하다.
  1. 어휘(단어지식과 사용)가 부족하다.
  2. 문장 구조(문법 규칙과 형태론에 기초하여 문장을 형성하기 위하여 단어 및 문장을 만드는 능력)가 제한되어 있다.
  3. 화법(어떤 주제나 일련의 사건이나 대화를 기술하거나 설명하기 위하여 단어를 사용하여 문장을 만드는 능력)이 손상되어 있다.

B. 효과적인 의사소통, 사회 참여, 학업수행, 작업수행 등에 기능적 제한을 가져와 언어능력이 연령에 따른 기대치보다 상당히 그리고 양적으로 떨어진다.

C. 이런 증상들이 초기 발달기에 나타난다.

D. 이러한 곤란이 청각이나 다른 감각 손상, 운동 기능장애 혹은 다른 의학적 신경학적 상태에 기인하지 않아야 하고, 지적장애나 광범위성 발달지연으로 설명되지 않는다.

- 언어능력이 연령에 따른 기대치보다 상당히 떨어져 효과적인 의사소통, 사회참여, 학업수행 또는 작업수행에 기능적으로 제한을 초래한다.
- 언어장애의 진단은 개인의 과거력, 다양한 배경(즉, 가정, 학교 또는 직장)에서의 직접적인 임상 관찰, 심도를 측정할 수 있는 표준화된 언어검사 등을 종합하여 내려야 한다.

② 말소리장애

- 말소리장애(Speech Sound Disorder)의 진단적 특징은 말소리 생성이 지속적으로 어려워 말의 명료성을 방해하거나 언어적 의사소통을 방해하는 것이다(〈표 10-5〉 참조). 말소리 생성이란 음소를 또렷이 소리 내어 구어를 조합하는 것을 말한다. 발음 생성에 어려움이 있는 아동들은 언어음에 대한 음성학적 지식이나 말하기 위한 조음기관(턱, 혀 및 입술)의 협응능력이 떨어진다. 따라서 말소리장애는 음성학적 장애와 조음장애를 포함한다.
- 또한 언어음의 생성이 아동의 연령과 발달 단계에 기대되는 수준을 충족하지 못하며, 이러한 결함이 신체적 · 구조적(예: 구개파열) · 신경학적 또는 청력 손상의 결과로 발생한 것이 아니어야 한다.
- 말소리 생성문제를 지칭하는 용어로서 **언어 실행장애**(verbal dyspraxia)가 사용되고 있다.

표 10-5 말소리장애의 진단기준

A. 말소리 생성이 지속적으로 어려워 말의 명료성을 저해하거나 언어적 의사소통을 방해한다.
B. 이런 문제가 사회참여, 학업수행 또는 직업수행 등을 방해하여 효과적인 의사소통에 제한을 가져온다.
C. 이런 증상들이 초기 발달기에 나타난다.
D. 이런 곤란이 뇌성마비, 구개파열, 농이나 청각상실, 외상성 뇌손상, 기타 의학적/신경학적 상태 등과 같은 선천적 혹은 후천적 상태에 기인하지 않아야 한다.

③ 아동기 발병형 유창성장애(말더듬)

- 아동기 발병형 유창성장애[Childhood-Onset Fluency Disorder, 말더듬(Stuttering)]의 필수 증상은 **연령에 비해 말의 유창성과 말 속도가 부적절**한 것이다. 이 장애는 음이나 음절을 자주 반복하거나 길게 하는 특징이 있다(〈표 10-6〉 참조).
- 뿐만 아니라 한 단어 내에서의 멈춤, 특정 단어를 회피하기 위해 단어 대치, 과도한 신체 긴장과 함께 말하기, 단음절 반복하기 등이 나타난다.
- 이것이 말하기 불안을 일으키거나 효과적인 의사소통, 사회참여, 학업 또는 직업 수행을 방해한다. 장애의 정도는 상황에 따라 다양하며, 흔히 의사소통에 대한 특별한 압력(예: 학

표 10-6 아동기 발병형 유창성장애의 진단기준

A. 말의 정상적인 유창성과 말 속도 양상의 장애로서, 개인의 연령과 언어기술에 비해 부적절하며, 오랜 기간 지속되고 다음과 같은 증상이 자주 뚜렷하게 발생한다.
1. 소리와 음절 반복
2. 모음뿐 아니라 자음의 긴 소리
3. 분절된 단어(예: 한 단어 내에서 멈춤)
4. 청각적 혹은 무성의 말 막힘(말에서의 길거나 혹은 짧은 멈춤)
5. 단어 대치(특정 단어를 회피하기 위해 단어 대치)
6. 과도한 신체 긴장과 함께 단어 말하기
7. 단음절의 단어 반복(나, 나, 나는 그를 안다)

B. 이런 문제가 말하기에 불안을 일으키거나 효과적인 의사소통, 사회참여, 학업 혹은 직업 수행 등을 방해한다.

C. 이런 증상들이 초기 발달기에 나타난다.

D. 이런 곤란이 말-운동 결함, 신경학적 손상(뇌졸중, 종양, 외상 등)을 수반한 유창성장애나 다른 의학적 상태에 기인하지 않아야 하며 또 다른 정신장애로 설명되지 않는다.

교에서 발표하기, 구직 면접)이 있으면 더 심해진다. 그러나 비유창성은 종종 소리 내어 읽거나 노래하기, 또는 무생물이나 애완동물에게 이야기할 때는 나타나지 않는다.

- 말더듬문제에 대한 예기 공포가 생길 수 있는데, 전화 걸기와 청중 앞에서 말하기와 같은 상황을 피하려는 시도를 하며, 스트레스나 불안에 의해서도 비유창성이 악화될 수 있다.
- 또한 눈 깜박임, 틱, 입술이나 안면의 떨림, 머리를 갑자기 움직이기, 주먹 쥐기 등이 동반될 수 있다.

④ 사회(실용) 의사소통장애

- 사회(실용) 의사소통장애[Social(Pragmatic) Communication Disorder]의 진단 특징은 **실용성 또는 언어 및 의사소통의 사회적 사용 문제**다. 문맥에서 언어적·비언어적 의사소통의 사회적인 규칙을 이해하고 따르거나, 듣는 사람이나 상황적 요구에 따라 언어를 사용하며, 대화를 나누고 이야기하는 규칙을 따르는 데 결함을 보인다.
- 이 장애의 부수적 특징은 언어 손상으로서, 언어발달 이정표 성취의 지연, 과거의 언어문제와 구조적인 언어문제다. 또한 사회적 상호작용을 피할 수도 있으며, ADHD, 행동 문제, 특정학습장애가 흔히 동반될 수 있다.

표 10-7 사회(실용) 의사소통장애의 진단기준

A. 다음과 같은 모든 증상이 명백하여 언어적 및 비언어적 의사소통의 사회적 사용이 지속적으로 곤란하다. 1. 사회적 맥락에 적절한 방법으로 인사 및 정보 공유와 같은 사회적 목적을 위한 의사소통에서의 결함 2. 운동장과는 다르게 교실에서 말하기, 어른과는 다르게 아이에게 말하기, 공식언어를 피하기 등과 같이, 맥락이나 청자의 욕구를 충족하기 위하여 의사소통을 바꾸는 능력에서의 손상 3. 대화에서 차례로 말하기, 이해하지 못할 경우 다시 말하기, 억양을 조절하기 위해 언어적 및 비언어적 신호를 사용하는 법을 알기 등과 같이 대화 및 이야기하기의 규칙 따르기 곤란 4. 명백하게 진술되지 않은 것(예: 추론하기) 혹은 언어의 비문자적 혹은 애매한 의미(예: 관용어, 유머, 은유, 해석을 위해서는 맥락에 달려 있는 다양한 의미)를 이해하기 곤란
B. 이런 결함이 효과적인 의사소통, 사회참여, 사회관계, 학업 혹은 작업 수행에 기능적 제한을 가져온다.
C. 이런 증상들이 초기 발달기에 나타난다(그러나 사회적 의사소통 요구가 제한능력보다 클 때 결함이 분명하게 나타날 수도 있다.).
D. 이런 증상은 또 다른 의학적 혹은 신경학적 상태나 단어구조와 문법 영역에서의 능력 저하에 기인하지 않아야 하며, 자폐스펙트럼장애, 지적장애, 광범위성 발달지연이나 또 다른 정신장애로 설명되지 않는다.

(3) 자폐스펙트럼장애

- 자폐스펙트럼장애(Autism Spectrum Disorder)의 필수적인 특징은 상호 간의 **사회적 의사소통과 사회적 상호작용의 지속적인 손상, 제한적이고 반복적인 행동, 흥미 또는 활동**이다. 이런 증상은 아동기 초기부터 나타나며 일상의 기능에 제한이나 손상을 초래한다(〈표 10-8〉 참조).
- 장애의 발현 역시 자폐 상태의 심도, 발달 단계, 연령에 따라 매우 달라서 스펙트럼이라는 용어를 사용한다. 자폐스펙트럼장애는 과거의 초기 유아자폐증, 아동기 자폐증, 카너 자폐증, 고기능 자폐증, 비전형적 자폐증, 비분류 전반적 발달장애, 아동기 붕괴성장애, 아스퍼거증후군 등을 총괄하는 용어다.
- 자폐스펙트럼장애는 많은 경우 지적 손상 혹은 언어 손상을 가지고 있다. 평균 혹은 높은 지능을 가진 경우에도 고르지 못한 능력을 보인다.
- 지적 기능과 적응 기능 기술 간의 차이가 대개 크며, 기이한 걸음걸이, 까치발로 걷기 등 운동 결함도 자주 나타난다. 또한 자해(머리박기, 손목 물기)가 나타날 수 있고, 파괴/저항 행동도 지적장애 아동이나 청소년보다 더 흔히 나타난다.
- 최근에 미국과 그 외 나라에서 유병률은 전체 인구의 1%로 보고되고 있다.
- 특히 이 장애는 레트증후군, 선택적 함구증, 언어장애와 사회(실용) 의사소통장애, 지적발달장애, 상동증적 운동장애, ADHD, 조현병 등과 변별하는 것이 중요하다.

표 10-8 자폐스펙트럼장애의 진단기준

A. 다음과 같은 증상이 분명히, 현재 혹은 과거에, 다양한 맥락에 따른 사회적 의사소통 및 사회적 상호작용에 지속적인 결함이 있다.

1. 비정상적인 사회적 접근 및 정상적인 상호 대화의 실패에서부터 흥미, 정서, 애정의 공유 감소, 사회적 상호작용을 시작하거나 반응하기의 실패에 이르기까지 사회-정서적 상호성에서의 결함
2. 언어적 및 비언어적 의사소통의 통합 부족에서부터 비정상적인 눈맞춤과 몸짓언어 혹은 몸짓의 이해와 사용의 결함, 얼굴표정의 부족 및 비언어적 의사소통에 이르기까지 사회적 상호작용을 위해 사용되는 비언어적 의사소통 행동의 결함
3. 다양한 사회적 맥락에 맞는 적응 행동의 곤란에서부터 상상놀이를 하거나 친구 사귀기의 곤란, 또래에 대한 관심 부재에 이르기까지 관계를 맺고, 유지하고, 이해하기 등의 결함

* 심도는 사회적 의사소통의 손상 및 제한되고 반복적인 양상의 행동을 토대로 결정된다.
〈수준1: 지원 요구〉 〈수준2: 실질적인 지원 요구〉 〈수준3: 매우 실질적인 지원 요구〉

B. 다음과 같은 증상 중 2개 이상이 분명히, 현재 혹은 과거에, 제한되고 반복적인 행동, 흥미 혹은 활동을 보인다.

1. 상동적이거나 반복적인 근육운동, 물건 사용, 혹은 말(예: 단순 운동적 상동행동, 장난감 일렬로 늘어놓기나 물건 뒤집기, 반향어, 특이한 구 등)
2. 동일성 고집, 융통성 없이 틀에 박힌 일의 집착, 혹은 언어적/비언어적 의식화된 행동(예: 사소한 변화에 극도의 고통, 전환 곤란, 엄격한 사고, 의식적인 인사, 같은 길로 가려고 하거나 매일 같은 음식을 먹으려는 욕구)
3. 관심사의 강도나 세기가 비정상적이고 아주 제한되어 있거나 고정되어 있음(예: 유별난 물건에 대한 강한 애착이나 몰입, 과도하게 고집스러운 관심)
4. 감각자극에 대한 과잉행동 혹은 과소행동 혹은 그 환경의 감각적인 면에 유별난 관심(예: 통증/온도에 대한 무관심, 특정 소리나 옷감에 대한 혐오 반응, 과도하게 물건 냄새 맡기와 만지기, 불빛이나 움직이는 것에 대한 시각적 매료)

* 심도는 사회적 의사소통의 손상 및 제한되고 반복적인 양상의 행동을 토대로 결정된다.
〈수준1: 지원 요구〉 〈수준2: 실질적인 지원 요구〉 〈수준3: 매우 실질적인 지원 요구〉

C. 이런 증상들이 초기 발달기에 나타난다(그러나 사회적 의사소통 요구가 개인의 제한능력보다 커야 비로소 증상이 나타날 수 있고, 혹은 나중에 학습된 전략으로 증상이 감춰질 수 있다).

D. 이런 증상들이 사회, 직업 혹은 기타 중요한 현 기능에서 임상적으로 커다란 손상을 일으킨다.

E. 이런 문제들은 지적장애나 광범위성 발달지연으로 설명할 수 없다. 지적장애와 자폐스펙트럼장애는 흔히 동시에 나타나며, 지적장애와 자폐스펙트럼장애의 공존장애 진단을 위해서는 사회적 의사소통이 일반 발달수준의 기대치보다 저하되어야 한다.

〈세부유형〉
* 지적 손상 수반형 혹은 비수반형
* 언어 손상 수반형 혹은 비수반형

(4) 주의력결핍 과잉행동장애

- 주의력결핍 과잉행동장애(Attention-Deficit/Hyperactivity Disorder: ADHD)의 필수 증상은 기능 또는 발달을 방해하는 지속적인 **부주의** 또는 **과잉행동-충동성 양상**이다(〈표 10-9〉 참조). 부주의는 ADHD의 행동 측면에서 과제를 수행하지 않고 돌아다니기, 인내심 부족, 지속적인 집중곤란, 무질서 등과 같은 양상으로 나타나지만, 이는 반항이나 이해의 부족에 기인한 것은 아니다.
- 과잉행동은 적절하지 않은 상황에서의 과도한 운동활동이나 과도하게 꼼지락거리거나 두드리는 행동 또는 수다스러운 말과 연관이 있다. 성인의 과잉행동은 과도한 좌불안석이나 이런 행동으로 인해 다른 사람을 지치게 하는 식으로 나타나기도 한다.
- 충동성은 심사숙고하지 않고 순간적으로 성급한 행동과 연관이 있으며, 이로 인해 타인에게 해를 끼칠 가능성이 높다. 충동성은 즉각적인 보상 욕구나 만족지연을 못하게 만든다.
- ADHD는 아동기에 시작되는데, 몇 가지 증상이 12세 이전에 나타나야 한다는 요건은 아동기에 상당한 임상적 증상이 나타나야 한다는 것을 의미한다.
- 언어, 운동, 사회적 발달의 경미한 지연이 나타날 수 있으며, 좌절에 대한 낮은 내성, 과민성 또는 불안정한 기분이 포함될 수 있다. 특정학습장애가 없을지라도 학업 또는 직업 수행에 손상이 종종 나타나기도 한다.
- 성인기 초기에 ADHD는 자살 시도의 위험성 증가와 연관이 있으며, 이는 주로 기분장애, 품행장애 또는 물질사용장애가 동반된 경우다.
- 유병률은 아동의 경우 약 5%, 성인의 경우 약 2.5%로 보고되고 있다.
- ADHD는 적대적 반항장애, 간헐적 격정장애, 특정학습장애, 지적장애, 자폐스펙트럼장애, 반응성 애착장애, 불안장애, 우울장애, 양극성장애, 물질사용장애, 성격장애, 신경인지장애 등과는 변별해야 한다.

표 10-9 ADHD의 진단기준

A. 기능이나 발달을 방해하는 부주의, 혹은 과잉행동-충동성 양상이 지속되며, (1) 혹은 (2)로 특성지어진다.

1. 부주의: 다음 증상 중 6가지 이상이 발달수준에 맞지 않는 정도로 적어도 6개월 이상 지속되어, 사회 및 학업/직업 활동에 부정적인 영향을 준다.

〈주의〉 이런 증상들은 적대적 행동, 반항, 적대감, 과제나 지시의 이해 실패로만 단독으로 나타나지 않는다. 17세 이상 청소년과 성인의 경우, 적어도 5가지 증상이 충족되어야 한다.

a. 세부사항에 면밀하게 주의집중하지 못하거나 학교공부, 일이나 다른 활동에서 부주의한 실수를 한다(예: 세부사항을 간과하거나 실수함, 일이 부정확함).

b. 과제나 놀이 활동에 지속적으로 주의집중하지 못한다(예: 강의, 대화, 혹은 장문 읽기 중에 집중하지 못함).

c. 다른 사람이 직접 말을 할 때 듣지 않는 것 같다(예: 주의산만 요소가 없는데도 맘이 다른 곳에 있는 것처럼 보임).

d. 지시를 따르지 못하거나 학교공부, 잡일이나 일터에서 임무를 수행하지 못한다(과제를 시작은 하지만, 쉽게 집중하지 못하게 되고, 곁길로 빠짐).

e. 과제와 활동을 조직하는 데 어려움이 있다(예: 실질적으로 과제를 수행하지 못함, 물건이나 소유물을 순서적으로 보관하지 못함, 번잡하고 분산된 일, 시간관리를 잘하지 못함, 마감시간을 지키지 못함).

f. 정신적 노력이 요구되는 과제를 피하거나 싫어하고 거부한다(예: 학교 공부나 숙제, 청소년 및 성인의 경우에 보고서 작성하기, 모형 완성하기, 서류 작성하기, 긴 논문 개관하기 등).

g. 과제나 활동에 필수적인 것들을 잃어버린다(예: 수업자료, 책, 도구, 지갑, 열쇠, 서류, 안경, 휴대폰).

h. 외부의 자극에 의해 쉽게 산만해진다(예: 청소년 및 성인의 경우, 비관련 사고를 함).

i. 일상활동을 잘 잊어버린다(예: 허드렛일, 심부름하기, 청소년 및 성인의 경우, 전화 회답하기, 세금 내기, 약속 지키기).

2. 과잉행동 및 충동성: 다음 증상 중 6가지 이상이 발달수준에 맞지 않는 정도로 적어도 6개월 이상 지속되어, 사회 및 학업/직업 활동에 부정적인 영향을 준다.

〈주의〉 이런 증상들은 적대적 행동, 반항, 적대감, 과제나 지시의 이해 실패로만 단독으로 나타나지 않는다. 17세 이상의 청소년과 성인의 경우, 적어도 5가지 증상이 충족되어야 한다.

a. 손발을 만지작거리고 자리에서 꼼지락거린다.

b. 가만히 앉아 있어야 하는 상황에서 자리를 이탈한다(예: 가만히 앉아 있어야 할 상황인 교실, 사무실, 작업장에서 자리 이탈).

c. 부적절한 상황에서 지나치게 뛰어다니거나 기어오른다(주의: 청소년이나 성인의 경우 참을 수 없는 느낌으로 제한될 수 있음).

d. 조용히 여가 활동에 참여하거나 놀지 못한다.

e. '끊임없이 활동하거나' 마치 '자동차에 쫓기는 것'처럼 행동한다(예: 음식점, 회의에서처럼 오랜 시간 조용히 있는 것을 불편해함, 끊임없이 활동하거나 따라가기가 곤란).

f. 지나치게 말을 많이 한다.

g. 질문이 채 끝나기 전에 불쑥 대답한다(예: 다른 사람의 말이 끝나기 전에 말하기, 차례로 대화하기 위해 기다리지 못함).

(계속)

h. 순서나 차례를 기다리지 못한다(예: 줄지어 기다리기).
i. 다른 사람의 활동을 방해하고 간섭한다(예: 대화나 게임, 활동에 참견하기, 허락받지 않고 다른 사람의 물건을 사용하기, 청소년과 성인의 경우, 다른 사람이 하고 있는 일을 간섭하기).

B. 부주의 혹은 과잉행동-충동성 증상들이 12세 이전에 나타난다.
C. 부주의 혹은 과잉행동-충동성 증상들이 2개 이상의 장면(예: 학교, 가정, 직장, 친구와 친척, 기타 활동들)에서 나타난다.
D. 그 증상들이 사회, 학업, 직업 기능을 방해하는 분명한 증거가 있다.
E. 이 증상이 조현병 또는 기타 정신병 경과 중에만 발생하지 않으며, 다른 정신장애(예: 기분장애, 불안장애, 해리성장애, 인격장애, 물질 중독이나 금단)로 잘 설명되지 않는다.

〈세부유형〉
* ADHD(복합형): 지난 6개월 동안 진단기준 A1 과 A2 모두 충족할 경우
* ADHD(부주의 우세형): 지난 6개월 동안 진단기준 A1은 충족하지만 A2는 충족하지 못할 경우
* ADHD(과잉행동-충동 우세형): 지난 6개월 동안 진단기준 A2는 충족하지만 A1은 충족하지 못할 경우

〈세부심도〉
* 경도: 현재 진단을 충족하는 수준을 초과하는 증상이 거의 없으며, 증상으로 인한 사회, 학업, 직업 기능의 손상이 경미하다.
* 중등도: 증상 또는 기능 손상이 '경도'와 '고도' 사이에 있다.
* 고도: 진단을 충족하는 수준을 초과하는 다양한 증상 또는 심각한 몇 가지 증상이 있다. 이런 증상이 사회 또는 기억 기능에 뚜렷한 손상을 야기한다.

(5) 특정학습장애

- 특정학습장애(Specific Learning Disorder)는 생물학적 근원이 있는 신경발달장애로, 생물학적 근원에는 언어적 · 비언어적 정보를 효과적이고 정확하게 인지하고 처리하는 뇌에 영향을 주는 유전적 · 후생적 · 환경적 요인의 상호작용이 포함된다.
- 특정학습장애는 진단명이 암시하듯이 정보를 효율적이고 정확하게 인지하고 처리하는 능력에 특정한 결함이 나타날 때 진단된다.
- 특정학습장애의 첫 번째 필수적인 특징은 **핵심적 학업 기술을 학습하는 데 있어 지속적인 어려움을 경험**하는 것으로, 정규 학교교육 기간 중에 시작된다. 핵심적 학업기술에는 단어를 정확하고 유창하게 읽기, 독해력, 쓰기와 철자, 산술적 계산, 수학적 추론 등이 포함된다(〈표 10-10〉 참조).
- 이 장애는 정상적 형태의 학업 기술의 습득을 방해하는데, 단순한 학습 기회의 부족이나 불충분한 교육에 따른 결과가 아니다.

표 10-10 특정학습장애의 진단기준

A. 학습기술을 배우고 사용하는 데 어려움이 있고, 그러한 어려움에 대한 중재를 제공했음에도 불구하고, 적어도 6개월 동안 다음과 같은 증상 중 1개 이상이 나타난다.
  1. 부정확하거나 느리고 힘들게 단어 읽기(예: 한 단어를 부정확하거나 느리고 더듬거리며 읽기, 단어를 자주 억측하기, 소리 내어 단어 읽기 곤란)
  2. 읽은 것의 의미 이해 곤란(예: 본문을 정확하게 읽을 수 있으나 순서, 관계, 추리를 이해하지 못하거나 읽은 것의 깊은 뜻을 이해하지 못함)
  3. 철자쓰기 곤란(예: 모음이나 자음을 더하거나 빼거나 대치시킴)
  4. 글쓰기 곤란(예: 문장 내에서 여러 문법적 혹은 구두점 오류, 빈약한 단락구성, 개념에 대한 글쓰기의 명료성 부족)
  5. 수 이해, 수 개념, 혹은 계산하기 곤란(예: 수 크기 및 관계의 이해 부족, 또래처럼 산수 계산을 암산으로 하지 않고 손가락으로 한 자릿수를 계산하기, 수학계산을 하는 중간에 어찌할 바를 모르다가 절차를 바꾸기)
  6. 수학적 추리 곤란(예: 양적 문제를 풀기 위하여 수학적 개념, 실제 혹은 절차를 응용하기 심히 곤란)

B. 이런 학업 기술이 또래 연령의 기대치보다 실제적이고 양적으로 부족하여 학업 또는 직업 수행 혹은 일상생활 활동을 심하게 방해해야 하며, 개별 표준화 성취도검사와 포괄적 임상평가에서 확인되어야 한다. 17세 이상의 경우 학습곤란 내력의 증명서류로 표준화된 평가를 대치할 수 있다.

C. 학습 곤란이 학령기에 시작하지만 학업 기술에 대한 요구가 자신의 제한 능력을 넘어서는 시기가 되어야 분명하게 나타날 수 있다(예: 주어진 시간 안에 시험 보기, 길고 복잡한 리포트를 촉박한 마감 기한 내에 읽고 쓰기, 과중한 학업 부담).

D. 이런 학습곤란은 지적장애, 교정되지 않는 시력 혹은 청력 문제, 기타 정신 혹은 신경학적 장애, 심리사회적 역경, 학교 수업 시 언어의 능력 부족 혹은 불충분한 교수 등으로 설명되지 않는다.

〈주의〉 네 가지의 진단 항목은 개인의 과거력(발달력, 의학적 병력, 가족력, 교육력), 학교의 보고와 심리교육적 평가 결과를 통합하여 임상적으로 판단한다.

〈세부유형: specifier〉
* 읽기 손상 수반형: 단어 읽기 정확도, 읽기율 혹은 유창성, 독해력
* 쓰기 손상 수반형: 철자 정확도, 문법 및 구두점 정확도, 글쓰기의 명확성 혹은 구성
* 수학 손상 수반형: 수 이해, 계산 기억력, 계산의 정확성, 산수 추리의 정확성

〈심도: severity〉
* 경도: 한 가지 또는 두 가지 학업영역의 학습 기술에 있어 약간의 어려움이 있으나 적절한 편의나 지지 서비스가 제공된다면, 개인이 보충할 수 있고 적절히 기능할 수 있을 정도로 가벼운 수준이다.
* 중등도: 한 가지 또는 두 가지 학업영역의 학습 기술에 있어 뚜렷한 어려움이 있으며, 그로 인해 학업 기간 동안 일정한 간격을 두고 제공되는 집중적인 특수교육 없이는 능숙해지기 어렵다. 정확하고 효율적으로 활동을 완수하기 위해서는 적어도 학교나 직장, 집에서 보내는 시간의 일부 동안이라도 편의와 지지 서비스가 제공되어야 한다.
* 고도: 한 가지 또는 두 가지 학업영역의 학습 기술에 있어 심각한 어려움이 있으며, 그로 인해 대부분의 학업 기간 동안 집중적인 특수교육 없이는 이런 기술을 습득하기 어렵다. 학교나 직장에서 편의와 지지 서비스를 제공해도 모든 활동을 효율적으로 수행하지 못할 수 있다.

- 두 번째 필수적인 특징은 보유한 학습 기술에 대한 개인의 수행이 평균 연령보다 낮다는 것이다. 아동기의 낮은 학업기술은 학업 수행에 있어 커다란 방해가 된다(예: 숙제 보고와 교사 평가를 통해 나타남). 성인기의 낮은 학업기술은 해당 기술을 요구하는 직업수행이나 일상활동을 방해한다.
- 세 번째 특징은 학습문제가 저학년 때 분명하지만, 일부에서는 학습 요구가 개인의 능력을 넘어서는 시기가 되는 고학년이 되어야 학습문제가 나타나기도 한다는 것이다.
- 이 장애는 정규 교육과정이 시작된 후에만 진단될 수 있다. 진단은 개인의 의학력, 발달력, 교육력과 가족력, 학습 어려움에 대한 과거력과 현 시점의 발현, 학업, 직업, 사회 기능에 대한 영향, 과거와 현재의 학교 보고, 학업 기술이 요구되는 작업에 대한 포트폴리오, 교육과정중심 평가, 과거나 현 지점의 학업성취도에 대한 표준화된 검사 결과 등을 종합하여 이루어진다.
- 읽기, 쓰기, 수학 영역의 특정학습장애의 유병률은 학령기 아동 중 5~15%이며, 성인의 유병률은 알려지지 않고 있지만 약 4%로 추정된다.
- 이 장애는 지적장애, 신경학적 또는 감각 장애로 인한 학습문제, 신경인지장애, ADHD, 정신병적 장애(조현병이나 정신병) 등과는 변별해야 한다.

(6) 운동장애

신경발달적 운동장애(Motor Disorders)에는 발달성 협응장애, 상동형 운동장애 및 틱장애가 포함된다.

① 발달성 협응장애

- **조화로운 운동 기능의 습득과 수행의 결함**이 특징인 발달성 협응장애(Developmental Coordination Disorder)는 어색하고 느릿하거나 부정확한 운동 기능의 수행으로 인해 일상생활에 방해를 받게 된다.
- 이 장애가 있는 어린 유아는 운동발달 이정표의 성취가 지연된다(즉, 앉기, 기어다니기, 걷기). 또한 계단 오르내리기, 페달 밟기, 단추 잠그기, 퍼즐 맞추기와 지퍼 상용하기와 같은 발달 기술도 지연될 수 있고, 그 기술을 익히더라도 또래에 비해 움직임이 서툴고 느리거나 정확성이 떨어진다(〈표 10-11〉 참조).
- 아동이나 성인은 퍼즐 맞추기, 모형 만들기, 팀을 짜서 공놀이 하기, 글씨 쓰기, 타자 치기, 운전하기 또는 자조 기술 수행과 같은 활동의 운동영역에서 속도가 느리거나 부정확하다.

표 10-11 발달성 협응장애의 진단기준

A. 협응 운동기술의 습득 및 수행이 생활연령 및 기술 습득이나 사용의 기회 등에 따른 기대치보다 훨씬 떨어진다. 이런 곤란은 서투름(예: 물건을 떨어뜨리기나 부딪치기)뿐 아니라 운동기술의 느린 수행이나 부정확성(예: 물건 잡기, 가위나 수저 사용하기, 필기하기, 자전거 타기 혹은 스포츠 운동하기 등)으로 나타난다.
B. 기준 A의 운동기술 결함이 생활연령에 적절한 일상생활활동을 심하게 지속적으로 방해하며(예: 자조 및 자기관리), 학업 수행, 직업 전 및 직업 활동, 여가 및 놀이에 영향을 준다.
C. 이런 증상들이 초기 발달기에 나타난다.
D. 운동기술결함은 지적장애나 시각 손상으로 설명되지 않으며, 운동에 영향을 주는 신경학적 상태(예: 뇌성마비, 근육위축증, 퇴행성 장애)에 기인하지 않아야 한다.

- 일부 발달성 협응장애가 있는 일부 아동은 팔다리의 무도형 운동을 보이기도 한다.
- 발달성 협응장애의 유병률은 5~11세의 경우 5~6%다. 7세 아동 중 1.8%는 고도 발달성 협응장애이고, 3%는 발달성 협응장애로 추정되며, 남자가 여자보다 2~7배 많이 나타난다.

② 상동형 운동장애

- 상동형 운동장애(Stereotypic Movement Disorder)는 **반복적이고, 억제할 수 없는 것처럼 보이고, 목적이 없는 듯한 행동**(예: 손 파닥거리기, 몸 흔들기, 머리 박기, 자기 물어뜯기 또는 때

표 10-12 상동형 운동장애의 진단기준

A. 반복적이고 목적 없는 운동(예: 머리 흔들기, 몸 흔들기, 머리 돌리기, 자기 물어뜯기, 자신의 몸 때리기)
B. 반복 운동이 사회, 학업 혹은 기타 활동을 방해하고 자해를 유발할 수 있다.
C. 이런 증상들이 초기 발달기에 나타난다.
D. 반복 운동이 어떤 물질이나 신경학적 상태의 생리적 효과로 기인하지 않아야 하며, 또 다른 신경발달 혹은 정신장애(예: 발모광, 강박충동장애)로 설명되지 않는다.

〈세부유형〉
* 자해행동 수반형
* 자해행동 비수반형
* 의학적 혹은 유전, 신경발달장애나 환경 요인 관련형(예: 레쉬-니한 증후군, 지적장애, 태아 알코올 노출)

〈심도〉
* 경도: 감각 자극이나 주의 전환에 의해 증상이 쉽게 억제된다.
* 중등도: 증상에 대한 확실한 방어책과 행동 조정이 필요하다.
* 고도: 심각한 부상을 예방하기 위해 지속적인 관찰과 예방책이 필요하다.

리기)이 있을 때 진단된다.

- 일반 아동은 반복행동에 주의를 집중하거나 아동의 주의를 분산시켰을 때 그 행동이 중단될 수 있다. 신경발달장애가 있는 아동은 이러한 노력에 반응하지 않으려고 한다.
- 상동증적 운동은 3세 이전에 시작되며 하루에도 여러 차례 나타날 수 있고, 몇 초에서 수 분 혹은 그 이상 지속될 수 있다.
- 단순 상동운동(예: 흔들기)은 발달하고 있는 어린 아동들에게 흔히 나타난다. 복합 상동운동은 흔하지 않다(약 3~4%). 지적장애인의 4~16%는 상동운동 및 자해행동을 보인다. 시설에 수용된 지적장애인들 중 약 10~15%는 **자해 수반형 상동형 운동장애**를 가지고 있다.

③ 틱장애

- 틱장애(Tic Disorder)는 **갑작스럽고, 빠르며, 반복적 · 비율동적 · 상동형 운동 틱 또는 음성 틱**이 특징이다. 증상의 지속 기간, 추정 병인, 임상 양상에 따라 투렛장애, 만성운동 또는 음성 틱장애, 일시성 틱장애 등으로 세분화할 수 있다. 투렛장애는 운동 틱과 음성 틱이 복합적으로 나타나며, 증상의 악화와 완화의 경과를 보이며 1년 이상 지속될 때 진단할 수 있다(〈표 10-13〉 참조).
- 비록 틱 증상이 거의 모든 근육과 음성에서 나타날 수 있지만, 눈 깜빡임이나 헛기침과 같은 특정한 틱 증상이 흔하게 나타난다. 틱은 흔히 불수적으로 나타나지만, 다양한 시간 동안 자발적으로 억제될 수 있다.
- 틱은 단순 틱이나 복합 틱으로 나타날 수 있다. 단순 운동 틱은 짧은 시간(1/1000초 단위) 동안 나타나며, 눈 깜빡임, 어깨 움츠리기, 발다리 뻗기가 포함된다. 복합 운동 틱은 긴 시간(초 단위) 동안 지속되며, 대개 머리 돌리기와 어깨 움츠리기가 동시에 나타나기도 하며, 성적이고 외설적인 몸짓(외설행동)이나 타인의 행동을 모방하기(반향운동증)와 같이 목적이 있는 행동처럼 보이기도 한다.
- 단순 음성 틱에는 헛기침하기, 킁킁거리기, 꿀꿀거리기 등이 포함된다. 복합 음성 틱에는 소리나 단어를 반복하기(동어반복증), 마지막에 들은 단어나 구를 반복하기(반향언어증) 등이 포함된다.
- 투렛장애의 유병률은 학령기 아동의 경우 천 명당 3~8명이며, 남자가 여자보다 2~4배 더 많다.

표 10-13 틱장애의 진단기준

〈주의〉 틱은 갑작스럽고 빠르고 재발하고 비율동적인 근육운동 혹은 음성

투렛장애

A. 반드시 그렇지 않지만, 여러 개의 운동 및 하나 이상의 음성 틱 모두가 이 질병이 있을 동안에 잠시 동안 나타난다.
B. 틱은 자주 길어지거나 약해질 수 있지만, 틱이 처음 시작된 지 1년 이상 지속된다.
C. 이런 증상들이 18세 전에 나타난다.
D. 이런 장애는 어떤 물질(예: 코카인)의 생리적 효과나 또 다른 의학적 상태(예: 헌팅톤병, 바이러스후 뇌질환)에 기인하지 않아야 한다.

만성운동 혹은 음성 틱장애

A. 한 개 혹은 여러 개의 운동 혹은 음성 틱이 이 질병이 있을 동안에 지속되지만, 운동 및 음성 모두 있는 것은 아니다.
B. 틱은 자주 길어지거나 약해질 수 있지만, 틱이 처음 시작된 지 1년 이상 지속된다.
C. 이런 증상들이 18세 전에 나타난다.
D. 이런 장애는 어떤 물질(예: 코카인)의 생리적 효과나 또 다른 의학적 상태(예: 헌팅톤병, 바이러스후 뇌질환)에 기인하지 않아야 한다.
E. 투렛장애 기준을 충족하지 않아야 한다.

〈세부유형〉
* 단일 운동틱 수반형
* 단일 음성틱 수반형

일시성 틱장애

A. 한 개 혹은 여러 개의 운동 혹은 음성 틱
B. 틱은 자주 길어지거나 약해질 수 있지만, 틱이 처음 시작된 지 1년 이하 지속된다.
C. 이런 증상들이 18세 전에 나타난다.
D. 이런 장애는 어떤 물질(예: 코카인)의 생리적 효과나 또 다른 의학적 상태(예: 헌팅톤병, 바이러스후 뇌질환)에 기인하지 않아야 한다.
E. 투렛장애나 만성 혹은 음성 틱장애 기준을 충족하지 않아야 한다.

2) 불안장애

- 불안장애(Anxiety Disorders) 범주에는 **극도의 공포, 불안 및 관련된 행동장애**의 특징을 지닌 질환들이 포함된다. **공포**란 실제로 있거나 혹은 지각된 즉각적인 위협에 대한 감정적 반응이지만, 불안이란 미래의 위협에 대한 예측에서 발생하는 현상이다.
- 두 상태는 중복되는 부분이 있지만, 공포가 싸움-도피 행동을 위해 필요한 자율신경계의

각성, 즉각적인 위험에 대한 생각, 도피행동과 관련이 더 깊은 반면, 불안은 미래의 위험에 대한 준비 및 조심 혹은 회피행동과 관련된 과잉각성 및 근육의 긴장과 관련이 더 깊다는 점에서 다르다.

- 불안장애는 불안의 정도가 과도하거나 발달상의 적정한 시기를 넘어서 지속된다는 점에서 발달과정 중에 경험하는 정상적인 공포나 불안과는 다르다. 또한 오랜 기간 지속된다는 점에서(예: 대부분 6개월 이상) 종종 스트레스에 유발되는 일시적인 공포나 불안과도 다르다.
- 불안장애 환자들은 자신이 두려워하거나 회피하는 상황에 대한 위험을 과대평가하는 경향이 있기 때문에, 그 공포나 불안이 과도한지 여부에 대한 일차적 판단은 문화적 및 상황적 요인을 고려하여야 한다.
- 많은 불안장애는 어린 시절부터 발생하며 치료하지 않을 경우 지속적으로 유지되며, 여자가 남자보다 약 2배 많이 발병한다.
- 불안장애에는 분리불안장애, 선택적 함구증, 특정공포증, 사회불안장애(사회공포증), 공황장애, 공황발작, 광장공포증, 범불안장애, 물질/약물치료로 유발된 불안장애 등이 있다.

(1) 분리불안장애

- 분리불안장애(Separation Anxiety Disorder) 아동은 **애착대상으로부터의 분리를 정상적인 발달과정에 비해 부적절한 정도로 두려워하거나 걱정**한다. 혹시 애착대상에게 해로운 일이 생길까 봐, 또는 애착대상으로부터 분리되거나 애착대상을 상실하게 될까 봐 지속적으로 두려워하거나 불안해하여 애착대상으로부터 멀어지는 것을 거부할 뿐만 아니라 이러한 고민과 관련한 악몽을 꾸거나 신체 증상을 동반하기도 한다(〈표 10-14〉 참조).
- 분리불안장애의 주요 특징은 집이나 애착대상과의 분리에 대한 과도한 공포와 불안이다. 이러한 불안은 발달수준을 고려할 때 기대치보다 지나치다(〈표 10-14〉 참조).
- 두려움, 불안 혹은 회피가 아동과 청소년에게는 적어도 4주 이상 지속되고, 성인에게는 6개월 이상 지속되어야 하며, 이런 문제는 사회, 학업(직업), 또는 다른 중요한 기능영역에서 임상적으로 심각한 고통이나 손상을 가져온다.
- 이 장애의 유병률은 6~12개월의 영아들의 경우 4%, 12개월~청소년의 경우 1.6%로 추정되며, 12세 미만 아동에서 가장 흔히 나타나는 불안장애다.
- 분리불안장애는 범불안장애, 공황장애, 광장공포증, 품행장애, 사회불안장애, 외상후 스트레스장애, 애도, 우울 및 양극성 장애, 적대적 반항장애, 성격장애 등과도 변별해야 한다.

표 10-14 분리불안장애의 진단기준

A. 애착대상의 분리와 관련하여 발달적으로 부적절하고 과도한 두려움이나 불안이 다음 중 3가지 이상 분명하게 나타난다.
1. 집 또는 주 애착대상과 분리되거나 분리가 예상될 때 반복적이고 심한 고통
2. 주 애착대상의 상실이나 질병, 상해, 재난 혹은 죽음과 같이 애착대상에게 해로운 일이 일어날 것에 대한 지속적이고 심한 염려
3. 주 애착대상을 분리하게 만들 운 나쁜 사건(예: 상실, 유괴, 사고, 질병)을 겪을 것에 대한 지속적이고 심한 염려
4. 분리에 대한 두려움 때문에 집, 학교, 일터나 그 외의 장소에 나가기를 지속적으로 거부
5. 주 애착대상 없이 혼자 있거나 집이나 다른 장소에 있는 것에 대한 거부 혹은 지속적이고 심한 두려움
6. 주 애착대상이 가까이 있지 않을 때 잠자거나 집을 떠나 잠자는 것에 대한 지속적인 거부
7. 분리의 주제와 연관된 반복적인 악몽
8. 주된 애착대상과의 분리가 예상될 때 반복적인 신체 증상(예: 두통, 복통, 오심, 구토)

B. 두려움, 불안 혹은 회피가 아동과 청소년에게는 적어도 4주 이상 지속되고, 성인의 경우에는 6개월 이상 지속된다.

C. 이런 문제는 사회, 학업(직업), 또는 다른 중요한 기능 영역에서 임상적으로 심각한 고통이나 손상을 가져온다.

D. 이런 문제는 자폐스펙트럼장애의 경우 변화에 대한 심한 저항 때문에 집 떠나기를 거절하기, 정신병의 경우 분리에 관한 망상이나 환각, 광장공포증의 경우 믿을 만한 동반자 없이 밖에 나가기를 거절하기, 범불안장애의 경우 중요한 사람의 질병이나 상해에 대한 염려, 병적 불안장애의 경우 병에 걸릴 것에 관한 염려 등과 같이 또 다른 정신장애로 설명되지 않는다.

(2) 선택적 함구증

- 선택적 함구증(Selective Mutism)은 **다른 상황에서는 말을 할 수 있지만, 학교처럼 말을 해야만 하는 사회적 상황에서는 지속적으로 말을 하지 못하는 것**이 특징이다. 이것은 학업이나 직업에서의 성취에 중대한 영향을 끼치거나 정상적인 사회적 소통을 방해한다(〈표 10-15〉 참조).
- 선택적 함구증 아동들은 사회적 관계에서 사람을 만났을 때 먼저 말을 꺼내지 못하거나 사람들의 말에 대답하지 못한다. 다른 아동이나 성인과의 사회적 상호작용에서 말이 없게 된다.
- 집에서 가까운 가족과 있을 때에는 말을 하지만, 종종 친구들이나 조부모님, 사촌 같은 친척들 앞에서도 말을 하지 못한다. 종종 학교에서 말하기를 거부하여 교사가 아이들의 읽기능력을 평가하기 힘들기 때문에 학업 및 학습 영역에 지장이 있다.
- 선택적 함구증의 동반 증상으로는 과도한 부끄러움, 사회적으로 당황하는 것에 대한 공

표 10-15 선택적 함구증의 진단기준

A. 다른 상황에서는 말을 할 수 있음에도 불구하고 말하기가 예상되는 특정 사회 상황(예: 학교)에서 시종일관 말하지 않는다.
B. 이런 문제가 학업, 직업 성취나 사회적 의사소통을 저해한다.
C. 이런 문제는 적어도 1개월은 지속되어야 한다(입학 후 처음 1개월은 포함하지 않음).
D. 말하지 못하는 이유가 사회생활에서 요구되는 언어에 대한 지식이 없거나 불편한 관계에 기인하지 않는다.
E. 이런 문제가 의사소통장애(예: 말더듬)로 잘 설명되지 않아야 하고, 자폐스펙트럼장애, 정신분열증, 다른 정신장애의 경과 중에 발생하지 않아야 한다.

포, 사회적 고립과 위축, 매달리기, 강박 특징, 거부증, 분노발작, 사소한 반항행동이 있다.

- 선택적 함구증은 비교적 드문 장애로 유병률은 0.03~1%로 추정되고, 주로 5세 이전에 발병하며, 학교에 들어가서야 임상적 관심을 끌게 된다.

(3) 특정공포증

- 특정공포증(Specific Phobia)을 지닌 사람들은 **주위의 대상이나 상황을 회피하거나 두려워하거나 불안**하게 여긴다. 이 장애는 다른 불안장애와 달리 특정한 인지적 왜곡은 보이지 않는다. 공포, 불안, 회피는 대부분 위험 상황에서 즉각적으로 발생하며, 그 정도는 실제 처해진 위험에 비해 지나치고 지속적이다.
- 이 장애의 특징은 공포와 불안이 특정한 상황이나 대상에만 국한된다는 것이다(〈표 10-16〉 참조). 진단기준을 충족하기 위해서는 공포와 불안이 강력하고 극심해야 한다. 또한 공포나 불안은 공황발작(예상되는 공황발작)의 형태를 취할 수 있다.
- 특정공포증 환자들은 전형적으로 공포 대상이나 상황을 마주치거나 예상할 때 생리적 각성을 경험한다. 상황형, 자연환경형, 동물형 특정공포증 환자들은 교감신경계의 각성을 경험하지만, 피-주사 손상형 특정공포증 환자들은 초반에 짧게 심장 박동 수와 혈압이 올라간 뒤 갑자기 심장 박동 수와 혈압이 떨어진다.
- 국가에 따라 다르지만 아시아 지역은 12개월 영아는 2~4%, 아동은 약 5%, 13~17세는 16%까지 증가한다. 여성이 남성보다 2배 많이 발생한다.
- 특정공포증은 사회불안장애, 분리불안장애, 공황장애, 강박장애, 외상후 스트레스장애, 섭식장애, 조현병 등과도 변별해야 한다.

표 10-16 특정공포증의 진단기준

A. 특정 대상이나 상황(예: 비행기 타기, 높이, 동물, 주사 맞기, 피 보기 등)에 관한 두려움이나 불안이 뚜렷하다.
〈주의〉 아동의 경우 두려움이나 불안이 울기, 기질적 짜증, 표정 굳기, 매달리기로 나타날 수 있다.
B. 공포대상이나 상황이 항상 즉각적인 두려움이나 불안을 야기한다.
C. 공포대상이나 상황을 적극적으로 회피하거나, 심한 두려움이나 불안을 경험한다.
D. 두려움이나 불안은 특정 대상이나 상황 및 사회문화적 환경에서 통상적으로 받아들여지는 것보다 심하다.
E. 두려움, 불안 혹은 회피가 전형적으로 6개월 이상 지속된다.
F. 두려움, 불안 혹은 회피가 사회, 직업 혹은 기타 중요한 영역에서 임상적으로 심한 고통이나 손상을 일으킨다.
E. 이런 문제가 공황 유사 증상이나 기타 꼼짝 못하게 만드는 증상(광장공포증처럼), 강박증과 연루된 대상이나 상황(강박충동장애처럼), 외상적 사건의 기억(외상후 스트레스장애처럼), 집 혹은 애착대상과의 분리(분리불안장애처럼), 사회적 상황(사회적 불안장애처럼)에 대한 두려움, 불안, 회피를 포함하여 또 다른 정신장애의 증상으로 설명되지 않아야 한다.

* 세부유형: 동물형(거미, 곤충, 개)
자연환경형(높이, 폭풍, 물)
피-주사 손상형(주사바늘, 의료 절차)
상황형(비행기, 엘리베이터, 밀폐 장소)

(4) 사회불안장애(사회공포증)

- 사회불안장애(사회공포증)[Social Anxiety Disorder(Social Phobia)]가 있는 사람들은 **자신이 주목받고 평가받는 사회적 관계나 상황을 회피하거나, 두려워하거나, 불안**하게 여긴다. 친밀하지 않은 사람들과의 모임이나, 다른 사람들이 보는 앞에서 먹거나 마셔야 하는 상황, 다른 사람들 앞에서 무슨 일인가를 수행해야 하는 상황이 여기에 해당한다(〈표 10-17〉 참조).
- 이들은 다른 사람들에게 나쁘게 평가되거나, 당황하거나, 모욕당하거나, 거부당하거나 혹은 자신이 다른 이들을 공격할지도 모른다는 생각을 갖고 있다.
- 사회불안장애 환자들은 주장이 단호하지 못하고 과도하게 순종적이며, 어떤 경우에는 지나치게 경직된 자세나 부적절한 눈 맞춤을 보이거나, 혹은 너무 부드러운 목소리로 대화할 수도 있고, 부끄러움을 많이 타거나 뒤로 물러나 있을 뿐 아니라 대화에서 자신을 거의 노출하지 않는다.
- 사회불안장애는 정상적인 부끄러움, 광장공포증, 공황장애, 범불안장애, 분리불안장애,

표 10-17 사회불안장애(사회공포증)의 진단기준

A. 타인이 주시하도록 노출된 하나 이상의 상황에 관한 두려움이나 불안이 뚜렷하다. 그 예로 사회적 상호작용(예: 대화하기, 비친숙한 사람 만나기), 관찰당하기(예: 먹기나 마시기), 다른 사람 앞에서 수행하기(예: 연설하기) 등이 포함된다.
〈주의〉 아동의 경우 그 불안이 또래 장면에서 그리고 성인과 상호작용할 때 나타날 수 있다.
B. 어떤 방식으로 행동해야 될지에 대해 두려워하거나 혹은 부정적으로 평가받게 될 것(예: 창피당할 것, 다른 사람에게 거부당할 것)에 대한 불안증상을 보인다.
C. 사회적 상황이 항상 두려움이나 불안을 야기하는 것은 아니다.
〈주의〉 아동의 경우 두려움이나 불안은 사회적 상황에서 울기, 울화, 표정 굳기, 매달리기, 움츠리기, 말 안 하기로 나타날 수 있다.
D. 사회적 상황을 회피하거나 강한 두려움이나 불안을 경험한다.
E. 두려움이나 불안은 사회적 상황 및 사회문화적 맥락에 의해 야기된 실제 위험의 일부다.
F. 두려움, 불안 혹은 회피가 전형적으로 6개월 이상 지속된다.
G. 두려움, 불안 혹은 회피가 사회, 직업 혹은 중요한 영역에서 임상적으로 심한 고통이나 손상을 일으킨다.
H. 두려움, 불안 혹은 회피는 물질(예: 약 복용, 약물)의 생리적 효과나 또 다른 의학적 상태에 기인하지 않아야 한다.
I. 두려움, 불안 혹은 회피는 공황장애, 신체이형(불쾌감)장애, 자폐스펙트럼장애 등과 같은 또 다른 정신장애의 증상으로 설명되지 않아야 한다.
J. 또 다른 의학적 상태(예: 파킨슨병, 비만, 화상이나 손상에 의한 신체변형)가 있다면, 그 두려움, 불안 혹은 회피는 명백한 관련이 없어야 한다.

선택적 함구증, 신체이형장애, 망상장애, 자폐스펙트럼장애, 성격장애, 적대적 반항장애 등과 변별해야 한다.

3) 외상 및 스트레스 관련 장애

- 외상 및 스트레스 관련 장애(Trauma and Stress-related Disorders)는 **외상성 또는 스트레스성 사건에 대한 노출이 명백**하게 기재되어 있는 장애로, 반응성 애착장애, 탈억제형 사회성 유대감장애, 외상후 스트레스장애, 급성스트레스장애, 적응장애 등이 포함된다.
- 외상성 또는 스트레스성 사건에의 노출에 따르는 심리적 고통은 매우 다양하다. 불안 또는 공포를 기본으로 한 증상보다는 무쾌감과 불쾌감, 화와 공격성의 외현화 등이 가장 두드러지는 임상적 특징이다.
- 아동기의 사회적 방임, 즉 적절한 양육의 결핍은 반응성 애착장애와 탈억제형 사회성 유대감장애에 필요한 진단 특징이다. 비록 이 두 장애는 공통 원인이 있지만, 전자는 우울 증

상과 위축된 행동이 내재화된 장애로 표현되는 반면, 후자는 탈억제와 외현화된 행동이 현저하다.

(1) 반응성 애착장애

- 영아기 또는 아동기의 **반응성 애착장애**(Reactive Attachment Disorder)는 **발달적으로 부적절한 애착행동**의 양상이 특징적이며, 정신적 고통이 있을 때 안락, 지지, 보호 그리고 돌봄을 위하여 애착대상에 의지하는 것이 거의 없다(〈표 10-18〉 참조).
- 보호자와 일상적인 상호작용을 하는 동안 긍정적인 정서표현이 약하거나 아예 없으며, 감정 조절능력을 제대로 발휘하지 못한다.
- 반응성 애착장애는 발달적으로 선택적 애착을 형성할 수 없는 영아에서는 진단될 수 없으며, 발달연령이 적어도 9개월 이상은 되어야 한다. 이 장애는 발달지연, 특히 인지와 언어에서의 지연이 자주 함께 나타난다.
- 유병률은 잘 알려지지 않고 있으며, 임상 장면에서도 비교적 드물다. 이 장애는 시설이나

표 10-18 반응성 애착장애의 진단기준

A. 양육자에게 억제되고 정서적으로 위축된 행동이 지속되는데, 다음과 같이 두 가지로 나타난다.
  1. 아이는 고통받을 때 거의 위로를 받으려고 하지 않는다.
  2. 아이는 고통받을 때 위로해 주어도 거의 반응하지 않는다.

B. 지속적인 사회적 및 정서적 문제가 다음과 같은 것 중에서 적어도 2개가 나타난다.
  1. 타인에 대한 미미한 사회적 및 정서적 반응
  2. 긍정적 애정의 제한
  3. 양육자와의 비위협적인 상황에서도 설명할 수 없는 과민성, 슬픔 혹은 두려움

C. 아동은 극도의 불충분한 양육을 경험하였고, 적어도 다음 중 한 가지의 증거가 있다.
  1. 양육자로부터 위로, 자극 및 애정 등 기본 정서적 욕구가 충족되지 못하는 사회적 학대나 박탈
  2. 일차 양육자가 자주 바뀌어 안정 애착을 형성할 기회가 제한됨(예: 양육에서의 잦은 변화)
  3. 비정상적인 장면에서 양육되어 선택적 애착을 형성할 기회가 심하게 제한됨(예: 양육자의 아동 양육 비율이 높은 시설)

D. 기준 C가 기준 A 문제행동의 원인이 된 것으로 예상된다(예: 기준 A의 문제행동은 기준 C의 적절한 양육의 결여 후 시작됨).

E. 이 기준은 자폐스펙트럼장애를 충족하지 않아야 한다.

F. 이 문제행동은 5세 이전에 두드러진다.

G. 아동은 발달연령이 적어도 9개월은 되어야 한다.

〈세부유형〉

* 지속형: 이 장애가 12개월 이상 지속될 경우

양육기관에서 양육되기 전에 심한 학대를 받은 어린 아동에게서 발견된다.

(2) 탈억제형 사회성 유대감장애

- 탈억제형 사회성 유대감장애(Disinhibited Social Engagement Disorder)의 주요 특성은 **낯선 사람에 대해 문화적으로 부적절하고 과도하게 친숙한 행동**을 보이는 행동 양상이다(〈표 10-19〉 참조). 이 장애는 발달지연, 특히 인지 및 언어의 지연, 상동행동 및 영양실조 또는 결핍된 돌봄 등의 심각한 방임의 징후와 함께 나타날 수 있다.
- 탈억제형 사회성 유대감장애는 발달적으로 선택적 애착을 형성할 수 없는 영아에서는 진단될 수 없으며, 발달연령이 적어도 9개월 이상은 되어야 한다.
- 유병률은 알려져 있지 않고, 드물게 나타나며, 심각하게 방임되고 추후에 위탁 보육시설에 들어가거나 탁아기관에서 자란 소수의 아동에게서 나타난다.

표 10-19 탈억제형 사회성 유대감장애의 진단기준

A. 아동이 친숙하지 않은 어른에게 접근하여 상호작용하는 다음 행동 양상 중에서 적어도 두 가지가 나타난다.
  1. 비친숙한 어른과 접근하여 상호작용할 때 과묵하려고 하지 않음
  2. 공개적으로 친숙한 언어 혹은 신체 행동(문화적으로 인정될 수 없고 동일 연령대의 사회적 범위에도 일치하지 않음)
  3. 비친숙한 장소에서 과감히 말한 후 성인 양육자를 찾으려 하지 않음
  4. 거의 주저함 없이 비친숙한 어른을 따라 밖으로 나감

B. 기준 A의 행동이 충동성(ADHD)에 제한되는 것이 아니라 사회적 탈억제행동을 포함한다.

C. 아동은 극도의 불충분한 양육을 경험하였고, 적어도 다음 중 한 가지의 증거가 있다.
  1. 양육자로부터 위로, 자극 및 애정 등 기본 정서적 욕구가 충족되지 못하는 사회적 학대나 박탈
  2. 일차 양육자가 자주 바뀌어 안정 애착을 형성할 기회가 제한됨(예: 양육에서의 잦은 변화)
  3. 비정상적인 장면에서 양육되어 선택적 애착을 형성할 기회가 심하게 제한됨(예: 양육자의 아동 양육 비율이 높은 시설)

D. 기준 C가 기준 A 문제행동의 원인이 된 것으로 예상된다(예: 기준 A의 문제행동은 기준 C의 적절한 양육의 결여 후 시작됨).

E. 아동의 발달연령이 적어도 9개월이 되어야 한다.

〈세부유형〉

* 지속형: 이 장애가 12개월 이상 지속될 경우

(3) 외상후 스트레스장애

- 외상후 스트레스장애(Post-Traumatic Stress Disorder: PTSD)는 한 가지 이상의 외상성 사건에 노출된 후 여러 증후군이 나타나는데, 어떤 경우에는 공포를 기반으로 한 재경험, 감정과 행동 증상이 두드러지기도 하며, 어떤 경우에는 무감동 또는 불쾌 기분 상태와 부정적인 인지가 주요 문제일 수 있다(〈표 10-20〉 참조).
- 직접적으로 경험한 외상성 사건은 전투원 또는 시민으로 전쟁에 노출, 위협적이거나 실제적인 신체 폭력(예: 신체 공격, 약탈, 강도, 아동기 신체 학대), 위협적이거나 실제적인 성폭력(예: 강제적 성적 침해, 알코올/약물로 촉진된 성적 침해, 학대적인 성적 접촉, 접촉이 없는 성적 학대, 성적 인신매매), 납치, 인질, 테러 공격, 고문, 전쟁 포로로서 감금, 자연적이거나 인간이 일으킨 재앙, 심각한 차량 사고 등이 포함된다.
- 고통스러운 사건의 반복적인 기억에 대한 주안점은 사건이 대개 감각적이고 정서적이거나 생리적인 행동요소를 포함하고 있다는 것이다. 흔한 재경험 증상은 고통스러운 꿈이며, 그 꿈은 사건 자체를 반복하거나 외상성 사건의 주요 위협을 대변하거나 그 주제와 관련된 것이다.
- 그러한 사건은 현실 지남력의 상실 없이 외상성 사건의 한 부분에 대한 짧은 시각적 또는 다른 감각적 침습에서부터 현재 주위 상황에 대한 인식의 완전한 상실에 이르기까지 연속선상에서 나타나는데, '플래시백'이라 부르기도 한다.
- 사건에 노출된 이후 사건과 관련된 인지 또는 정서의 부정적 변화가 시작되거나 악화된다. 어떤 경우는 외상성 사건의 중요한 부분을 기억하지 못하는 기억상실을 포함한다. 이러한 기억상실은 두부 외상, 알코올 또는 약물로 인한 것이 아닌 전형적으로 해리성 기억상실의 원인이 된다. 또한 자신, 타인 또는 미래에 대한 지속적이고 과장된 부정적 예상(예: 나는 언제나 잘못된 결정을 했다, 권력을 가진 사람은 신뢰할 수 없다)을 하기도 한다.
- 자극이 없어도 곧잘 화를 내고, 때로는 공격적인 언어와 공격적인 행동(예: 사람들에게 소리지르기, 싸움 걸기, 물건 파괴하기)도 보이며, 위험한 운전, 과도한 알코올 및 약물 사용, 자해 또는 자살 행동 같은 무모하거나 자기파괴적인 행동도 할 수 있다.
- 이 장애는 생후 1년 이후부터 시작할 수 있으며, 증상은 대개 외상 후 3개월 내에 시작되지만, 수개월 내지 수년 정도의 지연이 있을 수 있다.
- 이 장애는 적응장애, 급성스트레스장애, 불안장애와 강박장애, 주요우울장애, 성격장애, 해리장애, 정신병적 장애, 외상성 뇌손상 등과 변별해야 한다.

표 10-20 외상후 스트레스장애의 진단기준

〈7세 이상의 아동, 청소년, 성인〉

A. 실제적이거나 위협적인 죽음, 심각한 부상, 또는 성폭력에의 노출이 다음 중 한 가지 이상 나타난다.
  1. 외상성 사건에 대한 직접적인 경험
  2. 그 사건이 다른 사람들에게 일어난 것을 생생하게 목격함
  3. 외상성 사건이 가족, 가까운 친척 또는 친한 친구에게 일어난 것을 알게 됨
     〈주의〉 외상 사건이 폭력적이거나 돌발적으로 발생한 것이어야 함)
  4. 외상성 사건의 혐오스러운 세부 사항에 대한 반복적이거나 지나친 노출의 경험(예: 변사체 최초 처리자, 아동학대의 세부 사항에 반복적으로 노출된 경찰관)

B. 외상성 사건이 일어난 후에 시작된, 외상성 사건과 관련이 있는 침습 증상이 다음 중 한 가지 이상 나타난다.
  1. 외상성 사건의 반복적, 불수의적이고 침습적인 고통스러운 기억
  2. 꿈의 내용과 정서가 외상성 사건과 관련되어 반복적인 고통스러운 꿈
  3. 외상성 사건이 재현되는 것처럼 느끼고 행동하는 해리성 반응(예: 플래시백)
  4. 외상성 사건을 상징하거나 닮은 내부 또는 외부의 단서에 노출되었을 때 심한 장기적인 심리적 고통
  5. 외상성 사건을 상징하거나 닮은 내부 또는 외부 단서에 대한 뚜렷한 생리적 반응

C. 외상성 사건이 일어난 후에 외상성 사건과 관련이 있는 자극에 대한 지속적인 회피가 다음 중 한 가지 혹은 두 가지 모두에서 명백하다.
  1. 외상성 사건에 대한 또는 밀접한 관련이 있는 고통스러운 기억, 생각 또는 감정을 회피 또는 회피하려는 노력
  2. 외상성 사건에 대한 또는 밀접한 관련이 있는 고통스러운 기억, 생각 또는 감정을 불러일으키는 외부 암시(사람, 장소, 대화, 행동, 사물, 상황)를 회피 또는 회피하려는 노력

D. 외상성 사건이 일어난 후에 외상성 사건과 관련이 있는 인지와 정서의 부정적 변화가 다음 중 두 가지 이상 나타난다.
  1. 외상성 사건의 중요한 부분을 기억할 수 없는 무능력(두부 외상, 알코올 또는 약물 등의 이유가 아닌 전형적으로 해리성 기억상실에 기인)
  2. 자신, 타인 또는 세계에 대한 지속적이고 과장된 부정적인 믿음 또는 예상(예: 나는 나쁘다, 누구도 믿을 수 없다, 이 세계는 전적으로 위험하다)
  3. 외상성 사건의 원인 또는 결과에 대한 왜곡된 인지로 자신 또는 타인을 비난함
  4. 지속적으로 부정적인 정서 상태(예: 공포, 경악, 화, 죄책감 또는 수치심)
  5. 주요 활동에 대해 현저하게 저하된 흥미 또는 참여
  6. 타인과의 사이가 멀어지거나 소원해지는 느낌
  7. 긍정적인 정서를 경험할 수 없는 지속적인 무능력(예: 행복, 만족 또는 사랑의 느낌을 경험할 수 없는 무능력)

E. 외상성 사건이 일어난 후에 외상성 사건과 관련이 있는 각성과 반응성의 뚜렷한 변화가 다음 중 두 가지 이상 현저하게 악화된다.
  1. 자극이 거의 없어도 사람 또는 사물에 대한 언어적 또는 신체적 공격성으로부터 표현되는 민감한 행동과 분노폭발
  2. 무모하거나 자기파괴적인 행동
  3. 과잉 각성

(계속)

4. 과장된 놀람 반응
5. 집중력 문제
6. 수면 교란(예: 수면을 취하거나 유지 곤란 또는 불안정한 수면)

F. 장애(진단기준 B, C, D, E)의 기간이 1개월 이상이어야 한다.
G. 장애가 사회, 직업 또는 다른 중요한 기능 영역에서 임상적으로 현저한 고통이나 손상을 초래한다.
H. 장애가 물질(치료 약물이나 알코올)의 생리적 효과나 다른 의학적 상태로 인한 것이 아니어야 한다.

〈세부유형〉

해리증상 동반: 개인의 증상이 PTSD의 기준에 해당하고, 또한 스트레스에 반응하여 그다음에 해당하는 증상을 지속하거나 반복적으로 경험하는 경우

1. 이인증: 스스로의 정신과정 또는 신체로부터 떨어져서 마치 외부 관찰자가 된 것 같은 지속적 또는 반복적 경험(예: 꿈속에 있는 느낌, 신체의 비현실감)
2. 비현실감: 주위 환경의 비현실성에 대한 지속적 또는 반복적 경험(예: 개인의 주변 환경을 비현실적, 꿈속에 있는 듯한, 멀리 떨어져 있는, 왜곡된 것처럼 경험)

지연형: 어떤 증상의 시작과 표출이 사건 이후 최소 6개월 후에 모든 진단을 충족할 경우

〈6세 이하의 아동〉

A. 6세 이하의 아동인 경우 실제적이거나 위협적인 죽음, 심각한 부상 또는 성폭력에의 노출이 다음 중 한 가지 이상 나타난다.

1. 외상성 사건에 대한 직접적인 경험
2. 그 사건들이 다른 사람들, 특히 주 보호자에게 일어난 것을 생생하게 목격함
   〈주의〉 전자미디어, TV, 영화, 사진을 통한 목격이 아니어야 함
3. 외상성 사건이 보모 또는 보호자에게 일어난 것을 알게 됨

B. 외상성 사건이 일어난 후, 외상성 사건과 관련이 있는 침습 증상이 다음 중 한 가지 이상 나타난다.

1. 외상성 사건의 반복적이고, 불수의적이고 침습적인 고통스러운 기억(놀이를 통해서도 재현될 수 있음)
2. 꿈의 내용과 정서가 외상성 사건과 관련되어 반복적으로 나타나는 고통스러운 꿈
3. 외상성 사건들이 재생되는 것처럼 그 아동이 느끼고 행동하게 되는 해리성 반응(예: 플래시백)
4. 외상성 사건을 상징하거나 유사한 내부 혹은 외부 단서에 노출되었을 때 나타나는 극심한 장기적 심리적 고통
5. 외상성 사건을 상기하는 것에 대한 심한 생리적 반응

C. 외상성 사건이 일어난 후에 외상성 사건과 관련이 있는 자극에 대한 지속적인 회피 또는 외상성 사건과 관련이 있는 인지와 정서의 부정적 변화를 대변하는 증상이 다음 중 한 가지 이상 나타난다.

자극의 지속적 회피

1. 외상성 사건을 상기시키는 활동, 장소, 또는 물리적 암시 등을 회피 또는 회피하려는 노력
2. 외상성 사건을 상기시키는 사람, 대화 또는 대인관계 상황 등을 회피 또는 회피하려는 노력

인지의 부정적 변화

3. 부정적 정서 상태의 뚜렷한 빈도 증가(예: 공포, 죄책감, 슬픔, 수치심, 혼란)
4. 놀이 등 주요 활동에 대해 현저하게 저하된 흥미 또는 참여
5. 사회적 위축 행동

(계속)

6. 긍정적 정서표현의 지속적인 감소

D. 외상성 사건이 일어난 후, 외상성 사건과 관련이 있는 각성과 반응성의 변화가 다음 중 두 가지 이상 명백하다.

1. 전형적으로 사람 또는 사물에 대한 언어적 또는 신체적 공격성(분노발작 포함)으로 나타나는 민감한 행동과 분노폭발(자극이 없어도)
2. 과각성
3. 과장된 놀람 반응
4. 집중력 문제
5. 수면 교란(예: 수면을 취하거나 유지 곤란 또는 불안정한 수면)

E. 장애의 기간이 1개월 이상이어야 한다.

F. 장애가 부모, 형제, 또래 또는 다른 보호자와의 관계 또는 유치원 생활에서 임상적으로 현저한 고통이나 손상을 초래한다.

G. 장애가 물질(예: 치료 약물이나 알코올)의 생리적 효과나 다른 의학적 상태가 아니어야 한다.

〈세부유형〉

해리증상 동반: 개인의 증상이 PTSD의 기준에 해당하고, 또한 스트레스에 반응하여 그다음에 해당하는 증상을 지속하거나 반복적으로 경험하는 경우

1. 이인증: 스스로의 정신과정 또는 신체로부터 떨어져서 마치 외부 관찰자가 된 것 같은 지속적 또는 반복적 경험(예: 꿈속에 있는 느낌, 신체의 비현실감)
2. 비현실감: 주위 환경의 비현실성에 대한 지속적 또는 반복적 경험(예: 개인의 주변 환경을 비현실적, 꿈속에 있는 듯한, 멀리 떨어져 있는, 왜곡된 것처럼 경험)

지연형: 어떤 증상의 시작과 표출이 사건 이후 최소 6개월 후에 모든 진단을 충족할 경우

(4) 급성스트레스장애

- 급성스트레스장애(Acute Stress Disorder)는 **한 가지 이상의 외상성 사건에 노출된 후 3일에서 1개월까지 지속되는 증후군**이 나타나는데, 어떤 경우에는 **외상성 사건에 대한 어떤 형태의 재경험 또는 반응성을 포함하는 불안 반응**과 연관이 있다. 어떤 경우에는 외상 암시의 반응으로 강한 정서적 또는 생리적 반응성을 전형적으로 보이지만, 어떤 경우에는 해리 또는 분리 상태가 현저하게 나타난다(〈표 10-21〉 참조).
- 직접적으로 경험한 외상성 사건은 전쟁 노출, 위협적이고 실제적인 폭행(예: 성폭행, 신체 공격, 생생한 전투, 강도, 아동기 신체 학대, 성폭력, 납치, 인질, 테러, 고문), 자연적이거나 인간이 일으킨 재앙(예: 지진, 태풍, 항공기 추락) 및 심각한 사고(예: 심한 교통사고, 산업재해) 등이 포함된다.
- 모든 증상이 외상성 사건 이후 최소 3일 이상 존재하고 사건 후 1개월까지만 진단된다.
- 목격한 사건에는 위협적이거나 심각한 부상, 비정상적인 죽음, 폭력적인 폭행, 신체적 혹

은 성적 학대, 심한 사고, 전쟁 및 재앙 등이 포함된다.

- 해리 상태는 사건의 구성요소가 다시 살아나는 몇 초에서 몇 시간 또는 며칠까지도 지속될 수 있고, 자신이 마치 그 순간에 사건을 경험하는 듯 행동한다. 해리 반응은 외상성 사건 노출 후 3일 이상 지속되는 해리 반응이라야 급성스트레스장애의 진단이 고려된다.
- 어린 아동의 경우는 놀이에서 외상과 관련된 사건의 재현을 보일 수 있으며, 해리의 순간을 포함할 수 있다(예: 교통사고에서 생존한 아동이 놀이에서 고통스러운 방법으로 장난감 자동차를 반복적으로 충돌시킬 수 있다). 이러한 삽화를 '플래시백'이라 부르는데, 전형적으로 짧지만 외상성 사건이 과거로 기억되기보다는 현재에 일어나고 있다고 느낄 수 있고 현저한 고통을 수반한다.

표 10-21 급성스트레스장애의 진단기준

A. 실제적이거나 위협적인 죽음, 심각한 부상 또는 성폭력에의 노출이 다음 중 한 가지 이상 나타난다.
1. 외상성 사건에 대한 직접적인 경험
2. 그 사건이 다른 사람들에게 일어난 것을 생생하게 목격함
3. 외상성 사건이 가족, 가까운 친척 또는 친한 친구에게 일어난 것을 알게 됨
〈주의〉 외상 사건이 폭력적이거나 돌발적으로 발생한 것이어야 함
4. 외상성 사건의 혐오스러운 세부 사항에 대한 반복적이거나 지나친 노출의 경험(예: 변사체 최초 처리자, 아동학대의 세부 사항에 반복적으로 노출된 경찰관)
〈주의〉 일과 관계된 것이 아닌 한, 전자미디어, TV, 영화 또는 사진을 통해 노출된 경우가 아니어야 함

B. 외상성 사건이 일어난 후 침습, 부정적 기분, 해리, 회피, 각성의 5개 범주 중에서 다음 중 9가지 이상 존재한다.

침습 증상
1. 외상성 사건의 반복적, 불수의적이고, 침습적인 고통스러운 기억
〈주의〉 아동의 경우 외상성 사건들의 주제 또는 양상이 놀이에서 반복되어 나타남
2. 꿈의 내용과 정서가 외상성 사건과 관련되어 고통스러운 꿈의 반복
〈주의〉 아동에게는 내용을 알 수 없는 악몽으로 나타나기도 함
3. 외상성 사건이 재생되는 것처럼 그 개인이 느끼고 행동하게 되는 해리성 반응(예: 플래시백)
〈주의〉 아동에게는 외상의 특정한 재현이 놀이로 나타날 수 있음
4. 외상성 사건을 상징하거나 유사한 내부 또는 외부 단서에 노출되었을 때 극심한 장기적인 심리적 고통 또는 생리적 반응

부정적 기분
5. 긍정적 정서를 경험할 수 없는 지속적인 무능력(예: 행복, 만족 또는 사랑의 느낌을 경험할 수 없음)

해리 증상
6. 주위 환경 또는 자신에의 현실에 대한 변화된 감각(예: 스스로를 다른 사람의 시각에서 관찰, 혼란스

(계속)

러운 상태에 있는 것, 시간이 느리게 가는 것)
7. 외상성 사건의 중요한 부분을 기억하지 못함(두부 손상, 알코올 또는 약물 등의 이유가 아닌 해리성 기억상실에 기인해야 함)

회피 증상

8. 외상성 사건에 대한 또는 밀접한 관련이 있는 고통스러운 기억, 생각 또는 정서를 회피하려고 함
9. 외상성 사건에 대한 또는 밀접한 관련이 있는 고통스러운 기억, 생각 또는 정서를 불러일으키는 외부적 암시(사람, 장소, 대화, 행동, 사물, 상황)를 회피하려고 함

각성 증상

10. 수면 교란(예: 수면을 취하거나 유지하는 데 어려움 또는 불안한 수면)
11. 전형적으로 사람 또는 사물에 대한 언어 또는 신체 공격으로 표현되는 민감한 행동과 분노폭발(자극이 거의 없는 경우에도)
12. 과각성
13. 집중력 문제
14. 과장된 놀람 반응

C. 장애(진단기준 B의 증상)의 기간은 외상 노출 후 3일에서 1개월까지 간다.
D. 장애가 사회, 직업 또는 다른 중요한 기능 영역에서 임상적으로 현저한 고통이나 손상을 초래한다.
E. 장애가 물질(예: 치료 약물이나 알코올)의 생리적 효과나 다른 의학적 상태(예: 경도 외상성 뇌손상)로 인한 것이 아니며, 단기 정신병적 장애가 아니어야 한다.)

4) 파괴, 충동조절 및 품행장애

- 파괴, 충동조절 및 품행장애(Distruptive, Impulse Control and Conduct Disorders)는 정서 및 행동에 대한 자기조절 문제와 관련이 깊은데, 다른 사람의 권리를 침해하는 것(예: 공격성, 재산 파괴), 그리고 사회적 규준, 권위 인물이나 성인과 현저한 갈등을 유발하는 행동을 보인다.
- 여기에는 적대적 반항장애, 간헐성 격정장애, 품행장애, 반사회성 성격장애, 병적 방화, 병적 도박 등이 포함된다. 품행장애는 주로 타인의 권리를 침해하거나 주요 사회적 규범의 위반과 같은 잘 통제되지 않는 행동에 초점을 맞추고 있는데, 많은 행동 증상(예: 공격성)은 분노와 같은 정서 조절의 어려움으로 나타날 수 있다. 간헐성 격정장애는 분노 표출이 대인관계 스트레스, 촉발적인 자극이나 기타 정신사회적 스트레스로 촉발된다. 반면에, 적대적 반항장애는 정서 통제(분노와 과민성)와 행동 통제(논쟁적이고 반항하기)가 동일하게 문제가 된다.
- 적대적 반항장애와 품행장애는 발달적 관계가 있다. 청소년기 이전에 품행장애를 보인 경

우 대부분 어린 시절에 적대적 반항장애의 진단기준을 모두 충족하고 있으나, 적대적 반항장애가 있는 아동들이라 해서 모두 품행장애로 발전하는 것은 아니다.

(1) 적대적 반항장애

- 적대적 반항장애(Oppositional Defiant Disorder)의 핵심 특징은 **분노/과민한 기분, 논쟁/반항행동** 또는 **보복적 특성**이 자주 지속적으로 나타난다는 것이다(〈표 10-22〉 참조). 이 장애는 한 가지 상황에서만 제한적으로 나타날 수 있는데, 주로 집에서만 문제를 보인다.
- 반항행동은 형제자매 간에서 흔히 보일 수 있으나, 이 장애의 증상은 전형적으로 성인과의 상호작용이나 개인적으로 잘 아는 또래들과의 관계에서 나타날 수 있다.
- 미취학 아동들의 분노발작을 적대적 반항장애의 증상으로 간주하려면, 분노발작이 지난

표 10-22 적대적 반항장애의 진단기준

A. 화난/과민한 기분, 논쟁/반항행동, 복수심 등이 적어도 6개월 이상 지속되고, 다음 범주 중에서 적어도 4개가 나타나야 하며, 형제나 자매가 아닌 1명 이상의 다른 사람과 사회적 상호작용을 할 때 표출된다.

화난/과민한 기분
1. 자주 화를 참지 못한다.
2. 자주 과민하고 쉽게 짜증을 낸다.
3. 자주 화를 내며 크게 분개한다.

논쟁/반항행동
4. 자주 권위인물, 혹은 아동, 청소년, 성인과 논쟁한다.
5. 자주 권위인물의 지시나 규칙을 무시하거나 거부한다.
6. 자주 고의로 남을 괴롭힌다.
7. 자주 자신의 실수나 잘못을 남의 탓으로 돌린다.

복수심
8. 6개월 이상 적어도 두 번 원한을 품거나 복수심으로 가득 차 있다.

B. 이러한 행동문제가 자신의 사회적 맥락(예: 가족, 또래집단, 직업동료)의 개인 혹은 타인에게 고통을 주거나, 사회, 교육, 직업 혹은 중요 영역에 부정적 영향을 준다.

C. 이런 행동은 정신병, 물질사용, 우울 혹은 양극성장애가 있을 때 나타나지 않아야 한다. 또한 이 기준은 파괴성 기분조절부전장애를 충족하지 않아야 한다.

〈세부심도〉
* 경도: 한 장면(예: 가정, 학교, 일터, 또래)에서만 증상들이 확인될 경우
* 중등도: 적어도 두 장면에서 여러 증상들이 지속될 경우
* 고도: 세 개 이상의 장면에서 여러 증상들이 지속될 경우

6개월 동안 거의 매일 관찰되며, 적어도 3개 이상의 다른 진단기준에 부합되고, 장애와 관련된 현저한 손상을 초래해야 한다.

- 이 장애는 보호자가 바뀌어 아동에 대한 보살핌이 부족한 가정에서 또는 엄격하거나 비일관적이고 방임적인 양육을 하는 가정에서 더 많이 발병한다. 이 장애의 평균 유병률은 3.3%로 추정된다.
- 이 장애는 보통 취학 전에 나타나며, 초기 청소년기 이후에 발병하는 경우는 매우 드물다. 적대적 반항장애는 품행장애보다 발달적으로 먼저 보이게 되며, 특히 아동기 발병형 품행장애의 경우에 그렇다. 적대적 반항장애는 품행장애뿐 아니라 불안장애, 우울장애로 발전할 수도 있다.
- 대부분 반항적이고, 논쟁적이거나 보복적인 증상은 품행장애의 위험요인이고, 분노 및 과민한 기분 증상은 정서장애의 위험요인이 된다.
- 정서조절문제(높은 정서적 반응성, 낮은 좌절 인내력)와 관련된 기질적 요인과 엄격하거나 비일관적이고 방임적인 양육 등 환경적 요인도 이 장애의 유발요인이다.
- 이 장애는 품행장애, ADHD, 우울 및 양극성 장애, 간헐성 격정장애, 지적장애, 언어장애, 사회불안장애 등과 변별해야 한다.

(2) 간헐성 격정장애(Intermittent Explosive Disorder)

- 간헐성 격정장애는 **충동적인 공격적 행동폭발이 급성으로 발병**하며, 전형적으로 전구기가 거의 없다. 행동폭발은 대부분 30분 이하로 일어나며, 매우 친하거나 관계가 있는 사람에 의해 유발된 사소한 촉발 자극에 대한 반응으로 나타난다.
- 공격 충동을 통제하지 못해 나타내는 기질적 짜증, 격론, 논쟁, 다툼 등 언어 공격과 혹은 재산, 동물, 타인에 대한 신체 공격이 주요 특징이다. 그러나 신체 공격은 재산 파괴나 피해를 주지 않고, 동물이나 타인에 대한 신체 손상을 주지 않는다(〈표 10-23〉 참조).
- 공격적 행동폭발은 일반적으로 계획적이거나 도구적이기보다는 충동적이고 분노에 유발된 것으로, 현저한 고통이나 정신사회적 기능의 손상을 야기한다.
- 이 장애의 유병률은 약 2.7%다. 50세 이상의 장년층에 비해 35~40세 이하의 사람들에게 더 흔히 보이며, 반복적이고 충동적이며 문제가 되는 공격행동은 대개 아동기 후반이나 청소년기에 시작된다.
- 이 장애는 파괴적 기분조절부전장애, 반사회성 성격장애, ADHD, 품행장애, 적대적 반항장애 등과 변별해야 한다.

표 10-23 간헐성 격정장애의 진단기준

A. 공격 충동을 통제하지 못해 재현되는 행동 폭발로서 다음 중 하나가 명백하게 나타난다.
  1. 언어 공격(예: 기질적 짜증, 격론, 언어적 논쟁이나 다툼) 혹은 재산, 동물, 혹은 타인에 대한 신체 공격이 3개월 동안 주당 평균 두 번 발생한다. 신체 공격은 재산파괴나 재산피해를 주지 않고, 동물이나 타인에 대한 신체 손상을 주지 않는다.
  2. 재산파괴나 재산피해를 주는 행동 폭발 및 동물이나 타인에 대한 신체 손상을 주는 신체 공격이 1년 동안 발생한다.
B. 재현되는 행동 폭발이 있을 때 나타나는 공격성 정도는 성남이나 예상되는 심리사회적 스트레스인에 비례하여 커진다.
C. 재현되는 공격적 폭발은 사전에 중재되지 않으며(예: 충동적이거나 분노에 쌓임), 어떤 선호 목적을 달성하기 위해 발생되는 것도 아니다(예: 돈, 권력, 협박).
D. 재현되는 공격적 폭발은 개인에게 심한 고통을 가져다주거나 직업 혹은 대인 기능에 손상을 가져오며 재정 및 법적 문제와 연루된다.
E. 생활연령은 적어도 6세(혹은 동등 발달수준)이어야 한다.
F. 재현되는 공격 폭발은 다른 정신장애(예: 주요우울장애, 양극성장애, 파괴성 우울조절장애, 정신병, 반사회성 성격장애, 경계선 성격장애) 및 다른 의학적 상태(예: 머리손상, 알츠하이머병) 혹은 어떤 물질(예: 약물남용, 약물치료)의 생리적 효과로 설명되지 않는다. 6~18세 아동의 경우 적응장애의 일부로서 발생하는 공격 행동은 이 진단을 내려서는 안 된다.

〈주의〉 이 진단은 재현되는 충동적 공격 폭발이 이런 장애에 보여지는 증상보다 훨씬 심하고 별개의 임상적 주의를 요할 경우에 ADHD, 품행장애, 적대적 반항장애, 자폐스펙트럼장애를 추가 진단할 수 있다.

(3) 품행장애

- 품행장애(Conduct Disorder)의 핵심 특징은 **다른 사람의 기본 권리를 침해하고 연령에 적절한 사회적 규범 및 규칙을 위반하는, 지속적이고 반복적인 행동** 양상이다(〈표 10-24〉 참조).
- 이런 행동은 다른 사람이나 동물에게 신체적 위해를 주는 공격행동, 재산 손실이나 파괴를 야기하는 비공격적 행동, 사기 또는 절도, 심각한 규칙 위반 등 4가지 영역으로 구분할 수 있다. 이 중 3개 이상이 1년 동안 존재해야 하며, 적어도 한 개는 과거 6개월 동안 지속되어야 한다.
- 품행장애가 있는 공격적인 사람들은 특히 모호한 상황에서 타인의 의도를 실제보다 좀 더 적대적이고 위협적이라고 잘못 해석하는 일이 빈번하고, 자신의 공격적인 반응이 합리적이고 정당하다고 생각한다.
- 또한 좌절에 대한 인내력, 과민성, 분노발작, 의심, 처벌에 대한 둔감성, 무모함을 포함하

표 10-24 품행장애의 진단기준

A. 타인의 기본 권리나 동일 연령의 사회적 규범이나 규칙을 위배하는 반복적/지속적 행동 양상이 다음 15개 기준 중 적어도 3개가 과거 12개월 동안 지속되어야 하고, 적어도 한 개의 기준은 과거 6개월 동안 지속되어야 한다.

사람과 동물에 대한 공격성

1. 자주 남을 못살게 굴거나 위협하거나 협박한다.
2. 자주 신체 싸움을 건다.
3. 남에게 신체적 상해를 입힐 수 있는 무기를 사용한다(예: 방망이, 벽돌, 깨진 병, 칼, 총).
4. 사람을 신체적으로 잔인하게 대한다.
5. 동물을 신체적으로 잔인하게 대한다.
6. 피해자와 대면상태에서 훔친다(예: 강탈, 날치기, 무장강도).
7. 타인에게 성행위를 강요한다.

재산파괴

8. 재산상 손해를 가져올 목적으로 고의로 방화한다.
9. 타인의 재산을 일부로 파괴한다.

사기나 절도

10. 다른 사람의 집, 빌딩이나 차에 침입한다.
11. 제품이나 선호물건을 얻기 위해 혹은 책임을 회피하기 위해 자주 거짓말한다.
12. 피해자와 대면하지 않은 상태에서 귀중품을 훔친다(예: 가게 털기, 위조화폐).

심각한 규칙위반

13. 13세 이전에 부모의 허락을 받지 않고 자주 밤에 가출한다.
14. 부모나 양육자와 집에 살면서 적어도 2번 심야에 집을 나간다.
15. 13세 이전에 자주 무단결석한다.

B. 이러한 행동문제가 사회, 학업, 직업 기능에 임상적으로 심한 손상을 초래한다.
C. 만일 18세 이상이라면, 이 기준들은 반사회적 성격장애에 부합되지 않아야 한다.

〈세부유형〉
* 아동기 발병형: 10세 이전에 품행장애의 적어도 한 개의 증상을 보이는 경우
* 청소년기 발병형: 10세 이전에 품행장애의 증상이 없을 경우

〈세부심도〉
* 경도: 거짓말, 무단결석, 허락 없이 밤에 가출, 규칙 위반 등
* 중등도: 피해자와 대면하지 않은 상태에서 훔치기, 문화예술 파괴 등
* 고도: 성관계 강요, 잔인한 신체공격, 무기 사용, 피해자와 대면한 상태에서 강탈하기 등

는 부정적 정서와 조기조절의 어려움과 같은 성격 특성을 보인다.

- 유병률은 2~10% 범위로 추정되고, 평균 4%로 발생하며, 보통 중기 아동기에서 중기 청소

년기 사이에 처음으로 현저하게 나타난다. 아동기 발병형인 경우 흔히 적대적 반항장애가 품행장애의 전조가 되며, 대개 아동기나 청소년기에 증상이 나타나고 16세 이후에 발병하는 경우는 드물다.

- 아동기 발병형 품행장애는 성인기에 더 예후가 나쁘고, 범죄행동, 품행장애 그리고 물질 관련장애를 보일 위험이 더 높다.

지금까지 새로 개정된 『DSM-5』에 나오는 아동 및 청소년 관련 발달장애 및 정신장애 등을 살펴보았다. 무엇보다도 중요한 것은 **장애의 조기발견과 적절한 치료와 교육**이다. 장애를 조기에 발견하여 적절한 치료와 교육을 제공하면 장애 상태를 극소화할 수 있고, 전인재활을 하는 데 효과적이다. 발달심리학자들의 연구 결과를 일례로 들면, 인간의 학습능력의 발달과정에서 가장 큰 영향을 받는 시기는 출생 후 첫 4년간이며, 어린아이의 뇌는 3세까지 거의 성장하기 때문에 뇌성마비는 생후 6개월 이전에 발견하여 빨리 치료하면 80% 정도는 고칠 수 있다.

최근 현대 공업화로 인한 사회 · 경제적 구조의 변화, 의학의 발달, 교통사고, 환경오염, 약물남용 및 십 대 미혼모의 급증에 따라 장애아동의 수는 계속 늘어날 전망이다. 그런데 이들 중 많은 장애아동은 가정과 부모로부터 버림받고 사회로부터 소외되고 있어 더 큰 사회적 문제를 일으킬 가능성이 크다. 자폐, 지적장애나 뇌성마비와 같은 장애아동의 제반 문제는 교육적 · 의학적 · 심리학적인 문제는 물론 사회적 및 경제적인 문제까지 야기하고 있다. 다시 말하면, 장애아동의 문제는 일종의 사회적인 문제로 부모, 교사, 행정 공무원 및 각 영역의 전문가들의 깊은 관심과 문제해결을 위한 **초학문적인 협력과 노력**이 절실히 요구된다.

학습과제

1. 학자들과 법률에서는 특수아동을 어떻게 정의하고 있는지를 설명하라.

2. 발달장애란 무엇인지를 설명하라.

3. 『DSM-5』는 어떻게 새롭게 바뀌었는지를 설명하라.

4. 신경발달장애군에는 어떤 장애들이 포함되는지를 설명하라.

5. 지적발달장애 진단특성과 광범위성 발달지연을 설명하라.

6. 의사소통장애에는 어떤 장애들이 포함되며, 그 장애의 진단특성을 설명하라.

7. 자폐스펙트럼장애의 진단특성을 설명하라.

8. ADHD의 진단특성을 설명하라.

9. 운동장애에는 어떤 장애가 포함되며, 그 장애의 진단특성을 설명하라.

10. 불안장애군에는 어떤 장애들이 포함되며, 그 장애의 진단특성을 설명하라.

11. 외상 및 스트레스 관련 장애군에는 어떤 장애들이 포함되며, 그 장애의 진단특성을 설명하라.

12. 파괴, 충동조절 및 품행장애군에는 어떤 장애들이 포함되며, 그 진단특성을 설명하라.

핵심 용어

특수아동(exceptional children)
발달장애(developmental disabilities)
『정신질환의 진단 및 통계 편람 제5판(Diagnostic and Statistical Manual of Mental Disorders, 5ed: DSM−5)』
신경발달장애(neurodevelopmental disorders)
지적장애(intellectual disabilities)/지적발달장애(intellectual developmental disorder)
광범위성 발달지연(global developmental delay)
의사소통장애(communication disorder)
언어장애(language disorder)
말소리장애(speech sound disorder)
아동기 발병형 유창성장애(말더듬)(childhood-onset fluency disorder)(stuttering)
사회(실용) 의사소통장애[social(pragmatic) communication disorder]
자폐스펙트럼장애(autism spectrum disorder)
주의력결핍 과잉행동장애(attention-deficit/hyperactivity disorder)
특정학습장애(specific learning disorder)
운동장애(motor disorders)
발달성 협응장애(developmental coordination disorder)
상동형 운동장애(stereotypic movement disorder)
틱장애(tic disorder)
불안장애(anxiety disorders)
분리불안장애(separation anxiety disorder)
선택적 함구증(selective mutism)
특정공포증(specific phobia)
사회불안장애(사회공포증)[social anxiety disorder(social phobia)]
외상 및 스트레스 관련 장애(trauma and stress-related disorders)
반응성 애착장애(reactive attachment disorder)
탈억제형 사회성 유대감장애(disinhibited social engagement disorder)
외상후 스트레스장애(post-traumatic stress disorder)
급성스트레스장애(acute stress disorder)
파괴, 충동조절 및 품행장애(distruptive, impulse control and conduct disorders)
적대적 반항장애(oppositional defiant disorder)
간헐성 격정장애(intermittent explosive disorder)
품행장애(conduct disorder)

제 11 장 정서 · 행동장애의 평가

학 습 목 표

1. 정서 · 행동장애에 대한 개념을 이해하고 정의를 할 수 있다.
2. 정서 · 행동장애의 분류와 각 특성을 설명할 수 있다.
3. 정서 · 행동장애의 다섯 가지 원인적 모델을 설명할 수 있다.
4. 문제행동 기능을 이해하고 기능평가 방법을 설명할 수 있다.
5. 정서 · 행동문제를 선별하기 위한 척도들을 사용할 수 있다.

1 정서 · 행동장애의 개념 및 정의

- 아동기는 놀이, 친구 사귀기 및 학습이 이루어지는 인생에서 중요한 시기임에 틀림없다. 그러나 어떤 아동들은 다른 아동들을 때리거나 꼬집는 등 공격행동을 함으로써 문제를 일으키는가 하면, 다른 아동들은 너무 부끄러워하고 위축되어 있어 자신의 세계 속에 있는 것처럼 보이기도 한다. 흔히 이러한 아동들은 다른 아동과 놀이를 하고 친구를 사귀며 학습하는 데 큰 어려움을 겪는 특성이 있다. 과거에는 이러한 아동들에 대해 정서불안, 사회부적응, 심리학적 장애, 정서장애 등 다양한 명칭을 사용하여 왔으나, 최근에는 **정서 · 행동장애**(emotional and behavioral disorder)라는 용어를 사용하고 있다.
- 지금까지 많은 정서 · 행동장애에 대한 정의가 제안되어 왔는데, 미국 연방정부의 특수교육 서비스 적격성을 결정하는 「장애인교육법(Individuals with Disabilities Education Act: IDEA)」의 정의, 행동문제 아동들을 위한 전문가 모임인 행동장애아동협회(Council for Children Behavioral Disorder: CCBD)에서 제안한 정의 그리고 「장애인 등에 대한 특수교육법」(2008)에서의 정의를 살펴보고자 한다.

1) 정서장애에 대한 IDEA의 정의

■ 미국 「장애인교육법」과 행동장애아동협회에서는 정서 · 행동장애를 어떻게 정의하고 있는가?

- IDEA에서는 특수교육서비스를 받을 수 있는 장애 범주들 중의 하나로서 **정서장애**(emotional disturbance)를 〈표 11-1〉과 같이 정의하고 있다. 이 정의에서는 만성(chronicity, '장기간 동안'), 심도(severity, '현저하게'), 학교생활의 어려움(difficulty in school, '교육 수행에 불리한 영향을 미침')의 세 가지 조건과 다섯 가지 유형의 문제를 제시하고 있다.
- 그러나 사실상 이 정의는 아동 전문가들의 주관적인 견해가 너무 많고 모호한 점이 있다는 논란이 제기되었다. 즉, '만족스러운 대인관계' '정상적인' '부적절한' 그리고 '만연된'과 같은 용어들은 조작적으로 정의하기가 어렵고, 어떤 행동문제들은 '사회 부적응'을 나타내는 반면 어떤 행동문제들은 '정서장애'를 나타내고 있는데 이것을 판단하기가 쉽지 않기 때문이다.

표 11-1 IDEA의 정서장애에 대한 정의

(I) 정서장애는 교육수행에 불리한 영향을 미치는, 장기간 동안 심한 정도를 보이는 다음 특성들 중에 한 가지 이상을 보이는 상태다.
(a) 지능과 감각 그리고 건강 요인으로 설명할 수 없는 학습의 무능력
(b) 또래 및 교사들과 만족스러운 대인관계를 형성하거나 유지하지 못함
(c) 정상적인 상황에서 부적절한 행동이나 감정
(d) 일반적으로 만연된 불행이나 우울한 기분
(e) 개인 문제나 학교 문제와 관련된 신체 증상이나 공포를 나타내는 경향
(II) 정서장애는 정신분열증을 포함한다. 그러나 이 용어는 1항에 제시한 정서장애가 있다고 판정되지 않으면, 사회부적응 아동들에게 적용되지 않는다(PL.108-446).

- 이뿐 아니라 사회 부적응 아동들은 IDEA하에서 장애로 인정되지 않아 특수교육이 필요한 대상임에도 불구하고 서비스 대상에서 사실상 제외되고 있다는 문제점을 안고 있다 (Heward, 2013).

2) 정서 · 행동장애에 대한 CCBD의 정의

미국 연방 정의가 지니고 있는 많은 문제를 해결하기 위하여 행동장애아동협회(Council for Children Behavioral Disorders: CCBD, 2000)는 정서 · 행동장애라는 새로운 용어를 사용하여 새로운 정의를 내놓았다. 현재 이 정의는 국립정신건강 및 특수교육연합회(National Mental Health and Special Education Coalition: NMHSEC)가 채택하기도 하였다. CCBD에서는 정서 · 행동장애를 〈표 11-2〉와 같이 정의하고 있다.

표 11-2 CCBD의 정서 · 행동장애의 정의

1. '정서 · 행동장애'라는 용어는 학교에서 행동이나 정서 반응이 적절한 연령, 문화, 또는 인종 규준과 너무 달라 학업, 사회, 직업, 또는 개인 기술을 포함한 교육 수행에 불리한 영향을 미치는 장애로, 환경 내 스트레스 사건에 일시적이지만 기대 이상으로 반응하며, 서로 다른 두 장면에서 일관되게 나타나는데, 적어도 하나는 학교와 관련이 있으며, 일반교육의 직접적인 중재에 반응하지 않거나 불충분한 아동의 상태를 말한다.
2. 이 장애는 다른 장애들과 함께 동시에 나타날 수 있다.
3. 이 장애는 1에 기술된 바와 같이 교육 수행에 불리한 영향을 미치는 정신분열장애, 정동장애, 불안장애, 기타 품행장애나 적응장애를 포함한다.

3) 「장애인 등에 대한 특수교육법」(2008)

■ 한국 「장애인 등에 대한 특수교육법」에서 정서 · 행동장애의 특수교육대상자 선정기준은 무엇이고, 어떤 점이 잘못 정의되었는가?

- 「장애인 등에 대한 특수교육법」 제15조에서는 교육장 또는 교육감은 다음 각 호의 어느 하나에 해당하는 사람 중 특수교육을 필요로 하는 사람으로 진단 · 평가된 사람을 특수교육대상자로 선정한다고 규정하고 있다.
  - 시각장애
  - 청각장애
  - 정신지체
  - 지체장애
  - 정서 · 행동장애
  - 자폐성장애(이와 관련된 장애를 포함한다)
  - 의사소통장애
  - 학습장애
  - 건강장애
  - 발달지체
  - 그 밖에 대통령령으로 정하는 장애
- 또한 「장애인 등에 대한 특수교육법 시행령」 제10조에서는 정서 · 행동장애를 지닌 특수교육대상자의 선정기준을 〈표 11-3〉과 같이 제시하고 있다.

표 11-3 정서 · 행동장애를 지닌 특수교육대상자의 선정기준

장기간에 걸쳐 다음 어느 하나에 해당하여 특별한 교육적 조치가 필요한 사람
가. 지적 · 감각적 · 건강상의 이유로 설명할 수 없는 학습상의 어려움을 지닌 사람 나. 또래나 교사와의 대인관계에 어려움이 있어 학습에 어려움을 겪는 사람 다. 일반적인 상황에서 부적절한 행동이나 감정을 나타내어 학습에 어려움이 있는 사람 라. 전반적인 불행감이나 우울증을 나타내어 학습에 어려움이 있는 사람 마. 학교나 개인 문제에 관련된 신체적인 특징이나 공포를 나타내어 학습에 어려움이 있는 사람

2 정서 · 행동장애의 분류 및 특성

정서 · 행동장애 아동들은 '일반적으로 외현화와 내면화의 두 차원에서 자신의 문화 및 또래 집단의 규준에서 유의미하게 벗어나는' 행동 특징을 지니고 있다. 이런 두 유형의 비정상 행동들은 학업성취와 사회적 관계에 나쁜 영향을 미친다(김진호 외 역, 2013).

■ 정서 · 행동장애의 두 가지 차원별 행동 특성은 무엇인가?

1) 외현화 행동

- 정서 · 행동장애 아동들의 가장 일반적인 행동유형은 반사회적 또는 **외현화 행동**(externalizing behaviors)이다. 교실에서 외현화 행동문제들을 가진 아동들은 자주 다음과 같은 행동을 한다.

–자리이탈	–소리 지르기	–또래 방해하기
–때리기 혹은 싸움	–교사 무시하기	–불평하기
–지나친 논쟁	–훔치기	–거짓말
–물건 파괴	–지시를 따르지 않음	–울화

- 흔히 아동들은 간혹 큰 소리로 고함을 지르고, 남을 때리며, 부모와 교사의 요구를 완전히 거부하기도 하지만, 정서 · 행동장애 아동들은 그런 행동을 아주 자주 보인다. 또한 정서 · 행동장애 아동이 보이는 반사회적 행동은 약간의 혹은 전혀 화를 내지 않은 상태에서 발생한다. 공격행동은 성인이나 다른 아동들에 대한 욕설, 파괴, 야만행위 그리고 다른 사람들에 대한 신체적 공격 등 여러 형태로 나타난다.
- 이러한 아동들은 주변의 사람들과 지속적으로 갈등을 겪게 되고, 공격행위로 인해 다른 사람들을 난처하게 만드는 경우가 종종 있다. 이러한 아동들은 다른 사람의 호감을 얻기가 힘들고 우호관계를 형성하기도 어렵다.

2) 내면화 행동

- 일부 정서 · 행동장애 아동들은 결코 공격성만 보이는 것은 아니다. 이들의 문제는 반대로 다른 사람들과의 사회적 상호작용이 거의 없다는 점인데, 이를 **내면화 행동**(internalizing behaviors)장애라고 말한다.
- 미숙하고 위축된 행동을 하는 아동들은 반사회적 아동들이 하는 것처럼 다른 사람들을 위협하지는 않는다 하더라도 자신의 발달에 심각한 장애를 초래한다. 이러한 아동들은 좀처럼 또래와 어울리지 못하며, 친구와 사귀어 노는 사회적 기술이 없고, 백일몽과 환상에 자주 빠진다.
- 일부 아동은 이유 없이 사물을 두려워하고, 자주 아프다고 호소하거나 우울에 빠지기도 한다. 이러한 행동 때문에 그들은 학습활동에 참여하거나 일반 아동들의 여가활동에 참여할 기회를 놓치기도 한다. 학령기에 나타나는 불안장애 및 기분장애의 가장 흔한 예가 〈표 11-4〉에 제시되어 있다.

표 11-4 아동의 불안, 기분 및 기타 정서장애의 유형

장애유형		특성 및 증상
불안 장애	범불안 장애	지나치고 비현실적인 걱정, 두려움 및 긴장이 6개월 이상 지속; 만성적 불안, 좌불안석, 피로, 주의집중 곤란, 근육 통증, 불면증, 메스꺼움, 과도한 심박률, 현기증, 성급함
	공포증	특정 대상이나 상황(뱀, 개, 높은 곳)에 심한 두려움 반응; 두려움 수준이 그 상황에 부적절하고 타인이 비합리적인 것으로 인식; 보통 매일 회피반응
	강박 장애	과장된 불안이나 두려움을 나타내는 지속적이고 재발되는 강박 사고; 전형적인 강박 사고는 오염되는 것 혹은 부적절하게 행동하는 것에 대한 걱정을 포함. 강박적 사고는 불안을 경감시키기 위하여 손 씻기, 단어 반복 등과 같은 의식적인 강박 행동을 하도록 함
	신경성 거식증	연령과 키에 맞도록 체중을 유지하거나 최소로 하기 위하여 음식 거절; 체중과 몸매에 대한 강박적 관심, 체중 증가나 비만에 대한 지나친 불안, 비정상 체중 이하로 하기 위해 굶는 음식 섭취 제한형과 식욕이상 항진형의 두 종류가 있음
	신경성 폭식증	(a) 먹기 중단을 할 수 없다는 느낌이 있는 동안에 보통 다른 사람이 유사한 상황에서 먹는 것보다 훨씬 많은 양의 음식을 쉬지 않고 먹는 대식증, (b) 자가 유발 구토, 하제나 기타 약물남용, 단식, 과도한 운동 등 체중 증가를 막기 위해 부적절한 보상 행동이 재발
	외상후 스트레스 장애	충격적 사건 후(성 혹은 신체 폭력, 사랑하는 사람의 예기치 않은 죽음, 자연재해, 전쟁 혹은 테러로 인해 희생되는 장면 목격 등) 장기간 재발되는 정서 반응; 충격적 사건에 대한 회상 및 악몽; 외상과 관련된 장소나 대상 회피; 타인과 정서적 분리; 수면 곤란; 성급함; 주의집중 곤란

(계속)

	선택적 함구증	특정 사람이나 집단(예: 가족)에게는 정상적으로 말하지만, 그 외에는 말하기를 거절함; 외상에 대한 반응, 특정 장면이나 특정 개인/집단에서 말하는 것에 대한 불안이나 두려움 때문에 흔히 발생
기분 장애	우울증	전반적인 슬픈 기분 및 무력감, 사회적 위축; 성급함; 죄책감이나 무력감; 주의집중 곤란, 정상 활동의 흥미 상실; 체중, 식욕, 수면의 심한 변화; 자살 사고의 재발. 몇 가지 증상이 일정 기간 나타나야 하며, 생활환경에 대한 일시적 반응이 아니어야 함(가족의 죽음에 대한 슬픔)
	조울증 (양극성 장애)	우울과 조증 상태가 번갈아 나타남. 조증 상태에서는 고양된 행복감이 나타나며, 다음과 같은 증상이 3개 이상 나타남. 즉, 지나친 자기중심주의, 잠을 자지 않음, 끊임없는 수다스러움, 통제되지 않은 빠른 사고 변화, 빠른 주의분산, 흥분된 활동, 위험스러운 활동 참여 등. 첫 증상의 최고 발병연령은 15~19세임
기타 장애	정신 분열증	망상, 환각(환청, 환시), 지리멸렬한 언어, 긴장행동(무감각), 정서표현 단조로움, 사고 및 언어 표현 감소, 목표 행동 감소 등의 특성이 있는 심한 정신장애. 전형적으로 청소년기나 성인 초기에 발병/ 대부분 급성 정신병과 증상 없는 안정 단계가 교차됨
	투렛 장애	눈 깜박이기, 얼굴 찡그리기, 킁킁거리기, 팔 흔들기, 차기, 뛰기 등과 같은 운동 및 음성 틱(반복 및 불수의적 운동) 등의 특성이 있는 신경학적 장애, 약 15%는 외설증(반복된 악담, 음란어) 포함, 증상은 전형적으로 18세 이전에 시작, 남자가 여자보다 3~4배 많음. 또한 주의 문제, 충동성, 의식행동 및 학습장애를 수반

3) 학업성취

대부분 정서 · 행동장애 아동의 학업수준은 자기 학년보다 1년 이상 저하되어 있다(Cullinan, 2002). 많은 아동은 읽기와 수학 성적이 아주 많이 떨어진다. 이들은 행동문제로 인한 학습문제뿐 아니라 학습 기술 및 내용을 숙달하는 데 어려움을 갖는 학습장애와 언어장애를 수반하기도 한다. 정서 · 행동장애 아동들은 다음과 같이 학교생활에 잘 적응하지 못하는 것으로 나타났다.

- 2/3는 자기 학년 수준의 정규 시험을 통과하지 못한다.
- 장애학생 집단 중 평균 점수가 가장 낮다.
- 학생 집단 중 결석률이 가장 높다.
- 고등학교 중퇴율이 60% 이상이다.

4) 지 능

- Kauffman(2005)은 정서 · 행동장애 아동들의 지능과 관련된 연구를 재검토한 결과 다음과 같은 결론을 내렸다. 즉, "이들의 대다수는 IQ가 평균 이하이지만, 정상 분포상에서 불균형적으로 경도 지체 범주에 속하고 상대적으로 소수만이 평균 이상이었다."(김진호 외 역, 2013에서 재인용)
- 그러나 정서 · 행동장애 아동들이 정상 아동들보다 실제로 지능이 더 낮다고 말하기는 어렵다. IQ 검사는 단지 아동이 그 검사가 실시되는 장소와 시간 동안 특정 과제들을 얼마나 잘 수행하는지만을 측정할 뿐이다. 장애가 있는 아동은 부적절한 행동 때문에 검사의 많은 과제를 이전에 배울 수 있는 기회를 상실할 가능성이 높다.

5) 사회적 기술과 대인관계

아동기와 청소년기에 대인관계를 발달시키고 유지하는 능력은 현재와 미래 적응에 아주 중요한 예측변인이다. 많은 정서 · 행동장애 학생은 친구를 사귀기가 아주 어렵다. 일반적으로 정서 · 행동장애 아동들은 장애가 없는 또래보다 타인에 대한 공감수준이 더 낮고, 교육활동에 덜 참여하며, 친구들과 접촉하는 빈도가 더 적다.

3 정서 · 행동장애의 원인론

■ 정서 · 행동장애의 원인에 대한 다섯 가지 모델별 차이점은 무엇인가?

- 문제를 바라보는 견해는 문제를 지닌 사람을 이해하고 중재의 방향을 결정하는 중요한 요소다. 어떤 특정한 이론적 모델을 고수하기보다는 다양한 모델에 대한 전문적 지식을 넓혀 가야 한다. 그 이유는 상이한 이론적 근거를 가지고 있는 다른 전문가와 의사소통을 가능하게 해 주고 그들에 대한 이해의 폭을 넓혀 줄 수 있기 때문이다.
- 정서행동문제의 촉발요인을 설명하기 위한 많은 개념적 모델이 소개되어 왔지만, 신체생리학적 모델, 심리역동적 모델, 인지적 모델, 행동적 모델, 생태학적 모델 등 5개 모델이 보

편화되어 있다.

- 장애에 대한 신체생리학적 모델, 심리역동적 모델 및 인지적 모델은 장애의 일차적 원인이 내적인 상태에서 기인한다고 전제하고, 평가와 치료는 문제가 있는 개인에게 초점을 맞춘다. 반면에, 행동적 모델과 생태학적 모델은 장애를 환경적 상호작용의 기능이라고 전제하고 있는데, 따라서 평가와 치료는 개인적 요인뿐만 아니라 상황적 요인도 포함해야 한다(방명애, 이효신, 2004).

1) 신체생리학적 모델

이 모델을 주장하는 사람들은 정서장애가 생리적인 이상으로부터 기인하는 것이라고 믿는 의학, 건강 혹은 정신의학 전문가들이다. 어떤 신체생리학적 이론가들은 잠복해 있는 생물학적 문제나 유전적 성질(예: 정신분열증)의 활성화에 스트레스적인 환경을 고려하는 반면에, 어떤 이론가들은 어떤 장애(예: 자폐증)에 대하여 순수하게 생물학적 원인만을 주장한다. 이 모델에서는 정서 · 행동장애의 촉발요인을 유전적 · 생화학적/신경학적 · 기질적 요인의 세 부류로 나누고 있다.

(1) 유전적 요인

- 최근 유전학 분야는 급속도로 발전하고 있다. 인간이 가진 유전적 물질(게놈)의 화학적 구조와 유전자 지도를 해독하기 위한 국제적 연구가 활발하게 진행되고 있다. 인간의 기본적인 신체구조에 대한 분석은 개인을 장애로 만들 수도 있는 특정한 요인들을 알게 해 줄 것이다. 이미 유전적으로 추측하고 있는 정신분열증과 우울증에 대한 유전성이 확인될 뿐만 아니라 부끄러움, 알코올 중독, A유형 성격, 학습장애, ADHD, 반사회적 성격 등에 대한 유전적 결합도 밝혀질 것으로 기대되고 있다.
- 유전성과 장애의 연관성에 대한 연구는 전통적으로 쌍생아 및 개인의 친척 간의 출현율을 통해 이루어져 왔다. 즉, 일란성 쌍생아가 이란성 쌍생아보다 더 비슷한 특성을 가지고 있는지를 판정하기도 하고, 입양 아동이 입양 부모보다 생물학적 부모와 더 유사한 특성을 지니고 있는지를 연구한다.

(2) 생화학적/신경학적 요인

- 이 분야는 뇌의 화학물질로서 신경 자극을 뉴런에서 뉴런으로 전달하는 신경전달물질을

연구하거나, 뇌의 구조적 이상 또는 뇌의 역기능과 관련된 유기체 원인을 강조하고 있다. 특히 세로토닌과 같은 신경전달물질에 대한 연구가 활발히 진행되고 있는데, 자폐아동이 비자폐아동보다 혈액 내 세로토닌 수준과 혈소판 수치가 더 높다는 것이 밝혀졌다.

- 한편, 우울증은 프로작, 졸로프트와 같은 세로토닌 수준을 높이는 약으로 완화되기 때문에, 신경전달물질의 낮은 수준은 기분에 영향을 미친다고 전제할 수 있다. 또한 세로토닌 결핍은 비만, 강박-충동장애, 섭식장애, 사회공포증, 불안과 공포, 편두통, 폭력과 관련되어 있다.
- 또한 유기체 원인으로서 간주되는 자폐증 청소년의 소뇌와 뇌간의 이상이 신경심리학적 기술의 발달로 인해 실제로 발견되고 있다.

(3) 기질적 요인

- 기질은 선천적 경향을 갖고 있지만, 환경의 영향도 받는다. Tomas와 Chess 등은 활동수준, 규칙성, 적응성, 반응역, 반응 강도, 기분, 주의전환성, 지속성, 주의기간 등 아홉 가지 특성을 바탕으로 순한(40%), 까다로운(10%), 더딘 아동(15%)의 세 가지 형태의 기질을 분류하였다.
- 일반적으로 까다로운 아동이 좀 더 문제행동을 더 발달시키기 쉽지만, 모든 까다로운 아동이 결과적으로 그렇게 되는 것은 아니다. 즉, 문제행동에 가장 영향을 주는 요인은 아동의 기질은 물론 부모와 아동 간의 상호작용으로 본다.
- 기질에 관한 연구가 미래의 행동을 정확하게 설명하거나 예견해 주지는 못하지만, 모든 개인은 적응성이나 강도와 같은 어떤 경향성을 가지고 태어난다는 것에는 동의한다.

2) 심리역동적 모델

이 모델은 장애에 대한 가장 전통적인 모델로, 내적 심리과정의 역기능이 장애를 촉발시키는 것으로 본다. 심리역동적 전문가들은 개인의 욕구인 갈등, 불안, 죄의식 등에 초점을 맞추고 인간의 동기를 설명하고자 한다. 이 모델에는 정신분석학, 자아심리학, 현상학, 형태심리학, 인본주의 심리학 등이 포함되는데, 크게 Freud, Horney, Erikson 등의 정신분석 견해와 Rogers, Maslow 등의 인본주의적 견해로 구분할 수 있다.

(1) 정신분석이론

- Freud에 따르면 성격은 정신적 에너지인 이드, 자아, 초자아의 세 가지 주요 체계로 구성되어 있는데, 행동이란 이 세 가지 체계 간의 상호작용의 결과다. 이드는 출생 시에 존재하여 다른 두 체계에 정신적 에너지를 공급하며, 이것은 고통을 피하고 쾌락을 얻는 것과 같은 유기체 내 긴장을 감소시키는 작용을 한다(쾌락의 원리). 자아는 이드의 주관적 견해와 현실의 객관적 세계를 조정하는 역할을 하며, 논리적이고 합리적인 사고를 특징으로 하는 현실의 원리를 따르게 되고, 실제 환경과 이드의 요구를 중재함으로써 행동을 조절하기 때문에 성격의 집행부라고 할 수 있다. 초자아는 완전을 향한 이상과 노력과 도덕적 기준을 나타낸다.
- 특히 이드의 요구가 위협당하는 것을 감시하고 불안을 해소하기 위한 자아의 기능인 방어기제(억압, 투사, 반동형성, 고착, 퇴행 등)는 본래 병적인 것은 아니다. 그러나 과도하게 사용하게 되면 성격을 쇠약하게 만들며, 무의식적으로 작용하고 현실을 거부하거나 왜곡하기 때문에 개인은 내적 갈등을 모르게 된다. 즉, Freud는 이상행동이나 장애가 심리성적 단계 내에서 갈등을 해결하지 못하는 무능력으로 발생된다고 보며, 개인이 어떤 단계에 고착되면 그 영역에서의 성격적 적응이 매우 어렵게 된다고 주장한다.
- 한편 Horney, Sullivan, Fromm 등은 Freud의 생물학적 지향을 경시하고 사회적 요인을 강조하는 신프로이트 학파를 주창하였다. Horney는 아동이 적대적인 것으로 지각하는 세상에서의 고립과 무기력한 느낌으로부터 초래되는 불안을 강조하고 있다. 비록 건강한 사람도 때로 갈등을 경험하지만, 생의 초기에 지지적인 환경이 부족하여 신경증적으로 된 사람은 이러한 갈등을 일상적으로 직면하게 된다. 따라서 안전과 온정, 사랑, 신뢰, 존중의 환경이 제공된다면 이러한 갈등은 해결될 수 있다고 본다. Erikson은 심리사회적 8단계를 주장하고, 각 단계별의 위기 개념을 도입하고 위기 해결의 중요성을 강조하였다. 즉, 각 단계에서의 위기가 성공적으로 다루어지지 않으면, 개인은 아마도 정신적 · 신체적 발달이 지체된다고 주장한다.

(2) 인본주의이론

- Rogers와 Maslow는 인간이 해로운 경험과 좌절을 어떻게든 피할 수만 있다면, 인간은 본능적으로 선하고 자신의 잠재력을 활성화할 수 있다고 주장한다. Rogers는 영아가 성장함에 따라 경험을 통하여 환경과 자신을 차별하게 되고 자기개념을 형성하게 되면서 긍정적 관심과 수용 및 존중에 대한 욕구가 나타나게 된다고 주장한다. 즉, 갈등은 내적 기준이 사

회적 가치와 충돌하여 나타난다(자신과 경험 간의 불일치). 따라서 영아가 부모로부터 무조건적인 긍정적 관심을 받을 때만이 발달과정에서 이러한 불일치를 피할 수 있다고 한다.

- Maslow는 인간의 욕구와 동기 이론을 주창하였는데, 결핍 욕구인 기본적 욕구와 성장 욕구인 상위 욕구를 구별하였다. 안전, 배고픔, 애정, 자존감 등의 기본적 욕구는 위계적이다. 즉, 낮은 수준의 것은 높은 수준의 것이 달성되기 전에 개인에게 반드시 만족되어야 한다. 그러나 정의, 선, 아름다움, 조화 등과 같은 상위 욕구는 중요하나 위계적이지는 않다.

3) 인지적 모델

- 이 이론은 정서장애가 잘못된 인지 때문에 발생한다고 주장한다. 세상에 대하여 생각하고 세상을 지각하는 방법인 인지는 정서를 유발하고, 그것은 이어서 행동에 영향을 미친다. 따라서 인간은 자신의 지각과 신념을 변화시킴으로써 정서 및 행동 반응을 변화시킬 수 있다고 본다.
- 특히 인지심리학자들은 외적 사건뿐 아니라 인간이 사건을 해석하는 방법도 행동에 영향을 미치며, 생각하는 것과 느끼는 것 그리고 행동하는 것 간에는 상호관계가 있다고 본다. 인지과정은 기대, 평가, 귀인과 같은 단기 의식적 인지과정과 단기과정에 영향을 미치는 신념체계와 같은 장기 무의식적 인지과정으로 구분할 수 있다.

(1) 기대

- 사람은 미래의 사건을 예측할 때, 일어날 일 혹은 일어난 일의 결과에 대하여 일반적으로 기대를 갖게 된다. 기대에는 어떤 행동이 어떤 결과를 가져올 것이라는 예측인 **결과 기대**와 어떻게든 수행할 수 있을 것이라는 믿음과 관련된 **효능 기대**가 있다.
- 좋은 점수를 받으면 보상을 받을 것이라고 기대하는 학생은 긍정적인 결과 기대를 가지고 열심히 노력할 것이다. 그러나 좋은 점수에 대한 보상이 주어질 것이라고 지각(결과 기대)한다 해도, 만일 자신이 좋은 점수를 얻도록 충분히 잘할 수 있는 믿음(효능 기대)이 없다면 열심히 하지 않을 수도 있다.
- 흔히 부정적인 결과와 효능 기대는 불안 및 공포와 연계되어 있다. 예컨대, 비행기가 폭파될 것이라고 확신하는 사람은 비행기를 탈 때 극심한 공포를 경험할 것이고 별안간 식은 땀을 흘리기 시작할지 모른다(신체적 증상).

(2) 평가

우리에게 일어나는 것과 우리가 하고 있는 것에 대해 값을 매기는 것을 평가라고 하는데, 이러한 자기평가는 분명하고 자동적으로 일어난다. Beck은 습관적으로 부정적인 평가를 하게 될 경우 극심한 슬픔과 절망을 야기하게 될 것이라고 주장한다.

(3) 귀인

이 일이 어떻게 해서 나에게 일어나게 되었는가에 대한 개인적 개념인 귀인은 외적/내적, 안정적(장기적)/불안정적(임시적), 전체적/특정적 등의 차원으로 분류할 수 있다. 흔히 우울증에 걸린 사람은 실패를 내적, 전체적 및 안정적 귀인을 하고, 성공에 대해서는 외적, 불안정적 및 특정적 귀인을 하는 경향이 있다.

(4) 신념

장기적인 인지과정인 신념은 의식적 인지를 다스리는 추론된 생각을 말한다. Ellis는 자신과 사회에 대한 책임감과 같은 합리적 신념과 다른 사람이나 사회와의 갈등을 유발하는 비합리적 신념을 구별하였다. 즉, 어떤 사건(A)에 대해 어떤 신념(B)을 갖고 있느냐에 따라 결과(C)가 다르게 나타나게 된다는 ABC 모델을 이용하였다(〈표 11-5〉 참조).

표 11-5 ABC 모델

사건(A)	신념(B)		결과(C)
다가오는 기말시험	비합리적	이번 시험에서 A를 받지 못하면 죽을 거야.	극심한 불안
	합리적	이번 시험을 잘 보아서 A학점을 받으면 참 좋겠다.	가벼운 불안, 자신감

4) 행동주의적 모델

이 이론은 일탈행동이 환경적 영향과 과거 경험의 기능이라고 가정한다. 즉, 장애가 일반적으로 학습되어 온 부적절한 행동이라고 본다. 이 모델을 이해하기 위해서는 고전적 조건형성, 조작적 조건형성, 사회적 학습(모델링) 등 3가지 주요 개념을 이해해야 한다.

(1) 고전적 조건형성

- 행동주의적 모델에서는 학습 경험의 중요성을 가장 크게 강조한다. 그러므로 인간의 모든

행동은 학습에 의해서 습득되는 것으로 간주하고, 그것이 어떻게 학습되는지에 큰 관심을 쏟는다. 이 문제를 해결하기 위한 하나의 수단으로서 특정한 반응이 습득되고, 수정되고, 사라지는 데 있어서 환경 조건, 즉 자극이 어떻게 작용하고 있는지를 규명하는 데 역점을 두고 있다.

- 물론 학습이 이루어지기 전에도 특정한 자극에 대해서 특정한 반응은 일어난다. 예를 들어, 개에게 먹이를 주면 타액 반응이 일어난다. 조건형성 과정을 통해서 다른 물건에도 그와 같은 반응이 유발되게 훈련시킬 수 있다. 이와 같은 유형의 조건형성을 고전적 조건형성 혹은 반응적 조건형성이라고 한다.
- 이것이 임상적 장면에서는 꼬마 앨버트에게 응용되었다. 꼬마 앨버트는 흰쥐에 대한 공포에 조건형성이 되었다. 그것으로 한정된 것이 아니고, 모든 털 달린 물건에게까지 일반화되었다. 유아기 및 아동기의 모든 학습이 이와 같은 과정에 의해서 습득된다는 사실은 이미 널리 알려진 사실이다. 무섭다는 것을 알고 혐오 자극이나 유해 자극을 피하는 것을 학습하게 되면 그것은 적응행동이지만, 그것을 불합리하게 무서운 것으로만 학습하게 되면 부적응행동이 된다.

(2) 조작적 조건형성

- 조작적 조건형성에서는 자기가 바라는 목표를 달성하기 위해 자기 스스로 어떤 반응을 하지 않으면 안 된다. 개체는 곧 환경에 어떤 조작을 가하거나 혹은 그것을 변용시키지 않으면 안 된다. 그러한 의미에서 '조작적(operant)'이라는 이름이 붙게 된 것이다. 바라는 목표를 달성하기 위해서는 보상이 될 만한 것은 받아들이고, 해가 되거나 혐오감을 주는 것은 피하면 된다. 인간이 성장함에 따라서 바람직한 것과 그렇지 못한 것을 학습하는 데에 있어서 조작적 학습이 매우 중요한 의미를 갖는다.
- 이처럼 조작적 조건형성에서는 행동의 결과를 강조한다. 행동은 획득되거나 감소되며, 강화, 소거, 벌 등 학습과정을 통해 어떤 상황에서는 나타나지만 다른 상황에서는 나타나지 않는다. 그러나 우리가 학습 혹은 습득한 것이 반드시 효과적이거나 혹은 정확한 것이라는 보장은 없다.
- 따라서 우리에게 도움을 줄 수 있는가 혹은 도움을 줄 수 없는가를 스스로 평가할 수 있어야 한다. 어려움에 직면하였을 때 그것을 극복할 수 있도록 그 기술을 습득하면 그것은 적응행동이지만, 공격하거나 실망한 나머지 그것을 성공적으로 습득할 수 없을 때에는 부적응행동이 된다.

(3) 사회적 학습(모델링)

- 행동주의 모델에서 세 번째로 도입된 개념으로 사회적 학습(모델링)을 들 수 있다. 즉, 개인은 모델의 행동을 관찰하고 모방함으로써 새로운 반응을 습득할 수 있다. 사회적 학습은 개인이 스스로 행동을 수행하지 않고 학습이 일어나는 데에 직접적 강화가 필요하지 않다는 점에서 조작적 조건형성이나 고전적 조건형성과는 다르다고 할 수 있다.
- 모델링은 모델로 하여금 바람직한 행동을 하게 하고 관찰자는 그것을 모방함으로써 체계적으로 강화를 받게 되는 과정이다. 개인은 모델의 행동을 모방하고 싶고 모델이 하는 대로 행동해 보고 싶어 하는 동기를 가지게 됨으로써 새로운 행동 반응을 보다 급진적으로 습득할 수 있다.
- 아이들은 교사나 부모의 행동을 모방함으로써 행동유목을 증대시켜 나갈 수 있다. 그러나 아이들이 남의 행동을 모방할 때는 반드시 사회적으로 바람직한 것만을 모방하는 것이 아니고 바람직하지 못한 것이나 혹은 부적응행동도 모방하게 된다는 점을 잊어서는 안 된다.

5) 생태/체계 모델

- 이 모델은 학교 폭력과 같은 사회병리 현상이나 인간 발달을 설명하는 보편적인 이론이 되었다. 이 모델은 인간 행동을 이해하기 위해서는 개인뿐만 아니라 개인이 살아가고 있는 환경도 함께 평가해야 한다는 것을 강조한다.
- Bronfenbrenner는 인간 발달을 설명하는 생태/체계 모델을 소개하였는데, 아동의 생물학적 특성(예: 성별, IQ, 외모)은 발달을 도모하기 위해 다수준 체계 내에서 환경적 힘과 결합된다고 가정한다. 즉, 아동과 직접적인 환경(예: 부모, 교사) 내 사람들 간의 상호작용뿐만 아니라 아동과 보다 먼 거리의 환경(예: 정부, 문화 등) 간의 상호작용이 성장과 발달에 모두 영향을 끼친다고 주장한다.
- 이러한 상호작용은 양방향성이기 때문에 환경이 아동을 변화시킬 뿐만 아니라 아동도 환경에 영향을 끼친다. 이 모델에서는 개인 간 상호작용과 개인이 영향을 끼치는 환경 내 소유물들의 변화가 건강한 방법으로 기능하지 않는 것을 이상발달(abnormal development)로 설명한다.
- 먼저, **미시체계**(직접적 환경)는 개인과 가까이에 있는 사람과의 상호작용 형태를 포함한다. 예를 들어, 산만하고 잘 우는 아동이 인내심이 없는 부모에게서 태어났다면, 그는 사회

적 · 정서적 발달에 영향을 미치게 될 미시체계 내에서 부정적인 상호작용의 대상이 될 수도 있다.

- 두 번째로, **중간체계**는 미시체계 내에 있는 사람들 간의 상호작용을 포함한다. 어떤 학생의 부모는 교사와 직원을 비판하면서 그들과 좋지 않은 관계에 있게 될 수 있다. 이 경우 아동은 건강한 상호작용보다는 더 부정적인 영향을 받기 쉽다.
- 세 번째로, **외부체계**는 아동과 직접적 상호작용을 하지 않지만 아동의 발달에 영향을 끼치는 환경을 포함한다. 즉, 아동이 직접 부모의 직장에서 상호작용하는 것은 아니지만 아동의 부모가 보험 혜택이나 출산휴가를 받을 수 있는지의 여부는 아동 발달에 영향을 미친다.
- 마지막으로, **거시체계**는 가치, 법, 관습 및 특정한 문화 자원을 포함한다. 예를 들면, 엄중한 총기 법규를 가진 나라에서는 아동의 상해와 사망이 적다.
- 이러한 환경체계는 역동적이고 개인에게 서로 다른 방법으로 영향을 미친다. 주요 사건과 상호작용하는 시기는 아동의 개인적인 특성만큼이나 중요한 변인이다. 예컨대, 새로운 형제의 출생은 아동이 2세인 경우와 10세인 경우에 매우 다른 영향을 미치며, IQ가 낮은 아기는 가족에게 나름대로 영향을 미칠 것이다. 그리고 뇌손상을 입은 청소년은 매우 다른 형태로 가족에게 영향을 미치게 된다.

이처럼 정서 · 행동장애가 어떻게 발달되는지에 대한 많은 이론은 상충되는 경우가 많다. 각 이론은 독특한 용어와 개념 그리고 선호하는 중재방법에서 모두 차이가 있다. 전문가들은 각기 자신이 선호하는 한 가지 이상의 모델에 기초한 신념을 가지고 일한다. 즉, 의사, 심리학자, 특수교사, 사회사업가들은 서로 다른 이론적 견해를 가지고 중재를 한다. 그러나 중요한 점은 장애아동을 이해하기 위해서는 한 가지 이론이 아닌 몇 가지 이론적 근거를 동시에 고려해야 하는 경우도 있으므로, 다양한 시각으로 볼 수 있어야 한다는 것이다.

현대 사회에서 정서 · 행동장애 아동들은 더욱 복잡한 문제와 촉발요인들을 가지고 있고 가정과 사회로부터 부정적인 영향을 받고 있다. 따라서 이들에 대한 효과적인 대처와 중재를 위해서는 장애를 일으킬 수 있는 다양한 이론적 관점에서의 촉발요인을 고려해야 할 뿐 아니라 이를 토대로 복합적이고, 다각적이고, 다양한 수준의 프로그램을 고안할 필요가 있다.

4 문제행동의 기능평가

■ 문제행동을 중재하기 전에 기능평가를 실시해야 하는 이유는 무엇인가?

- 아동의 자해, 꼬집기, 물기, 때리기 등 여러 문제행동은 조작적 조건형성 원리(operant conditioning principles)를 이용한 치료 기법들을 통해 감소되거나 제거될 수 있다. 그러나 어떤 문제행동은 어떤 기법들을 통해 단기간에 사라지기도 하지만, 그 절차를 중단하자마자 다시 나타나게 된다. 즉, 문제행동의 기능(function)을 고려하지 않고 중재 기법을 사용할 때는 불가피하게 '증상 대치'를 유발하거나 또 다른 문제행동을 야기할 수 있다. 또 혐오스러운 기법을 사용하여 행동을 제거할 수 있지만, 그 행동의 기능에 대한 대체 수단이 없다면 비윤리적이라고 할 수 있다.
- 의사소통에 결함이 있는 아동이 관심을 끌기 위하여 울화(tantrums)를 일으키거나, 책을 읽을 수 없는 학생이 당황 혹은 비웃음을 모면하기 위하여 자신의 책을 던질 경우, 그들의 목적을 달성하기 위한 다른 방법을 제공하지 않고 이런 행동들 때문에 처벌한다는 것은 바람직하지 않다. 발생하는 행동의 형태만을 강조하면 그 행동의 기능에 대한 정보를 얻지 못할 수 있다. 예를 들면, 두 명의 아동이 보이는 동일한 행동은 전적으로 다른 자극에 의해 발생할 수 있다. 한 아동의 공격행동이 교사나 또래의 관심 끌기 기능(정적 강화)이 될 수 있고, 또 다른 아동의 공격행동은 과제, 사회적 상호작용, 혹은 아동이 혐오스럽다고 생각하는 다른 사건을 회피하는 기능(부적 강화)이 될 수 있다. 따라서 어떤 치료 기법이라도 그런 상이한 기능을 갖고 있는 행동들에 동일한 영향을 미치지는 않는다.
- 대부분의 치료 기법이 정적 · 부적 강화, 벌, 자극 통제와 같은 기본 학습 원리를 이용하여 문제행동을 감소시키고 적응행동을 증가시키기 위해 사용되어 왔다. 그러나 이러한 기법들은 문제행동을 일으키는 변인들을 분석하지 않고 단지 치료 효과에만 관심을 두어 왔다. 예를 들면, 흔히 토큰경제(token economy), 타임아웃(time-out) 및 과잉교정과 같은 치료 기법들은 문제행동을 유지시키는 변인이 무엇인지를 평가하지 않고 사용되고 있다.
- 최근에 문제행동을 일으키는 변인들을 확인하기 위하여 기능분석을 많이 사용하고 있다. 즉, 문제행동이 관심 끌기, 선호 물건(활동) 및 감각 자극을 통해 정적으로 강화되는지 혹은 어떤 과제 요구나 혐오스러운 자극을 회피하려고 부적으로 강화되는지를 알아보기 위

하여 서술적 방법과 실험적 방법을 조합시키고 있다.

- **기능평가**(functional assessment)를 소홀히 한다면, 음식을 손가락으로 가리키기, 손가락 물기, 책상에 머리 박기 등과 같은 서로 다른 행동들이 '음식 얻기'라는 어떤 특별한 성과를 위해 동일한 기능을 한다는 것을 알 수 없다. 기능분석의 목적은 여러 행동의 동기를 파악하는 데 있다. 따라서 가장 효과적인 치료를 선택하기 위해서는 문제행동에 대한 기능을 분석하는 것이 필수적이라 할 수 있다.
- 한편, 문제행동은 그 아동의 의사소통 기능과 관련될 수 있다. 어떤 아동은 '빵 주세요'라는 것을 표현하기 위하여 자신의 머리를 책상에 박기도 하며, 또 어떤 아동은 '딱딱한 의자에 앉아 있기 싫다'는 것을 표현하기 위하여 교사의 손을 꼬집을 수 있다. 이러한 행동들은 언어로 자기 의사를 표현할 수 없거나 다른 수단을 통해 자기 의사를 전달할 수 없기 때문에 일어날 수 있다.
- 이처럼 문제행동의 기능과 의사소통 간에는 밀접한 관계가 있음을 알 수 있다. 최근 문제행동에 대한 기능을 파악하고 의사소통 방법을 체계적으로 가르쳐 준다면 문제행동이 감소되거나 사라질 것이라는 데 이론적 토대를 둔 '기능적 의사소통훈련(Functional Communication Training: FCT)' 모델을 치료 및 교육 현장에서 많이 활용하고 있다. 이 모델은 사회적으로 수용할 수 있는 대체 반응을 강화시키는 절차를 이용하기 때문에 대체행동 차별강화(Differential Reinforcement of Alternative behavior: DRA)라고 알려지고 있는데, 최근 인기 있는 중재법으로 대두되고 있다. 이것은 문제행동의 기능에 따라 대체행동에 대한 강화를 선택하기 때문에 훈련을 통해 대체행동은 유사한 상황에서도 일반화될 수 있다고 기대할 수 있다.

1) 문제행동의 기능

- 문제행동에 영향을 줄 수 있는 자극(stimulus)은 수없이 많다. 많은 연구자는 집단의 조밀도, 재배치, 조명 상태, 관심 끌기, 선호 물건/활동, 불쾌한 자극으로부터 회피, 감각적 결과 등 문제행동에 영향을 줄 수 있는 자극들을 평가하여 왔다. 그러나 이런 자극들 중에는 문제행동을 유지시키는 중요한 부류의 변인들이 존재한다는 실증적이고 경험적인 증거가 있다.
- [그림 11-1]에 제시되어 있는 것처럼 Durand(1990)는 문제행동의 기능을 평가하고 대체적 의사소통 반응을 가르치기 위해 네 가지 부류의 자극 사건(관심 끌기, 회피, 선호 물건/활동,

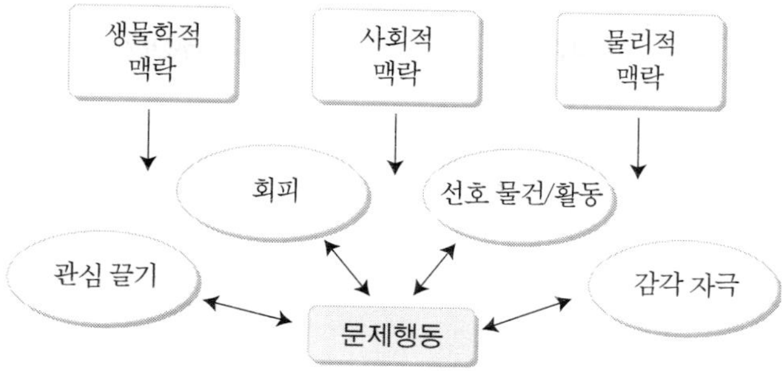

[그림 11-1] 문제행동 기능에 대한 자극 및 환경 사건 모델

감각 자극)을 중요한 변인으로 간주하고 있다.

2) 기능평가

■ 기능평가란 무엇이고, 어떤 방법으로 실시할 수 있는가?

- 기능평가(functional assessment)란 문제행동을 일으키고 유지시키는 선행 사건과 결과 사건을 확인하는 것을 말한다. 즉, 어떤 선행 사건이 그 행동을 일으키고, 어떤 결과가 그 행동을 유지시키고 있으며, 또 문제행동과 동일한 기능을 할 수 있도록 어떤 적절한 대체행동을 가르칠 수 있는지를 파악할 수 있는 평가 기법이라고 할 수 있다.
- 기능평가를 실시하는 방법은 보고식 평가(간접 평가)와 기술식 평가(직접 관찰평가)의 두 가지가 있는데, 이는 공격, 파괴행동, 자해행동, 상동행동 등을 포함한 여러 문제행동을 일으키는 기능(예: 관심 끌기, 회피, 선호 물건/활동, 감각 자극)을 파악할 수 있다.

(1) 보고식 평가

보고식 평가(informant assessment)에서는 그 아동과 친숙한 사람(예: 부모, 교사, 준전문가, 관련 서비스 제공자)으로부터 행동을 통제하는 변인에 관한 정보를 얻기 위해 행동면접, 평정척도, 검목표, 질문지 등을 사용한다. 대표적인 방법으로 Durand와 Crimmins(1988)의 **동기평가척도**(Motivation Assessment Scale: MAS, 〈표 11-6〉 참조), 기능평가 면접법(〈표 11-7〉 참조)이 있다.

표 11-6 동기평가척도(MAS)

이 척도는 아동의 특정 행동이 어떤 상황에서 발생할 가능성이 큰지 알아보기 위한 질문지입니다. 먼저 걱정되는 문제행동을 아주 구체적으로 기술하십시오. 예를 들어 '공격적이다' 라고 표현하기보다는 '동생을 때리다' 로 기술한 후, 주의 깊게 각 문항을 읽고 평소 관찰한 바를 잘 묘사하고 있는 번호에 ◯표 하십시오.

* 아래에 문제행동을 기술하시오. ( )	전혀 아님	거의 아님	약간 아님	중간 정도	약간 그러함	많이 그러함	항상 그러함
1. 위의 문제행동은 아동이 오랜 시간 혼자 있을 때 계속적으로 반복해서 일어납니까?	0	1	2	3	4	5	6
2. 위의 문제행동은 어려운 과제를 수행하기를 요구한 후 일어납니까?	0	1	2	3	4	5	6
3. 위의 문제행동은 다른 사람들과 이야기하고 있을 때 일어납니까?	0	1	2	3	4	5	6
4. 위의 문제행동은 전에 아동이 가질 수(먹을 수/할 수) 없다고 들은 적이 있는 선호하는 장난감/음식/활동을 하기 위해 일어납니까?	0	1	2	3	4	5	6
5. 위의 문제행동은 주위에 아무도 없으면 아주 오랜 시간 동안 반복적으로 일어납니까? (예를 들면, 한 시간 이상 동안 상체를 앞뒤로 흔듦)	0	1	2	3	4	5	6
6. 위의 문제행동은 아동에게 어떤 요구를 할 때 일어납니까?	0	1	2	3	4	5	6
7. 위의 문제행동은 아동에게 관심을 철회할 때마다 일어납니까?	0	1	2	3	4	5	6
8. 위의 문제행동은 아동이 좋아하는 장난감이나 음식 혹은 활동을 철회할 때마다 일어납니까?	0	1	2	3	4	5	6
9. 아동은 맛보거나, 바라보거나, 냄새 맡거나, 듣는 것을 좋아합니까?	0	1	2	3	4	5	6
10. 어떤 것을 요구할 때, 아동은 상대방을 당황스럽게 하는 행동을 합니까?	0	1	2	3	4	5	6
11. 관심을 주지 않을 때, 아동은 상대방을 당황스럽게 하는 행동을 합니까?	0	1	2	3	4	5	6
12. 위의 문제행동은 아동이 요구한 장난감이나 음식이나 혹은 활동을 제공한 후 곧 중지됩니까?	0	1	2	3	4	5	6
13. 위의 문제행동이 발생할 때, 아동은 주위에서 일어나는 일을 의식하지 못합니까?	0	1	2	3	4	5	6
14. 위의 문제행동은 아동의 요구를 들어준 후 곧(1~5분 내) 중지됩니까?	0	1	2	3	4	5	6

(계속)

15. 위의 문제행동은 상대방과 함께 시간을 보내기 위하여 발생합니까?	0	1	2	3	4	5	6
16. 위의 문제행동은 아동이 원하는 일을 할 수 없다는 말을 들었을 때 일어납니까?	0	1	2	3	4	5	6

	감각 (1, 5, 9, 13)	회피 (2, 6, 10, 14)	관심 (3, 7, 11, 15)	선호 (4, 8, 12, 16)
전체점수				
상대순위				

표 11-7 기능평가 면접 시 질문 내용

1. 문제행동의 유형은?
2. 문제행동은 언제 얼마나 자주 나타나는가? (특정한 시간, 특정 요일 등)
3. 문제행동은 어디에서 얼마나 자주 나타나는가? (교실, 운동장, 점심시간 등)
4. 문제행동이 일어날 때 어떤 과제나 활동을 하고 있었는가? (수학, 소집단, 개별작업)
5. 문제행동이 일어날 때 그 과제나 활동은 어떤 특성을 지니고 있는가? (과제시간, 선호/비선호 여부, 난이도 여부, 신기성 여부 등)
6. 문제행동이 일어날 때 어떤 자료가 제시되었는가? (조작물건, 미술용품, 컴퓨터 등)
7. 문제행동이 일어날 때 누가 그곳에 있었으며, 어떤 일을 하고 있었는가? (치료사, 또래 등)
8. 문제행동이 일어나기 전에 어떤 상황이었고, 문제행동 후에 결과가 뒤따르게 되었는가? (수업, 질문, 숙제, 꾸중, 칭찬 등)
9. 이 문제행동은 어떤 요인과 관련이 있는가? (심리적 요인, 소음수준, 활동 구조 등)

(2) 기술식 평가

- 기술식 평가(discriptive assessment)는 자연적인 환경 속에서 행동을 직접 관찰하기 위하여 분포도(scatter plot)와 A-B-C 평가(〈표 11-8〉 참조)를 사용한다. 이 방법은 보고식 평가보다 더 신뢰할 만하다고 할 수 있다. 문제행동을 직접 관찰하여 그 행동을 유발하고 유지시키는 선행 및 결과 자극의 정확한 측정치를 얻을 수 있기 때문이다.
- 그러나 이 방법은 자연환경에서 문제행동의 주변 사건들을 정확하게 확인할 수 있지만, 시간이 많이 소요되고 많은 훈련이 필요하다. 또한 드물고 간헐적 계획으로 유지되는 행동의 강화 결과를 밝히기가 어렵고, 돌보는 이가 환경을 조작하여 행동이 잘 일어나지 않도록 할 경우 관련 변인을 찾지 못할 수 있다.

표 11-8 문제행동의 ABC 평가의 예

선행 사건(Antecedents)	문제행동(Behavior)	결과(Consequence)
또래가 철수의 장난감을 가지고 놀고 있다.	철수가 울고 머리를 박고 징징거린다.	또래가 장난감을 되돌려 준다.

3) 기능분석

- **기능분석**(functional analysis)이란 기능평가를 통해 문제행동을 일으키거나 유지시킨다고 가정되는 변인들을 조작하는 것을 말한다. 기능평가는 문제행동과 관련될 수 있는 환경 사건을 확인하는 과정이며, 반면에 기능분석은 문제행동에 대한 기능적 관계를 검증하기 위해 환경 사건을 실험적으로 조작하는 것을 말한다.
- 일반적으로 문제행동과 여러 환경 조건 간에는 기능적 관계가 있는데, 정적 혹은 부적 강화 유관을 통해 부적응행동에 영향을 주는 변인들과 또 알려지거나 알려지지 않은 강화 유관을 잘 변별해 주는 변인들을 찾을 수 있다.
- 이처럼 기능분석은 문제행동, 환경 사건, 사람 및 유관이 있는 학교나 지역사회에서 혹은 유사 장면에서 수행될 수 있다. 그러나 이 방법은 목표행동과 실험변인 간의 기능적 관계를 결정할 수 있지만 많은 시간과 훈련이 필요하다.

5 유아 행동평가척도

◆ 검사목적

- 유아 행동평가척도(The ASEBA Preschool Forms)는 유아의 문제행동을 **부모의 보고 혹은 교사의 보고**를 통해 조기에 선별하고, 진단에 활용하며 적응의 경과를 비교 판단하는 데 활용하기 위해 개발되었다.

- 연령에 따른 행동문제의 발현 양상과 빈도에 대한 자료를 수집하고 심각한 행동장애 증상을 보이는 유아를 가려내는 판별척도다.
- 또한 CBCL 1.5~5에는 36개월 이전 유아의 언어발달 상황을 평가하기 위한 언어발달검사(Language Development Survey: LDS)가 포함되어 있다.
- 언어발달이 지연될 경우 또래관계 및 부모를 비롯한 성인과의 관계에서 어려움을 경험할 수 있어 발달과정 전반에 중요한 영향을 미치며, 역으로 유아의 다른 적응문제가 언어 학습을 방해하고 발달을 지연시키는 원인으로 작용할 수 있다.

◆ 검사대상

- 유아 행동평가척도는 **만 18개월부터 만 5세**(6세 미만)까지 유아들의 문제행동을 평가하는 척도로, 주로 유치원이나 어린이집에 다니는 유아들을 대상으로 하고 있다.
- 그러나 6세가 넘은 아동이라도 유치원에 다닌다면 실시 가능하다.
- 언어발달검사(LDS)는 만 18개월에서 3세 미만의 유아를 대상으로 한다. 그러나 만 3세 이상이더라도 언어발달에 문제가 있는 아이들의 경우에는 LDS를 실시하여 그 결과를 활용할 수 있다.

◆ 검사 구성 및 특성

- 이 척도는 CBCL 1.5~5(부모용), C-TRF(교사용)의 두 가지 검사로 구성되어 있다. ASEBA 유아용은 문제행동을 평가하는 100개 문항으로 구성되어 있는데, 99개 문항은 3점 평정척도로 평가하도록 되어 있는 문항이고 100번째 문항은 문제행동을 직접 기술하도록 되어 있는 개방형 문항이다(〈표 11-9〉 참조).
- 부모 혹은 유아와 함께 생활하는 어른이 유아의 문제행동을 표준화된 형태로 기록하는 행동평가 도구인 CBCL은 다음과 같은 특징을 갖는다.
  - 첫째, 다수의 임상 집단의 자료를 요인분석하여 경험적 방법으로 구성된 임상척도를 사용하여 행동평가 자료를 요약하도록 되어 있다.
  - 둘째, 광범위한 정상집단의 자료를 체계적으로 수집 · 분석하여 이를 기초로 규준을 작성함으로써 이를 실제로 적용하여 유아를 평가하는 데에 중요한 지침을 마련해 주고 있다.

표 11-9 유아 행동평가척도의 구성

검사명	영문검사명	실시대상	실시자	문항 수
유아 행동평가척도 (부모용)	CBCL 1.5~5 (Child Behavior Checklist for Ages 1.5~5)	만 18개월~ 만 5세의 영 · 유아 (만 6세 유치원생 포함)	영 · 유아의 주 양육자	• 문제행동척도: 총 100문항(3점 척도) • 언어발달검사(LDS): 총 310개 단어
유아 행동평가척도 (교사용)	C-TRF (Caregive-Teacher Report Form)		영 · 유아를 담당하거나 잘 알고 있는 교육기관의 교사 혹은 보육교사	• 문제행동척도: 총 100문항(3점 척도)

- 셋째, 경험에 기초한 다축평가를 전제로 하고 있다. 즉, 부모에 의한 정보뿐만 아니라 다양한 상황, 장면에서 다른 관련인들이 유아를 평가한 자료도 함께 사용할 것을 전제로 하고 있다.

◆ 검사의 통계적 특성

- 대상: 남 1,232명, 여 1,201명, 전체 2,433명
- 신뢰도: 내적일치도는 각 척도가 .56~.94로 전반적인 신뢰도 수준은 양호한 편으로 나타났고, 검사-재검사 신뢰도는 한 달 간격에서 r=.40~69, 두 달 간격에서 r=.65~.85로 나타났으며, 평정자 간 신뢰도는 문제행동 총점 r=.60, 내재화 r=.55, 외현화 r =.59의 상관을 보였고 통계적으로 모두 유의하였다(p<.01).
- 타당도: 구성타당도를 알아보기 위한 모든 척도 간 상관계수는 p<.001에서 유의미하였고, 각 증후군 척도와 문제행동 총점과의 상관계수는 .57~.92로 비교적 높은 상관을 보였다.

◆ 하위영역별 측정내용

이 검사는 문제행동척도(증후군 척도, DSM 척도)와 언어발달검사로 구성되어 있고, 하위척도별 측정내용은 〈표 11-10〉에 제시되어 있다.

표 11-10 ASEBA 유아 행동평가척도의 하위영역별 측정내용

요인명			측정내용
증후군 척도	내재화	① 정서적 반응성	낯선 상황에 대한 불안, 변화 저항, 짜증, 걱정
		② 불안/우울	불안, 전반적 슬픔 등 부정적 감정
		③ 신체증상	확인된 질병이 없어도 다양한 신체증상 호소
		④ 위축	위축되고 어린 행동, 놀이에 대한 무관심
	외현화	⑤ 주의집중문제	안절부절못함, 부산하게 움직임(과잉행동)
		⑥ 공격행동	신체적 공격 및 물건파괴, 욕구좌절, 분노발작
	기타	⑦ 수면문제	혼자 자지 않기, 악몽, 잠꼬대
		⑧ 기타문제	못 먹는 것 씹기, 잘 울기
DSM 진단척도	① DSM 정서문제		기분이 나쁜 상태, 주변에의 무관심, 피곤
	② DSM 불안문제		전반적인 혹은 구체적인 상황에서의 불안
	③ DSM 전반적 발달문제		사회성과 언어를 비롯한 전반 영역의 발달지연
	④ DSM ADHD		주의집중곤란, 즉각적인 욕구 충족
	⑤ DSM 반항행동문제		행동적으로 나타나는 폭력성, 비협조적 행동
언어발달 검사	어휘력		동물, 장소, 수식어 등 단어 사용
	문장길이		몇 단어 문장을 만들 수 있는지 평가

◆ 검사 실시 자격

이 검사를 실시하기 위해서는 초등학교 5학년 수준 이상의 읽기능력이 요구된다. 각 검사별 검사 실시를 위한 자격 요건은 다음과 같다.

- CBCL 1.5~5: 유아가 생활하는 집에서 유아가 관찰할 수 있는 사람이라면 누구나 실시할 수 있다. 대개 유아를 가장 잘 아는 부모, 그중에서도 어머니가 작성할 수 있다. 부모가 아니더라도 유아를 잘 아는 성인도 실시할 수 있다.
- C-TRF: 집이 아닌 놀이방, 어린이집, 유치원 등의 교육기관에서 유아를 보살피는 교사나 보육교사가 실시할 수 있다.

◆ 실시방법 및 유의사항

- 이 검사를 완성하는 데는 보통 15~25분 정도가 소요된다. 검사를 시작하기 전에 결과를

누가 어떻게 활용할 것인지에 따라 각 상황에 맞는 설명을 해 주고 다음의 내용을 중심으로 안내해 준다.

- 이 검사의 목적이 대상 유아의 행동에 대해 검사지 작성자가 관찰한 내용을 토대로 문제행동을 전반적으로 파악하기 위함이라는 것을 알려 준다.
- 이 검사는 유아들이 보이는 여러 가지 행동을 기술한 문항으로 구성되어 있는데, 어떤 문항은 대상 유아에게는 해당되지 않을 수 있으나, 그런 경우에도 가장 가까운 빈도(0, 1, 2)에 표시를 하고 이유를 옆에 쓰도록 한다. 예를 들어, 유아가 그런 행동을 했는지 관찰할 기회가 없었던 경우 '0(전혀 아니다)'에 표시하고 '관찰할 기회가 없음'으로 쓰면 된다.
- 유아를 평가할 때에는 같은 연령대 아이들에게서 일반적으로 기대할 수 있는 모습에 근거하여 평가가 이루어져야 한다. 예를 들어, 특수학급에 있는 유아를 평가하는 경우, 해당 유아가 속한 학급 아이들에게서 관찰되는 모습을 기준으로 상대적으로 평가하면 안 된다.

◆ 채점 및 결과 해석

- 이 검사는 기본적으로 사용자가 검사자료를 홈페이지(http://www.asceba.or.kr) 웹 화면에 직접 입력하는 방식으로 운영되고 있으나, 단체 실시의 경우 스캐닝 방식의 결과지 처리 활용도 가능하다.
- 특정 연구나 사업의 일환으로 단체로 실시되는 경우에는 별도의 사이트를 통해 실시 상황에 적합한 채점 및 결과 제공 방식을 지원하고 있고 실시자료들의 여러 통계치 및 검색 등 부가적인 관리 기능의 활용이 가능하다.
- 이 검사의 채점과 해석은 검사와 관련된 분야의 석사과정을 마쳤거나, 소아정신과나 심리치료 기관에서 2년 이상 훈련받은 경험을 갖고 있는 사람으로 제한하는 것이 바람직하다. 그러나 상기 조건이 충족되지 않더라도 매뉴얼의 내용을 충분히 숙지하고 이해하고 있다면 이 검사를 사용할 수 있다.
- 다만 검사 결과를 통해 얻은 정보를 종합적으로 판단하고 임상적으로 활용하고자 할 때는 각 임상 장면에 적합한 자격과 경험이 필요하다. 특히 결과만으로 특정 진단을 내려서는 안 되며, 면담 및 행동관찰 등을 통하여 얻은 자료를 함께 고려하여 종합적인 판단을 내려야 한다.

■ 검사 결과는 어떻게 해석하는가?

- 결과지에는 각 척도별로 그래프와 함께 원점수, 백분위점수, T점수가 제시되며, T점수가 그래프로 표시되어 있다. 원점수는 응답한 것을 모두 합한 점수를 말하는데, 이 원점수가 얼마나 높거나 낮은지 규준집단 내에서의 상대적인 위치를 파악하여 의미를 부여하기 위해 백분위점수와 T점수로 변환하게 된다.
- 이 검사는 임상 범위와 준임상 범위의 두 단계로 판단한다. 문제행동증후군 중 상위척도에 해당하는 문제행동 총점, 내재화, 외현화 척도의 경우는 T점수 64 이상을 임상 범위, T점수 60~63을 준임상 범위, T점수 60 미만은 정상 범위로 해석한다.
- 문제행동증후군 하위척도 및 DSM 진단척도는 보다 엄격한 기준을 적용하여 T점수 70 이상을 임상 범위, T점수 65~69를 준임상 범위, T점수 65미만은 정상 범위로 본다.

◆ 출처 및 개발자

오경자, 김영아(2013). ASEBA 유아 행동평가척도. 서울: (주) 휴노.

6 아동 · 청소년 행동평가척도

◆ 검사목적

- 아동 · 청소년 행동평가척도(The ASEBA School-Age Forms)는 아동 · 청소년기의 행동문제를 조기에 선별하고 진단에 활용하며 적응의 경과를 비교 판단하는 데 활용하기 위해 개발되었는데, CBCL 6-18, YSR, TRF의 세 가지 유형이 있다(〈표 11-11〉 참조).
- 기본적으로 한 명 이상의 보고자에 의한 다각적 평가를 통합하여 개인에 대한 전반적인 이해를 돕고자 하였다. 이와 같이 다각적 평가를 하는 것은 보고자 개개인이 가지고 있는 문제행동 수준에 대한 내적 기준이 모두 다르며, 주로 어떤 상황에서 아동 · 청소년과 함께 있는가에 따라 보고자마다 상황 특이적인 행동에 대한 민감한 부분이 다를 수 있기 때문이다.

표 11-11 검사별 검사대상

검 사	검사 작성자	평가대상
CBCL 6-18(부모용)	부모(양육자)	초, 중, 고(만 6~18세)
TRF(교사용)	교사	
YSR(자기보고용)	청소년 본인	중, 고(만 11~18세)

- 이처럼 동일한 대상에 대해 다양한 평가자가 다양한 환경적 맥락에서 평가할 경우, 평가자 간 관점의 차이를 알아볼 수 있을 뿐 아니라 아동 · 청소년의 문제행동을 유발하는 요인이 어떤 것인지를 탐색하는 데 이해의 폭을 넓힐 수 있다.

◆ 검사대상

아동 · 청소년 행동평가척도는 초등학교 1학년부터 고등학교 3학년(만 6~18세에 해당)에 이르는 학령기 아동 · 청소년에게 사용할 수 있다. 단, YSR인 경우 본인이 문항을 읽고 스스로의 문제에 대해 보고할 수 있어야 하므로 중학교 1학년부터 고등학교 3학년(대체로 만 11~18세에 해당) 청소년을 대상으로 한다.

◆ 검사 구성 및 특성

- 아동 · 청소년 행동평가척도는 크게 문제행동척도와 적응행동척도로 구성되어 있다. **문제행동척도**에는 문제행동증후군 척도, DSM 진단척도 및 특수척도가 포함되며, **적응행동척도**에는 사회성 및 학업수행척도가 포함된다.
- 이 척도는 문제행동 문항에 대한 경험적 분석을 통해 8개의 증후군 척도와 기타 척도로 분류하였고, 이 중 불안/우울, 위축/우울, 신체증상 척도는 내재화 문제로, 규칙위반과 공격행동은 외현화 문제로 분류하였다. 또한 DSM 진단기준에 맞춰 6개 문제와 특수척도에 3개를 포함시켰다(〈표 11-12〉 참조).
- 또한 적응척도는 아동 · 청소년이 집, 학교에서 가족 및 친구와 관계를 유지하고 학업을 수행하는 면에서 어느 정도 적응수준을 보이는지를 평가한다. 그러나 친구 수 및 학업 성적을 알지 못한다면 이 척도는 활용하기 어렵다.
- 부모, 아동 · 청소년 자신 및 이들과 함께 생활하는 어른이 문제행동과 사회적 능력을 표

표 11-12 하위영역별 척도의 구성 및 측정내용

요인명			측정내용
증후군 척도	내재화	① 불안/우울	정서적 우울, 지나친 걱정, 불안
		② 위축/우울	위축되고 소극적인 태도, 주변에 무흥미
		③ 신체증상	확인된 질병이 없어도 다양한 신체증상 호소
	외현화	④ 규칙위반	규칙 위배, 사회적 규범에 벗어난 행동
		⑤ 공격행동	언어적 · 신체적인 공격, 적대적인 태도
		⑥ 사회적 미성숙	나이에 비해 미성숙, 비사교적 측면
		⑦ 사고문제	비현실적이고 기이한 사고 및 행동
		⑧ 주의집중문제	주의력 부족이나 과잉행동, 계획수립 곤란
		⑨ 기타문제	손톱 깨물기, 과체중
DSM 진단척도	① DSM 정서문제		자기 자신의 무가치감, 죄책감 등 정서문제
	② DSM 불안문제		전반적인 혹은 구체적인 상황에서의 불안
	③ DSM 신체화문제		심리적 불안정, 신체적 불편, 통증 호소
	④ DSM ADHD		주의집중곤란, 즉각적인 욕구 충족
	⑤ DSM 반항행동문제		행동적으로 나타나는 폭력성, 비협조적 행동
	⑥ DSM 품행문제		사회적으로 용납될 수 없는 반복 행동
문제행동 특수척도	① 강박증상		특정 사고나 행동의 반복(강박사고, 강박행동)
	② 외상후 스트레스문제		외상적 사건의 직면 후 나타나는 문제행동
	③ 인지속도부진		정신 및 신체적으로 수동성, 활동 저하

준화된 형태로 기록하는 행동평가 도구인 CBCL은 다음과 같은 특징을 갖는다.

- 첫째, 다수의 임상 집단의 자료를 요인분석하여 경험적 방법으로 구성된 임상척도를 사용하여 행동평가 자료를 요약하도록 되어 있다.
- 둘째, 광범위한 정상집단의 자료를 체계적으로 수집 · 분석하여 이를 기초로 규준을 작성함으로써 이를 실제로 적용하여 아동 · 청소년을 평가하는 데에 중요한 지침을 마련해 주고 있다.
- 셋째, 정서 · 행동문제의 평가와 동시에 사회능력척도를 제작하여 문제행동증후군 척도와 유사한 과정을 통해 표준화 규준을 마련함으로써 정서행동문제뿐만 아니라 아동 · 청소년의 적응능력의 평가도 병행하고 있다.
- 넷째, 경험에 기초한 다축평가를 전제로 하고 있다. 즉, 부모 및 자기 자신에 의한 정보뿐만 아니라 다양한 상황, 장면에서 다른 관련인들이 아동 · 청소년을 평가한 자료도 함께 사용할 것을 전제로 하고 있다.

◆ 검사의 통계적 특성

- 대상: 남 1,353명, 여 1,263명, 전체 2,616명
- 신뢰도: 내적일치도는 각 척도가 .62~.95로 전반적인 신뢰도 수준은 양호한 편으로 나타났고, 1주일 후 검사-재검사 신뢰도에서 .56~80으로 나타났으며, 평정자 간 신뢰도는 문제행동 총점 r=.48, 내재화 r=.40, 외현화 r=.60의 상관을 보였고 통계적으로 모두 유의하였다 ($p<.01$).
- 타당도: 구성타당도를 알아보기 위한 모든 척도 간 상관계수는 $p<.01$에서 유의미하였고, 각 증후군 척도와 문제행동 총점과의 상관계수는 .64~.85로 비교적 높은 상관을 보였다.

◆ 검사 실시 자격

이 검사를 실시하기 위해서는 초등학교 5학년 수준 이상의 읽기능력이 요구된다. 각 검사별 검사 실시를 위한 자격 요건은 다음과 같다.

- CBCL 6-18: 아동 · 청소년이 생활하는 집에서 관찰할 수 있는 사람이라면 누구나 실시할 수 있다. 대개 아동 · 청소년을 가장 잘 아는 부모, 그중에서도 어머니가 작성할 수 있다. 부모가 아니더라도 아동 · 청소년을 잘 아는 성인도 실시할 수 있다.
- TRF: 집이 아닌 교육기관에서 아동 · 청소년을 잘 관찰할 수 있고 친밀한 관계를 맺고 있는 학교 관계자가 실시할 수 있다.
- YSR: 아동 · 청소년 본인이 직접 측정하는 자기보고식 검사로, 스스로 본인의 행동 보고가 가능하다고 판단되는 초등 고학년도 실시할 수 있으나, 결과지에 제시되는 T점수는 중학생을 대상으로 표준화된 규준을 적용한 것임을 감안해야 한다.

◆ 실시방법 및 유의사항

- 이 검사를 완성하는 데는 보통 15~25분 정도가 소요된다. 검사를 시작하기 전에 결과를 누가 어떻게 활용할 것인지에 따라 각 상황에 맞는 설명을 해 주고 다음의 내용을 중심으로 안내해 준다.

- 이 검사의 목적이 대상 아동 · 청소년의 행동에 대해 검사지 작성자가 관찰한 내용을 토대로 문제행동을 전반적으로 파악하기 위함이라는 것을 알려 준다.
- 이 검사는 아동 · 청소년들이 보이는 여러 가지 행동을 기술한 문항으로 구성되어 있는데, 어떤 문항은 대상 아동 · 청소년에게는 해당되지 않을 수 있으나, 그런 경우에도 **가장 가까운 빈도**(0, 1, 2)에 표시를 하고 이유를 옆에 쓰도록 한다. 예를 들어, 아동 · 청소년이 그런 행동을 했는지 관찰할 기회가 없었던 경우 '0(전혀 아니다)'에 표시하고 '관찰할 기회가 없음'으로 쓰면 된다.
- 아동 · 청소년을 평가할 때에는 같은 연령대 아동 · 청소년들에게서 일반적으로 기대할 수 있는 모습에 근거하여 평가가 이루어져야 한다. 예를 들어 특수학급에 있는 아동 · 청소년을 평가하는 경우, 해당 아동 · 청소년이 속한 학급 아동 · 청소년들에게서 관찰되는 모습을 기준으로 상대적으로 평가하면 안 된다.

◆ 채점 및 결과 해석

- 이 검사는 기본적으로 사용자가 검사자료를 홈페이지(http://www.asceba.or.kr) 웹 화면에 직접 입력하는 방식으로 운영되고 있으나, 단체 실시의 경우 스캐닝 방식의 결과지 처리 활용도 가능하다.
- 특정 연구나 사업의 일환으로 단체로 실시되는 경우에는 별도의 사이트를 통해 실시 상황에 적합한 채점 및 결과 제공 방식을 지원하고 있고 실시자료들의 여러 통계치 및 검색 등 부가적인 관리 기능의 활용이 가능하다.
- 이 검사의 채점과 해석은 검사와 관련된 분야의 석사과정을 마쳤거나, 소아정신과나 심리치료 기관에서 2년 이상 훈련받은 경험을 갖고 있는 사람으로 제한하는 것이 바람직하다. 그러나 상기 조건이 충족되지 않더라도 매뉴얼의 내용을 충분히 숙지하고 이해하고 있다면 이 검사를 사용할 수 있다.
- 다만 검사 결과를 통해 얻은 정보를 종합적으로 판단하고, 임상적으로 활용하고자 할 때는 각 임상 장면에 적합한 자격과 경험이 필요하다. 특히 결과만으로 특정 진단을 내려서는 안 되며, 면담 및 행동관찰 등을 통하여 얻은 자료를 함께 고려하여 종합적인 판단을 내려야 한다.

■ 검사 결과는 어떻게 해석하는가?

- 결과지에는 각 척도별로 그래프와 함께 원점수, 백분위점수, T점수가 제시되며, T점수가 그래프로 표시되어 있다. 원점수는 응답한 것을 모두 합한 점수를 말하는데, 이 원점수가 얼마나 높거나 낮은지 규준집단 내에서의 상대적인 위치를 파악하여 의미를 부여하기 위해 백분위점수와 T점수로 변환하게 된다.
- 이 검사는 임상 범위와 준임상 범위의 두 단계로 판단한다. 문제행동증후군 중 상위척도에 해당하는 문제행동 총점, 내재화, 외현화 척도의 경우는 T점수 64 이상을 임상 범위, T점수 60~63을 준임상 범위, T점수 60 미만은 정상 범위로 해석한다.
- 문제행동증후군 하위척도 및 DSM 진단척도는 보다 엄격한 기준을 적용하여 T점수 70 이상을 임상 범위, T점수 65~69를 준임상 범위, T점수 65 미만은 정상 범위로 본다.

◆ 출처 및 개발자

오경자, 김영아(2011). ASEBA 아동 · 청소년 행동평가척도. 서울: (주)휴노.

학습과제

1. 정서장애에 대한 IDEA의 정의를 설명하라.

2. 정서 · 행동장애에 대한 CCBD의 정의를 설명하라.

3. 「장애인 등에 대한 특수교육법」(2008)에서는 정서 · 행동장애를 어떻게 정의하고 있는지를 설명하라.

4. 정서 · 행동장애의 분류 및 특성을 설명하라.

5. 정서 · 행동장애의 원인론을 설명하라.

6. 문제행동에는 어떤 기능들이 있는지를 설명하라.

7. 문제행동의 기능평가와 기능분석을 설명하라.

8. 유아 행동평가척도의 목적, 구성, 하위영역별 측정내용, 실시방법 및 유의사항, 채점 및 결과해석방법을 설명하라.

9. 아동 · 청소년 행동평가척도의 목적, 구성, 하위영역별 측정내용, 실시방법 및 유의사항, 채점 및 결과해석방법을 설명하라.

핵심 용어

정서 · 행동장애(emotional and behavioral disorder)
IDEA(Individuals with Disabilities Education Act, 장애인교육법)
CCBD(Council for Children Behavioral Disorder, 행동장애아동협회)
정서장애(emotional disturbance)
외현화 행동(externalizing behaviors)
내면화 행동(internalizing behaviors)
신체생리학적 모델
유전적 요인
생화학적/신경학적 요인
기질적 요인
심리역동적 모델
정신분석이론
인본주의이론
인지적 이론
행동주의적 이론
생태/체계 모델
기능평가(functional assessment)
보고식 평가(informant assessment)
동기평가척도(Motivation Assessment Scale: MAS)
기술식 평가(discriptive assessment)
기능분석(functional analysis)
유아 행동평가척도(The ASEBA Preschool Forms)
아동 · 청소년 행동평가척도(The ASEBA School-Age Forms)

제 12 장 주의력결핍 과잉행동장애의 평가

학 습 목 표

1. ADHD 진단평가의 필요성을 설명할 수 있다.
2. ADHD의 주요 증상 및 특성을 설명할 수 있다.
3. ADHD 진단평가를 위한 생물-심리사회적 조망을 설명할 수 있다.
4. 한국 ADHD 진단검사를 실시 및 채점/해석할 수 있다.
5. 기타 ADHD 진단평가 도구들을 실시 및 채점/해석할 수 있다.

1 ADHD의 이해와 진단평가의 필요성

■ 일반아동과 ADHD 아동의 차이점은 무엇인가?

- 학령전 어린 아동들이 주변 환경을 탐색할 때 활동적이고, 원기 왕성하고, 쉽게 이 활동에서 저 활동으로 옮겨 다니는 것은 흔히 있는 일이다. 또 재미없는 일에 쉽게 싫증을 내고, 주변에서 일어나는 일에 충동적으로 반응하며, 이 일들에 대한 정서적 반응을 쉽게 드러내면서 미리 생각하지 않고 행동하는 특징이 있다.
- 그러나 나이에 비해 아동들의 활동수준이 지나치게 높다거나, 자신의 활동, 장기목표나 다른 사람들이 부과한 과제에 주의, 홍미나 지구력을 유지할 수 없을 때, 또는 자기 발달수준에 비해 충동을 통제하고 자기조절하는 능력이 많이 떨어질 때 ADHD를 고려해야 한다. 이런 아동들은 사회, 인지, 학업, 가족, 정서 발달 및 적응 영역에서 많은 문제를 경험할 가능성이 크며, 일상생활에 적응하기 위한 능력이 다른 아동들보다 크게 뒤질 가능성이 있다.
- 또한 아주 활동적이고, 부주의하며, 충동적인 아동들은 게으르고, 의욕적이지 못하고, 이기적이며, 생각이 없고, 미성숙하고, 고의적으로 무책임하게 행동한다는 등의 사회의 가혹한 판단과 도덕적 비방을 듣게 된다.
- 이러한 아동들은 우리에게 흥미롭기도 하면서 한편으로는 혐오감을 주기도 한다. 도대체 왜 이러한 아동들이 자기를 통제하지 못하고 지시를 따르지 못하고 미래를 준비하는 데 주의를 기울이지 못하는지는 지난 100여 년 동안 과학적 흥미의 대상이 되어 왔다. 부주의와 충동성 장애에 대한 진단적 명칭은 금세기 동안 수없이 변해 왔지만 그들의 본질에 대해서는 별로 달라진 것이 없다.

■ 『DSM-5』(2013)에서는 ADHD를 어떤 범주로 분류하고 있는가?

- 발달수준에 비해 비정상적일 정도로 활동적이고, 주의를 유지할 수 없고 충동적인 아동들은 임상적으로 **주의력결핍 과잉행동장애**(attention deficit hyperactivity disorder: ADHD)라고 진단을 내린다(American Psychiatric Association, 2013). ADHD의 필수 증상은 기능 또는 발달

을 방해하는 지속적인 부주의 또는 과잉행동-충동성 양상이다(제10장의 ADHD 진단기준 참조). 이러한 문제행동 특성들은 보통 12세 이전에 나타나 대부분의 경우 발달과정 동안 계속된다.

- 최근 ADHD는 특히 가정과 학교에서 많은 문제를 노출하는 정신건강 문제로 증가 추세에 있다. 『DSM-5』에서는 ADHD를 신경발달장애의 범주로 분류하고, 아동의 경우 ADHD의 유병률을 5%로 보고하고 있다(APA, 2013).

■ ADHD를 조기 발견하여 중재해야 할 이유는 무엇인가?

- 흔히 ADHD 아동들은 대인관계(또래, 교사, 부모 등), 학습문제, 행동문제 등을 수반하게 되며, 청소년기에 품행장애, 성인기에 반사회성 성격장애가 나타날 가능성이 높고, 그 결과 물질사용장애와 투옥의 가능성도 증가하게 된다. 따라서 가장 먼저 정확한 진단을 통해 ADHD를 조기에 발견하고 적절한 중재를 제공하여 이를 예방하는 일이 가장 중요하다.
- 그러나 다른 행동장애와 마찬가지로 ADHD라고 진단받은 아동 간에는 비슷한 점이 있지만 차이점 역시 많다. 아동마다 표출되는 특성이 매우 다양해서 실제로 일회적인 진단을 한다는 것은 불가능하다. 예컨대, 어떤 아이는 극단적으로 산만하고, 또 어떤 아동은 매우 조용하지만 아주 불안해하며, 어떤 아동은 심각한 증상을 보이지는 않지만 충동성, 불안, 산만함을 보이기도 한다.

■ ADHD 진단평가의 방법에는 어떠한 것들이 있는가?

- 정확한 진단평가를 위해서는 ADHD라고 의심되는 아동을 여러 환경(가정, 학교, 운동장 등)에서 체계적으로 관찰하여야 한다. 여러 환경에서 관찰하는 목적은 특정 환경(예: 학교)이 행동에 미치는 영향을 배제하기 위함이다. 또한 ADHD를 진단하기 위해서는 심리검사를 이용하여 평가할 수 있다. 심리검사는 아동의 정서 및 행동 문제에 관한 임상적 정보를 수집하고, 주의력 결함과 학습문제를 변별하는 데도 중요하다. 또한 부모나 양육자도 아동을 평가하는 데 개입해야 한다. 부모는 아동과 가장 많이 접촉하기 때문에 자녀 행동에 관한 유용한 정보를 제공할 수 있다.
- 따라서 어떤 장애영역이든 그 아동에게 가장 적절한 중재를 계획하고 실행하기 위해서는 진단평가라는 과정을 거쳐야 한다. 진단평가는 아동이 어떤 문제가 있을 때 시작하여 그

문제가 더 이상 존재하지 않을 때까지 계속되어야 할 일련의 과정이라 할 수 있다. 아동의 문제와 욕구를 철저하게 이해하기 위해서는 **초학문적**(transdisciplinary) **접근**을 통해 여러 전문가가 평가계획을 세우고, 각 분야와 관련된 평가 결과를 논의하고 진단을 내리며 중재계획을 세워야만 한다(윤치연, 2006).

2 ADHD의 주요 증상 및 특성

1) ADHD의 주요 증상 및 사회정서발달 특성

ADHD란 부주의, 과잉행동 및 충동성이 부적절하게 나타나는 일종의 신경발달장애다. 이것은 흔히 아동기 초기에 나타나고, 비교적 만성적이며, 신경학적, 감각적, 언어, 혹은 근육운동 손상, 지적장애, 심한 정서장애 등으로 쉽게 설명되지 않는다. 이러한 문제는 전형적으로 시간이 흘러도 규칙 준수능력이 부족하고 지속적으로 작업 수행을 하는 데 결함을 가진다. ADHD의 주요 증상과 사회정서발달 특성을 살펴보면 다음과 같다.

(1) 부주의/주의산만

- ADHD 아동들은 동일 연령의 정상 아동보다 뚜렷한 부주의를 나타낸다. '**부주의**(inattention)'란 경계(alertness), 각성(arousal), 선택성(selectivity), 지속적인 주의(sustained attention), 주의산만(distractibility), 이해의 폭(span of apprehension) 등에서의 문제를 지칭하는 다차원적 개념이다. 부모와 교사들은 이러한 주의문제를 '듣는 것처럼 보이지 않는다.' '지정해 준 과제를 끝마치지 못한다.' '물건을 잘 잊어버린다.' '주의집중할 수 없다.' '쉽게 산만해진다.' '재지시가 필요하다.' '어떤 활동을 끝마치지 않고 다른 활동으로 쉽게 이동한다.' 등으로 자주 설명한다. 그러나 주의력 결함이 지속적인 주의에서의 일차적인 결함인지 혹은 이차적으로 행동 통제력 문제인지는 분명치 않다.
- ADHD 아동들이 흔히 보이는 또 다른 문제는 잘못된 자극에 반응하는 것이다. 교사가 역사 숙제를 설명할 때 아동은 교사의 지시 내용이 아닌 교사가 입고 있는 옷의 꽃무늬에 주의를 기울이고 있어, 역사 숙제가 무엇인지 귀 기울여 듣지 못하고 지나쳐 버린다.
- 산만성은 과제에 직접 관계가 없는 다른 자극에 의해 주의력이 흩어지는 것으로 정의된다. 산만하게 하는 것은 내재적(배고픔 등) 혹은 외재적(차 바깥, 벽에 걸린 그림, 마루의 연필

등)인 것일 수 있다. 집중하지 못하는 심리적 무능력으로 인해 ADHD 아동은 장시간의 과제나 흥미가 없는 과제들을 끝마치지 못한다. ADHD 아동이 학업에서 성공하기를 원하는 욕구가 강하면 강할수록 자신의 주의력 결핍과 산만함으로 인해 자신에 대한 실망감을 더 크게 느끼게 된다.

■ 부주의/주의산만 증상은 어떻게 나타나는가?

부주의/산만성의 증상으로는 ① 주의집중 시간이 짧다, ② 학업을 끝마치기 어렵다, ③ 백일몽에 빠진다, ④ 쉽게 산만해진다, ⑤ 또래나 다른 사람들이 '얼빠진 아이' '몽상가'와 같은 별칭을 붙인다, ⑥ 활동은 많지만 성취는 거의 없다, ⑦ 어떤 일을 열정적으로 시작은 하지만 끝을 맺지 못한다 등이 있다.

(2) 충동성 혹은 행동 통제력 부족

- ADHD 아동은 행동을 억제하는 능력이 부족하고 충동적인 행동을 보이기도 한다. 생각 없이 행동하고, 즐거운 활동을 하고 있을 때 중단하기가 어려우며, 어떤 일의 순서를 기다리기가 어렵다. 또한 질문이 채 끝나기 전에 불쑥 대답하고 남의 대화를 방해하곤 한다. 많은 연구에 따르면 부주의보다는 행동 통제력 부족이 ADHD의 주된 특징이라 할 수 있다.
- 이처럼 많은 ADHD 아동은 행동하기 전에 먼저 생각하지 못하거나 참지 못하는 것이 가장 심각하고 지속적인 문제다. 이 아동들은 대개 악의가 있는 것이 아니라 단순히 행동하기 전에 먼저 생각하지 못한다. 예를 들면, 교실에서 명희의 땋은 머리를 잡아당기는 것, 동현이의 책을 뺏는 것, 수업 중에 큰 소리로 이야기하는 것 등은 교사에 대한 거부나 반대를 나타내는 것이 아니라 갑자기 일어나는 행동이다. 이 아동들은 또한 종종 무질서해지며 잘 잊어버린다. 즉, 그들은 과제, 책, 공책을 잃어버리거나 숙제를 계속 잊어버린다. 특히 정리정돈은 ADHD 아동들에게는 가장 어려운 과제일 것이다.

■ 충동성 증상은 어떻게 나타나는가?

충동성(impulsiveness)의 증상으로는 ① 좌절에 대한 인내력이 낮다(예: 퍼즐 맞추기 놀이 시 제대로 잘 되지 않으면 금방 포기하고 좌절해 버린다), ② 쉽게 흥분한다, ③ 계획적인 활동이 부족하다, ④ 한 가지 활동에서 또 다른 활동으로 쉽게 빨리 옮긴다, ⑤ 인내심을 갖고 순서를 기다려야 하는 집단 상황에서 어려움을 경험한다, ⑥ 성인의 많은 지도와 감독이 요구된다, ⑦ 부적절한 행동으로 인해 계속적으로 문제를 일으킨다 등이 있다.

(3) 활동수준 문제

- ADHD 아동들은 비활동적이며 둔한 행동수준에서부터 과잉행동수준까지 그 행동수준이 다양하다. 주의력장애 아동 모두가 과잉행동 아동인 것은 아니다. 교사가 미리 저활동수준의 아동을 발견하지 못해서 그들에게 도움을 주지 못할 경우도 있다. 일반적으로 ADD 아동은 충동적이지 않으며 과도한 활동수준을 나타내지도 않는다. 그러나 이들은 주의집중이 어렵고, 산만함과 우울한 경향성을 나타내며, 또한 게으르고 매사에 흥미를 보이지 않는다. 이러한 학생들은 학교 과제들을 계획하고 정리정돈하는 데도 서툴다.
- 반대로, 과잉행동 아동은 쉴 새 없이 움직인다. 손가락으로 책상 위를 톡톡 두드리기도 하고, 수업을 방해하고, 급우들을 괴롭히며 옆의 짝과 혹은 혼자서 계속 이야기한다. 또한 ADHD 아동은 가만히 자리에 앉아 있지 못하며, 종종 신경질적인 것처럼 보인다. 그러나 낯선 장면에서 혹은 일대일 장면에서는 적어도 잠시 동안 다른 아동들처럼 반응할 수 있다. 연구에 따르면 ADHD 아동은 제한적인 환경과 집중력이 요구되는 과제일수록 점점 더 많은 과제이탈 행동이 일어날 수 있다고 한다.

■ 활동수준 문제의 증상은 어떻게 나타나는가?

- 활동수준 문제 중 **과잉행동**(hyperactivity) 증상은 다음과 같다.
  - 들떠 있다. 안절부절못하거나 계속적으로 끊임없이 움직인다.
  - 최소한의 수면만을 취하므로 수면 시간이 매우 짧다(이를테면, 밤 12시에 취침해서 새벽 4시에 일어난다).
  - 지나칠 정도로 끊임없이 이야기한다.
  - 심하게 뛰고 구르며 창문틀 위나 베란다 위와 같은 높은 곳에 기어 올라간다.
  - 잠자는 동안 쉴 새 없이 움직인다(이불을 차고 계속 빙빙 돈다).
  - 식사나 수업 중 가만히 앉아 있지 못한다.
- 한편, **저활동성**(hypoactivity) 징후는 다음과 같다.
  - 무기력해 보인다.
  - 백일몽에 잠겨 있거나 얼빠진 듯하게 보인다.

–학습과제를 끝마치지 못한다.
–부주의하다.
–지도력이 부족하다. 다른 아동들을 이끌어 나가거나 앞에서 활동을 주도해 나가는 능력이 매우 부족하다.
–학습과 수행에서의 어려움을 보인다.

(4) 불복종

ADHD 아동들은 흔히 수업 시 조심성이 없으며 급우들과 함께 작업을 할 때 사회적으로 수용되는 방식으로 행동하지 않는다. 때때로 ADHD 아동들이 나타내는 **불복종**(disobedience)은 자기통제와 문제해결 훈련의 결여 때문일 수도 있다. 그러나 전문가들은 ADHD 아동이 자기통제와 문제해결 훈련의 영역들에 대해서 잘 훈련받았다 하더라도, 신경학적 성숙이 이뤄지지 않은 일부 ADHD 아동은 자기통제와 문제해결 능력을 발전시킬 수 없다고 주장한다.

■ 불복종의 증상은 어떻게 나타나는가?

불복종의 증상들로는 ① 논쟁적이다, ② 조심성이 없다, ③ 사회적으로 수용되는 기대행동들을 무시한다, ④ 고의적이 아니라 부주의로 인해 지시를 자주 잊어버리고 어긴다 등이 있다.

(5) 지나친 관심 끌기

교사가 학급을 운영하는 데 있어서 가장 좌절을 경험하게 되는 것 중의 하나가 언제나 주목받고자 하는 ADHD 아동의 욕구다. 관심을 끌고자 하는 욕구는 만족을 모르는 것처럼 보이며, 불쑥 질문을 하거나 다른 아동들을 괴롭히거나 욕을 하거나 혹은 방해할 수 있다. 경쟁적인 상태에서 지나친 관심을 끌려는 행동은 점점 더 증가되며, 교장선생님이 불시에 교실을 방문하거나 공개 수업을 할 시에도 두드러진다.

■ 지나친 관심 끌기 증상은 어떻게 나타나는가?

지나친 관심 끌기 증상들로는 ① 항상 관심의 중심에 있으려고 한다, ② 계속 질문하거나 방해한다, ③ 관심을 끌기 위해 욕을 하거나 부정적인 행동을 한다, ④ 형제, 또래 그리고 어른들을 속타게 하며 괴롭힌다, ⑤ 교실에서 광대처럼 행동한다 등이 있다.

(6) 미성숙

전형적으로 ADHD 아동에게는 정서적 · 신체적 · 신경학적 및 사회적 **미성숙**(immaturity)이 나타난다. ADHD 아동들은 급우들보다 6개월에서 수년 정도 발달(성숙)이 느리다. 이러한 이유로 또래들보다 어린 급우들을 더 선호한다.

■ 미성숙의 증상은 어떻게 나타나는가?

미성숙의 증상들로는 ① 대부분의 행동이 자기 나이보다 어리다(6개월~2세), ② 신체적 발달과 신경학적 발달도 늦다, ③ 정서 반응이 미성숙하다 등이 있다.

(7) 학업문제

ADHD 아동은 유치원에서 대학에 이르기까지 학업 수행이 저조하고 자기 능력 이하의 점수를 받는다. 대개 일에 잘 집중하지 못하며 과업을 완성하지 못하기 때문에 어려움이 많다. 주의집중과 통제된 노력을 요구하지 않는 어휘, 이해 및 일반 상식과 같은 학습은 반복, 기억, 문제해결력을 요구하는 학습 과제들보다 영향을 적게 받는다. 집중하여 무엇을 말하는지 듣고 정보를 장기 기억하는 능력이 손상되어 있기 때문에 많은 학업 기술을 습득하고 지식을 축적하는데 어려움이 있다.

■ 학업문제의 증상은 어떻게 나타나는가?

학업문제의 증상들로는 ① 능력에 비해 학습부진이 나타난다(특히 초등학교 3학년에서), ② 책, 숙제장, 옷, 그리고 기타 다른 것들을 잘 잃어버린다, ③ 청각적 기억이나 청각적 정보처리 과정상의 문제들 혹은 시각적 기억과 시각적 정보처리 과정상의 문제들을 보인다, ④ 특정학습장애가 공존한다, ⑤ 글쓰기가 서툴다, ⑥ 필기가 종종 '지저분'하거나 '되는 대로 마구 쓴다', ⑦ 과제를 종종 끝내지 못한다, ⑧ 수업 시 학습 과제를 종종 너무 빨리 하거나 너무 늦게 수행한다 등이 있다.

(8) 정서문제

많은 ADHD 아동이 경험하는 정서문제들은 심리학적 혹은 생리학적 원인에서 비롯되며, 과민성, 우울증, 울화 등이 학급에서 나타나기도 한다. 계속되는 학습부진, 비판, 실패 그리고 좌절로 인해 대부분의 ADHD 아동은 자존감이 저하되어 있으며, 자신을 '우둔한' 존재로서 지각하며, 누군가 혹은 무엇인가가 도와주기를 바라기도 한다.

■ 정서문제의 증상은 어떻게 나타나는가?

정서문제의 증상들로는 ① 자주 예측 불가능하게 기분이 바뀐다, ② 과민하다, ③ 통증에 대해 과소평가하거나 위험에 대해 둔감하다, ④ 쉽게 지나치게 흥분한다. 일단 '흥분하면' 멈추기가 힘들다, ⑤ 좌절에 대한 인내심이 낮다. 좌절 상황에 대한 과도한 정서 반응을 보인다, ⑥ 울화/분노를 자주 터뜨린다, ⑦ 우울하다, ⑧ 자존감이 낮다 등이 있다.

(9) 서투른 또래관계

특히 과잉행동 아동의 경우 또래와의 문제는 종종 유치원에서부터 시작된다. 공격성과 남을 괴롭히는 행위는 이 연령집단에서 가장 흔히 나타난다. 잘난 체함, 차례를 기다리지 못함, 충동성의 표출 등은 초등학교와 중학교에서 문제를 야기한다. 과잉행동을 수반하지 않은 ADHD 아동들은 다른 사람을 잘 신뢰하지 않으며, 단지 한 명 혹은 두 명의 친한 친구만을 사귄다. 흔히 이 아동들은 또래집단에 끼지 못하고 주변에서 맴돌면서 외로워하고 의기소침해한다.

■ 서투른 또래관계 문제의 증상은 어떻게 나타나는가?

서투른 또래관계의 증상들로는 ① 다른 아동들을 때리고, 물고, 차고 괴롭힌다, ② 게임의 규칙을 준수하는 것이 어렵다, ③ 집단활동을 회피하거나 집단활동에서 고립된다, ④ 또래들이 ADHD 아동들을 기피하거나 거부한다, ⑤ 또래와 형제자매들을 집적거리거나 심하게 괴롭힌다, ⑥ 다른 아동들을 괴롭히고 집적거린다 등이 있다.

(10) 가족 상호작용 문제

ADHD는 가족들에게 심각한 영향을 끼친다. 높은 활동수준, 계속적인 문제들, 우울증 그리고 학교문제들은 부모와 형제자매들에게 많은 긴장과 불안을 야기한다. ADHD를 극복하려고 노력하는 가족들에게는 교사의 지지와 도움이 매우 귀중하다.

■ 가족 상호작용 문제의 증상은 어떻게 나타나는가?

가족 상호작용 문제의 증상들로는 ① 흔히 가족 간의 갈등이 있다, ② 활동들과 사회적 모임이 즐겁지 못하다, ③ 아동의 훈육방법에 대해서 아버지와 어머니 사이에 논쟁이 일어난다, ④ 어머니는 이 아동 때문에 다른 가족 구성원과는 거의 시간을 함께 보내지 못한다, ⑤ 흔히 식사 시간이 즐겁지 못하다, ⑥ 부모와 아동 간의 책임감과 집안일에 관한 논쟁이 일어난다, ⑦ 아동의 사회 및 학업 문제들로 인해 스트레스가 계속된다, ⑧ 부모, 특히 어머니가 부정적 감정(좌절감, 절망, 고독감, 죄의식, 분노, 실망, 우울 등)을 느낀다 등이 있다.

2) ADHD와 관련된 문제

ADHD 아동들은 일차적으로 부주의, 충동성 및 과잉행동 등의 문제를 가지고 있는 것은 물론 사회, 인지, 언어, 학업, 정서, 신체 등의 영역에서 여러 문제들을 야기한다. ADHD 아동 모두가 항상 이런 문제들을 야기하는 것은 아니지만, 정상 아동들보다는 더 많이 나타내고 있다. 그러나 이러한 문제들이 나타난다고 해서 ADHD로 진단 내려서는 안 되며, 그것들이 나타나지 않는다고 해서 진단에서 제외해서도 안 된다. 흔히 ADHD 아동에게서 수반될 수 있는 문제들은 〈표 12-1〉에 제시되어 있다.

표 12-1 ADHD 아동에게 흔히 나타날 수 있는 문제

	특수한 문제
행동	짧은 주의 폭, 주의산만, 안절부절못함, 충동통제 결여, 파괴성
사회	또래관계 형성 어려움, 지시를 잘 따르지 못함, 공격성/거짓말/도벽, 호전성, 공손치 못한 말투, 사회적 문제해결능력 부족
인지	평균 이하의 지능, 과제 수행 전략이 서투름, 행동의 장래 결과에 대한 인식 부족
언어	언어발달지체(특히 표현언어), 의사소통능력 부족
학업	지능에 비해 학업부진, 학습장애
정서	우울, 낮은 자존감, 정서 조절 미숙, 쉽게 좌절, 예측 불가능한 기분변화
신체	미성숙한 신체 크기 및 골격 발달, 유뇨증/유분증, 알레르기 빈도 증가, 중이염 빈도 증가, 틱장애, 짧은 수면주기, 둔한 운동신경

3 ADHD 진단평가를 위한 생물-심리사회적 모델

ADHD는 아동기 초기에 시작하고 여러 원인을 가지고 있으며 복잡한 양상을 보인다. 따라서 ADHD의 진단평가는 그 장애의 발달상 본질과 그 복합성을 고려해야 한다. 최근 유행하고 있는 **생물-심리사회적 모델**(bio-psychosocial model; [그림 12-1] 참조)은 이 장애를 체계적으로 진단평가할 수 있는 정보를 얻는 데 유용하다.

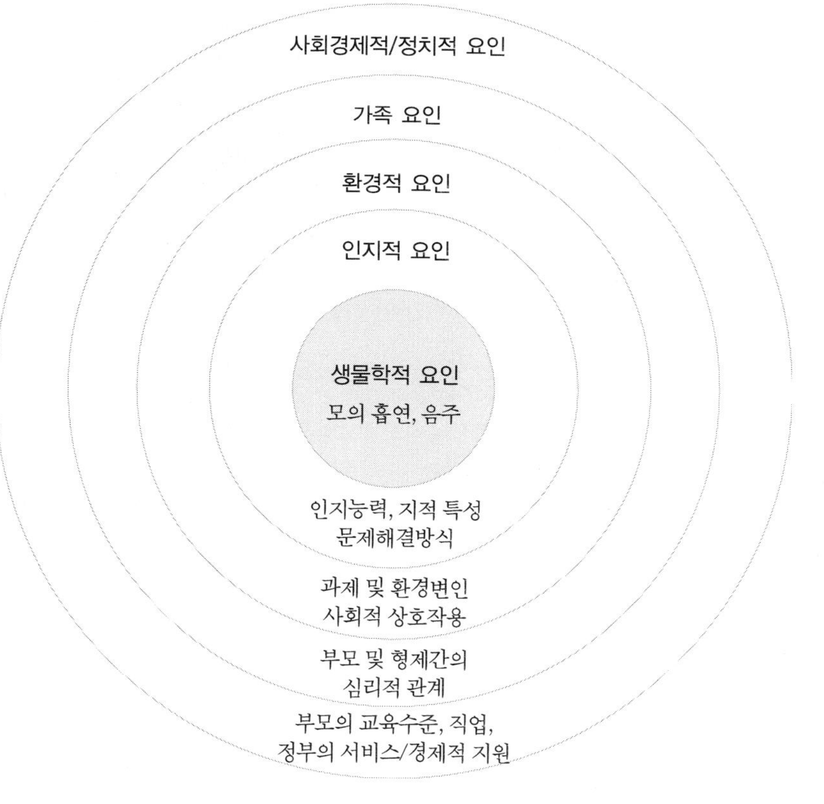

[그림 12-1] 생물-심리사회적 모델

1) 생물학적 요인

ADHD는 아동의 신체적, 유전적, 특히 중추신경계의 신경학적 문제와 관계가 있다. ADHD와 관련된 수많은 연구 문헌의 결과에 따르면 생물학적 요인은 ADHD 아동을 평가하는 데 중요하다. 즉, 어머니의 흡연, 임신 중 과음과 **태아알코올증후군**(fatal alcohol syndrome), 환경 독소(아동의 혈중 납농도), 중추신경계의 이상, 가벼운 신체적 이상(예: 균형 및 소근육운동 협응 미숙, 서투름)이 ADHD와 관계가 있다.

2) 인지적/신경심리학적 요인

아동의 신경심리학적 및 발달적 능력과 관계가 있는 **중추신경계**(central nervous system)의 기능 상태에 관심을 가져야 하는데, 특히 규칙 준수행동 및 행동 억제 등의 결함은 ADHD 평가의 중요한 요소다. 아동의 인지능력에 대한 평가는 또래 아동과 비교해 볼 때 아동의 행동이 부적절한지를 결정하기 위한 진단은 물론, 치료의 진전 상황을 알아보는 중요한 정보를 제공해 준다. 또한 아동의 개인차 및 특정 심리적 특성도 ADHD를 확인하는 중요한 요인이며, 검사 상황, 아동의 수행 태도, 아동의 과제 선호도, 아동의 기분 혹은 기질 등도 고려해야 한다.

3) 환경적 요인

ADHD 아동은 그 환경에서 보호자와 다른 사람의 요구를 얼마나 잘 충족해 주는가? 이 아동은 이러한 상호작용 속에서 얼마나 민감한가? ADHD는 정상 행동과 질적으로 다르지 않다. 다만 극단적인 수준의 충동성, 주의산만, 활동 등이 존재할 뿐이다. 따라서 개인차—즉, 그 행동의 유무, 빈도, 강도 및 지속성—만을 평가하는 것이 아니라 이러한 행동이 발생하는 사회적 맥락을 평가하는 것이 중요하다. 이러한 사회적 맥락은 특수한 과제 및 환경변인을 포함하며, 부모, 교사 및 또래와의 상호작용을 포함한다.

4) 가족 요인

이것은 부모와 형제간의 심리적 통합 및 정신과적인 문제가 존재하는 정도, 결혼에 대한 행복감, 일상 가족생활에서 나타나는 스트레스 유형 등과 관련이 있다. 연구 결과에 따르면 ADHD와 품행장애(CD)가 있는 아동들의 직계 중에는 상당히 높은 비율의 우울, 품행문제, 알코올중독의 문제가 있다.

5) 사회경제적/정치적 요인

사회경제적 및 사회정치적 요인들은 더 애매하며 간접적인 영향을 줄 수 있지만, ADHD 아동들의 적응에 아주 중요하다. 부모의 교육수준, 직업, 수입 및 안정성 등 사회경제적 요인들은 ADHD 아동들에게 흔히 나타나는 건강, 발달, 교육 및 행동문제를 다루는 유용한 자료가 된다.

4 ADHD 진단평가의 절차

ADHD 진단평가는 부모와 교사를 포함한 다양한 주변 사람들로부터의 정보, 객관적이고 표준화된 검사와 소아정신과 의사 등 임상가들이 아동을 직접 진찰한 결과 등을 토대로 이루어진다. ADHD 진단을 내릴 때는 아동의 발달연령을 고려하여야만 하고(통상적으로 만 12세 이상), 발달에 대한 이해와 경험이 풍부한 전문가가 정확히 진단을 내려야 한다. 특히 아이들은 각종 스트레스(이혼, 전학, 이사 등)로 인해서 산만한 행동을 보일 수 있으므로 진단을 내릴 때 이런 점들도 충분히 고려해야 한다.

1) ADHD 진단평가를 위한 1차 정보 제공자

(1) 부모

부모는 가정 및 학교에서의 자녀의 문제행동과 그 결과에 대한 중요한 정보를 제공할 수 있다. 또한 담당의사(임상가)의 질문이나 설문지에 정확하고 솔직하게 답변함으로써 아동의 진단을 올바르게 내리는 데 도움이 된다. 또한 가족에 관한 정확한 정보(가족력; ADHD는 상당 부분 유전과 관련이 있음)는 아동의 상황을 이해하고 효과적인 치료계획을 수립하는 데 매우 중요하다.

(2) 교사

정확한 진단을 위해서는 학교 교사의 정보가 매우 중요하다. 학령기 아동들은 오랜 시간을 학교에서 보내고 또래 아동들의 행동과 자연스럽게 비교되기 때문에 단체생활에서 보다 정확한 정보를 얻을 수 있다. 여기에는 교실 내에서의 행동, 학습 태도, 친구관계, 아이의 성격, 아이의 적성 등과 같은 내용들이 포함된다.

(3) 주변 사람들

작년 담임교사, 학원 교사, 과외 교사, 또래 친구 등의 말을 귀담아 들어 볼 필요가 있다. 아이들은 집에서 하는 행동과 밖에서 하는 행동이 많이 다를 수 있다. 따라서 다양한 장소에서의 아동 행동에 대한 정확한 정보가 필요하다.

2) 일반적인 ADHD 진단평가 절차

일반적으로 부모(양육자)는 자녀의 주의력결핍, 과잉행동이나 충동성 등의 문제가 다른 아이보다는 심하다는 인상을 받을 때, 전문가(특수교육학자, 임상심리학자, 의사 등)를 찾게 된다. 진단평가는 먼저 여러 가지 문제에 대한 부모(양육자)와 전문가와의 **면담**과 함께 시작된다. 부모로부터 여러 정보를 수집한 전문가는 자연스러운 환경(놀이 상황 혹은 가정/학교생활)에서의 **행동관찰**을 직접 혹은 간접으로 실행할 수 있으나 대개는 검사를 실시하는 상황에서 아동이 어떤 행동을 보이는지를 직접 관찰하는 방식을 따른다. 그 후 아동과 부모에게 ADHD 관련 여러 가지 **평가척도**를 실시하며 더 나아가 전문 훈련을 받은 임상가는 지능검사, 학업성취도검사 등 **표준화 심리평가**를 실시한다. 또한 추가적으로 컴퓨터를 이용한 주의력 검사, 연속수행 검사 등 **재활공학적 평가**를 실시할 수 있으며, 학교 생활기록부나 다른 병원 진료 기록도 참고한 후, 각종 자료와 여러 검사 결과를 기초로 하여 **임상적 판단 및 종합적 진단**을 내리게 된다.

- 1단계(면담/상담): 전문가(특수교육학자, 임상심리학자, 소아정신과 의사)와 부모 및 아동과의 직접 면담
- 2단계(직접적인 행동관찰): 놀이, 가정, 학교생활 등 자연스러운 환경에서 직 · 간접 행동관찰 혹은 검사 실시 상황에서의 직접 행동관찰
- 3단계(평가척도 실시): 아동과 부모가 각각 ADHD 관련 평가척도 작성
- 4단계(심리평가): 임상가가 지능검사, 학업성취도검사 등 표준화 심리평가 실시
- 5단계(재활공학 평가): 컴퓨터 보조 주의력 검사, 연속수행 검사 등 재활공학 평가 실시
- 6단계(종합 진단): 각종 자료와 검사 결과를 기초로 한 임상적 판단 및 진단

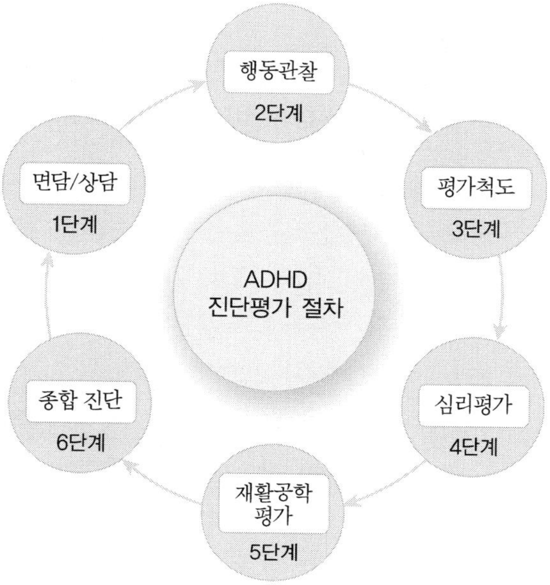

[그림 12-2] ADHD 진단평가의 절차

5 한국 ADHD 진단검사(K-ADHDDS)

◆ 검사목적

- 한국 ADHD 진단검사(K-ADHD Diagnostic Scale: K-ADHDDS)는 ADHD라고 진단된 아동 및 청소년을 대상으로 하는 국내 최초의 전국 규모의 표준화된 진단도구다(이상복, 윤치연, 2004). ADHD의 세 가지 주요 증상을 평가하도록 되어 있는 K-ADHDDS는 ADHD를 선별 및 평가하기 위한 표준화된 규준참조검사다.
- ADHD의 조기선별 기능뿐 아니라 문제영역에 대한 구체적인 교육 혹은 치료 정보를 제공해 주는 기능도 포함하고 있다.
- 특히 각 기관에서 주관적으로 ADHD 성향이 있다고 의심이 되는 아동 및 청소년들을 대상으로 객관적인 평가를 하여 그 결과를 부모 상담에 활용할 수 있도록 고안되었다.

◆ 검사대상

ADHD라고 의심되는 3~23세 아동 및 청소년에게 활용할 수 있다.

◆ 검사 구성 및 특징

- 이 검사는 3개의 하위검사로 구성되어 있는데, 과잉행동은 13개 문항, 충동성은 10개 문항, 부주의는 13개 문항의 총 36개 문항으로 이루어져 있다.
- 검사 문항은 미국정신의학회의 DSM 진단기준을 토대로 구성하였기 때문에 강력한 안면타당도를 가지고 있어 ADHD를 진단하고 판별하는 데 효과적이다.
- 특히 하위검사별로 표준점수를 산출하고 이를 토대로 ADHD 지수를 산출하도록 되어 있어, 어떤 영역에서 문제가 심한지를 알 수 있고, 전체적인 ADHD의 심도를 알 수 있다.
- 이러한 자료는 ADHD 진단과 평가는 물론 치료와 교육의 효과를 알아보는 데 유용하게 사용할 수 있다.
- 이 검사는 강력한 심리측정적 도구로서 개별화교육 프로그램(IEP)에서 변화 및 중재 목표를 설정하는 자료로 활용할 수 있다.
- 인터넷상에서도 평가의 효율성 및 평가자의 편의성을 증대시키고 정확한 정보를 제공하기 위해 개발된 웹기반 평가 시스템을 이용하여 채점 및 결과를 확인할 수 있다(http://www.tespia.kr).
- 이 평가 시스템을 통해 부모, 교사 및 임상가 등 누구든지 어디서든 쉽고 편리하게 온라인상에서 ADHD를 선별하는 데 기초 자료로 활용할 수 있다.

◆ 검사의 통계적 특성

- 대상: ADHD로 진단된 남 247명, 여 58명, 전체 305명
- 신뢰도: 신뢰도는 내적일치도, 검사-재검사 신뢰도, 평정자 간 신뢰도를 산출하였다. 내적일치도는 하위검사들과 ADHD 지수의 크론바흐 α가 .90~.94로 나타났다(〈표 12-2〉 참조). 이는 하위검사의 문항들이 꽤 일관성이 있음을 시사해 준다. 표준 측정오차는 모든 하위검사에서 표준점수 1 미만으로 나타났다. 이는 이 검사의 신뢰도가 높기 때문에 표준 측정오차가 적은 것으로 나타난 것을 의미한다. 안정성 신뢰도를 알아보기 위해 교사, 부모,

임상가들이 검사-재검사한 결과 하위검사들의 상관계수가 .90~.93D으로 모두 통계적으로 유의미하였다(p<.01)(〈표 12-3〉 참조). 또한 평정자 간(교사 간, 부모 간, 교사-부모 간) 신뢰도도 .89~.93으로 모두 통계적으로 유의미하였다(p<.01)(〈표 12-4〉 참조).

- 타당도: 타당도를 알아보기 위하여 내용타당도와 구인타당도를 산출하였다. 내용타당도를 알아보기 위하여 확인적 문항분석을 하였다. 연령별로 문항분석을 하지 않고 각 하위검사의 중간 계수를 산출하였는데 .66~.76으로 모두 통계적으로 유의미하였다(p<.01). 또 구인타당도를 알아보기 위하여 하위검사들 간의 상호상관계수를 산출하였는데 .61~.87로 모두 통계적으로 유의미하였다(p<.01)(〈표 12-5〉 참조).

표 12-2 내적일치도 계수와 표준 측정오차

하위검사	연령(세)	α 계수	SEM
과잉행동	3~7(n=108)	.91	0.90
	8~23(n=197)	.93	0.75
충동성	3~23(n=305)	.91	0.85
부주의	3~23(n=305)	.90	0.89
ADHD 지수(n=305)		.94	1.68

표 12-3 검사-재검사 신뢰도

하위검사	교 사	부 모	임상가
과잉행동	.91	.92	.90
충동성	.92	.93	.90
부주의	.90	.90	.91
ADHD 지수	.92	.93	.92

* 모든 상관계수가 p<.01 수준에서 유의미함

표 12-4 평정자 간 신뢰도

하위검사	교사 간(n=10)	부모 간(n=25)	교사-부모 간(n=10)
과잉행동	.92	.90	.90
충동성	.91	.89	.91
부주의	.90	.90	.92
ADHD 지수	.93	.91	.93

* 모든 상관계수가 p<.01 수준에서 유의미함

표 12-5 하위검사들과 ADHD 지수의 상호상관

	과잉행동	충동성	부주의	ADHD 지수
과잉행동	–			
충동성	.76	–		
부주의	.61	.65	–	
ADHD 지수	.87	.86	.83	–

* 모든 계수가 $p < .01$ 수준에서 유의미함

◆ 검사 실시 자격

K-ADHDDS는 실시 및 채점이 용이하다. 검사대상과 적어도 2주 이상 정규적으로 접촉해 온 교사, 치료사 및 부모가 검사를 실시할 수 있으며, 3개의 하위검사를 완성하는 데는 약 5~10분 정도가 걸린다.

(1) 검사자 자격

- 검사자란 이 검사를 실시하고 채점하고 결과를 해석할 수 있는 전문가를 말한다. 검사자는 이 검사의 실시요강을 철저하게 이해하여야만 한다. 즉, 검사자는 이 검사의 개념적 준거를 잘 이해하여야 하고, 검사의 통계적 특성 및 일반적인 규준참조검사의 심리측정적 원리를 알고 있어야 한다. 따라서 검사를 실시하고 채점하는 요령을 숙지해야 하고, 검사결과를 정확하게 해석할 수 있어야 한다.
- 물론 이 검사를 잘 알고 있는 부모, 교사 및 치료사가 실시할 수도 있다. 그러나 이 검사를 사용하고 해석해야 할 전문가는 검사 및 평가 경험이 풍부해야 하고 또한 심리측정 및 통계학적 지식을 지니고 있어야 한다.

(2) 평정자 자격

- 평정자란 검사 문항에 반응하는 사람을 말한다. 주로 부모, 교사 및 치료사가 3개의 하위검사를 완성하게 된다. 특히 교사나 치료사가 이 검사를 실시하게 될 때는 부모나 양육자의 도움이 필요할 수 있다.
- 비록 이 검사를 실시하고 채점하는 데 특별한 훈련이 필요하지는 않지만, 평정자는 행동평정척도에 대한 경험이나 기본 지식을 갖고 있어야 한다. 만일 평정자가 행동평정척도를 처

음 대한다면 철저하게 이 실시요강을 이해하여야 한다. 평정자는 적어도 2번 이상 검사문항을 읽고, 그 문항의 행동이 무엇을 의미하는지 생각한 후 검사 지시에 따라 그 행동을 평정해야 한다.

◆ 실시방법 및 유의사항

- K-ADHDDS는 과잉행동, 충동성, 부주의의 3개 하위검사로 이루어져 있는데, 각각 일정한 순서로 평가하도록 되어 있다. 각 문항을 평가할 때는 신중해야 한다. 평정자는 문항 1에서 문항 36까지 한 문항도 빠짐없이 평정해야 한다.
- 대개 평정자는 빠르게 문항에 응답하기 때문에 시간이 많이 소요되지는 않는다. 그러나 어떤 경우에는 검사대상의 행동이 얼마나 나타나는지를 잘 모를 수 있다. 이런 경우에 평정자는 검사를 중단하고 정확히 관찰한 후 평가해야 한다.
- 이 검사에 대한 지시사항은 검사지 제일 윗부분에 기술되어 있다. 각 문항의 행동 특성을 '0: 문제가 없음(드물게 문제를 나타내나 아무런 문제가 없는 경우)' '1: 문제가 가벼움(때때로 문제를 보이나 가벼운 문제가 있는 경우)' '2: 문제가 심각함(자주 문제를 보이고 심한 문제가 있는 경우)' 등 3점 척도로 평정한다.

◆ 채점 및 결과 해석

- 하위검사별로 검사대상의 ADHD 증상에 관한 행동을 평정한 후에는 그 결과를 산출하기 위해서 평정한 점수를 계산하여야 한다. ① 먼저 원점수를 계산한 후, ② 그다음에 원점수를 표준점수와 백분위점수로 전환하고, ③ 각 하위검사의 표준점수를 합하여 ADHD 지수를 산출하는 단계를 거치게 된다(〈표 12-6〉 참조).
- 이처럼 원점수를 표준점수와 백분위점수로 전환하는 이유는 원점수만으로는 자체적으로 의미가 없기 때문이다. 따라서 비교집단의 점수나 어떤 기준에 의한 표준과 비교할 수 있도록 다른 척도점수로 전환시켜야 한다.
- 첫째, 특정의 검사에서 산출된 백분위점수는 규준집단의 특성을 의미한다. 예를 들면, K-ADHDDS에서 규준집단이란 3~23세의 ADHD를 지닌 사람들의 표집을 말한다. 검사자가 K-ADHDDS에서 어떤 대상의 백분위점수를 비교할 때는 ADHD 집단의 백분위점수를 비교해야 한다. 이는 ADHD를 확인할 때 아주 중요하다. ADHD가 아니라면 규준집

표 12-6 표준점수, ADHD 지수, 백분위 및 ADHD 심도와의 관계

하위검사 표준점수(SS)	ADHD 지수	백분위(%ile)	ADHD 심도	임상적 해석
17~19	131 +	99 +	아주 심함	최고도
15~16	121~130	92~98	심함	최고도
13~14	111~120	76~91	평균 이상	고도
8~12	90~110	25~75	평균	고도
6~7	80~89	9~24	평균 이하	중등도
4~5	70~79	2~8	약함	경도
1~3	≤ 69	1	아주 약함	최경도

단보다 아주 낮은 점수를 받게 될 것이다. 검사대상이 나타내는 ADHD 특성이 크면 클수록 그 사람의 백분위점수는 높을 것이다.

- 둘째, 흔히 **표준점수**(standard score)란 검사점수가 평균으로부터 떨어져 있는 거리를 표준편차 단위로 나타낸 점수를 말한다. 이 검사에서는 표준점수 분포의 평균을 10, 표준편차를 3으로 정하였다. 표준점수가 크면 클수록 ADHD의 증상은 심하다고 볼 수 있다.
- 셋째, 이 검사에서 산출되는 **ADHD 지수**(Attention Deficit Hyperactivity Disorder Quotient: ADHDQ)는 평균을 100, 표준편차를 15로 정해 놓았는데, 다른 점수들보다 더 신뢰할 만하다고 할 수 있다. ADHD 지수는 표준점수의 합을 계산하여 ADHD 지수로 전환하게 된다. ADHD 지수가 높을수록 ADHD 정도가 심하다는 것을 의미한다. 그러나 ADHD 심도가 '약함'의 수준이라 할지라도, 이는 ADHD 성향이 없다는 것을 의미하는 것이 아니라 'ADHD'를 지닌 아동들 중에 '경도' 수준에 속하는 것임을 주의하여 해석해야 한다.
- 한편 심리검사 전문기관 테스피아(http://www.tespia.kr)에서는 인터넷상에서도 평가의 효율성 및 평가자의 편의성을 증대시키고 정확한 정보를 제공하기 위해 웹기반 평가 시스템을 개발하였다.
- 이 평가 시스템을 통해 각 영역별 평가한 내용을 입력하면, 컴퓨터가 자동 채점하여 다양한 표준화 점수를 산출해 준다. 따라서 부모, 교사 및 임상가 등 누구든지 어디서든 쉽고 편리하게 온라인상에서 ADHD의 선별 및 진단평가를 할 수 있다.
- 또한 교사/부모를 위해 ADHD의 문제를 해결하기 위한 다양한 교육/치료 정보를 제공하고 있다.

◆ 활 용

이 검사도구는 임상 장면뿐만 아니라 학교 장면 등에서도 광범위하게 사용될 것으로 보인다.

■ 검사 결과는 어떻게 활용할 수 있는가?

- 첫째, 행동 특성별(과잉행동, 충동성, 부주의)로 표준점수를 산출하고, 이것을 종합하여 ADHD 지수와 백분위점수를 산출할 수 있는 전국 규모의 규준을 제시함으로써 임상가/비임상가(심리학자, 특수교사, 의사, 재활 전문가, 부모 등)가 ADHD를 진단 및 평가하는 데 유용하게 사용할 수 있다.
- 둘째, ADHD 아동 및 청소년의 행동 특성에 따른 교육 및 치료 계획을 입안하고 실행할 수 있는 자료를 제공하기 때문에 다양한 장면(학교, 병원, 재활기관, 가정 등)에서 광범위하게 활용 가능하다.
- 셋째, ADHD에 대한 중재(교육 및 치료 등) 프로그램의 효과를 알아볼 수 있는 수량적 정보를 제공해 주기 때문에 현장의 임상가 및 연구자들의 기초 연구목적으로 활용할 수 있다.
- 마지막으로 웹기반 평가 시스템을 개발함으로써 인터넷상에서 언제 어디서든 그리고 누구든지 쉽고 편리하게 ADHD 평가는 물론 교육 및 치료 정보를 제공받을 수 있다.

◆ 출처 및 개발자

이상복, 윤치연(2004). 한국 ADHD 진단검사. 부산: (주)테스피아.

6 기타 ADHD 진단평가 도구

1) WWP 활동평정척도

- WWP 활동평정척도(Werry-Weiss-Peters Activity Rating Scale: WWPARS)는 Routh, Schroeder 및 O'Tuama(1974)가 부모용으로 제작한 것으로, 식사 시간, TV보는 시간, 노는 시간, 자는

시간 그리고 공공장소에서의 시간 등 다섯 가지 상황에서 나타나는 아동 행동에 관한 22문항으로 구성되어 있다(〈표 12-7〉 참조). 3세부터 9세의 아동에게 적용할 수 있으며, 특히 과잉행동에 중점을 둔다.

따라서 이 검사 결과는 집중, 불안 또는 충동에 대한 정보는 매우 제한되어 있지만 약물치료나 행동치료로 개선되는 행동에 대해서는 세밀하게 알 수 있다. 또한 이 검사도구는 어

표 12-7 WWP 활동평정척도

아래의 항목들을 읽고, 댁의 자녀가 전혀 그런 행동을 하지 않았거나 그런 일이 없다면 '아니요' 에 동그라미를 치시고, 간혹 그런 일이 있다면 '약간' 에, 그런 일이 상당히 많으면 '많이' 에, 그리고 그 문항이 댁의 자녀의 경우 해당되지 않는다면 '해당 안 됨' 에 동그라미를 치시오.

문 항	아니요	약간	많이	해당 안 됨
1. 식사 도중에 밥상에서 일어났다 앉았다 합니까?				
2. 식사 도중 다른 사람이 말하고 있을 때 무슨 말을 하려고 가로막는 일이 있습니까?				
3. 식사 도중에 이것저것 만지작거립니까?				
4. 식사 도중에 몸을 비비 틉니까?				
5. 식사 도중에 말을 많이 합니까?				
6. TV를 볼 때 너무 말이 많습니까?				
7. TV를 볼 때 프로 중간에 일어났다 앉았다 합니까?				
8. TV를 볼 때 몸을 비비 틉니까?				
9. TV를 볼 때 물건이나 자기 몸을 가지고 장난합니까?				
10. TV를 볼 때 다른 사람이 TV 보는 것을 방해하는 일이 있습니까?				
11. 조용히 놀 줄을 모릅니까?				
12. 놀 때, 장난감을 이것저것 만집니까?				
13. 놀 때, 어른의 관심을 끌려고 합니까?				
14. 놀 때, 말을 너무 많이 합니까?				
15. 놀 때, 다른 아이들이 노는 것을 방해합니까?				
16. 잠재우기가 어려운 편입니까?				
17. 너무 잠이 적은 편입니까?				
18. 자면서 많이 뒤척입니까?				
19. 여행할 때 가만있지 못하고 부산스럽습니까?				
20. 쇼핑할 때 이것저것 만지는 등 부산스럽습니까?				
21. 예배 중이나 영화관람 중에 부산스럽습니까?				
22. 친척집에 방문할 때 가만있지 못하고 부산스럽습니까?				

린 아동의 행동이 과잉행동 범주에 들어가는지를 알 수 있는 최선의 도구로 알려져 있다.

- 각 문항을 '아니요(0점)' '약간(1점)' '많이(2점)'로 평정하여 총점을 낸다. Routh 등(1974)이 140명의 3~9세 정상아동을 대상으로 보고한 규준은 아동과 부모의 성별에 관계없이 모두 적용된다. 20점 이상의 점수를 받으면 과잉행동을 동반하는 것으로 간주한다.

2) 주의력결핍 과잉행동장애 종합 교사평정척도

- 주의력결핍 과잉행동장애 종합 교사평정척도는 미국 일리노이 대학교 아동행동·발달연구소의 연구자들(Ullmann et al., 1985)이 개발한 평정척도로, 5세부터 12세까지 1천 명 이상의 아동을 대상으로 표준화하였다(〈표 12-8〉 참조). 이 검사는 주의집중(6문항), 과잉행동(5문항), 사회성 기술(7문항), 적대적 행동(6문항) 등의 영역에 대한 아동 행동 특성을 파악하는 24개의 문항으로 구성되어 있다.
- 여아의 경우 주의집중 영역에서 17점을 받으면 백분위점수 20 이하이며, 14점을 받으면 백분위점수 10 이하다. 남아의 경우는 15점이 백분위점수 20 이하이며, 13점이 백분위점수 10 이하다. 연구자들은 주의집중 영역에서 백분위점수 10 이하의 점수를 받으면 다른 영역에서 몇 점을 받았는지에 상관없이 ADHD로 진단할 수 있다고 한다. 백분위점수가 10에서 25 사이이면 ADHD일 가능성이 많은데, 이때는 다른 영역의 점수를 참조하여 진단하여야 한다.

3) 주의력결핍 과잉행동장애 평정척도

- 주의력결핍 과잉행동장애 평정척도(ADHD Rating Scale)는 미국 매사추세츠 대학교의 DuPaul(1990)이 6~12세 아동의 부모 765명과 교사 551명을 대상으로 표준화한 것이다. 아동의 부모나 교사가 평정하는 것으로, 주의력문제와 과잉행동, 충동성 등을 사정하는 14개의 문항으로 구성되어 있다(〈표 12-9〉 참조).
- 모든 문항에 있어서 2 혹은 3으로 평정되는 것은 정상적 발달수준에서 일탈된, 부적절한 것으로 여겨진다. 따라서 몇 개의 문항에서 2 이상으로 평정되었는가가 하나의 기준이 될 수 있다. DuPaul은 여아의 경우 14문항 중 8문항 이상, 그리고 남아의 경우에는 14문항 중 10문항 이상에 2 혹은 3으로 평정되면 ADHD 문제를 가지는 것으로 보고하였다.

표 12-8 주의력결핍 과잉행동장애 종합 교사평정척도

아래의 항목은 아동의 행동에 대해 기술한 것입니다. 각 항목을 읽고 아동 행동을 또래의 행동과 비교하여 가장 근접한 번호에 ◯표 하시기 바랍니다.

	전혀				거의 항상
주의집중(점수:)					
1. 혼자서 공부를 잘한다.	1	2	3	4	5
2. 오랫동안 과제를 지속적으로 할 수 있다.	1	2	3	4	5
3. 어떤 도움을 주지 않아도 충분히 주어진 과제를 완수한다.	1	2	3	4	5
4. 단순한 것은 정확하게 이행할 수 있다.	1	2	3	4	5
5. 수업 시간에 딴짓을 하지 않는다.	1	2	3	4	5
6. 학급에서 자기 역할을 잘 해낸다.	1	2	3	4	5
과잉행동(점수:)					
7. 너무 지나치게 활동한다(자리에서 일어나 끊임없이 활동함).	1	2	3	4	5
8. 과잉반응이 심하게 나타난다.	1	2	3	4	5
9. 안절부절못한 행동을 한다.	1	2	3	4	5
10. 충동적인 행동을 한다(생각하지 않고 말을 하거나 행동함).	1	2	3	4	5
11. 침착하지 못한 행동을 한다.	1	2	3	4	5
사회성 기능(점수:)					
12. 또래나 급우들과 잘 어울린다.	1	2	3	4	5
13. 구어적 의사표현이 명확하고 조리가 있다.	1	2	3	4	5
14. 비구어적 의사전달을 정확하게 할 수 있다.	1	2	3	4	5
15, 집단 규범이나 사회적 규칙을 잘 지킨다.	1	2	3	4	5
16. 비판을 할 때 일반적인 규칙을 언급한다.	1	2	3	4	5
17. 새로운 친구와 원만하게 사귈 수 있다.	1	2	3	4	5
18. 자신감을 가지고 상황에 접근한다.	1	2	3	4	5
적대감 행동(점수:)					
19. 남과 다툼이 잦다.	1	2	3	4	5
20. 별것 아닌 걸 가지고 싸움을 한다.	1	2	3	4	5
21. 심술궂다.	1	2	3	4	5
22. 권위를 부정한다.	1	2	3	4	5
23. 남을 괴롭힌다.	1	2	3	4	5
24. 남에게 악의를 가지고 잔인한 행동을 한다.	1	2	3	4	5

표 12-9 주의력결핍 과잉행동장애 평정척도

각 항목을 읽고, 아동을 가장 잘 나타내는 점수에 ○표 하십시오.

	전혀	조금	꽤	매우
1. 의자에 가만히 앉아 있지 못하고 손장난을 하거나 발가락을 꼼지락거린다.	0	1	2	3
2. 가만히 자리에 앉아 있어야 할 때 앉아 있지 못한다.	0	1	2	3
3. 외부 자극에 쉽게 산만해진다.	0	1	2	3
4. 게임을 할 때나 집단생활에서 차례를 기다리는 것이 어렵다.	0	1	2	3
5. 질문이 끝나기도 전에 불쑥 대답을 한다.	0	1	2	3
6. 지시를 따르는 데 어려움이 있다. 예를 들면, 일상의 일을 끝내지 못한다.	0	1	2	3
7. 과제나 놀이를 할 때 지속시간이 짧다.	0	1	2	3
8. 한 가지 일을 끝내기도 전에 다른 활동을 시작한다.	0	1	2	3
9. 조용하게 노는 데 어려움이 있다.	0	1	2	3
10. 지나치게 말이 많다.	0	1	2	3
11. 다른 사람들이 하는 일을 방해하거나 간섭한다. 예를 들면, 다른 아이들의 놀이에 말참견을 한다.	0	1	2	3
12. 남의 말에 귀를 기울이지 않는다.	0	1	2	3
13. 학교에서나 가정에서 과제나 어떤 활동을 하는 데 필요한 물건을 자주 잊어버린다.	0	1	2	3
14. 가끔 일어날 결과는 생각하지 않고 신체적으로 위험한 활동을 한다. 예를 들면, 살펴보지도 않고 도로로 뛰어간다.	0	1	2	3

4) 한국아동청소년성격검사(교사평정용/자기보고용)

- 한국아동청소년성격검사(교사평정용/자기보고용)(Korean Child Personality Inventory for Teachers/Self report: KCPI-T/S)는 『정신질환의 진단 및 통계 편람(DSM)』에 기초하여 임상척도들은 임상 증상을 좀 더 변별할 수 있는 문항을 추가하였고, 중복 문항을 줄이고 문항의 의미를 보다 구체적으로 표현하였을 뿐 아니라 변별력을 높이는 문항을 추가하여 최근에 재개정되었다.
- 이 검사는 아동의 행동, 정서, 발달, 대인관계 등 다양한 영역에 대해 교사 혹은 아동·청소년 본인이 응답하도록 되어 있으며, 3개의 타당도 척도(검사-재검사 척도, L척도, F척도)와 10개의 임상척도로 구성되어 있다.
- 특히 임상척도는 언어발달(VDL), 운동발달(PDL), 불안(ANX), 우울(DEP), 신체화(SOM), 비행(DLQ), 과잉행동(HPR), 가족관계(FAM), 사회관계(SOC), 정신증(PSY)으로 구성되어 있어

서, 아동 및 청소년을 매우 포괄적으로 평가할 수 있다(제7장 참조).

5) 정밀 주의력 검사

- 정밀 주의력 검사(Advanced Test of Attention: ATA)는 최근 서울대학교병원 소아정신과의 홍강의 교수, 신민섭 교수 및 서울대학교 산업공학과 조성준 교수의 연구를 기반으로 개발된 ADHD 진단 프로그램으로, 1,000명 이상의 규준집단의 임상 실험을 기반으로 한 수년간의 연구 결과를 바탕으로 ADHD 검사를 위한 규준 데이터를 제공하고 있다. 특히 기존의 개념적인 측정 방식이 아닌 오류 종류, 연령별 특성을 현실적으로 반영한 실제 데이터를 기반으로 현실적이며 정확도 높은 검사 결과를 도출해 준다.
- 이 시스템으로 누락 횟수, 오경보 횟수, 정반응 시간 평균, 정반응 시간 표준편차의 네 가지 검사변수들을 통합하여 손쉽게 피검자가 ADHD 성향을 보이는지 알 수 있는 지표를 제공하고 있다. 또한 피검자의 주의집중력의 변화 추이를 초반, 중반, 종반으로 나누어 손쉽게 알아볼 수 있는 지표도 제공하고 있다.
- 이 시스템은 시각적 주의력과 청각적 주의력을 평가하는 두 가지 유형으로 CD로 제작, 개인용 PC로 이용할 수 있다. 만 5~15세의 아동 및 청소년의 주의집중력장애를 30분에 걸쳐 진단하며, 검사 결과는 점수로 매겨져 나오기 때문에 누구나 쉽게 장애여부를 알 수 있다.

학습과제

1. 정서장애에 대한 IDEA의 정의를 설명하라.

2. 정서 · 행동장애에 대한 CCBD의 정의를 설명하라.

3. 「장애인 등에 대한 특수교육법」(2008)에서는 정서 · 행동장애를 어떻게 정의하고 있는지를 설명하라.

4. 정서 · 행동장애의 분류 및 특성을 설명하라.

5. 정서 · 행동장애의 원인론을 설명하라.

6. 문제행동에는 어떤 기능들이 있는지를 설명하라.

7. 문제행동의 기능평가와 기능분석을 설명하라.

8. 유아 행동평가척도의 목적, 구성, 하위영역별 측정내용, 실시방법 및 유의사항, 채점 및 결과해석방법을 설명하라.

9. 아동 · 청소년 행동평가척도의 목적, 구성, 하위영역별 측정내용, 실시방법 및 유의사항, 채점 및 결과해석방법을 설명하라.

핵심 용어

주의력결핍 과잉행동장애(attention deficit hyperactivity disorder: ADHD)
초학문적(transdisciplinary) 접근
부주의(inattention)
충동성(impulsiveness)
과잉행동(hyperactivity)
저활동성(hypoactivity, 과소활동)
불복종(disobedience)
미성숙(immaturity)
생물-심리사회적 모델(bio-psychosocial model)
태아알코올증후군(fatal alcohol syndrome)
중추신경계(central nervous system)
품행장애(CD)
한국 ADHD 진단검사(K-ADHD Diagnostic Scale: K-ADHDDS)
ADHD 지수(Attention Deficit Hyperactivity Disorder Quotient: ADHDQ)
표준점수(standard score)
한국아동청소년성격검사(교사평정용/자기보고용) (Korean Child Personality Inventory for Teachers/Self report: KCPI-T/S).
정밀 주의력 검사(Advanced Test of Attention: ATA)

제 13 장 자폐스펙트럼장애의 평가

학습목표

1. 자폐스펙트럼장애의 용어 변경과 정의를 설명할 수 있다.
2. 자폐 유아 및 아동의 행동발달 특성을 비교 설명할 수 있다.
3. 자폐장애 진단평가 도구들을 실시 및 채점/해석할 수 있다.
4. 아스퍼거증후군의 특성을 설명할 수 있다.
5. 아스퍼거증후군 진단평가 도구들을 실시 및 채점/해석할 수 있다.

1 자폐스펙트럼장애의 이해와 진단평가의 필요성

■ 『DSM-5』에서 자폐스펙트럼장애를 어떻게 정의하고 있는가?

- **전반적 발달장애**(pervasive developmental disorder: PDD)는 하위 유형에 대한 진단이 애매하여 논란의 여지가 많았다. 그러나 최근 2013년 미국정신의학회(American Psychiatric Association: APA)는 『정신질환의 진단 및 통계편람 5판(DSM-5)』에 포함된 **자폐스펙트럼장애**(autism spectrum disorder: ASD)에 대한 정의를 새롭게 제안하고 있다. 이 정의에서는 사회적 상호작용 및 의사소통의 2개 핵심 영역의 결함을 하나의 사회적/의사소통 결함에 포함시키고, 아스퍼거증후군와 비분류 전반적 발달장애(PDD-NOS)를 포괄적으로 ASD의 단일 진단기준에 포함시키고 있다(제10장 참조). 장애의 발현 역시 자폐 상태의 심도, 발달 단계, 연령에 따라 매우 달라 **스펙트럼**이라는 용어를 사용한다.
- 자폐스펙트럼장애는 과거의 초기 유아자폐증, 아동기 자폐증, 카너 자폐증, 고기능 자폐증, 비전형적 자폐증, 비분류 전반적 발달장애, 아동기 붕괴성장애, 아스퍼거증후군 등을 총괄하는 용어라 할 수 있다. 이 장애는 많은 경우에서 지적 손상 혹은 언어 손상을 가지고 있으며, 평균 혹은 높은 지능을 가진 경우에도 고르지 못한 능력을 보이기도 한다. 또 지적 기능과 적응 기능 기술 간의 차이가 대개 크며, 기이한 걸음걸이, 까치발로 걷기 등 운동 결함도 자주 나타난다. 또한 자해(머리 박기, 손목 물기)가 나타날 수 있고, 파괴/저항행동도 지적장애 아동이나 청소년보다 더 흔히 나타나며, 유병률은 전체 인구의 1%로 추정하고 있다(American Psychiatric Association, 2013).
- 이 장애는 현재 혹은 과거에, 다양한 맥락에 따른 사회적 의사소통 및 사회적 상호작용에 지속적인 결함이 있고, 제한되고 반복적인 행동, 흥미 혹은 활동을 보이는 것이 특징이며, 발달기 초기에 발생한다. 이 장애의 주된 원인은 사회적 상호작용이나 의사소통을 담당하는 뇌 기능의 이상 혹은 그 발달에 부정적인 영향을 끼치는 **신경학적 이상**(neurological abnormalities)으로 추정된다.
- 또한 특정 민족이나 문화에만 한정되지 않고, 가정의 형태나 교육수준 및 사회경제적 수준이 영향을 주지 않는다. 이 장애는 단독으로 나타나기도 하지만 다른 장애를 수반하기도 하는데, 흔히 지적 손상과 언어장애, 특정학습장애, 발달성 협응장애, 회피적/제한적

음식섭취장애 등이 자주 나타날 수 있다. 또 이 장애를 가진 사람은 유창하게 말할 수도 있고 전혀 말을 하지 못할 수도 있다. 간혹 특정 영역에서 보통 사람보다 뛰어난 능력을 가진 사람도 있다.

■ 자폐스펙트럼장애를 조기 발견하여 중재해야 할 이유는 무엇인가?

- 이처럼 다양한 특성과 심도를 가진 자폐스펙트럼장애의 예후는 다른 장애와 마찬가지로 조기 교육과 치료에 따라 성패가 좌우된다고 할 수 있다. 그러나 이런 장애를 가진 아동들에 대한 조기진단이 지연되면서 아동에게 필요한 교육, 훈련 및 적절한 치료의 기회를 놓치는 경우가 많다. 따라서 이런 장애아동의 적절한 중재방법을 제공하기 위해서는 조기 진단과 평가가 최우선 과제라 할 수 있다.
- 자폐스펙트럼장애에 대한 진단은 흔히 소아정신과 의사, 심리학자, 특수교육 전문가 등에 의해 이루어진다. 그러나 이 장애를 확인할 의학적 검사는 없다. 주로 평가는 직접관찰, 사례사, 부모면접, 행동 검목표 및 심리검사 등으로 이루어진다. 따라서 이 장에서는 자폐장애와 아스퍼거증후군 등을 구분하여 각각의 특성과 진단평가 도구들을 소개하고자 한다.

2 자폐장애의 진단평가

1) 자폐장애 아동의 행동발달 특성

자폐장애는 여러 공통된 특성을 가지고 있는 증후군이다. 흔히 자폐장애 아동은 〈표 13-1〉과 같이 언어, 사회, 감각, 운동발달의 네 가지 영역에서 연령에 따라 결함을 나타내게 되지만, 아주 소수만이 이 모든 특성을 나타낸다.

표 13-1 자폐 유아와 아동/성인의 발달 특성 비교

대상 발달	자폐 유아	자폐 아동/성인
언어발달 (의사소통)	• 말이 지연되거나 없음 • 몸짓을 사용한 의사소통이 거의 없음 • 사물이나 사람에게 거의 시선을 끌지 않음 • 어른 앞에서 재롱떨기와 같은 상호적 의사소통이 없음	• 반향어 · 지연 반향어(들은 것을 몇 시간 혹은 며칠 지난 후 구를 반복함) • 대명사 대치 • 말의 억양이나 음율이 없음 • 지시 따르기를 하지 않음 • 먼저 의사소통을 시작하지 않음 • 질문을 이해하지 못함 • 상징 언어를 이해하지 못함
사회발달 (놀이/정서)	• 사람에 대한 애착을 형성하지 못함 • 사회적 웃음이 부족 • 눈맞춤이 부족 • 사람에 대한 반응이 부족 • 무관심 • 혼자 있어도 만족하는 것처럼 보임 • 까꿍놀이나 빠이빠이를 하지 못함 • 상상놀이가 부족	• 어른의 손을 끌고 원하는 물건 쪽으로 옴 • 변화를 싫어하고 의식적으로 틀에 박힌 일을 원함 • 부적절하게 웃거나 낄낄거림 • 잘 울거나 짜증을 냄 • 대변훈련하기가 어려움 • 수면 형태가 유별남 • 장난감을 적절하게 가지고 놀지 못함
감각발달 (자극)	• 대부분의 감각자극에 아주 민감 혹은 둔감함 • 귀를 기울이지 않음 • 소리에 반응하여 귀를 막음 • 특정 음식을 거부함(식성이 까다로움) • 신체에 닿는 특정 옷을 싫어함 • 물속에서 노는 것은 좋아하지만, 젖은 옷은 싫어함 • 손까불기, 뛰기, 달리기, 구르기 등 감각 자극 행동을 함	• 환경 자극으로부터 철회됨 • 이상한 반복 운동 • 한 장소를 뚫어지게 바라봄 • 사물의 냄새를 맡음 • 넓은 공간에서는 움츠림 • 신체의 특정 부분을 세게 눌러도 가만히 있음
운동발달 (행동)	• 근육 긴장상태가 약함 • 대근육/소근육운동을 모방하지 않음 • 잘 울지 않거나 슬픈 상태로 있음 • 안아 줄 때 빳빳해짐 • 안아 줄 때 뒤쪽으로 몸이 휘어짐	• 발끝으로 걷기 • 자해행동(머리 박기, 물기) • 특정 물건을 쥐고 있으려 고집함

이 장애는 연령에 따라 발달 특성이 차이가 나기 때문에 유아와 아동/성인별로 구분할 필요가 있다. 더 세부적으로 연령에 따른 자폐장애의 조기선별 신호들이 〈표 13-2〉에 나와 있다.

표 13-2 자폐장애의 연령별 조기선별 신호들

나이 (개월)	감각운동 (제한된 운동)	말-언어 (인지발달)	사회성 (인간, 물체 관계)
0~6	• 계속적인 몸 흔들기 • 자극에 일관성 없는 반응	• 옹알이 없음 • 울음이 욕구와 연관 없음 • 성인 목소리에 별 반응 없음	• 엄마를 보고도 기쁜 반응이 없음 • 껴안아 줘도 울음이 그치지 않음 • 엄마의 놀이나 관심에 반응 없음 • 장난감에 반응 없음
6~12	• 불균형적 운동발달 • 음식에 적응 곤란 • 물체를 쥐지 않으려 함 • 청각장애아처럼 행동 • 손가락에 매혹됨 • 감각자극에 고, 저 반응 (혹은 양자 모두)	• 옹알이 있다가 멈춤 • 소리, 몸짓, 표현을 모방하지 않음 • 욕구를 표현하지 않음 • 달라고 해도 물건을 주지 않음	• 아동놀이에 참여 곤란/관심 없음 • 놀이 시도 없음 • '빠이빠이'를 하지 않음 • 장난감에 흥미 없음 • 장난감 흔들기(휙휙 돌리기) • 엄마가 없어도 무관심 • 사회적 미소가 없음 • 좋아하는 놀이를 반복하지 않음 • 타인과 가족을 구별하지 않음
12~24	• 사전에 획득한 기술 상실 • 과소/과대 자극 혹은 과대 반응 • 반복적 자극 활동 추구 • 반복적/습관적 운동(손가락 돌리기, 빙빙 돌기)	• 언어 없거나 간간이 단어 보임 • 말하는 것을 멈춤 • 제스처가 발달하지 않음 • 의미 없는 발성을 반복 • 일관성 없는/욕구와 관련 없는 단어 사용	• 위축 • 어려울 때 위로를 원하지 않음 • 부모와의 격리에 지나친 스트레스 • 상상놀이가 없고 장난감을 특이하게 사용(빙빙 돌리기, 일렬로 나열) • 모방력이 발달하지 않음 • 동료에 관심 없음
24~36	• 자극에 대한 비정상적 예민성 • 반복적/습관적 운동이 지속됨 • 과잉행동 혹은 과소행동 (혹은 둘 다)	• 거의 말이 없거나 간간이 말함 • 반향어(TV 선전 반복) • 특수인지능력(기억력이 뛰어나고 퍼즐 잘함) • 어떤 일을 잘하지만 거부함 • 말로 의사소통 안 함	• 다른 아동과 놀지 않음 • 혼자 있기 좋아함 • 부모를 기쁘게 하려는 의도 없음
36~60	• 반복적 행동이 조금 줄거나 간간이 일어남	• 말이 없음 • 반향어/대명사 도치 • 말의 억양이나 리듬이 비정상 • 의사소통 시도 없음 • 반복적 질문 계속함	• 혼자 하는 특성이 계속 보이지만 사회 활동에 전보다 더욱 흥미를 보임 • 동료와 놀이를 잘 시도하지 못함 • 환경 변화에 화를 냄 • 의미나 의도성 있는 놀이가 부족

2) 관련 특징

자폐장애 아동은 흔히 다른 장애들을 동반하고 있으며, 행동문제를 일으킨다. 예를 들면, 자폐장애 아동은 지적장애를 동반할 수 있다. 자폐장애는 홍역, 염색체 이상 및 발작을 포함한 임상적이고 의학적 상태와 관련이 있고, 간질, 맹 및 농이 때때로 자폐장애와 함께 발생하며, 일반적으로 아동이 더 어릴수록 더 심한 장애를 가지고 있고 더 많은 관련 특징이 나타난다.

- 인지발달의 이상
- 과잉행동, 충동성 및 공격성을 포함한 다양한 행동 증상
- 감각에 대한 이상한 반응
- 먹기, 마시기, 혹은 수면 이상
- 기분/애정상의 이상
- 자해행동(self-injurious behavior)
- 실제 위험에 대한 두려움 부족

3) 자폐장애 진단평가 도구

자폐장애 아동을 진단하고 평가할 수 있는 검사들은 국내에서는 많이 개발되지 않은 실정이다. 현재 사용 중인 검사들과 현재 표준화 작업 중에 있는 도구들은 다음과 같다.

(1) 아동기 자폐증 평정척도

- 검사 개요: 아동기 자폐증 평정척도(Childhood Autism Rating Scale: CARS)는 자폐아를 진단하고, 발달장애아 중 자폐 성향이 없는 아동들을 구별하기 위하여 제작된 행동평정척도로 미국 노스캐롤라이나 대학의 정신의학연구소에서 제작한 것(1988년 개정판)을 1996년에 김태련과 박랑규가 번역한 것이다.
- 검사 대상: 취학전 아동을 포함한 모든 연령군의 아동이다.
- 검사의 장점
  - 광범위한 자료에 근거한 정의를 반영하고 여러 기준에서 제시하는 문항들을 포함하고 있다.
  - 주관적 임상적 판단 대신에 직접적인 행동관찰에 기초한 객관적이고 수량화된 척도다.

- 검사의 구성 및 내용: 자폐 증상에 관한 15개 항목(사람과의 관계, 모방, 정서반응, 신체사용, 물체사용, 변화에 대한 적응, 시각반응, 청각반응, 미각/후각/촉각반응 및 사용, 두려움/신경과민, 언어적 의사소통, 비언어적 의사소통, 활동수준, 지적 반응의 수준과 항상성, 일반적 인상 등)으로 구성되어 있다.
- 실시방법 및 유의점: CARS는 아동 관찰, 부모면접 그리고 병력기록을 통해 이루어질 수 있다. 검사자는 15문항의 설명과 채점기준에 대해 잘 알고 있어야 하며, 아동 관찰 시 아동의 행동은 같은 연령의 정상 아동의 행동과 비교되어야 한다. 만약 같은 연령의 아동에 비해 비정상적인 행동이 관찰되면 이런 행동들의 특성, 빈도, 강도, 지속 시간 등을 비교하여야 한다.
- 검사 결과의 처리: 각 문항마다 판단기준에 의해 1점에서 4점까지 평정된다(〈표 13-3〉 참조). 15개의 각 문항을 평정한 후 점수를 합하여 전체점수를 계산한다.

표 13-3 CARS의 채점 원칙

일반적 채점 원칙	채 점
해당 연령에서 정상범위 내	1
해당 연령에서 매우 경미한 정도로 비정상	1.5
해당 연령에서 경증 비정상	2
해당 연령에서 경증-중간 비정상	2.5
해당 연령에서 중간 비정상	3
해당 연령에서 중증-중간 비정상	3.5
해당 연령에서 중증 비정상	4

- 검사 결과의 해석: CARS의 전체점수는 정상 범위에 속할 때 얻어지는 가장 낮은 점수 15에서부터 최고 60점 사이의 범위다(〈표 13-4〉 참조). CARS는 장애가 연속 선상에서 발생한다는 개념에서 개발되었기 때문에 점수 역시 연속성을 나타낸다. 즉, 점수가 낮을수록 자폐

표 13-4 CARS의 해석

전체 CARS 점수	진단적 분류	기술적 수준
15~29.5	자폐증 아님	자폐증 아님
30~36.5	자폐증	경증, 중간 정도의 자폐증
37~60	자폐증	중증의 자폐증

증적 행동을 덜 보이고, 점수가 높을수록 자폐증적 행동을 많이 보이는 것이다. 그러므로 점수들을 연속성으로 나누어 진단적 범주나 분류 명칭을 만드는 것은 어느 정도 임의적이라 할 수 있다.

(2) 한국 자폐증 진단검사

- 검사 소개: 한국 자폐증 진단검사(Korean Autism Diagnostic Scale: K-ADS)는 자폐증이라고 진단된 아동 및 청소년을 대상으로 국내 최초로 전국 규모의 표준화된 진단도구다(강위영, 윤치연, 2004). 자폐증의 세 가지 주요 증상을 평가하도록 되어 있는 K-ADS는 자폐증을 진단하기 위한 표준화된 규준참조검사다.
- 검사대상: 자폐증으로 의심되는 3~20세 아동 및 청소년의 증상 및 심도를 평가할 수 있다.
- 검사 구성 및 특성
  - 이 검사는 3개의 하위검사로 구성되어 있는데, 상동행동(stereotypic behavior) 14개 문항, 의사소통(communication) 14개 문항, 사회적 상호작용(social interaction) 14개 문항의 총 42개 문항으로 이루어져 있다.
  - 검사 문항은 미국정신의학회의 DSM-IV-TR의 진단기준을 토대로 구성하였기 때문에 강력한 안면타당도를 가지고 있어 자폐증을 진단하고 판별하는 데 효과적이다.
  - 특히 하위검사별로 표준점수를 산출하고 이를 토대로 자폐지수를 산출하도록 되어 있어, 어떤 영역에서 문제가 심한지를 알 수 있고, 전체적인 자폐 심도를 알 수 있다.
  - 이러한 자료는 자폐 진단과 평가는 물론 치료와 교육의 효과를 알아보는 데 유용하게 사용할 수 있다.
  - 이 검사는 강력한 심리측정적 도구로서 개별화교육 프로그램(IEP)에서 변화 및 중재 목표를 설정하는 자료로 활용할 수 있다.
- 실시 요령: K-ADS는 실시 및 채점이 용이하다. 검사대상과 적어도 2주 이상 정규적으로 접촉해 온 교사, 치료사 및 부모가 검사를 실시할 수 있으며, 3개의 하위검사를 완성하는 데는 약 10분 정도가 걸린다. 평정자는 문항 1에서 문항 42까지 한 문항도 빠짐없이 평정해야 한다. 검사대상의 행동이 얼마나 나타나는지를 잘 모를 경우에는 검사를 중단하고 정확히 관찰한 후 평가해야 한다. 단, 말, 신호 등 어떤 형태의 의사소통을 하지 않는 경우에는 의사소통 영역을 생략할 수 있다.
- 채점 요령: 하위검사별로 검사대상의 자폐 증상에 관한 행동을 평정한 후에는, 그 결과를 산출하기 위해서 평정한 점수를 계산하여야 한다. ① 먼저 원점수를 계산한 후, ② 그다음

에 원점수를 표준점수와 백분위점수로 전환하고, ③ 각 하위검사의 표준점수를 합하여 자폐지수를 산출하는 단계를 거치게 된다.

- 결과 해석: K-ADS는 자폐 아동 및 청소년을 대상으로 제작된 규준참조검사다. 규준이 필요한 이유는 검사를 실시하여 다른 자폐 아동 및 청소년들과 비교해서 자폐 심도가 어느 정도인지를 파악하기 위함이다. 이 검사는 제12장의 한국ADHD진단검사와 같은 방식으로 해석할 수 있다.
- 웹기반 평가 시스템 이용: 인터넷상에서도 평가의 효율성 및 사용자의 편의성을 증대시키고 정확한 정보를 제공하기 위하여 표준화된 검사 내용 및 자료들을 데이터베이스화하여 웹기반 코스웨어(web-based courseware)로 제작한 평가 시스템을 이용할 수 있다(심리검사 전문기관 테스피아: http://www.tespia.kr). 이 평가 시스템을 통해 부모, 교사 및 임상가 등 누구든지 어디서든 쉽고 편리하게 온라인상에서 자폐 평가는 물론 교육 및 치료 정보를 제공받을 수 있다.

(3) 영 · 유아기 자폐증 관찰 선별 검목표

영 · 유아기 자폐증 관찰 선별 검목표(〈표 13-5〉 참조)는 문제행동이 나타나는 시기를 영아기와 유아기로 구분하여 한 가지라도 일치하는 항목이 있다면, 자폐 조기발견을 위한 재평가를 하도록 하기 위한 선별검사다.

표 13-5 영 · 유아기 자폐증 관찰 선별 검목표

영아기 문제행동 관찰 선별	유아기 문제행동 관찰 선별
① 미소가 결핍되어 있다. ② 과다민감성을 보인다. ③ 과소민감성을 보인다. ④ 옹아리가 거의 없다. ⑤ 낯선 사람에 대한 불안이 거의 없다. ⑥ 추종하는 행동이 미약하다. ⑦ 불러도 반응이 없다. ⑧ 무표정한 얼굴이다. ⑨ 까꿍에 무반응이다. ⑩ 자율운동적 적응력이 결여되어 있다. ⑪ 눈맞춤이 결여되어 있다.	① 손가락을 써서 가리키는 일이 전혀 없다. ② 말하기의 지연현상이 나타난다. ③ 말에 의한 표현력이 상실되고 있다. ④ 타인의 움직임에 대한 대응이 곤란하다. ⑤ 무의식적 자극행동이 있다. ⑥ 극단적 위축행동이 있다. ⑦ 놀이 중 방해받기 싫어한다. ⑧ 상상놀이가 전혀 없다. ⑨ 동일성 고집이 세다. ⑩ 과다행동이 나타난다. ⑪ 이유 없는 갑작스러운 울음과 웃음이 있다. ⑫ 불규칙하고 자주 깨는 잠버릇이 있다.

* 평정준거: 위 사항 중 어느 한 가지라도 해당하면 자폐증 조기발견을 위해 재평가가 요구됨.

출처: 연세대학교 의과대학 장애아동 연구소 논문 제6집(1995).

(4) 영아용 자폐증 검목표-수정판

- 영아용 자폐증 검목표-수정판(Modified Checklist of Autism in Toddlers: M-CHAT)은 16~30개월 영아용 자폐증 선별도구로서(〈표 13-6〉 참조), 자폐스펙트럼장애(ASD) 혹은 발달지체의 조기 증후를 상세하게 평가할 수 있다. 그동안 자폐증의 조기검사법으로 발표된 것으로 CHAT, M-CHAT, ADI-R, ADOS-G, CSBS 등이 있다. 그런데 수년간 미국소아과학회의

표 13-6 영아용 자폐증 검목표-수정판

아래 문항을 읽고 평소 당신 자녀가 그런 행동을 자주 보였으면 '예', 만일 그런 행동이 드물게 나타나면 (예: 한두 번) '아니요'에 체크(✓)해 주세요. 한 문항도 빠짐없이 모두 다 체크해야 합니다.

문 항	예	아니요
1. 자녀는 당신 무릎 위에서 뛰기, 손 그네 태우기 등을 좋아합니까?		
2. 자녀는 다른 아이에게 관심을 가집니까?		*
3. 자녀는 계단 오르기나 소파에 올라가기를 좋아합니까?		
4. 자녀는 까꿍놀이나 숨바꼭질 같은 놀이를 좋아합니까?		
5. 자녀는 전화를 걸거나 인형을 돌보는 소꿉놀이를 합니까?		*
6. 자녀는 집게손가락을 사용하여 질문합니까?		
7. 자녀는 집게손가락을 사용하여 관심 있는 물건을 가리킵니까?		*
8. 자녀는 장난감을 입에 넣거나 떨어뜨리지 않고 적절하게 가지고 놉니까?		
9. 자녀는 뭔가를 보여 주기 위해 물건을 가져오곤 합니까?		*
10. 자녀는 1~2초 이상 당신과 눈맞춤을 합니까?		
11. 자녀는 어떤 소리에 아주 민감하게 반응하곤 합니까?		
12. 자녀는 당신의 얼굴을 보거나 웃을 때 화답하여 미소를 짓습니까?		
13. 자녀는 당신의 행동이나 얼굴 표정을 모방합니까?		
14. 자녀는 자기 이름을 부를 때 반응합니까?		*
15. 자녀는 방 건너에 있는 장난감을 가리키면 그 장난감을 쳐다봅니까?		*
16. 자녀는 잘 걷습니까?		
17. 자녀는 당신이 쳐다보는 것을 따라 봅니까?		
18. 자녀는 자신의 얼굴 가까이에서 이상스럽게 손가락을 움직입니까?		
19. 자녀는 자신이 하고 있는 활동에 당신의 관심을 끌려고 합니까?		
20. 자녀가 듣지 않는 것처럼 보이곤 합니까?	*	
21. 자녀는 사람들이 말하는 것을 이해합니까?		
22. 자녀는 때때로 멍하니 있거나 뭔가를 뚫어지게 쳐다봅니까?		
23. 자녀는 친숙치 않은 상황에 처하면 당신의 반응을 살핍니까?		

* 문항 2, 5, 7, 9, 14, 15, 20은 위험 문항(음영 칸에 체크된 숫자 파악)

검토에 의해 M-CHAT 검사의 민감도, 양성 예측성(positive predictive value: PPV)이 우수하여, 18개월 된 모든 미국 영아에게 M-CHAT 검사를 시행하자는 지침이 발표되었다. 그리하여 2007년 11월부터 이 선별검사를 권장하고 있다.

- 이 척도는 23개 문항으로 이루어져 있으며, '예 혹은 아니요'로 부모가 응답하도록 되어 있다(부록 3 참조). 7개 위험 문항(2, 5, 7, 9, 14, 15, 20) 중에 2개 이상 해당될 때, 그 아이는 자폐 위험성이 있으며, 더 철저한 평가를 받아야만 한다. 또한 전체 23개 문항 중 3개 이상일 때도 더 철저한 평가를 받아 보아야 한다. 그러나 위험 문항 1개 이하 혹은 전체 23개 문항 중 2개 이하의 경우도, 위험성은 낮을지라도 자폐스펙트럼장애가 전혀 없다는 것을 의미하지 않으므로 주의를 요한다.

(5) 아동기 자폐스펙트럼 검사

아동기 자폐스펙트럼 검사(Childhood Autism Spectrum Test: CAST, 〈표 13-7〉 참조)는 영국의 케임브리지 대학 자폐연구소에서 개발한 것으로 이전의 CAST(Childhood Asperger's Syndrome Test)로 알려져 있는데, 자폐스펙트럼장애를 선별하기 위한 부모용 질문지로서 5세에서 11세 아동에게 사용할 수 있다. 이 검사는 평소 관찰한 아이의 행동에 대해 '예'와 '아니요'로 평정하는 39개 문항으로 구성되어 있는데, 통합학교 장면에서 자폐스펙트럼장애를 선별하는 데 유용한 도구라 할 수 있다. 이 검사에서 15~31점은 자폐스펙트럼장애 혹은 사회적 의사소통 문제가 있다고 판단할 수 있다(https://psychology-tools.com/cast/에서 실시 가능).

표 13-7 아동기 자폐스펙트럼 검사

다음 질문을 주의 깊게 읽으시고 '예'와 '아니요'에 정확하게 응답해 주시기 바랍니다.

문 항	예	아니요
1. 다른 아이들과 쉽게 게임 놀이를 한다.		
2. 당신에게 자연스럽게 말을 걸어온다.		
3. 2세경에 말을 하였다.		
4. 스포츠를 좋아한다.		
5. 또래집단과 잘 어울린다.		
6. 다른 사람의 실수를 특이할 정도로 상세하게 지적한다.		
7. 어떤 것을 문자적으로 받아들이는 경향이 있다.		
8. 3세경에 오랫동안 가장놀이(예: 영웅놀이)를 하려고 고집하였다.		

(계속)

9. 어떤 일을 온종일 같은 방식으로 반복하는 것을 좋아한다.		
10. 다른 아이들과 상호작용을 잘한다.		
11. 상대방과 주고받는 대화를 지속할 수 있다.		
12. 자기 연령 수준의 읽기가 가능하다.		
13. 또래들처럼 동일한 흥미를 가지고 있다.		
14. 많은 시간이 소요되는 어떤 특별한 관심사를 가지고 있다.		
15. 친지 이상의 친구들을 사귀고 있다.		
16. 관심이 있는 물건을 당신에게 보여 주기 위해 자주 가지고 온다.		
17. 남을 웃기거나 장난을 좋아한다.		
18. 공손한 행동 규율을 잘 이해하지 못한다.		
19. 특이하게 상세한 것까지 기억하고 있는가?		
20. 목소리가 특이하다(지나치게 어른스럽거나 매우 단조롭다).		
21. 사람들을 중요하게 생각한다.		
22. 혼자서 옷을 입을 수 있다.		
23. 대화를 순서대로 잘 주고받는다.		
24. 다른 아이들과 역할놀이나 상상놀이를 한다.		
25. 사회적으로 부적절한 말을 하거나 행동을 한다.		
26. 숫자를 빠뜨리지 않고 50까지 셀 수 있다.		
27. 눈 맞춤은 정상적으로 이루어지고 있다.		
28. 특이하고 반복적인 행동을 한다.		
29. 사회적 행동이 매우 일방적이고 항상 자기중심적이다.		
30. 때때로 자신을 나타낼 때, 당신 혹은 그 사람이라고 말한다.		
31. 숫자나 사실보다는 거짓되거나 이야기 만들기 등 상상놀이를 좋아한다.		
32. 자신이 말하고 있는 것에 설명을 하지 않기 때문에 듣는 사람이 거의 없다.		
33. 자전거(보조바퀴가 있는)를 탈 수 있다.		
34. 자신이나 타인에게 틀에 박힌 일을 강요하여 문제를 야기한다.		
35. 집단 외의 사람들이 자신을 어떻게 생각하는지에 대해 신경을 쓴다.		
36. 다른 사람이 말하고 싶은 것보다는 자신이 좋아하는 주제로 대화를 바꾼다.		
37. 특이한 단어(말)를 사용한다.		
38. 교사나 의료진이 발달에 대해 걱정스럽게 말한 적이 있다.		
39. 언어지연, ADHD, 청각/시각문제, 아스퍼거증후군 등을 진단받은 적이 있다.		

3 아스퍼거증후군의 진단평가

1) 아스퍼거증후군의 이해

■ 영화 속에 나타나는 아스퍼거장애인은 어떤 모습인가?

- 〈모차르트와 고래〉라는 영화는 아스퍼거증후군(Asperger's disorder) 자조집단(self-help group)의 리더 도날드와 신참인 이사벨의 만남과 사랑, 갈등을 그리고 있다. 남자 주인공인 도날드는 고기능 자폐증(일명 서번트 신드롬, savant syndrome)인 사람들이 종종 보이는 숫자에 대한 집착 혹은 천재성을 가졌다. 모든 상황에서 숫자에 주목하여 일반인들은 도저히 상상도 할 수 없는 온갖 계산들을 순식간에 해낸다. 다만 대상에 따라서 적절한 이야기를 하지 못하고, 상황에 적절한 대응을 하지 못한다. 불안을 견디지 못하여, 불안한 상황을 언제나 회피하려고 한다. 그래서 택시 기사로 일하다가 사고를 낸 후에 그냥 도망을 치고, 이사벨과의 할로윈 파티에 참석하기 위하여 9시간 전부터 고래 의상을 준비해 놓고서도 시간만 보다가 결국에는 1시간이나 늦어 버린다(이사벨은 모차르트 차림을 했다. 그래서 영화 제목이 〈모차르트와 고래〉다).
- 반면, 여자 주인공인 이사벨은 음악과 미술 등 예술에 재능이 있다. 한때 피아노 조율을 했지만, 자신의 생각과 감정을 숨기지 못하고 그대로 표현하는 특성 때문에 사람들과 수시로 갈등을 일으켜서 헤어디자이너로 직업을 바꾸었다. 예를 들자면 음악에 대하여 아무것도 모르면서 조금 아는 척하는 사람들에 대해서는 부정적인 감정을 있는 그대로 표출하는 식이다. 또한 그녀는 사람들의 말을 곧이곧대로 믿어 버린다. 어린 시절 부모님이 올림픽 경기를 보면서 '선수들이 기록(레코드)을 깨서 대단하다'고 하자, 자신도 대단하다는 것을 증명해 보이기 위해서 집에 있는 레코드 판을 모두 깨기도 하였다. 상대방의 말을 곧이곧대로 받아들이고, 자신의 감정과 생각을 숨기지 못하기 때문에 이사벨 역시 누군가와의 지속적인 관계, 특히 남자친구와의 관계는 오래가지 못한다.

이와 같이 아스퍼거증후군 아동은 보통 사람들과는 다르게 세상을 지각한다. 예컨대, 왜 진심이 아닌 말들을 그렇게 많이 하는지, 왜 아무 쓸모없는 말을 그렇게 자주 하는지, 왜 사회적 신분 상승에 신경을 쓰는지, 왜 모든 사람을 똑같이 대하지 않는지, 왜 사람들은 그토록 복잡한 감정적 관계를 맺고 있는지 등을 이해하지 못한다. 이러한 인식의 차이로 인해 사고, 감정 및 행동 방식 등이 다른 사람과 마찰을 빚게 된다. 그렇지만 그들이 가진 특별한 능력을 제대로 발전시키기 위해 다른 사람들과 마찰을 빚지 않고 그들이 지닌 특별한 관심사에 주의를 기울여 주고, 또 최선의 성과를 이루기 위해서는 그들이 사회의 한 구성원으로서 긍정적인 사회적 관계를 맺으며 세상에 적응하는 방식을 찾도록 지원해 주어야 한다.

2) 아스퍼거증후군의 특성

■ 아스퍼거증후군의 주요 행동 특성은 무엇인가?

아스퍼거증후군 아동은 다양한 특성을 보이며, 경미한 정도에서 심각한 정도까지 심도 또한 다양하게 나타난다. 일시적인 변화를 싫어하고 불편해하며 동일하게 유지되는 것을 좋아한다. 어린 시절에는 강박적으로 판에 박힌 일을 고수하는 것에 대해 매우 경직된 반응을 보이거나 불안해하기도 한다. 또한 비언어적인 단서(표정, 몸짓)를 이해하는 데 상당한 어려움이 있다. 소리, 맛, 냄새 또는 시각에 예민해서 부드러운 질감의 옷과 특정 음식을 유독 좋아하고, 다른 사람은 감지하지 못하는 소리 또는 빛 때문에 고통받기도 한다.

■ 아스퍼거증후군의 주요 인지 및 언어 특성은 무엇인가?

- 아스퍼거증후군 아동은 정상 지능을 지니고, 많은 경우에(전부는 아니지만) 특정 분야에서 뛰어난 기술과 재능을 보이며, 특정 주제에 매우 관심이 많고 몰두하는 경향이 있어, 종종 성인기에 매우 성공적인 직업을 갖게 된다. 그들의 높은 기능수준과 순진함 때문에 아스퍼거증후군 아동은 흔히 괴짜 또는 이상한 아이로 보여 쉽게 놀림감이 되거나 집단 괴롭힘을 당할 수 있다.
- 한편, 표면상으로는 언어발달이 정상인 것처럼 보이지만, 흔히 실용언어와 말의 운율에 결함이 있다. 어휘력이 비상하게 풍부하기도 하고, 어떤 아이들은 '꼬마교수'처럼 보이기도 하지만, 지나치게 축어적이고 언어를 사회 상황에 맞게 사용하는 데는 어려움이 있다. 언어발달 지표의 기준은 유의하게 지체되지 않지만, 언어를 사용하는 방식이 다름을 관찰할 수 있다. 아스퍼거증후군 아동은 뛰어난 어휘력을 지닐 수 있고, 언어의 뉘앙스를 실질적으로 이해하지 못하고 실용언어에 어려움이 있다.

■ 아스퍼거증후군의 주요 운동 및 사회 특성은 무엇인가?

- 실용적 사회성도 미약하여 마치 '남의 드럼'의 박자에 맞춰 걷고 있는 것처럼 보이며, 운동성 실행증이 있어서 서투르게 행동하는 경향이 있다.
- 아스퍼거증후군 아동은 흔히 눈 맞추기를 피하고 인사를 하자마자 몸을 돌려 버리기도 한다. 또한 타인과 상호관계를 맺고 싶어도 어떻게 해야 하는지를 몰라서 곤란해한다. 그렇지만 그들은 우리가 피아노 치는 법을 배우는 것과 마찬가지로 사교적 기술을 배울 수 있다.

3) 아스퍼거증후군의 진단 분류

■ 아스퍼거증후군과 자폐장애는 어떤 차이가 있는가?

- 아스퍼거증후군이 진단 분류상 정확히 어디에 들어가야 맞는지에 대해서는 아직도 논란이 많지만, 현재는 '자폐스펙트럼장애'의 범주에 포함시키고 있다(제10장 참조). 흔히 아스퍼거증후군은 고기능 자폐장애의 연속선상에 두고 있다. 그 이유는 흔히 아스퍼거증후군이 감정이입의 부족, 부적절하고 일방적인 사회적 상호작용, 교우관계 형성능력의 결여, 현학적이고 반복적인 구어, 비구어적 의사소통의 어려움, 제한된 주제에 대한 몰입, 우둔하고 상동적인 운동 협응과 같은 자폐장애의 특성을 가지고 있기는 하지만 고기능 자폐장애의 특징인 초기의 평균적인 언어발달, 평균이거나 그 이상의 높은 지능, 특정 영역에서의 재능을 가지고 있기 때문이다.
- 특히 흥미와 관련된 요소에서는 자폐장애가 사물이나 사물의 특정 부분에 관심을 기울이는 것과는 달리 아스퍼거증후군의 경우는 나이가 들수록 환경오염, 과학이나 법률과 같은 특정한 지적 영역에 대해 관심을 가지며, 사회성에 있어서도 자폐와는 달리 친구관계를 형성하고 싶어 한다는 측면에서 아스퍼거증후군은 자폐장애와 뚜렷이 구분되는 특징을 가지고 있다고 할 수 있다.

■ 아스퍼거증후군의 발달적 특징은 어떻게 보이는가?

- 아스퍼거증후군 아동은 흥미와 사회적 상호작용에서 또래와 다른 양상을 나타낸다. 특히 눈 맞춤을 하지 못하거나, 비언어적 의사소통의 방식을 이해하지 못하고, 특정한 사물이나 사건에 집착에 가까운 관심을 보인다. 그러나 학령기에 접어들기 전까지는 이러한 특성이나 결핍된 요소들이 관찰되지 않고 간과되는 경우가 대부분이다. 그들이 가지고 있는 평균에 가까운 지능이나 평균적인 언어발달이 장애를 인식하지 못하게 하기 때문인데, 이런 이유로 학령기에 접어들기 전까지는 조기진단이 어렵다.
- 뿐만 아니라 장애에 대한 정보의 부족으로 인해 오해와 비난의 대상이 되고, 행동문제는 더욱 가중되는 악순환을 가져올 수 있다. 또한 초등학교 고학년이나 중학교에 접어들면서는 이때까지 비교적 안정적이었던 학업 성적도 급락하게 되는데 이것은 학교생활이나 학업 과제가 조직적이며, 사회적 추리를 필요로 하거나 추상적이고 개념적인 사고를 요구하는 수준이 급격히 증가하기 때문이다. 따라서 아스퍼거증후군 아동은 청소년기로 접어들면서 문제가 더욱 심각하게 발전할 수 있으므로 이때 적절한 중재를 제공해야 한다.

4) 아스퍼거증후군의 진단평가 도구

(1) 호주 아스퍼거증후군 척도

호주 아스퍼거증후군 척도(Australian Scale for Asperger's Syndrome: ASAS)는 Garnett와 Attwood(1995)가 공식적인 진단기준과 공통 특성에 대한 연구논문 그리고 광범위한 임상 경험을 토대로 제작한 것으로 호주에서 사용되고 있다(〈표 13-8〉 참조).

- 이 척도는 초등학생용(만 5~12세)으로 이 시기에 가장 두드러지게 나타나는 여섯 가지 영역의 특이한 행동양식과 능력(사회적-정서적 능력, 의사소통기술, 인지적 기술, 특이한 관심, 운동기술, 기타 특징)에 관한 문항으로 구성되어 있으며, 그 나이 또래의 평범한 아이들에게 기대되는 수준을 0으로 표시한다. 즉, 평가는 0(드뭄)에서 6(자주)의 7점 척도로 평정하도록 되어 있다.
- 이 척도에서 대부분의 문항에 대부분 그렇다고 응답하고, 문항별 평정점수가 2~6점(확실히 평균치보다 높은 점수)일 경우 아스퍼거증후군을 지닐 가능성을 시사한다고 해석할 수 있다.

표 13-8 호주 아스퍼거증후군 척도(Australian Scale for Asperger's Syndrome: ASAS)

다음 질문지는 초등학교용 아스퍼거증후군을 나타내는 행동이나 능력을 확인하기 위해 제작되었습니다. 각 문항은 특이한 행동이나 능력을 가장 잘 설명하고 있으므로, 관찰 정도에 따라 0(드뭄)에서 6(자주)까지 평정하십시오.

I. 사회적-정서적 능력

	드묾						자주
1. 다른 아이들과 어울려 노는 법을 잘 이해하지 못합니까?	0	1	2	3	4	5	6
2. 학교 점심시간과 같은 자유놀이시간에 다른 아이들과 놀지 않고 접촉을 피합니까? 예) 외진 곳을 찾거나 도서관에 간다.	0	1	2	3	4	5	6
3. 어떤 행동의 사회적 관습 또는 의미를 알지 못하고 부적절한 행동이나 말을 합니까? 예) 남에게 인신공격적인 말을 하면 그의 기분이 상할 수 있다는 것을 알아채지 못한다.	0	1	2	3	4	5	6
4. 다른 사람의 기분을 직관적으로 이해하는 공감능력이 부족합니까? 예) 사과하면 그 사람의 기분이 한결 나아진다는 사실을 알지 못한다.	0	1	2	3	4	5	6
5. 다른 사람들이 자신의 생각, 경험, 의견을 알아주었으면 하고 바랍니까? 예) 당신이 그때 자기와 함께 있지 않았기 때문에 어떤 일에 대해 모를 수 있음을 이해하지 못한다.	0	1	2	3	4	5	6
6. 상황이 달라지거나 잘못되었을 경우 지나칠 정도의 자기위안이 필요합니까?	0	1	2	3	4	5	6
7. 감정표현 면에서 세밀함이 부족합니까? 예) 상황에 걸맞지 않을 정도로 애정이나 고통을 표현한다.	0	1	2	3	4	5	6
8. 자신의 감정을 정확하게 표현하지 못합니까? 예) 상대에 따라 다른 정도의 감정표현을 해야 한다는 점을 이해하지 못한다.	0	1	2	3	4	5	6
9. 경쟁적인 운동, 게임, 활동에 참여하는 것에 관심이 없습니까?	0	1	2	3	4	5	6
10. 또래가 갖고 있는 물건을 가지려고 하거나 같은 행동을 하려고 하지 않습니까? 예) 장난감이나 옷에서 최신유행을 찾지 않는다.	0	1	2	3	4	5	6

II. 의사소통 기술

	드뭄						자주
11. 다른 사람의 말을 액면 그대로 받아들입니까? 예) '아는 것이 힘' '팔 걷어붙이고' 또는 '옷이 날개'와 같은 관용어구에 혼란스러워한다.	0	1	2	3	4	5	6
12. 이상한 어조로 말합니까? 예) 외국인과 같은 억양으로 말하거나, 중요한 단어에 강세를 두지 않고 단조롭게 말한다.	0	1	2	3	4	5	6
13. 아이와 이야기할 때, 아이가 대화의 상대방 입장에 대해서는 관심이 없어 보입니까? 예) 특정 주제에 대한 당신의 생각이나 의견을 묻거나 언급하지 않는다.	0	1	2	3	4	5	6
14. 대화 도중에 당신이 생각하는 것보다 눈을 훨씬 덜 마주칩니까?	0	1	2	3	4	5	6
15. 아이의 언어가 지나치게 정확하거나 현학적입니까? 예) 지나치게 격식을 갖춰 말하거나, '걸어 다니는 사전'처럼 말한다.	0	1	2	3	4	5	6
16. 상황에 맞는 대화를 이끌거나 유지해 나가지 못합니까? 예) 당황하였을 때 명확한 설명을 요구하지 않고 자기에게 익숙한 주제로 바꿔 버리거나, 대답하는 데 많은 시간이 걸린다.	0	1	2	3	4	5	6

III. 인지적 기술

	드뭄						자주
17. 문학작품에는 관심이 없는 듯하고, 주로 정보를 얻기 위해서 책을 읽습니까? 예) 백과사전과 과학서적은 탐독하지만 소설책에는 흥미를 보이지 않는다.	0	1	2	3	4	5	6
18. 오래된 사건이나 사실에 대해 특이할 정도로 오래 기억합니까? 예) 몇 년 전 이웃의 차 번호를 기억하거나, 수년 전에 일어났던 장면을 생생하게 회상해 낸다.	0	1	2	3	4	5	6
19. 사회적인 상상놀이를 잘하지 못합니까? 예) 자신의 상상놀이에 다른 아이들을 끼워 주지 않는다거나, 다른 아이들의 위장놀이에 혼란스러워한다.	0	1	2	3	4	5	6

Ⅳ. 특이한 관심

	드묾						자주
20. 특정 주제에 빠져들고, 그 관심사에 관한 정보나 통계치를 지나칠 정도로 모읍니까? 예) 차량, 지도, 또는 스포츠팀 성적에 대해 백과사전처럼 해박하다.	0	1	2	3	4	5	6
21. 일과가 바뀌거나 예상대로 되지 않으면 지나치게 당황하고 혼란스러워합니까? 예) 평소와 다른 길로 학교를 가면 괴로워한다.	0	1	2	3	4	5	6
22. 반드시 지켜야 할 정교한 일과 또는 의례를 만들어 놓았습니까? 예) 잠자리에 들기 전에 장난감들을 정렬해 놓아야 한다.	0	1	2	3	4	5	6

Ⅴ. 운동 기술

	드묾						자주
23. 운동협응력이 빈약합니까? 예) 공 잡는 기술이 서툴다.	0	1	2	3	4	5	6
24. 달리는 모습이 특이합니까?	0	1	2	3	4	5	6

Ⅵ. 기타 특징들

다음 특징 중 해당하는 것에 표시하시오.

(1) 아이에게 유별난 공포나 괴로움을 유발하는 것
- * 전기기구들이 내는 소음 같은 일상적인 소리 □
- * 피부나 머리에 가해지는 가벼운 접촉 □
- * 특정 소재의 옷 입기 □
- * 예상치 못한 소음 □
- * 특정 사물 쳐다보기 □
- * 슈퍼마켓처럼 시끄럽고 번잡한 장소 □

(2) 몹시 흥분하거나 괴로울 때 손목을 펄럭거리거나 몸을 흔드는 경향 □

(3) 가벼운 통증에 대한 지각 부족 □

(4) 언어습득이 느림 □

(5) 특이한 안면 찡그리기나 또는 틱 □

4 비분류 전반적 발달장애의 진단평가

- 비분류 전반적 발달장애(pervasive developmental disorder-not otherwise specified: PDD-NOS)는 PDD의 한 유형으로서 자폐스펙트럼장애에 포함시키고 흔히 비전형 자폐증이라 부르고 있다. 이 장애는 모든 아동이 동일한 증상을 보이지는 않지만, 사회적 상호작용 기술과 의사소통 곤란의 두 가지 주요 특성을 지니고 있다.
- 이 장애를 지니고 있는 아동이 학교에 들어가면 학급 동료와 상호작용하고 싶어 하지만, 또래와 사회적으로 구별된 행동을 하며, 진심에서 우러나오는 관계를 형성하지 못한다. 또한 영아기 때부터 옹알이가 없거나 동일 연령대의 아이처럼 언어를 사용하지 않는다.

1) PDD-NOS의 특성

PDD-NOS는 자폐스펙트럼장애 중의 하나이고 흔히 비전형 자폐증이라 부르고 있다. 이 장애는 모든 아동이 동일한 증상을 보이지는 않지만, 사회적 상호작용 기술과 의사소통 곤란의 두 가지 주요 특성을 지니고 있다. 증상이 갓난아이에게도 나타나지만 약 4세까지는 진단을 내리지 않는다. PDD-NOS가 비전형 자폐증보다는 더 가벼운 것으로 알려져 있지만, 항상 그런 것은 아니다. 어떤 증상은 가벼울 수 있지만, 어떤 증상은 훨씬 더 심할 수 있다.

(1) 사회적 상호작용 기술

PDD-NOS 아동이 학교에 들어가면, 학교 친구와 상호작용하기를 갈망하지만, 또래와는 사회적으로 상이한 행동을 하고 진정한 관계를 형성하지 못한다. 나이가 들어 가면서 그들의 부모와는 밀접한 관계를 형성한다. 이 아동들은 안면 표정을 이해하지 못하며 타인의 감정들을 관련시켜 설명하지 못한다. 어떤 사람이 웃거나 울 때 반응하는 법을 알지 못한다. 또한 문자식(융통성 없는) 사고(literal thinking)가 PDD-NOS의 특성이기도 하다. 비유적 언어와 풍자어를 이해하는 데 어려움을 지니고 있다.

(2) 의사소통 기술

PDD-NOS 증상은 태어나자마자 나타나기 시작하는데, 의사소통 기술을 사용하려 하지 않는다. PDD-NOS 영아들은 옹알이를 하지 않으며, 시간이 흘러도 또래 수준의 언어를 사용하지 못한다. 언어적 의사소통을 하기 시작한다 해도 어휘 수는 제한되어 있다. 언어 양상으로는 반복적이며 고정된 언어, 제한된 관심사, 불균형적인 언어발달, 빈약한 비언어적 의사소통 등을 들 수 있다. PDD의 가장 흔한 특성은 대화할 때 단어 간의 차이를 이해하지 못하는 것이다.

부모: "내"가 색칠하기 바라니?

PDD **아동**: "내"가.

여기에서 부모가 자기 자신을 설명하기 위해 '내가'라는 단어를 사용하였기 때문에, 이 아이는 말하는 사람이 누구냐에 관계없이 부모에게도 '내가'라는 단어를 사용할 수 있다고 생각한다.

2) PDD-NOS의 진단평가

- 일반적으로 PDD-NOS는 임상심리학자 혹은 소아정신과 의사가 진단을 내린다. 어떤 아동이 자폐스펙트럼장애가 있는지를 결정하기 위해 특정 검사만을 사용하지는 않는다. 관찰, 질문지, 검사 등을 통해 진단이 이루어져야 한다. 부모가 자녀 발달이 이상하다는 것을 알아차린 후 전문가를 찾게 되고, 전문가는 또래 연령의 발달 이정표(첫 수행)와 비교하여 아동의 발달수준을 파악하기 위해 질문을 하게 된다. 또한 영아용 자폐증 검목표-수정판(M-CHAT)을 사용할 수 있는데, 이는 전문가에게 의뢰할지 여부를 결정하기 위해 응답하게 되는 질문지다.
- 그러나 PDD-NOS라는 용어는 기타 전반적 발달장애(PDD), 정신분열증, 정신병적 인격장애, 회피성 인격장애 등의 기준을 충족하지 못할 때 사용한다. 일반적으로 PDD-NOS는 다음과 같이 세 가지 집단으로 분류된다.
  - 고기능 집단(약 25%): 아스퍼거증후군과 중복되는 증상이 많지만, 언어발달이 느리거나 가벼운 인지 손상을 지니고 있는 경우
  - 두 번째 집단(약 25%): 자폐장애와 아주 유사한 증상을 보이지만, 자폐장애의 모든 진단기준을 충족하지 못하는 경우
  - 세 번째 집단(약 50%): 자폐장애의 모든 진단기준을 충족하지만, 상동행동이나 반복행동이 아주 가볍게 보일 경우

학습과제

1. 『DSM-5』에서 자폐스펙트럼장애를 어떻게 정의하고 있는지를 설명하라.

2. 『DSM-5』(2013)에서는 자폐스펙트럼장애를 어떤 범주로 분류하고 있으며, 조기발견하여 중재해야 할 이유를 설명하라.

3. 자폐 유아와 아동의 발달 특성을 비교 설명하라.

4. 자폐장애의 연령별 조기 선별 신호들을 설명하라.

5. 아동기 자폐증 평정척도(CARS)의 목적, 구성, 하위영역별 측정내용, 실시방법 및 유의사항, 채점 및 결과해석방법을 설명하라.

6. 한국자폐증 진단검사(K-ADS)의 목적, 구성, 하위영역별 측정내용, 실시방법 및 유의사항, 채점 및 결과해석방법을 설명하라.

7. 아스퍼거증후군의 주요 행동 특성을 설명하라.

8. 아스퍼거증후군의 주요 인지 및 언어 특성을 설명하라.

9. 아스퍼거증후군의 주요 운동 및 사회 특성을 설명하라.

10. 아스퍼거증후군과 자폐장애는 어떤 차이가 있는지를 설명하라.

11. 아스퍼거증후군과 자폐장애를 자폐스펙트럼장애의 연속 선상에서 보아야 하는지를 설명하라.

12. 비분류 전반적 발달장애도 자폐스펙트럼장애에 포함시키고 있는데, 어떤 특성을 지니고 있는지를 설명하라.

핵심 용어

- 전반적 발달장애(pervasive developmental disorder: PDD)
- 자폐스펙트럼장애(autism spectrum disorder: ASD)
- 신경학적 이상(neurological abnormalities)
- 자해행동(self-injurious behavior)
- 아동기 자폐증 평정척도(Childhood Autism Rating Scale: CARS)
- 한국 자폐증 진단검사(Korean Autism Diagnostic Scale: K-ADS)
- 영아용 자폐증 검목표-수정판(Modified Checklist of Autism in Toddlers: M-CHAT)
- 아동기 자폐스펙트럼 검사(Childhood Autism Spectrum Test: CAST)
- 아스퍼거증후군(Asperger's disorder)
- 호주 아스퍼거증후군 척도(Australian Scale for Asperger's Syndrome: ASAS)
- 비분류 전반적 발달장애(pervasive developmental disorder-not other specified: PDD-NOS)
- 문자식(융통성 없는) 사고(literal thinking)

부 록

〈부 록 1〉 초기면접 기록지

아 동 명		생년월일		연 령	만 세 월	성 별	남, 여
주 소							
보호자명		관 계		직 업		연락처	
의뢰 이유							

발달사	출산	임 신 중	1. 약 복용: 무, 유(내용:) 2. 질병: 무, 유(내용:) 3. 건강상태( ) 4. 심리 · 정서상태( )
		출 생 시	1. 분만유형(순산, 가사분만, 난산, 겸자분만, 제왕절개, 조산) 2. 체중(Kg) 3. 원하는 아이(예, 아니요) 4. 울기(강, 약) 5. 인큐베이터/산소호흡기 사용(무, 유)
	영아기	건강상태	1. 고열: 무, 유(시기: 체온:) 2. 경기: 무, 유(시기: 정도: 횟수:)
		섭식 및 수면	1. 영양(모유, 우유, 혼합) 2. 이유( ) 3. 영양상태( ) 4. 수면의 유형과 양( ) 5. 수면장애(무, 유)
		신체 발달	1. 앉기( ) 2. 기기( ) 3. 서기( ) 4. 걷기( )
		언어 발달	1. 옹알이( ) 2. 첫말단어( )
		애착 유형	1. 안정애착( ) 2. 불안정애착(회피형, 저항형, 혼란형)
		신변 처리	1. 대변 가리기( ) 2. 소변 가리기( )
		기질/성격	1. 까다로운( ) 2. 더딘/느린( ) 3. 순한( )
	유아기	건강 상태	
		발달 상태	
		가정 생활	
		기관 적응	
		성격/태도	
	아동기	가정 생활	
		또래관계	
		학교 적응	
		성격/태도	
		특이 행동	

가정환경	주 양육자		가계도
	양육 태도		
	부부관계		
	가족관계		
	가정지도		
	가족병력		
	생활수준		

(계속)

행동관찰	외모 및 감각	일반외모	피부색( ) 옷 상태( ) 옷 유형( ) 위생( ) 키( ) 체중( ) 기타( )
		시 각	정상( ) 안경( ) 눈 깜박이기( ) 곁눈질( ) 읽을 때 머리 돌리기( ) 자료 보기(가까이, 멀리)
		청 각	정상( ) 지시 따르기( ) 귀 비비기( ) 보청기( ) 반복질문하기( ) 기타( )
		근육운동	정상( ) 소근육( ) 대근육( ) 가만히 있지 못함( ) 무기력함( ) 기타( )
	외현행동	활동수준	정상( ) 돌아다님( ) 의자 앉기( ) 손발 두드리기( ) 소리지르기( ) 자주 울기( ) 졸기( ) 위축( ) 기타( )
		표정 및 자세	정상( ) 슬픔( ) 웃기( ) 망설임( ) 말(다, 소) 눈 맞춤( ) 기타 자세 및 태도( )
		언어사용	정상( ) 말더듬, 애깃말, 조음곤란, 목소리(고, 저) 퉁명스러움( ) 말의 속도( ) 기타( )
	검사 시 태도		정상( ) 적대적, 호의적, 무관심한, 폭력적, 정중한, 경계하는, 시끄러운, 부끄러운, 조용한, 자기주장적, 협조적, 방어적, 수동적, 화내는, 기타( )
	또래와의 상호작용		정상( ) 적대적, 호의적, 무관심한, 폭력적, 정중한, 시끄러운, 조용한, 자기주장적, 협조적, 수동적, 혼자서 놀기 기타( )
	어른과의 상호작용		정상( ) 적대적, 호의적, 무관심한, 폭력적, 정중한, 경계하는, 시끄러운, 부끄러운, 조용한, 자기주장적, 협조적, 방어적, 수동적, 화내는 기타( )
아동면접	가정환경		
	또래관계		
	학교환경		
	자기지각		
보호자 희망		검사의뢰	지능검사( ) 학습검사( ) 지각검사( ) 정신건강검사( ) 성격검사( ) 언어검사( ) 발달검사( ) 문제행동( ) 적응검사( ) 진단검사( ) 부모검사( ) 기타( )
임상 소견			201 . . . ________ (서명)

출처: 윤치연(2012b).

〈부 록 2〉 특수교육대상자 선정 기준(제10조)

대 상	선정 기준
1. 시각장애	시각계의 손상이 심하여 시각기능을 전혀 이용하지 못하거나 보조공학기기의 지원을 받아야 시각적 과제를 수행할 수 있는 사람으로서 시각에 의한 학습이 곤란하여 특정의 광학기구·학습매체 등을 통하여 학습하거나 촉각 또는 청각을 학습의 주요 수단으로 사용하는 사람
2. 청각장애	청력 손실이 심하여 보청기를 착용해도 청각을 통한 의사소통이 불가능 또는 곤란한 상태이거나, 청력이 남아 있어도 보청기를 착용해야 청각을 통한 의사소통이 가능하여 청각에 의한 교육적 성취가 어려운 사람
3. 정신지체	지적 기능과 적응행동상의 어려움이 함께 존재하여 교육적 성취에 어려움이 있는 사람
4. 지체장애	기능·형태상 장애를 가지고 있거나 몸통을 지탱하거나 팔다리의 움직임 등에 어려움을 겪는 신체적 조건이나 상태로 인해 교육적 성취에 어려움이 있는 사람
5. 정서·행동장애	장기간에 걸쳐 다음 각 목의 어느 하나에 해당하여, 특별한 교육적 조치가 필요한 사람 가. 지적·감각적·건강상의 이유로 설명할 수 없는 학습상의 어려움을 지닌 사람 나. 또래나 교사와의 대인관계에 어려움이 있어 학습에 어려움을 겪는 사람 다. 일반적인 상황에서 부적절한 행동이나 감정을 나타내어 학습에 어려움이 있는 사람 라. 전반적인 불행감이나 우울증을 나타내어 학습에 어려움이 있는 사람 마. 학교나 개인 문제에 관련된 신체적인 통증이나 공포를 나타내어 학습에 어려움이 있는 사람
6. 자폐성 장애	사회적 상호작용과 의사소통에 결함이 있고, 제한적이고 반복적인 관심과 활동을 보임으로써 교육적 성취 및 일상생활 적응에 도움이 필요한 사람
7. 의사소통장애	다음 각 목의 어느 하나에 해당하여 특별한 교육적 조치가 필요한 사람 가. 언어의 수용 및 표현 능력이 인지능력에 비하여 현저하게 부족한 사람 나. 조음능력이 현저히 부족하여 의사소통이 어려운 사람 다. 말 유창성이 현저히 부족하여 의사소통이 어려운 사람 라. 기능적 음성장애가 있어 의사소통이 어려운 사람
8. 학습장애	개인의 내적 요인으로 인하여 듣기, 말하기, 주의집중, 지각(知覺), 기억, 문제 해결 등의 학습기능이나 읽기, 쓰기, 수학 등 학업 성취 영역에서 현저하게 어려움이 있는 사람
9. 건강장애	만성질환으로 인하여 3개월 이상의 장기입원 또는 통원치료 등 계속적인 의료적 지원이 필요하여 학교생활 및 학업 수행에 어려움이 있는 사람
10. 발달지체	신체, 인지, 의사소통, 사회·정서, 적응행동 중 하나 이상의 발달이 또래에 비하여 현저하게 지체되어 특별한 교육적 조치가 필요한 영아 및 9세 미만의 아동

출처: 「장애인 등에 대한 특수교육법」(2008).

〈부 록 3〉 장애인의 종류 및 기준

종 류	기 준
1. 지체장애인	가. 한 팔, 한 다리 또는 몸통의 기능에 영속적인 장애가 있는 사람 나. 한 손의 엄지손가락을 지골(指骨: 손가락 뼈) 관절 이상의 부위에서 잃은 사람 또는 한 손의 둘째 손가락을 포함한 두 개 이상의 손가락을 모두 제1지골 관절 이상의 부위에서 잃은 사람 다. 한 다리를 리스프랑(Lisfranc: 발등뼈와 발목을 이어 주는) 관절 이상의 부위에서 잃은 사람 라. 두 발의 발가락을 모두 잃은 사람 마. 한 손의 엄지손가락 기능을 잃은 사람 또는 한 손의 둘째손가락을 포함한 손가락 두 개 이상의 기능을 잃은 사람 바. 왜소증으로 키가 심하게 작거나 척추에 현저한 변형 또는 기형이 있는 사람 사. 지체(肢體)에 위 각 목의 어느 하나에 해당하는 장애정도 이상의 장애가 있다고 인정되는 사람
2. 뇌병변장애인	뇌성마비, 외상성 뇌손상, 뇌졸중(腦卒中) 등 뇌의 기질적 병변으로 인하여 발생한 신체적 장애로 보행이나 일상생활의 동작 등에 상당한 제약을 받는 사람
3. 시각장애인	가. 나쁜 눈의 시력(만국식시력표에 따라 측정된 교정시력을 말한다. 이하 같다)이 0.02 이하인 사람 나. 좋은 눈의 시력이 0.2 이하인 사람 다. 두 눈의 시야가 각각 주시점에서 10도 이하로 남은 사람 라. 두 눈의 시야 2분의 1 이상을 잃은 사람
4. 청각장애인	가. 두 귀의 청력 손실이 각각 60데시벨(dB) 이상인 사람 나. 한 귀의 청력 손실이 80데시벨 이상, 다른 귀의 청력 손실이 40데시벨 이상인 사람 다. 두 귀에 들리는 보통 말소리의 명료도가 50퍼센트 이하인 사람 라. 평형 기능에 상당한 장애가 있는 사람
5. 언어장애인	음성 기능이나 언어 기능에 영속적으로 상당한 장애가 있는 사람
6. 지적장애인	정신 발육이 항구적으로 지체되어 지적 능력의 발달이 불충분하거나 불완전하고 자신의 일을 처리하는 것과 사회생활에 적응하는 것이 상당히 곤란한 사람
7. 자폐성장애인	소아기 자폐증, 비전형적 자폐증에 따른 언어 · 신체표현 · 자기조절 · 사회적응 기능 및 능력의 장애로 인하여 일상생활이나 사회생활에 상당한 제약을 받아 다른 사람의 도움이 필요한 사람
8. 정신장애인	지속적인 정신분열병, 분열형 정동장애(情動障碍: 여러 현실 상황에서 부적절한 정서 반응을 보이는 장애), 양극성 정동장애 및 반복성 우울장애에 따른 감정조절 · 행동 · 사고 기능 및 능력의 장애로 인하여 일상생활이나 사회생활에 상당한 제약을 받아 다른 사람의 도움이 필요한 사람

(계 속)

9. 신장장애인	신장의 기능부전(機能不全)으로 인하여 혈액투석이나 복막투석을 지속적으로 받아야 하거나 신장기능의 영속적인 장애로 인하여 일상생활에 상당한 제약을 받는 사람
10. 심장장애인	심장의 기능부전으로 인한 호흡곤란 등의 장애로 일상생활에 상당한 제약을 받는 사람
11. 호흡기장애인	폐나 기관지 등 호흡기관의 만성적 기능부전으로 인한 호흡기능의 장애로 일상생활에 상당한 제약을 받는 사람
12. 간장애인	간의 만성적 기능부전과 그에 따른 합병증 등으로 인한 간기능의 장애로 일상생활에 상당한 제약을 받는 사람
13. 안면장애인	안면 부위의 변형이나 기형으로 사회생활에 상당한 제약을 받는 사람
14. 장루 · 요루 장애인	배변기능이나 배뇨기능의 장애로 인하여 장루(腸瘻) 또는 요루(尿瘻)를 시술하여 일상생활에 상당한 제약을 받는 사람
15. 간질장애인	간질에 의한 뇌신경세포의 장애로 인하여 일상생활이나 사회생활에 상당한 제약을 받아 다른 사람의 도움이 필요한 사람

출처: 「장애인복지법」(2013).

〈부 록 4〉 장애인의 장애 등급

• 언어장애인

등급	대 상
3급	음성기능이나 언어기능을 잃은 사람
4급	음성 · 언어만으로는 의사소통을 하기 곤란할 정도로 음성기능이나 언어기능에 현저한 장애가 있는 사람

출처: 「장애인복지법」(2013).

• 지적장애인

등급	대 상
1급	지능지수와 사회성숙지수가 34 이하인 사람으로서 일상생활과 사회생활에 적응하는 것이 현저하게 곤란하여 일생 동안 다른 사람의 보호가 필요한 사람
2급	지능지수와 사회성숙지수가 35 이상 49 이하인 사람으로서 일상생활의 단순한 행동을 훈련시킬 수 있고, 어느 정도의 감독과 도움을 받으면 복잡하지 아니하고 특수기술이 필요하지 아니한 직업을 가질 수 있는 사람
3급	지능지수와 사회성숙지수가 50 이상 70 이하인 사람으로서 교육을 통한 사회적 · 직업적 재활이 가능한 사람

출처: 「장애인복지법」(2013).

• 자폐성장애인

등급	대 상
1급	ICD-10(International Classification of Diseases, 10th Version)의 진단기준에 따른 전반성 발달장애(자폐증)로 정상발달의 단계가 나타나지 아니하고, 지능지수가 70 이하이며, 기능 및 능력 장애로 인하여 주위의 전적인 도움이 없이는 일상생활을 해 나가는 것이 거의 불가능한 사람
2급	ICD-10의 진단기준에 따른 전반성 발달장애(자폐증)로 정상발달의 단계가 나타나지 아니하고, 지능지수가 70 이하이며, 기능 및 능력 장애로 인하여 주위의 많은 도움이 없으면 일상생활을 해 나가기 어려운 사람
3급	제2급과 같은 특징을 가지고 있으나 지능지수가 71 이상이며, 기능 및 능력 장애로 인하여 일상생활 혹은 사회생활을 해 나가기 위하여 간헐적으로 도움이 필요한 사람

출처: 「장애인복지법」(2013).

- 정신장애인

등급	대 상
1급	1. 정신분열병으로 망상, 환청, 사고장애 및 기괴한 행동 등의 양성증상이나 사회적 위축과 같은 음성증상이 심하고, 현저한 인격변화가 있으며, 기능 및 능력 장애로 인하여 주위의 전적인 도움이 없이는 일상생활을 해 나가는 것이 거의 불가능한 사람(정신병을 진단받은 지 1년 이상 지난 사람만 해당한다. 이하 같다) 2. 양극성 정동장애(조울병)로 기분 · 의욕 · 행동 및 사고의 장애증상이 심한 증상기(症狀期)가 지속되거나 자주 반복되며, 기능 및 능력 장애로 인하여 주위의 전적인 도움이 없이는 일상생활을 해 나가는 것이 거의 불가능한 사람 3. 반복성 우울장애로 정신병적 증상이 동반되고, 기분 · 의욕 및 행동 등에 대한 우울증상이 심한 증상기가 지속되거나 자주 반복되며, 기능 및 능력 장애로 인하여 주위의 전적인 도움이 없이는 일상생활을 해 나가는 것이 거의 불가능한 사람 4. 분열형 정동장애로 제1호부터 제3호까지에 준하는 증상이 있는 사람
2급	1. 정신분열병으로 망상, 환청, 사고장애 및 기괴한 행동 등의 양성증상과 사회적 위축 등의 음성증상이 있고, 중등도의 인격 변화가 있으며, 기능 및 능력 장애로 인하여 주위의 많은 도움이 없으면 일상생활을 해 나가기 어려운 사람 2. 양극성 정동장애(조울병)로 기분 · 의욕 · 행동 및 사고의 장애증상이 있는 증상기가 지속되거나 자주 반복되며, 기능 및 능력 장애로 인하여 주위의 많은 도움이 없으면 일상생활을 해 나가기 어려운 사람 3. 만성적인 반복성 우울장애로 망상 등 정신병적 증상이 동반되고, 기분 · 의욕 및 행동 등에 대한 우울증상이 있는 증상기가 지속되거나 자주 반복되며, 기능 및 능력 장애로 인하여 주위의 많은 도움이 없으면 일상생활을 해 나가기 어려운 사람 4. 만성적인 분열형 정동장애로 제1호부터 제3호까지에 준하는 증상이 있는 사람
3급	1. 정신분열병으로 망상, 환청, 사고장애 및 기괴한 행동 등의 양성증상이 있으나, 인격변화나 퇴행은 심하지 아니한 경우로서 기능 및 능력 장애로 인하여 일상생활이나 사회생활을 해 나가기 위한 기능 수행에 제한을 받아 간헐적으로 도움이 필요한 사람 2. 양극성 정동장애(조울병)로 기분 · 의욕 · 행동 및 사고의 장애증상이 현저하지 아니하지만, 증상기가 지속되거나 자주 반복되는 경우로서 기능 및 능력 장애로 인하여 일상생활이나 사회생활을 해 나가기 위한 기능 수행에 제한을 받아 간헐적으로 도움이 필요한 사람 3. 반복성 우울장애로 기분 · 의욕 · 행동 등에 대한 우울증상이 있는 증상기가 지속되거나 자주 반복되는 경우로서 기능 및 능력 장애로 인하여 일상생활이나 사회생활을 해 나가기 위한 기능 수행에 제한을 받아 간헐적으로 도움이 필요한 사람 4. 분열형 정동장애로 제1호부터 제3호까지에 준하는 증상이 있는 사람

출처: 「장애인복지법」(2013).

참 고 문 헌

강위영, 윤치연(2004). 한국 자폐증 진단검사. 부산: (주)테스피아.

강위영, 공마리아(1998). 주의력결핍아동의 교육프로그램. 대구: 대구대학교출판부.

공인숙 외 11인(2015). 영아발달. 경기: 양서원.

곽금주(2002). 아동 심리평가와 검사. 서울: 학지사.

곽금주, 오상우, 김청택(2011). K-WISC-IV 전문가 지침서. 서울: 학지사 심리검사연구소 인싸이트.

곽노의, 김지노, 유구종(1998). 유아발달수준검사 개발연구. 열린교육연구, 3(1), 239-268.

국립특수교육원(1996). KISE 발달척도. 경기: 국립특수교육원.

권석만(2008). 현대이상심리학. 서울: 학지사.

권순황, 선애순, 이형선(2015). 영아발달. 경기: 양서원.

권준수 외(2015). 정신질환의 진단 및 통계 편람(제5판). 서울: 학지사.

김경민(2006). 아스퍼거 장애 학생의 행동문제에 대한 학생과 교사의 인식비교 연구. 대구대학교 박사학위청구논문.

김계숙(1988). 한국 기혼남녀의 태교 연구: 도시, 농촌을 중심으로. 성신여자대학교 석사학위논문.

김미경, 문장원, 서은정, 윤점룡, 윤치연, 이상훈(2013). 정서 및 행동장애의 이해. 서울: 학지사.

김민화 역(2008). 허클베리 핀 길들이기. 서울: 학지사.

김승국, 김옥기(2000). 사회성숙도검사. 서울: 중앙적성출판사.

김영태, 김경희, 윤혜련, 김화수(2003). 영・유아 언어발달검사(SELSI). 서울: 도서출판 특수교육.

김영태, 홍경훈, 김경희, 장혜성, 이주연(2009). 수용・표현 어휘력 검사(REVT). 서울: 서울장애인종합복지관.

김은정, 이세용, 오승근(2003). 한국판 청소년 인터넷 중독 척도의 개발 및 타당화. 한국심리학회지: 임상, 22(1), 125-139.

김이영, 오성숙, 이시진, 이우언, 이은미, 채혜선(2014). 영아발달. 경기: 양서원.

김정미, 신희선(2010). 아동발달검사(K-CDI). 서울: 학지사 심리검사연구소 인싸이트.

김정택, 김동일, 박중규, 이수진(2002). 인터넷 중독 예방상담 및 예방 프로그램 개발 연구. 정보통신 일반정책연구. 02-GP-11.

김주현, 신민섭(2005). 한국판 아스퍼거 증후군 진단척도(The Korean version of Asperger Syndrome Diagnostic Scale: K-ASDS). 소아 청소년정신의학, 16, 98-105.

김지현, 정지나, 조윤주, 한준아(2013). 부모교육. 경기: 양서원.

김지혜, 조선미, 홍창희, 황순택(2005). 한국아동인성평정척도. 서울: 한국가이던스.

김진호, 박재국, 방명애, 안성우, 유은정, 윤치연, 이효신 역(2013). 최신 특수교육. 서울: 시그마프레스.

대한특수교육학회(2000). 특수교육용어사전. 대구: 대구대학교출판부.

민경환(2004). 성격심리학. 서울: 법문사.

박승호, 서은희 역(2009). 뇌는 어떻게 학습하는가(3판). 서울: 시그마프레스.

박혜원, 이경옥, 안동현(2016). K-WPPSI-IV 실시 지침서. 서울: 학지사 심리검사연구소 인싸이트.

박혜원, 조복희(2004). 한국 Bayley 영유아발달검사 II. 서울: 도서출판 키즈팝.

방명애, 이효신(2004). 정서 및 행동장애: 이론과 실제. 서울: 시그마프레스.

성태제(1996). 문항제작 및 분석의 이론과 실제. 서울: 학지사.

신민섭(2008). 소아청소년심리장애. 서울의과대학 정신과학교실.

신희선, 한경자, 오가실, 오진주, 하미나(2002). 한국형 Denver II 검사지침서. 서울: 현문사.

안병환, 윤치연, 이영순, 이효신, 천성문(2013). 행동수정. 서울: 시그마프레스.

안향림, 박정은(1994). 정신의료사회사업. 서울: 홍익재.

양돈규, 변명숙 역(2007). ADHD 아동의 재능. 서울: 시그마프레스.

오경자, 김영아(2011). ASEBA 아동 · 청소년 행동평가척도. 서울: (주)휴노.

오경자, 김영아(2013). ASEBA 유아 행동평가척도. 서울: (주)휴노.

오수학, 김병준(2002). 심리측정도구의 타당도에 관한 새로운 개념과 검증방법. 한국스포츠심리학회지, 13(3), 111-126.

윤치연(2003). 발달장애의 이해. 서울: 형설출판사.

윤치연(2004a). 한국 자폐증 진단검사의 표준화 연구 및 웹기반 평가 시스템 개발. 정서 · 행동장애연구, 20(3), 27-43.

윤치연(2004b). 한국 주의력결핍 · 과잉행동장애 진단검사 표준화 및 웹기반 평가시스템 개발. 특수아동교육연구, 6(2), 59-73.

윤치연(2005). 유아발달검사 표준화 예비연구. 정서행동장애연구, 21(2), 179-192.

윤치연(2006). 아동 및 청소년을 위한 심리평가의 이해와 실제. 부산: (주)테스피아.

윤치연(2011a). 한국영아발달검사. 부산: (주)테스피아.

윤치연(2011b). 한국유아발달검사. 부산: (주)테스피아.

윤치연(2011c). 한국유아사회성기술검사. 부산: (주)테스피아.

윤치연(2011d). 영유아발달진단평가. 부산: (사)한국심리협회.

윤치연(2012a). 한국유아사회성기술검사. 부산: (주)테스피아.

윤치연(2012b). 아동청소년발달진단평가. 부산: (사)한국심리협회.

윤치연, 신명선(2012). 한국영아언어검사. 부산: (주)테스피아.

윤치연, 천성문, 양귀숙(2013). 한국청소년성격유형진단검사. 부산: (주)테스피아.

이나영, 우주영(2008). ADHD의 재능찾기. 서울: 시그마프레스.

이동용 역(2007). 산만한 아이 다정하게 자극주기. 경기: (주)알마.

이부영(1998). 분석심리학: C. G. Jung의 인간심성론(개정증보판). 서울: 일조각.

이상복, 윤치연(2004). 한국 ADHD 진단검사. 부산: (주)테스피아.

이상복, 서경희, 권명옥, 서은정, 신윤희, 이미경, 조민경(2003). 웹(Web) 기반 발달장애 진단 평가 시스템의 개발과 활용. 특수교육재활과학연구, 42(1).

이소현(2003). 유아특수교육. 서울: 학지사.

이소현 역(2006). 아스퍼거 증후군: 성공적인 통합교육을 위한 전략. 서울: 학지사.

이소현 외(2009). 장애 유아 진단 및 평가. 서울: 학지사.

이승희(2009). 자폐스펙트럼장애의 이해. 서울: 학지사.

이영 외(2009). 영유아발달. 서울: 학지사.

이은해(2002). 아동발달의 평가와 측정. 서울: 교문사.

이은해, 정미라, 박경자, 이종희(1996). 유치원 교육과정에 기초한 유아관찰척도 개발에 관한 연구. 유아교육연구, 16(2), 179-199.

이주현 역(2009). 별종 괴짜 그리고 아스퍼거 증후군. 서울: 학지사.

이준석(2005). 발달 선별검사 개발을 위한 연구. 정서행동장애연구, 21(3), 25-43.

임지영, 류혜원, 문영경, 배기조, 송혜영(2014). 영아발달. 경기: 공동체.

장문선(2008). 학생의 문제행동에 대한 이해와 평가. 부산학교상담학회 9월 연수회 자료집.

장휘숙(1998). 발달정신병리학의 이해. 서울: 학지사.

전병운, 조광순, 이기현, 이은상, 임재택(2004). 유아선별검사지침서(K-DIAL-3). 서울: 도서출판 특수교육.

전석균(2015). 정신건강론. 경기: 공동체.

정재석, 이대환, 조미화 역(2010). 비언어성 학습장애, 아스퍼거 장애 아동을 잘 키우는 방법. 서울: 시그마프레스.

정현숙 외(20001). 아동기 정신병리. 서울: 시그마프레스.

정효경(2008). 사실은 대단한 나. 서울: 홍익출판사.

천은영, 김경신(2014). 유아발달. 서울: 동문사.

한국아동상담센터(2003). 사회성기술체크리스트. http: //www.adongclinic.co.kr

한홍석(2003). 사회성검사. 정서 · 행동장애 아동의 진단 및 평가. 서울: 성동종합사회복지관.

허경현, 최미숙, 고영란(2001). 유아관찰 척도에 의한 생활영역별 유아 발달의 진단 및 평가. 유아교육연구, 21(2), 253-271.

홍상황, 김지혜, 안이환, 조선미, 홍창희, 황순택, 한태희(2009). 한국 아동성격검사(교사평정용)(Korean Child Personality Inventory for Teachers: KCPI-T). 서울: 학지사 심리검사연구소 인싸이트.

황순택, 김지혜, 안이환, 조선미, 한태희, 홍상황, 홍창희(2010). 한국 아동/청소년성격 검사(자기보고용)(Korean Child/Adolescence Personality Inventory for Self report: KCPI-S/KAPI-S). 서울: 학지사 심리검사연구소 인싸이트.

황해익, 정혜영(1996). 유아용 발달선별 검사도구 개발을 위한 기초연구. **영유아보육연구**, 1(1), 35-56.

Adams, K. S., Sheldon-Keller, A. E., & West, M. (1996). Attachment organization and history of suicidal behavior in clinical adolescents. *Journal of Consulting and Clinical Psychology, 64*(2), 264-272.

Aiken, L. R., & Groth-Marnat, G. (2006). *Psychological Testing and Assessment* (12th ed.). Boston: Allyn and Bacon.

Allen, K. E., & Marotz, L. R. (2003). *Developmental Profiles: Pre-birth through Twelve* (4th ed.). NY: Thomson.

Allport, G. W. (1937). *Personality: A Psychological Interpretation*. New York: Holt, Rinehart and Winston.

Allport, G. W. (1961). *Pattern and Growth in Personality*. New York. Holt, Rinehart and Winston.

Allport, G. W. (1963). Pattern and growth in personality. *Journal of Educational Research, 56*, 476-480.

American Psychiatric Association. (2013). *Diagnostic and Statistical Manual Disorders-5th (DSM-5)*. Arlington: American Psychiatric Publishing.

Attwood, T. (2008). *The Complete Guide to Asperger's Syndrome*. London: Jessica Kingsley Publishers.

Bailey, N. (1993). *Manual for Bailey Scales of Infant Development* (2nd ed.). NY: The Psychological Corporation.

Catron, C. E., & Allen, J. (1999). *Early Childhood Curriculum* (2nd ed.). Prentice-Hall, Inc.

Cattell, R. B. (1965). *The Scientific Analysis of Personality*. Baltimore, MD: Penguin.

Cole-Detke, H., & Kobak, R. (1996). Attachment processes in eating disorder and depression. *Journal of Consulting and Clinical Psychology, 64*(2), 282-290.

Cullinan, D. (2002). *Students with Emotional and Behavior Disorders*. New Jersey: Merrill Prentice Hall.

Donnelly, J. W., Eburne, N., & Kittleson, M. (2001). *Mental Health: Dimensions of Self Esteem and Emotional Well-Being*. Boston: Allyn & Bacon.

Durand, V. M. (1990). *Severe Behavior Problems: A Functional Communication Training Approach*. New York: The Guilford Press.

Durand, V. M., & Crimmins, D. B. (1988). Identifying variables maintaining self-injurious behavior. *Journal of Autism and Developmental Disorders, 18*, 99-117.

Ebel, R. L. (1965). *Measuring Educational Achievement*. Englewood Cliffs, NJ: Prentice-Hall.

Eysenck, H. J. (1970). *The Structure of Human Personality* (3rd ed.). London: Metheuen.

Frankenburg. W. K., & Dodds, J. B. (1990). *Denver Developmental Screening Test II*. Denver: Denver Developmental Materials, Inc.

Garnett, M. S., & Attwood, A. J. (1995). *The Australian Scale for Asperger's Syndrome*. Paper presented at the 1995 Australian National Autism Conference, Brisbane, Australia.

Gearheart, C., & Gearheart, B. (1990). *Introduction to Special Education Asssessment: Principles and Practices*. Denver, CO: Love.

Graziand, A. M. (2002). *Developmental Disabilities: Introduction to a Diverse Field*. Boston: Allyn and Bacon.

Guyer. B. P. (2000). *ADHD: Achieving Success in School and in Life*. MA: Allyn & Bacon.

Hallahan, D. P., & Kauffman, J. M. (2011). *Exceptional Children: Introduction to Special Education* (12th ed.). Boston: Allyn and Bacon.

Harlow, H. F., & Zimmerman, R. R. (1959). Affectional responses in the infant monkey. *Science, 130*, 421-432.

Heward, W. L. (2013). *Exceptional Children: An Introduction to Special Education* (10th ed.). Boston: Pearson.

Howlin, P., & Cross, P. (1994). A comparison of language tests in young normal children. *European Journal of Communication Disorders, 29*, 279-288.

Hresko, W., Miguel. S., & Sherbenou. R. (1994). *Developmental Observation Checklist System*. Austin: PRO-ED. https://psychology-tools.com/cast/

Keirsey, D. (1993). *Please Understand Me II*. 나의 모습 나의 얼굴(심혜숙, 김정택 공역). 서울: 한국심리검사연구소. (원전은 1992년에 출판)

Keirsey, D. & Bates. M. (1978). *Please Understand Me: Character and Temperament Type*. Del Mar, California : Prometheus Nemesis Book co.

Kirk, S., & Gallagher, J. J. (1986). *Educating Exceptional Children* (5th ed.). Boston: Houghton Mifflin.

Maddi, S. R. (1996). *Personality Theories: A Comparative Analysis* (6th ed.). New York: Brooks/Cole.

Mardell-Czdnowski, C., & Goldenberg, D. S. (1998). *Developmental Indicators for the Assessment of Learning* (3rd ed.). MN: American Guidance Service, Inc.

Muzi, M. J. (2000). *Child Development*. Prentice-Hall.

Neukrug, E. S., & Fawcett, R. C. (2006). *Essentials of Testing and Assessment: A Practical Guide for Counselors, Social Workers, and Psychologists*. CA: Brooks/Cole.

Newborg, J., Stock, J. R., Wenk, L., Guidudaldi, J., & Svinicki, J. (1984). *Battelle Developmental Inventory*. Allyn, TX: DLM Teaching Resources.

Nuttall, E. V., Romero, I., & Kalesnik, J. (1992). *Assessing and Screening Preschoolers*. Boston: Allyn and Bacon.

Pierangelo, R., & Giuliani, G. A. (2006). *Assessment in Special Education: A Practical Approach*(2nd ed.). Boston: Allyn and Bacon.

Routh, D. K., Schroeder, C. S., & O'Tuama L. (1974). *Development of Activity Level in Children. Developmental Psychology, 10*, 163-168.

Sheldon, W. H. (1942). *The Varieties of Temperament*. New York: Harper & Bros.

Smith, D. (1998). *Introduction to Special Education: Teaching in an Age of Challenge*. Boston: Allyn and Bacon.

Taylor, R. L. (2003). *Assessment of Exceptional Students: Educational and Psychological Procedures*(6th ed.). Boston: Pearson Education, Inc.

Turnbull, H. R. (2005). Individuals with Disabilities Education Act Reauthorization: Accountability and Personal Responsibility. *Remedial and Special Education, 26*(6), 320-326.

Ullmann, R. K., Sleator, E. K., & Sprague, R. L. (1985). A change of mind: The Conners Abbreviated Rating Scales reconsidered. *Journal of Abnormal Child Psychology, 13*, 553-566.

Weyandt, L. L. (2001). *An ADHD Primer*. MA: Allyn & Bacon.

Williams, J., Scott, F., et al. (2005). The CAST(Childhood Asperger Syndrome Test): Test accuracy. *Autism, 9*, 45-68.

Yell, M. L., Shriner, J. G., & Katsiyannis, A. (2006). Individuals with Disabilities Education Improvement Act of 2004 & IDEA Regulations of 2006: Implications for Educators, Administrators, & Teacher Trainers. *Focus on Exceptional Children, 39*(1), 1-24.

다중지능교육연구소 http://cafe.daum.net/multiq4u

부산정보문화센터 인터넷중독예방상담 http://www.busanicc.or.kr

어세스타 http://www.kpti.com

테스피아 http: //www.tespia.kr

학지사 심리검사연구소 인싸이트 http://www.inpsyt.co.kr

한국정보화진흥원 인터넷중독예방상담센터 http://www.iapc.or.kr

찾 아 보 기

저자 소개

윤치연(Yoon, Chiyeon)

대구대학교에서 박사학위(특수교육)를 취득하였으며, 현재는 춘해보건대학교 언어재활과 학과장으로 재직하고 있다. 1990년부터 10년간 국립재활병원에서 임상심리사로 근무하였고, 2000년에 대학으로 자리를 옮긴 후 심리검사 개발에 매진하여 여러 검사도구를 표준화하였다. '테스피아'라는 심리검사 전문기관을 운영하고 있으며, 2008년에 (사)한국심리협회를 구성하여 협회장을 맡으면서 '발달진단평가사'라는 민간자격제도를 도입하여 발달진단평가 요원을 양성하고 있다. 이러한 업적과 공로가 인정되어 2009년에 제13대 대한민국 신지식인(교육분야)으로 선정되기도 하였다. 대표 저 · 역서로는 『발달장애의 이해』(저, 형설출판사, 2003), 〈한국ADHD진단검사〉(공저, 테스피아, 2004), 『최신 행동수정』(4판, 공역, 시그마프레스, 2009), 『최신 특수교육』(10판, 공역, 시그마프레스, 2013), 『특수아동의 이해』(공저, 공동체, 2015) 등이 있으며, 현재 〈정서행동문제 선별검사〉〈부모양육태도검사〉〈다중지능검사〉〈취학준비도검사〉〈통합기질/성격검사〉 등의 표준화 연구 개발 중에 있다. 앞으로의 꿈과 비전은 '뿌나 리더프로젝트'를 통하여 2030년까지 10만 명의 차세대 글로벌 리더를 양성하는 일이다.

아동심리평가
유아교사, 특수교사, 재활치료 전문가를 위한 평가지침서
Psychological Evaluation for Children

2016년 2월 25일 1판 1쇄 발행
2023년 10월 20일 1판 7쇄 발행

지은이 • 윤 치 연
펴낸이 • 김 진 환
펴낸곳 • (주) 학지사
04031 서울특별시 마포구 양화로 15길 20 마인드월드빌딩 5층
대표전화 • 02) 330-5114 팩스 • 02) 324-2345
등록번호 • 제313-2006-000265호
홈페이지 • http://www.hakjisa.co.kr
인스타그램 • https://www.instagram.com/hakjisabook

ISBN 978-89-997-0799-5 93180

정가 **20,000**원

저자와의 협약으로 인지는 생략합니다.
파본은 구입처에서 교환하여 드립니다.